insel taschenbuch 4996
Gabriele Diechler
Elizabeth II.

Gabriele Diechler

ELIZABETH II.
UND DIE LIEBEN IHRES LEBENS

Romanbiografie

◆

INSEL VERLAG

Klimaneutral
Druckprodukt
ClimatePartner.com/14438-2110-1001

Erste Auflage 2023
insel taschenbuch 4996
Originalausgabe
© Insel Verlag Anton Kippenberg GmbH & Co. KG, Berlin, 2023
Quellennachweise am Schluss des Bandes
Umschlaggestaltung: zero-media.net, München
Umschlagfoto: Keystone Press/Alamy/Mauritius Images, Mittenwald
Satz: Satz-Offizin Hümmer GmbH, Waldbüttelbrunn
Druck: C.H.Beck, Nördlingen
Printed in Germany
ISBN 978-3-458-68296-7

www.insel-verlag.de

ELIZABETH II.
UND DIE LIEBEN IHRES LEBENS

ABSCHIED

◆

»Trauer ist der Preis, den wir für die Liebe bezahlen.«

Eine der am häufigsten zitierten Äußerungen der Queen

1. KAPITEL

17. April 2021
England, Schloss Windsor,
St. George's Chapel*

Der kastanienbraune Bentley kam zum Stehen. Doch der grüne Land Rover, der Philips Sarg transportierte, setzte unbeirrt seinen Weg zur Westtreppe der Kirche fort.

Elizabeth stieg in Begleitung ihrer Hofdame aus dem Wagen. Die Sonne hüllte diesen Samstagnachmittag in sanfte Strahlen. Wolkenfreier, blauer Himmel – wie eine Erinnerung aus glücklichen Zeiten mit Philip.

Zeiten, die unmissverständlich vorbei waren, denn gleich musste Elizabeth sich von dem wichtigsten Menschen ihres Lebens verabschieden. Von ihrem Mann Philip.

Unterhalb ihrer linken Schulter zierte die mit Diamanten besetzte Richmond-Brosche Elizabeth' Mantel. Die Brosche war ein Vermächtnis ihrer Großmutter Mary. Elizabeth' rechte Hand umklammerte die Henkel ihrer Handtasche, in der sie eins von Philips Stofftaschentüchern wie einen kostbaren Schatz trug. Er hatte sie, akkurat zu einem Quadrat gefaltet, in die Brusttasche seiner Jacketts gesteckt.

Bedächtig setzte sie einen Fuß vor den anderen. Sie musste sich ihre Kräfte einteilen. Doch sie würde auch diesen Tag überstehen.

David Conner, der Dekan von Windsor, senkte den Kopf zur Begrüßung. Sie wechselten ein paar Worte, während sie gemeinsam auf den Galilee Porch, einen Nebeneingang der Kirche, zugingen. Elizabeth drehte sich ein letztes Mal um und ließ den Blick schweifen. Dann verschwand sie in der Kirche.

Hier in St. George's Chapel hatte sie mit fünfundzwanzig Jahren von ihrem Vater, George VI., Abschied genommen. Jahre später waren ihre Schwester Margaret und ihre Mutter, die *Queen*

Mum, gefolgt. Nun würde die Kirche auch Philips Ruhestätte werden.

Elizabeth' Schultern rundeten sich sanft nach unten. Die gebeugte Haltung war nicht nur dem heutigen Anlass geschuldet, sondern auch den vielen Jahren, die bereits hinter ihr lagen. Noch nie war sie sich der kurzen Zeitspanne, die ihr auf Erden noch blieb, so gewahr gewesen wie in diesen Minuten.

Der Stoff des Mantels schmiegte sich an ihren Körper, als sie ihren Platz betrat. Über sich das kunstvolle Fächergewölbe, setzte sie sich und öffnete die Handtasche. Langsam zog sie die Lesebrille hervor, klappte die Bügel auseinander und schob sie sich auf den Nasenrücken. Für einen Moment folgte ihr Blick dem Dekan, der in Richtung Westtreppe davonging, um gemeinsam mit dem Erzbischof von Canterbury Philips Sarg in Empfang zu nehmen.

In Kürze würde die Schweigeminute beginnen. Elizabeth hörte das Kanonenfeuer, eine Hommage an den Verstorbenen. Sie erhob sich, stand mit gefalteten Händen an ihrem Platz und spürte ihr Herz in der Brust klopfen, als die Orgelklänge von *Schmücke dich, o liebe Seele* ertönten. Das Zeichen, dass Philips Sarg angekommen war.

Die acht Sargträger – Mitglieder der Royal Marines – steuerten den vorderen Teil der Kirche an, dessen schwarz-weißer Boden einem Schachbrett ähnelte. Auf der königlichen Flagge, die den Sarg bedeckte, lagen Philips Marinekappe, sein Prunkschwert und ein aus weißen Blumen gefertigter Blumenkranz: Lilien, Rosen, Freesien, Wachsblumen, Wicken und Jasmin. Zwischen den Blumen befand sich eine Karte, auf deren Vorderseite in schwarzer Tinte *In loving memory* geschrieben war. Elizabeth' persönliche Worte an Philip, die nie jemand zu Gesicht bekäme.

Das Klackern der Schuhe der Sargträger begleitete die sanfte Orgelmusik. Der Chor stimmte *Burial Sentences* von William Croft an. Elizabeth' Hände ruhten auf dem Pult vor sich, während sie dem Gesang lauschte. Es war Philips ausdrücklicher Wunsch gewesen, die Trauerfeier im engsten Kreis in militärischem Stil abzuhalten. Jedes Detail der Zeremonie war von ihm selbst geplant worden. Er hatte sogar ausgesucht, welche Insignien auf den dafür angefertigten Kissen auf dem Altar platziert werden sollten. Ihr Mann hatte nichts dem Zufall überlassen. So war er gewesen. Akkurat, pflichtbewusst, genau.

Charles folgte zusammen mit seiner Schwester Anne in erster Reihe dem Sarg. In seinen Augen konnte Elizabeth die tiefe Trauer über den Verlust des Vaters lesen. Die Träger platzierten den Sarg auf dem Katafalk und drapierten die königliche Flagge. Dann traten sie ab.

Elizabeth blickte auf den Sarg. Die Fassung zu wahren, hatte sie das Leben als Königin gelehrt, schließlich war es ihre Aufgabe, ungeachtet der Umstände, dem Volk Stabilität zu vermitteln. So auch heute, denn nicht nur sie selbst, auch das Volk trauerte um Philip, den *Duke of Edinburgh*.

Langsam suchten sich alle ihren Platz, damit die Zeremonie in Kürze beginnen konnte. Elizabeth sah zu Edward und Sophie hinüber. Andrew, Anne, ihr Mann Timothy und Harry standen in derselben Reihe wie Elizabeth. Charles stand ihnen gegenüber, neben ihm seine Frau Camilla, nebst William und Kate.

»Wir sind heute hier, in St. George's Chapel, um die Seele seines Dieners, Prinz Philip, *Duke of Edinburgh*, in die Hände Gottes zu legen«, begann der Dekan von Windsor. »Mit dankbarem Herzen erinnern wir uns daran, auf welch vielfältige Weise sein langes Leben ein Segen für uns war. Er hat uns mit seiner unerschütterlichen Loyalität gegenüber unserer Königin inspiriert. Mit seinem Dienst an der Nation und dem Commonwealth, mit seinem Mut und seiner Standhaftigkeit und mit seinem Glauben aber auch durch den Mut, den er uns gab, durch seine Güte, seinen Humor und seine Menschlichkeit.«

Als der Chor zu singen begann, nahmen die Trauergäste Platz.

Elizabeth fokussierte das Programmheft auf dem Pult und konzentrierte sich auf ihren Atem. Ihre Brust hob und senkte sich.

Dass zwei Menschen ihr gesamtes Leben miteinander verbrachten, war heutzutage selten geworden. Philip und sie hatten sich vor über siebzig Jahren ein gemeinsames Leben versprochen, und daran hatten sie in all den Jahren festgehalten. In einer Welt voller Veränderungen war Philip ihre Konstante gewesen. Er hatte ihr den Raum gegeben, Königin zu sein. Er allein hatte gewusst, wer sie war, wenn die offiziellen Türen hinter ihnen zugefallen waren. Dann war sie einfach nur *Lilibet* gewesen.

Elizabeth lauschte den Worten des *Garter Principal King of Arms*, Sir Thomas Woodcock, der Philips Titulatur vorlas.

Sie sah, wie Charles ein Taschentuch hervorholte und sich die Augen abtupfte.

Philips Sarg setzte sich in Bewegung. Er würde nun durch die Öffnung im Boden in das darunterliegende königliche Gewölbe hinabgelassen. Der *Pipe Major des Royal Regiment of Scotland* stimmte auf seinem Dudelsack *Flowers of the Forest* an.

Elizabeth wandte den Blick keine Sekunde von dem Sarg ab. Gleich wäre ihr Mann für immer fort, doch ihre gemeinsame Reise war noch nicht zu Ende.

Philip wartete in den Mauern unter der Kapelle auf sie, bis auch sie ihre letzte Ruhe fände. Erst dann würde ihr finaler gemeinsamer Weg beginnen, der sie vom königlichen Gewölbe in die King George VI. Memorial Chapel, eine kleine Kapelle am nördlichen Seitenschiff, führte. Dort würden sie, Seite an Seite, die Ewigkeit miteinander verbringen.

Doch bis dahin musste Elizabeth die Zeit ohne den Mann, den sie liebte und ohne den sie sich ein Leben kaum vorstellen konnte, bestreiten.

IM SCHOSS DER FAMILIE

◆

… es waren Frauen, die dem harten Fortschritt der
Menschheit Sanftheit und Mitgefühl eingehaucht haben.

Elizabeth II. in ihrer Weihnachtsansprache 1966

2. KAPITEL

18. April 2021
England, Schloss Windsor

Terry Pendry hielt Elizabeth' Lieblingspferd am Zügel.

»Guten Morgen, Eure Majestät. Emma ist bereit.«

Elizabeth zog die Enden ihres Seidentuchs fest.

»Danke, Terry. Heute ist ein herrlich milder Tag, nicht wahr?«

»Perfekte Voraussetzungen, um auszureiten, Ma'am. Der Tag könnte nicht schöner sein«, erwiderte der Gestütsleiter aufmunternd.

Seit langer Zeit war es das erste Mal, dass sie einen Ausritt im Windsor Great Park wagte. Sie war eine routinierte Reiterin, doch in letzter Zeit schmerzte ihr Rücken, weshalb sie kürzergetreten war.

Elizabeth wandte sich dem Pferd zu und sprach ihm gut zu. »Dann wollen wir mal, nicht wahr, Emma?«

Ein Leben ohne Pferde konnte sie sich nicht vorstellen; sie ritt, seit sie drei war. Allerdings war es in ihrem Alter wichtig, ein Pferd zu reiten, das sicher im Tritt war.

Elizabeth ließ von Emma ab und nickte Terry auffordernd zu.

Emma stand mucksmäuschenstill, als Elizabeth sich nach oben zog und die Füße in die Steigbügel schob.

Die Königin nickte Terry Pendry noch einmal zu und schnalzte. Augenblicklich setzte Emma sich in Bewegung.

Wie immer ging Elizabeth mit der Bewegung des Tieres mit und spürte, wie ein Gefühl der Lebendigkeit ihren Körper durchströmte. Der Wind streichelte ihr Gesicht. Elizabeth fühlte sich frei und beschwingt, geradezu alterslos. So hatte sie schon lange nicht mehr empfunden.

Sie ließ den Blick schweifen, auf die Bäume ringsum, die Wiesen und den Himmel. Alle Sorgen ließ sie los.

Sie war noch nicht weit gekommen, da fiel ihr ein, dass sie die Papiertüte mit der Karotte vergessen hatte. Nach dem Reiten wartete Emma immer auf ihre Belohnung. An dieses Ritual war sie gewöhnt.

Der aufflammende Ärger über sich selbst verklang. Von einer Karotte würde sie sich den Ausritt nicht verderben lassen.

Sie zog die Zügel an, um Emma zu bedeuten, langsamer zu werden, doch stattdessen verfiel die Stute in Galopp und wurde immer schneller.

»Emma ...«

Elizabeth fuhr hoch. Von fern glaubte sie leises Wiehern zu hören, doch dann realisierte sie, dass es Vogelzwitschern war. Das Trillern und Zirpen der Vögel drang durch das geöffnete Fenster in ihr Schlafzimmer und mischte sich mit dem Pochen ihres Herzens.

Erleichtert ließ sie den Kopf zurück auf das Kissen sinken. Sie war aus einem Traum aufgeschreckt.

Sie sah auf die Uhr. 5.16 Uhr. Verschlafen kniff sie die Augen zusammen und drehte sich auf die andere Seite. Sie konnte noch weiterschlafen.

Den Geräuschen der Vögel lauschend, folgte sie ihrem Atem, drehte sich auf den Rücken und schob das Kissen zur Seite. Die Müdigkeit ließ sie gähnen, doch ihre Gedanken ließen sie nicht zur Ruhe kommen.

Sie sah Philip als jungen Mann vor sich, kurz darauf in seinen Vierzigern, danach mit Anfang sechzig. Schließlich sah sie ihn an seinem letzten Tag.

Das Gefühl der Trauer strömte durch ihren Körper.

»Philip«, murmelte sie in die Dunkelheit.

Sie vermisste ihn furchtbar. *Duke of Hazard* – Herzog des Risikos – hatten die Briten ihn liebevoll genannt. Sein Humor war der perfekte Gegenpart zu ihrer disziplinierten Sachlichkeit gewesen.

Viele, die ihr nahegestanden hatten, lebten nicht mehr. Es wurde jedes Jahr stiller um sie.

Elizabeth konnte kaum glauben, dass ausgerechnet gestern, am Tag von Philips Beerdigung, Sir Michael Oswald verstorben war. Er hatte achtundzwanzig Jahre lang *The Royal Stud*, das königliche Gestüt auf dem Sandringham-Anwesen, geleitet und war schon der Rennberater ihrer Mutter gewesen – einer der nettesten und charmantesten Männer, die sie kannte. Selbst in seinen Achtzigern war er ein Mann mit enorm viel Energie gewesen.

Elizabeth wandte den Kopf. Die Zeiger des Weckers bewegten sich kaum weiter. Ihren *Twinings English Breakfast*-Tee mit Milch und ihre geliebten *Marie Biscuits* bekäme sie erst in gut zwei Stunden ans Bett gebracht.

Danach wartete ein Bad auf sie und gegen 9 das Frühstück.

Sie überlegte, ob sie heute Haferflocken mit getrockneten Aprikosen und Macadamianüssen nehmen sollte oder ein gekochtes Ei und Toast mit Marmelade.

In letzter Zeit hatten Philip und sie nach dem Frühstück BBC 4 gehört, doch Elizabeth scheute sich, das Ritual ohne ihn aufrechtzuerhalten.

Das Zwitschern der Vögel wurde lauter.

Sie dachte an die Aufgaben, die auf sie warteten. Die Arbeit half ihr, mit der Trauer umzugehen. Ohne Termine … wer war sie da?

Sie knipste das Licht an und nahm das Foto ihres Mannes vom Nachttisch. Es war eins der letzten, die es von ihm gab. Sie selbst hatte den wachen Ausdruck in seinen Augen festgehalten. Bis zuletzt hatte Philip interessiert, oft auch ungeduldig auf die Welt geblickt. Er hatte sich nie zurückgelehnt, um andere machen zu lassen. Desinteresse war nicht seine Sache gewesen.

»Wenn du und ich nicht mit gutem Beispiel vorangehen und etwas in Bewegung setzen, wer dann?«

Langsam ebbte der Schmerz ab, den sie jeden Morgen empfand, wenn ihr klarwurde, dass Philip nicht mehr da war. Elizabeth war niemand, der rückwärtsgewandt lebte. Lieber konzentrierte sie sich auf die vielbeschworene Gegenwart und die Zukunft.

Seit Philips Tod jedoch suchten sie ungewohnte Gedanken an die Vergangenheit heim. Sein Verlust gab ihr das Gefühl, einen Teil ihrer selbst verloren zu haben. Als sei sie nicht mehr vollständig. Und plötzlich schien es, als habe man nur noch die Erinnerungen mit diesem Menschen …

Ihre Stylistin Angela Kelly hatte sie nach der Beerdigung mit einem Blick, als wolle sie sie tröstend umarmen, in Windsor erwartet. Sie hatte diskret geschwiegen, während sie Elizabeth aus dem Mantel geholfen und sich ihres Huts angenommen hatte. Angela hatte geahnt, wie es ihr ging, und gewusst, dass Schweigen in dieser Situation das Beste war.

Ohne Mantel, Hut und Tasche hatte Elizabeth sich kurz darauf ins Wohnzimmer zurückgezogen. Sie hatte kaum das Geräusch der sich schließenden Tür wahrgenommen, froh, mit ihren Gedanken und Gefühlen allein zu sein. Die Polster hatten nachgegeben, als sie in die Couch gerutscht war. So hatte sie dagesessen, die Hände gefaltet, untröstlich wegen des Verlusts, der ihr widerfahren war.

Trauer war etwas ungemein Intimes. Niemand kam darum herum, sich dieser verstörenden Einsamkeit zu stellen. Und egal wie viele Familienmitglieder und Freunde einem blieben, die Einsamkeit nach dem Verlust des wichtigsten Menschen verließ einen nie ganz.

Elizabeth schob die Bettdecke bis unters Schlüsselbein.

Während der gestrigen Zeremonie hatte sie sich mit der Gewissheit getröstet, dass Philip immerhin friedlich eingeschlafen war.

»Ich widme mein Leben dir, Lilibet. Dir und der Krone. Du kannst auf mich zählen. Unter allen Umständen.«

»Und du auf mich«, hatte sie am Tag ihrer Verlobung erwidert. Sie hatte gespürt, wie nahe ihr diese Worte gingen, denn ihre Stimme hatte leicht gezittert.

Es hatte viele verbindende Situationen zwischen ihnen gegeben, aber auch viele schwierige. Sie hatten beide Fehler begangen.

Als sie Königin geworden war, hatte sie die Krone an erste Stelle gesetzt, um zu beweisen, dass sie das Zeug zu einer guten Monarchin hatte.

Als ihr schließlich klar geworden war, wie wenig sie für ihre Kinder Charles und Anne da gewesen war, hatte sie realisiert, dass niemand die Zeit zurückdrehen konnte. Auch sie nicht.

Bei den später Geborenen, Andrew und Edward, hatte sie gutzumachen versucht, was sie zuvor versäumt hatte.

Inzwischen hatten Charles und sie sich ausgesprochen und begegneten sich längst auf Augenhöhe. Wie sie selbst, arbeitete ihr Sohn unermüdlich für die Krone und war ihr eine wichtige Stütze. Und auch, wenn es ihr anfangs schwergefallen war, es zuzugeben, trug nicht zuletzt sein privates Glück dazu bei, dass sie einander wirklich nahegekommen waren.

Am Anfang ihrer Ehe hatte Elizabeth selbst erlebt, wie das Glück einen beflügeln konnte. Bei öffentlichen Auftritten hatten die Menschen ihr und Philip enthusiastisch zugejubelt. Offenbar hatten sie gespürt, dass sie einander von Herzen zugetan waren und aufeinander achtgaben. Dieses Glück hatte sie über Jahrzehnte befähigt, ihr Bestes für Großbritannien und den Commonwealth zu geben.

Elizabeth ließ ihre Gedanken ziehen und war gerade im Begriff aufzustehen, als sie plötzlich eine ungeheure Nähe zu Philip spürte. Es war, als läge seine Hand, tröstlich und warm, auf ihrer. Instinktiv hielt sie die Luft an und verharrte sitzend im Bett.

»Lilibet … *Cabbage* …«, hörte sie ihn wie von fern nach ihr rufen.

Unwillkürlich lächelte sie. Wie oft hatte Philip sie in den Anfangsjahren so gerufen, hatte sie geneckt, bis sie beide laut lachen mussten.

In ihrem Kopf wurde es wieder still, die Bilder rissen ab.

Sie schlug die Decke zur Seite, stellte das Foto zurück auf den Nachttisch und langte nach dem Wasserglas, um einen Schluck zu trinken. Im Bett zu bleiben, hatte keinen Sinn. Ihr blieb ohnehin nur noch eine kurze Zeitspanne auf Erden, was unerwartet tröstlich war.

Sie stellte das Glas wieder ab. Neben Philips Foto standen weitere Schnappschüsse in Silberrahmen. Unter anderem das Foto einer strahlend jungen Margaret neben ihrer Mutter, der *Queen Mum*.

Das Foto war zu Zeiten von Margarets heimlicher Liebe zu Peter Townsend aufgenommen worden. Nie war Margaret glücklicher gewesen als in jener Zeit.

Elizabeth tastete mit den Füßen nach ihren Pantoffeln.

Beim Anblick des Fotos empfand sie Glück und Traurigkeit. Damals hatte sie nicht ahnen können, dass Margarets Leben für immer vom Verzicht auf Peter überschattet sein würde.

Höhen und Tiefen, Freuden und Enttäuschungen gehörten zu jedem Leben. Doch die unmögliche Liebe ihrer Schwester war nicht nur für Margaret selbst, sondern auch für Elizabeth einschneidend gewesen. Wie schwer war es ihr damals gefallen, ihrer Rolle als Königin gerecht werden zu müssen.

Dass ihrer Schwester verwehrt geblieben war, was sie selbst so lange hatte genießen dürfen – ein gemeinsames Leben mit dem Mann, den sie liebte –, hatte Elizabeth selbst nach Margarets Tod noch bekümmert.

Auch in ihrer Ehe hatte es Auf und Abs gegeben, doch Philip und sie waren stets fest entschlossen gewesen, einander in allen Lebenslagen zu unterstützen.

Elizabeth zog den Morgenrock über. Von dem Zwitschern der Vögel abgesehen, herrschte im Zimmer wunderbare Stille. Auf ihren Stock gestützt, ging sie zum Fenster, öffnete es und sah in den Park hinaus.

Sie hatte jahrzehntelanges Training darin, ihren Gefühlen nicht zu viel Aufmerksamkeit zu schenken, doch es gab Empfindungen, die auch sie nur schwer unter Kontrolle brachte. Zum Beispiel die Gewissheit, dass es für nichts und niemanden ein Zurück gab.

Sie machte ein paar Schritte zur Kommode. In letzter Zeit hatte es kaum Tage gegeben, an denen sie nicht an Harry und William und das ehemals unzertrennbare Band zwischen den Brüdern gedacht hatte.

Seit er mit Meghan zusammen war, wirkte Charles' Jüngster bisweilen, als hätte er keinen festen Boden mehr unter den Füßen. Elizabeth' ausgestreckte Hand, die sie Harry – symbolisch – immer wieder reichte, schien er nicht fassen zu können.

Bei dem Gang hinter Philips Sarg hatten William und Harry nicht, wie früher, auf die Kraft ihrer brüderlicher Liebe zählen können. Zwar waren sie dem Trauerzug zur St. George's Chapel in gleicher Reihe gefolgt, allerdings mit ihrem Cousin Peter Phillips, Annes Sohn, als eine Art Schutzwall zwischen sich. Das Manko ihrer Verbundenheit hatte die ganze Nation bezeugen können.

Harry schien aus der schützenden Hülle, die William und Kate lange Zeit für ihn gewesen waren, herausgefallen zu sein. Wie konnte sie ihm nur helfen?

»Ich hoffe, die beiden begraben ihren Zwist und gehen aufeinander zu. Die Zeit macht die Dinge nicht leichter. Zerstritten zu sein, hilft niemandem …«, hatte Philip noch kurz vor seinem Tod betrauert.

Geduld war nie seine Stärke gewesen. Philip hatte Dinge rasch gelöst und stets entschlossen nach einem Ausweg gesucht.

In Harrys und Williams Fall gab es jedoch keine schnelle Lösung. Philip hatte sich deshalb oft ohnmächtig gefühlt. Und nun hatte seine Beerdigung den Konflikt der beiden noch deutlicher zu Tage treten lassen.

Aus Rücksicht auf Harry hatte Elizabeth wenige Tage vor der Beisetzung den Dresscode für die Trauergäste ändern lassen. So wollte sie verhindern, dass Harry sich vorgeführt vorkam. Nach dem Rücktritt als Senior Royal musste er seinen militärischen Ehrentitel aufgeben und ihm wäre nichts anderes übrig geblieben, als in einem dunklen Anzug mit Dienstorden zu erscheinen. Und um ihm unangenehme Gefühle zu ersparen, hatte sie bestimmt, dass alle Männer in Cutaways mit einer schwarzen Krawatte erscheinen sollten.

»Harry, ich wünsche mir von Herzen, dass du dein Glück findest«, murmelte Elizabeth.

Früher oder später, so hoffte sie, würde es zu einer Aussöhnung zwischen ihren Enkeln kommen. Die Frage war nur, ob sie es noch erlebte.

Sie verließ ihr Schlafgemach, grüßte die Wachen und ging in das Zimmer, in dem die Hunde schliefen. Candy und Muick hüpften aus ihren Körben und schnüffelten an ihren Beinen. Der Corgi-Dackel-Mischling Sandy und der Cockerspaniel Lissy taten es ihnen nach.

Elizabeth tätschelte die Hunde, dann ging sie, auf ihren Stock gestützt und von den Hunden flankiert, in ihre Gemächer und zu ihrem Schreibtisch. Die Hundeschar legte sich nieder, als sie in ihrem Sessel Platz nahm.

Sie schlug ihr aktuelles Tagebuch auf und huschte über die Zeilen, die sie am Tag zuvor hineingeschrieben hatte.

Wir sind alle nur auf der Durchreise. Und wenn unsere Zeit auf Erden vorbei ist, kehren wir heim.

Die Hunde gaben leise Laute von sich. Elizabeth beugte sich zu ihnen hinab und streichelte sie. Mit einem leisen Seufzen ließ sie von ihnen ab und dachte an Philips Beerdigung.

Wegen der Pandemie war sie reduziert abgelaufen, im Gegensatz zu der letzten royalen Beerdigung sechs Jahre zuvor, als zehntausende Menschen die Straßen gesäumt hatten, während der letzte König aus dem Hause Plantagenet, dessen Tod in der Schlacht von Bosworth 1485 den Aufstieg der Tudors bedeutet hatte, zu Grabe getragen worden war.

Es war lange unklar gewesen, wo sich sein Leichnam befand, doch dann hatte man seine Überreste 2012 unter einem städtischen Parkplatz in Leicester gefunden. Weil man dem König nachsagte, ehemals seinen Neffen im Tower von London ermordet zu haben, hatte Elizabeth sich durch Sophie, die Frau ihres Sohnes Edward, vertreten lassen. Sophie hatte der Wiederbestattung beigewohnt, die nach mittelalterlichen Regularien der katholischen Kirche abgehalten worden war, mit Rittern in glänzenden Rüstungen und stundenlangen Berichterstattungen …

Elizabeth nahm eines ihrer älteren Tagebücher zur Hand und blätterte durch die Seiten.

Als Monarchin muss man menschlich und optimistisch, sympathisch, standhaft, interessiert und trotz allem neutral sein, denn als Königin Großbritanniens ist man so etwas wie die Verkörperung einer guten Zukunft.

Zurückhaltung und Selbstbeherrschung sind der Schlüssel zur Seele des britischen Volkes. Doch man muss auch mit der Zeit gehen.

Anfang der siebziger Jahre, als sie dazu übergegangen war, nicht nur mit Bürgermeistern und Regierungsmitgliedern, sondern mit den Menschen auf der Straße näher in Kontakt zu treten, war das ausgesprochen positiv aufgenommen worden. Zur Freude der Medien, vor allem aber zum Vergnügen der Menschen in Neuseeland hatte sie in Wellington den Wagen erstmals vor dem roten Teppich in der Innenstadt, der ihretwegen ausgerollt worden war, anhalten lassen. Sie war mit Philip ausgestiegen und auf die Menschen zugegangen.

Unvergesslich, wie erstaunt die Frauen und Männer gewesen

waren, als Elizabeth sie gefragt hatte, wie es ihnen ging und ob sie einen schönen Tag hatten. Der *Walkabout* war geboren.

Die Medien hatten geschrieben, *sie wäre ein wenig vom Weg abgekommen* ... Doch Elizabeth hatte es besser gewusst. Die Monarchie würde nie wieder dieselbe sein.

Sandy riss die Schnauze auf und gähnte. Mit einem leisen Geräusch schmiegte sie sich an Elizabeth' Fußgelenk.

Wie gern hätte sie Philip noch einmal dafür gedankt, dass er den langen Weg mit ihr gemeinsam gegangen war, und auch dafür, dass sie in den letzten Wochen die kleinen Dinge zu großen gemacht hatten.

Im Gegensatz zu ihrer behüteten Kindheit waren seine Kinderjahre von Flucht und einem fehlenden Zuhause überschattet gewesen.

Nach dem Militärputsch in Griechenland 1922 war Philips Familie ins Exil gegangen. Seine Mutter, Alice von Battenberg, nach Paris, sein Vater nach Monte Carlo, wo er bald mit seiner Geliebten lebte.

In der Fremde war Alice von Battenberg auf das Wohlwollen ihrer Verwandten und Freunde angewiesen gewesen, und als bei ihr Anzeichen von Schizophrenie festgestellt worden waren, hatte Philips Onkel, Louis »Dickie« Mountbatten, seine Schwester in eine psychiatrische Klinik in der Schweiz einweisen lassen. Ab da hatten sich Verwandte um Philip gekümmert. Seine Mutter hatte er nur noch wenige Male gesehen und mit seinem Vater lediglich in schriftlichem Kontakt gestanden.

Ihre eigene Kindheit war gänzlich anders verlaufen. Elizabeth hatte sich stets umsorgt gefühlt: von ihrem Kindermädchen, ihren Eltern, den Großmüttern und besonders von ihrem Großvater, dem König, *Grandpa England.*

Selbst heute noch verkraftete sie die Schwere mancher Situationen wegen dieses Reservoirs an Geborgenheit, auf das sie immer zurückgreifen konnte.

»Mut wird dir eines Tages dabei helfen, deine eigene Furcht zu überwinden, Lilibet.«

Dieser Satz stammte von ihrem Großpapa. Sein Gefühl für Häuslichkeit und seine Vorliebe für das Normale hatte Elizabeth übernommen. Ebenso seine Tatkraft.

»Und vergiss nie, die Launen des Augenblicks müssen hinter der Pflicht zurückstehen. Das darfst du nie vergessen.« Vor allem dieser Satz von ihm hatte sie entscheidend geprägt.

Die Ausstrahlungskraft Georges V. hatte in seiner Einfachheit gelegen. Wenn er über den Rundfunk zu den Menschen sprach und man seine warme, gutturale Stimme hörte, war er für Millionen von ihnen real.

Auch ihr Vater hatte Elizabeth vergöttert.

»Dich zum ersten Mal im Arm zu halten, Lilibet, war ergreifend. Dieses Erlebnis werde ich bis zu meinem letzten Tag nicht vergessen.«

Auch nach Jahrzehnten sehnte Elizabeth sich manchmal nach ihren Eltern und Großeltern. Wenn die Sehnsucht zu groß wurde, schloss sie die Augen und erinnerte sich an sie …

3. KAPITEL

April/Mai 1926
England, London, Mayfair
und Buckingham-Palast

Tränen der Ergriffenheit stiegen der Herzogin in die Augen, während sie mit leiser Stimme auf das Baby in ihrem Arm einsprach. Sie strich über die Stirn des Neugeborenen, griff nach der winzigen Hand und begann die kleinen Finger, einen nach dem anderen, abzuküssen.

Dabei sprach sie leise vor sich hin: »Es ist ein Wunder, dass du bei uns bist, Elizabeth. Das größte Wunder überhaupt.«

Königin Victoria hatte den Akt des Stillens ehemals als den Ruin intellektueller und raffinierter junger Damen tituliert. Welch ein selbstgewählter Verlust an Nähe, fand die Herzogin.

Als sie Elizabeth am vergangenen Tag zum ersten Mal angelegt hatte, hatte sie sogleich ein Gefühl tiefer Verbundenheit mit dem kleinen Wesen an ihrer Brust durchströmt. So ging es ihr auch jetzt wieder, als das Baby sich mit zusammengekniffenen Augen zu ihr drehte.

Während Elizabeth selig trank, gab die Herzogin sich dem Gefühl ergriffener Dankbarkeit hin, das das kleine Wunder in ihren Armen in ihr auslöste. Sie wollte das Beste für das Neugeborene, und was gab es Förderlicheres, als das Baby während des Stillens die innige Nähe zur Mutter spüren zu lassen.

Die Herzogin hatte sich entschieden ihr Kind in 17, Bruton Street, dem Londoner Wohnsitz ihrer Eltern, zur Welt zu bringen, einem Gebäude im Mayfair-Stil mit einer Säulenfront. Am Ende der Straße lag der Berkeley Square. Dort sangen die Nachtigallen, und in der Dunkelheit flogen Eulen umher.

Auf den Wegen des Berkeley Square würde Mrs Knight das Neugeborene im Kinderwagen spazieren fahren. Clara Knight, hochgewachsen und helläugig, war schon die Kinderschwester der Herzogin gewesen, als sie noch Elizabeth Bowes-Lyon gewesen war.

Mrs Knight war eine Frau, die mit Hingabe die Rolle der stellvertretenden Mutter übernahm, entschlossen, stets mit allem fertigzuwerden und kaum je einen freien Tag zu nehmen. Derart unterstützt, fühlte die Herzogin sich für die erste Zeit nach der Geburt gewappnet.

Trotz dieser Umstände hatte sie sich ein wenig vor der Geburt gefürchtet. Sie war sich jeden Tag ihrer Schwangerschaft darüber im Klaren gewesen, dass sie im Beisein des Innenministers entbinden würde. An dieser Sitte, die auf ein Ereignis im späten 17. Jahrhundert zurückging, als König James II. und Königin Mary Beatrice beschuldigt wurden, ihr tot geborenes Baby gegen ein fremdes lebendes ausgetauscht zu haben, um die Thronfolge zu sichern, war nicht zu rütteln. Seitdem stellte man sicher, dass das Neugeborene ein Königskind war, und schickte Zeugen, die der Geburt beiwohnten.

Jedoch machte es einen Unterschied, ob man dies vom Hörensagen wusste oder es selbst erlebte. Wahrscheinlich war es dem Innenminister unangenehm gewesen, bei der Geburt des ersten Kinds des Herzogpaars von York anwesend zu sein. Seine Anwesenheit in der Intimität des Hauses ihrer Eltern, des *Earl* und der *Countess of Strathmore*, hatte sich auch für ihn falsch angefühlt.

Schlussendlich hatte die kleine Elizabeth per Kaiserschnitt das Licht der Welt erblickt.

Als die Herzogin aufwachte, war der Innenminister schon fort, und sie sah in das selig lächelnde Gesicht ihres Mannes, der sie mit geröteten Wangen anstrahlte und dankbar ihre Hand drückte, während er ihr berichtete, was geschehen war. »Du hast eine wunderschöne Tochter zur Welt gebracht. Dafür kann ich dir nicht genug danken.«

Bertie war die Erleichterung, dass es seiner Frau und dem Baby gut ging, deutlich anzusehen gewesen. Er hatte sich ernsthaft Sorgen um beide gemacht.

»Hast du Schmerzen, Elizabeth? Soll ich den Arzt rufen?«

Die Herzogin hatte matt gelächelt und von ihrem Unterbauch, den sie vorsichtig abgetastet hatte, abgelassen. »Mach dir keine Sorgen, Bertie. Ich bin kein zartes Pflänzchen, das vom ersten Wind umgepustet wird, auch wenn manche das vielleicht vermuten würden.« Die Schmerzen hielten sich in Grenzen. Es ging ihr soweit gut.

»Eine deiner Stärken, für die ich unendlich dankbar bin«, hatte Bertie sie gelobt.

Falls es noch eines Beweises bedurft hatte, dass seine Frau die Richtige für ihn war, hatte er ihn nun erhalten.

Als die Herzogin ihre Tochter an diesem Tag endlich zum ersten Mal im Arm hielt, empfand sie unermessliche Liebe für das kleine Wesen.

»Wissen der König und die Königin Bescheid?«, hatte sie, ohne die Augen von dem Baby zu lösen, von ihrem Mann wissen wollen.

»Selbstverständlich haben sie von ihrer Enkelin erfahren.« Bertie hatte minutiös aufgezählt, welche Schritte unternommen worden waren.

George V. und seine Frau Mary hatten vor der Geburt strikte Weisung erlassen, jederzeit über Veränderungen des Zustands ihrer Schwiegertochter informiert zu werden.

Der diensthabende Oberstallmeister, Reginald Seymour, persönlicher Assistent des Monarchen, hatte den König und die Königin in den frühen Morgenstunden geweckt, um ihnen die frohe Botschaft zu überbringen.

Am Nachmittag machten der König und die Königin sich im Auto von Windsor nach London auf, um ihre erste Enkelin in Augenschein zu nehmen.

Als der königliche Wagen eintraf, warteten bereits unzählige Gratulanten. Die Bruton Street war voll von Menschen, die auf die Nachricht der Entbindung warteten. Die Menge jubelte dem König frenetisch zu. Sein Erscheinungsbild verkörperte Tradition und Kontinuität, Pflichtbewusstsein, Würde, Mut und Aufrichtigkeit. Wie immer waren seine Beinkleider seitlich gebügelt, ohne Bügelfalte vorn und hinten, und im Knopfloch seines Gehrocks steckte eine weiße Gardenie. Höchsten Wert legte er jedoch auf gesunden Menschenverstand und Fleiß.

George V. bedankte sich mit mehrmaligem Nicken bei den Menschen. Ergriffen nahm er die Freude der Wartenden in Empfang und schnappte hier und da sogar einen Kommentar auf. Man munkelte, das Neugeborene habe blonde Haare und große blaue Augen und kleine Ohren, die dicht an seinem wohlgeformten Kopf anlagen.

»Es ist unglaublich, wie sehr die Menschen sich freuen. Sie sind außer sich«, sagte George zu seiner Frau, als sie das Haus der Schwiegereltern ihres Sohnes betraten.

Königin Mary ging vor ihrem Mann in den Raum, in dem ihre Schwiegertochter sich befand. Ohne zu zögern, beugte sie sich über ihre Enkelin.

»Gott im Himmel, dieses Kind ist entzückend«, rief sie. Ihre Stimme klang freudig. »Obwohl ich wünschte, du wärst mehr deiner Mutter nachgeraten«, ergänzte sie Augenblicke später. Über ihr Gesicht huschte ein Lächeln, das rasch wieder ihrer gewohnt ernsten Miene Platz machte.

Bertie begrüßte seine Eltern mit gedämpfter Stimme. »Wir freuen uns so sehr über dieses kleine Wesen«, sagte er. »Mit diesem Kind ist unser Glück vollkommen.« Er strich seiner Tochter liebevoll über das zarte Köpfchen, während er die Worte aussprach.

»Aber hoffentlich nur, bis das nächste kommt«, erwiderte die Königin. »Es werden doch weitere Kinder folgen?«

»So Gott will.« Bertie warf seiner Frau einen liebevollen Blick zu. Aus den Augen der Herzogin las er ihr Einverständnis.

Die Königin selbst hatte sechs Kinder zur Welt gebracht. Und ihre Schwiegertochter würde sicher bald wieder schwanger werden, wenn sie sich erst erholt hätte, hoffte sie.

Das ärztliche Bulletin über Mutter und Kind umschrieb den Umstand, durch den die Herzogin ihre Tochter Elizabeth Alexandra Mary – benannt nach ihrer Mutter, Großmutter und Urgroßmutter – am Mittwoch, den 21. April, um 2.40 Uhr zur Welt gebracht hatte, mit vorsichtigen Worten: »Eine bestimmte Art der Behandlung wurde erfolgreich angewandt«, hieß es schlichtweg.

Ein inoffizieller Stadtausrufer gab der Menschenmenge Details bekannt. Die jahrhundertealte Tradition ging bis ins mittelalterliche England zurück, als Stadtausrufer der Öffentlichkeit Neuigkeiten verkündeten, da damals viele Menschen Analphabeten waren.

Die Zeitungen drückten ihre Freude über das Ereignis an den darauffolgenden Tagen wiederholt aus. Die Geburt der Tochter des Herzogs und der Herzogin von York sorgte für Freude im ganzen Land, doch niemand maß dem besondere Bedeutung bei. Elizabeth stand außerhalb der direkten Thronfolge. Der *Prince of Wales*, Berties Bruder David, würde dereinst seinen Vater König George V. ablösen. Diese Tatsache sicherte Elizabeth von Beginn an ein ruhiges und zurückgezogenes Leben. Genau das wünschten sich der Herzog und die Herzogin für ihr Kind.

Einige Tage nach dem Besuch seiner Eltern schrieb Bertie seiner Mutter einen Brief.

Ich bin so stolz auf Elizabeth, meine Frau, nach allem, was sie in den letzten Tagen hat durchstehen müssen. Ich hoffe aufrichtig, dass Du und Papa ebenso glücklich seid, eine Enkelin zu haben. Darf ich vielleicht hinzufügen, dass ich hoffe, Ihr werdet das Kind nicht verwöhnen, wenn es größer geworden ist.

Und seinem Vater schrieb er:

Ich hoffe, dass Du mit den Namen Elizabeth Alexandra Mary einverstanden bist. Ich bin überzeugt, dass es trotz zwei Elizabeth in der Familie zu keinen Verwechslungen kommen wird. Wir legen großen Wert darauf, dass sie Elizabeth gerufen wird, denn es ist ein so hübscher Name, und seit langem hat es niemanden dieses Namens in unserer Familie gegeben. Auch Elizabeth von York klingt so hübsch …

George V. antwortete seinem Sohn umgehend:

Er gefällt mir. Es ist ein hübscher Name … Mir bleibt allerdings nicht verborgen, dass Du Victoria nicht erwähnst, die größte Königin überhaupt …

Bertie hatte nicht vergessen, dass Victoria ihrerseits verfügt hatte, dass alle Kinder in der Thronfolge die Erinnerung an ihren geliebten Ehemann Albert und sie selbst wahren sollten.

Ich halte das eigentlich nicht für notwendig, antwortete Bertie, *Elizabeth kommt schließlich nicht für die Thronfolge in Betracht.*

Die Taufe nahm Cosmo Lang, der Erzbischof von York, am 29. Mai in der Privatkapelle des Buckingham-Palasts vor. Das goldene Taufbecken von 1840 war eigens aus Windsor nach London gebracht und mit Jordanwasser befüllt worden.

»Deine Taufe ist eine bedeutende Veranstaltung, Elizabeth«, bereitete die Herzogin ihre fünf Wochen alte Tochter auf das Ereignis vor. Sie sprach mit beruhigender Stimme auf das Kind ein. »Es ist dein erster öffentlicher Auftritt ... und schau dir nur dieses prachtvolle Taufkleid an.«

Es war aus Seide und Spitze und 1841 für die Taufe von Königin Victorias Tochter, Prinzessin Victoria, angefertigt worden.

Bertie kam ins Zimmer geeilt. Die Herzogin war bereits angekleidet und hatte sich ihre Perlen anlegen lassen. »Elizabeth muss noch angekleidet werden. Ich hoffe, sie bleibt während der Taufe ruhig und schreit nicht.«

Berties Lächeln überzog sein ganzes Gesicht. Er warf einen zärtlichen Blick auf seine Tochter. »Elizabeth kann nichts falsch machen. Genau wie du. Nicht in meinen Augen.«

Er war nervös, wollte es sich aber nicht anmerken lassen, ahnte die Herzogin. Bertie hatte Angst, er könnte stottern, wenn er später etwas sagen musste. Elizabeth half ihm, so gut sie konnte, mit dieser Belastung umzugehen. Doch es war nicht immer leicht, schließlich konnte sie ihm die Pflichten als Vater, der bei der Taufe seines Töchterchens ein paar Worte sagen sollte, nicht ersparen.

Als bei der Taufe das Wasser das Köpfchen der kleinen Prinzessin benetzte, setzte Elizabeth zu einem entsetzten Krähen an.

»Schhh …«, besänftigte die Herzogin. Sie wiegte ihre Tochter hin und her und schaffte es schließlich, sie zu beruhigen.

Nachdem der offizielle Teil der Taufe samt Fototermin hinter ihnen lag, zogen Bertie und Elizabeth sich zurück.

Die Herzogin gab ihren Gefühlen eine Stimme. »Ich bin dem Herrgott dankbar, dass Elizabeth und ihre Geschwister, sollten uns weitere Kinder beschieden sein, in Ruhe aufwachsen können.« Sie ließ sich in den Sessel sinken, erleichtert, dass sie den Tag so gut überstanden hatten. »Wir dürfen ein Leben in Zurückgezogenheit führen, fernab der ersten Reihe. Ein Leben in Zufriedenheit und Harmonie.«

Bertie teilte die Ansicht seiner Frau. Er konnte sich ein Leben als Nachfolger seines Vaters nicht mal im Traum vorstellen. Gott sei Dank wäre sein Bruder David dereinst König. Er wäre Zwängen unterworfen, während Bertie und seine Familie frei leben konnten. David hatte einen anderen Charakter als Bertie. Er stand gern im Mittelpunkt, feierte Nächte durch und war zudem beim Volk sehr beliebt.

»Wir haben Glück, Elizabeth«, stimmte Bertie seiner Frau zu. Er drückte zärtlich ihre Hand. »Und dieses Glück werden wir festhalten.«

Er sah das Antlitz seiner Tochter vor sich. Die Liebe ihrer Eltern und Großeltern wäre Elizabeth für immer sicher. Diese Liebe und die Werte, die sie vermittelt bekäme, würden ihren Charakter positiv prägen.

»Wir dürfen nie vergessen«, sprach er weiter, »dass wir das Glück auf unserer Seite haben. Elizabeth wird umsorgt und behütet in London und auf dem Land aufwachsen.«

Die Herzogin klopfte mit der flachen Hand auf die Lehne des Sessels. Bertie verstand die Geste, ging zu seiner Frau und sank auf die ausladende Sessellehne.

»Weißt du, Bertie, bevor wir einander begegnet sind, lag ich manchmal nachts wach im Bett und habe mir ausgemalt, in nicht allzu ferner Zeit ein glückliches Familienleben mit einem Mann und Kindern zu führen. Ich habe alles in bunten Bildern vor mir gesehen.« Die Herzogin lachte leise bei der Erinnerung. »Meine Freundinnen taten dasselbe. Wir sprachen darüber, wie wunderbar unser Leben verlaufen würde und welcher Mann für welche von uns infrage käme.«

»Und dann war eines Tages ich da«, spann Bertie den Faden weiter. »Über mich habt ihr sicher nicht gesprochen.«

Die Herzogin lächelte noch immer. »Woher willst du das wissen?«

»Deine Eltern waren jedenfalls nicht beeindruckt von deinem Verehrer.«

Elizabeth gab ihrem Mann einen verspielten Klaps auf den Unterarm.

Eines Abends hatte ihre Mutter sie in ihrem Ankleidezimmer aufgesucht. Bertie war wieder einmal von Balmoral herübergekommen, meist tauchte er kurz vor dem Abendessen in Glamis auf.

»Nur weil Prinz Albert dir den Hof macht, versinken wir nicht in Ehrfurcht«, hatte ihre Mutter gesagt.

Sie entstammte dem englischen Zweig der niederländischen Adelsfamilie Bentwick und war außerdem eine Nachfahrin des englischen Königs Heinrich VII. aus dem Haus Tudor, und wie die meisten Schotten war sie England gegenüber distanziert.

Elizabeth war die zweitjüngste der zehn Kinder Lady Strathmores und hatte nicht vergessen, was ihre Mutter ihr ans Herz gelegt hatte.

»Keine Sorge, ich achte nicht nur auf den äußeren Schein, Mummy«, hatte sie versprochen.

Lady Strathmore strich eine Haarsträhne aus Elizabeth' Gesicht. »Niemand sollte sich von äußerem Glanz beirren lassen. Vor allem junge Damen nicht. Du tust recht daran, zurückhaltend zu sein.«

»Ich nehme es mit der Herzenstreue ernst, wie du es mich gelehrt hast. Ich suche Reinheit in einem Menschen und fühle mich nicht zu Männern hingezogen, die ein unstetes Leben führen.«

Elizabeth hätte sich nicht mal vorstellen können, etwas vor ihrer Mutter geheim zu halten oder zu verschleiern. Das hätte sie niemals ausgehalten.

»Recht so, Elizabeth. Dein Vater und ich sind uns bewusst, dass es manchem langweilig erscheint, wenn wir, nachdem ein Abend in Glamis zu Ende geht, unseren Gästen Kerzen reichen, damit sie sich in ihre Schlafzimmer zurückziehen. In unserem Haus wird Gesellschaft hoch gehalten, das weißt du, aber es gibt keine neckischen Spielchen wie andernorts. Jungen Herren sollten die Probleme, die sich mitunter nach übertriebener Ausgelassenheit ergeben, erspart bleiben. Von jungen Damen möchte ich gar nicht reden.«

Elizabeth hatte ihre Mutter geküsst und sich dann wieder ihrer Routine gewidmet. »Bitte richte Bertie aus, dass ich noch nicht fertig bin.«

»Das mache ich, mein Kind.«

Damit war die Unterredung beendet gewesen.

Ihre Erziehung, vor allem der Einfluss ihrer Mutter, waren ein Grund, weshalb Elizabeth ihren königlichen Verehrer abblitzen ließ und zwei Anträge ausschlug. Doch sie tat es auch um ihretwillen, denn sie wusste genau, was sie wollte. Eine Zeit lang vermutete sie, Bertie gäbe auf, doch er machte ihr weiter den Hof, froh, wenn er kurz ihre Fingerspitzen berühren durfte.

Doch dann, ohne dass sie sich dessen recht bewusst war, erfasste Elizabeth Berties Charakter in seinem ganzen Ausmaß. Er war ein Mann, der nie auf die Idee gekommen wäre, ohne lautere Absichten mit einer Frau ins Bett zu gehen, wie viele andere junge Männer es taten. Bertie stand für Stetigkeit, Ehrenhaftigkeit, Loyalität und Liebe. Sicher, er war schüchtern, doch das erdete ihn und war ein Grund für seine Bescheidenheit, die Elizabeth gefiel. Wie Elizabeth liebte er das Landleben und Pferde. Und so gab sie seinem Werben schließlich beim dritten Mal nach und heiratete ihn 1923.

Dass Bertie bis zu seinem siebten Lebensjahr fließend sprechen konnte, ab da jedoch stotterte, akzeptierte Elizabeth. Sie hatte darüber nachgedacht und führte den Makel – so empfand Bertie sein Stottern – auf die harte Hand zurück, mit der der König, seine Kinder erzogen hatte. Von seinen Geschwistern war Bertie wegen des Sprachfehlers aufgezogen worden. Zudem war die Beziehung zu seiner Mutter angespannt. Königin Mary war ihren Kindern gegenüber auf tragische Weise gehemmt. Sie war stolz auf sie, doch war zwischen ihr und den Kindern stets eine Fremdheit spürbar.

Auch ansonsten hatte es für Bertie wenig Hoffnung auf Verständnis und Liebe gegeben. Als Linkshänder war er von seinem Hauslehrer gezwungen worden, mit der rechten Hand zu schreiben. Und dann waren da die Schienen, die er als Kind wegen seiner X-Beine tragen musste. Berties Kammerdiener nahm sie ihm manchmal aus Mitleid ab, wenn der Junge nachts bitterlich weinte.

Dies alles und obendrein noch ein Kindermädchen, das die Kinder des Königs quälte, hatten bewirkt, dass Bertie sich immer mehr in seine eigene Welt zurückzog. Seine Eltern taten es als Bockigkeit ab, was eine Fehleinschätzung war. Fest stand, dass die frühen Erlebnisse Bertie zu dem Mann hatten werden lassen, den Elizabeth in Glamis kennen- und lieben lernte.

Und nun waren sie eine Familie und hatten eine entzückende Tochter.

Die Herzogin lehnte den Kopf an die Sessellehne und sann über ihre Tochter nach. »Ich werde im Schlossflügel in Glamis ein Kinderzimmer für Elizabeth einrichten lassen. Von dort kann sie vom Fenster aus auf die Gartenanlagen ihrer Granny sehen.«

»Das ist eine hervorragende Idee«, stimmte der Herzog ihr zu.

Nachmittags würden Lady Strathmore oder die Kinderfrau Elizabeth im Kinderwagen ausfahren. Die Herzogin sah die von gestutzten Eiben gesäumten Wege und das blaugefliese Becken mit dem steinernen Amor vor sich. In Glamis ginge es ihrer Tochter gut.

»Versprich mir, Bertie, dass wir immer alles für unsere Tochter tun werden, was auch geschieht.« Elizabeth von York beugte sich zu ihrem Mann hinüber, griff nach seiner Hand und drückte sie kaum merklich. »Familie ist das Wichtigste«, sagte sie, als wisse er das nicht längst.

Bertie strich mit der freien Hand über die Wange seiner Frau. Einmal mehr empfand er es als Geschenk des Schicksals, dass er nicht den Thron besteigen würde. Dieser Umstand schützte nicht nur ihn selbst und seine Frau, sondern auch die kleine Elizabeth.

4. KAPITEL

1928/29
England, Northamptonshire,
Naseby Hall, London,
Buckingham-Palast

Elizabeth' kleine Hand war in den Mähnenkamm des Ponys vergraben. Mit einem versonnenen Ausdruck tätschelte sie die ausgeprägte Oberlinie des Halses, und es schien, als habe das Mädchen alles um sich herum vergessen.

Aufmerksam verfolgte Bertie das Tun seiner Tochter. Die Ruhe, die Elizabeth ausstrahlte, während sie das Pony liebkoste, ging auf ihn über. Wenn er mit seiner Tochter zusammen war, gab es für Bertie nur noch ihn und sein kleines Mädchen.

Winston Churchill hatte Elizabeth, als sie zwei Jahre alt gewesen war, Autorität und Nachdenklichkeit zugesprochen, was, wie Bertie fand, eine recht passende Einschätzung ihres Wesens war.

»Halt dich fest, Lilibet«, mahnte er die Zweieinhalbjährige, schwankend zwischen Spaß und Sorge, Elizabeth könne vor Übermut vom Pony fallen, wenn sie sich noch weiter vorbeugte.

Elizabeth indes deutete auf ihre Hände, die sich fest mit dem Mähnenkamm verflochten hatten. In ihrer Stimme schwang Begeisterung mit.

»Das Pony ist ganz furchtbar brav, Papa.« Wie zur Bestätigung ihrer Worte beugte sie sich ein weiteres Mal vor und legte den Kopf auf die Mähne des Ponys. »Bekomme ich mal ein eigenes?« Sie richtete sich wieder auf und schüttelte ihr Haar, sodass die Enden sich verspielt nach außen kringelten. »Ich nenne es Peggy.«

Als sie ihren Traum in Worte gefasst hatte, lief Elizabeth' Gesicht vor Aufregung rot an. Ihr größter Wunsch war ein eigenes Pony, auf dem sie reiten und um das sie sich kümmern konnte.

Bertie suchte in der Tasche seines maßgeschneiderten Tweedanzugs nach Zigaretten, zündete sich eine an und hielt die Zigarette zwischen seinen schlanken Fingern. Er nahm einen ersten Zug und sah den Rauchkringeln nach, die in die Luft stiegen.

»Wir werden sehen, Lilibet.« Er schenkte Elizabeth einen nachsichtigen Blick. »Ich vergesse schon nicht, dass du mein großes Mädchen bist. Wie könnte ich, du sagst es mir ja jeden Tag.«

Elizabeth kicherte. Es war ein so unbekümmerter Ausdruck reiner, kindlicher Freude, dass Bertie sich ergriffen ans Herz fasste.

Lilibet war ein munteres, doch artiges und für ihr Alter sehr vernünftiges Mädchen und erwähnte bei jeder sich ihr bietenden Gelegenheit, wie groß sie schon war.

Als es ihr nicht gelungen war, ihren Namen auszusprechen, hatte sie mit dem Finger einfach auf sich gezeigt und *Tilibet* gekräht. Bertie und seine Frau hatten gelacht und aus Tilibet kurzerhand Lilibet gemacht, ein Kosename, der, wie die Herzogin fand, das liebevolle, manchmal scheue Wesen ihrer Tochter auf reizende Weise widerspiegelte.

Als der König von dem Kosenamen erfuhr, fand auch er ihn passend für seine Enkelin. Zwischenzeitlich hatte Bertie sogar den Eindruck, sein Vater könne den Namen Lilibet gar nicht oft genug aussprechen. Wenn er ihm über die Lippen kam, ging eine seltsame Wandlung vonstatten. Der Mann, unter dessen unerbittlicher Strenge Bertie und seine Geschwister gelitten hatten, vergötterte seine Enkeltochter. Von Strenge oder Strafen keine Spur. Alles an George V. drückte Freude und Nachgiebigkeit aus, wenn er in Lilibets Gegenwart war. Auch Königin Mary – ansonsten streng und distanziert, und keinesfalls geneigt, über Gefühle zu sprechen – stand ihrem Mann, was die Liebe zu ihrer Enkelin betraf, in nichts nach.

Berties Mutter war eine Sammlerin, und mitunter hatte er den Eindruck, dass er und seine Geschwister lediglich anstrengende Bestandteile ihrer reichen Sammlung wären.

Elizabeth jedoch zog von Anfang an alle Aufmerksamkeit auf sich, erst recht, als sie laufen konnte und mit trippelnden Schritten auf Menschen zuwankte und sie anstrahlte.

Bertie hatte verwundert und zugleich beglückt wahrgenommen, wie das Gesicht seines Vaters mit den roten Wangen und dem weichen, weißen Vollbart, der Bertie immer an die Sealyham-Terrier im Schloss erinnerte, sich aufhellte, sobald er nach Lilibet rief. Und kaum wurde er ihrer ansichtig, richtete sich seine leicht gebeugte Statur auf, und seine Augen blickten voller Zärtlichkeit auf das kleine Mädchen.

Elizabeth streckte jedes Mal sofort die Ärmchen nach dem König aus und ließ sich bereitwillig hochnehmen. Und dann schmiegte sie ihre Wange an die seine.

Für Elizabeth war George V. der Inbegriff des geliebten Großpapas. Trotzdem schien sie bereits zu begreifen, dass er der König war.

Es sei tragisch, hatte die Herzogin eines Abends zu Bertie gesagt, dass er während seiner Kindheit unter der harten Hand des Königs gelitten hatte, während Lilibet überschäumende Liebe von ihm erfuhr.

»Ich hatte gehofft, dein Vater wäre seinem ersten Enkelkind wohlgesonnen, doch es ist so viel mehr als das«, hatte sie bereits kurz nach Elizabeth' Geburt mit gemischten Gefühlen festgestellt.

Bertie hatte nachdenklich genickt. »Seine Wandlung ist kaum zu fassen. Es scheint, als wäre er ihr regelrecht verfallen.«

Auch für Bertie und seine Frau stand Elizabeth im Mittelpunkt des Familienlebens. Doch wenn sie morgens zu ihnen gebracht wurde, fragte sie als Erstes nach ihrem Großpapa, und erst danach, ob sie später zu den Ponys gingen.

Und nun, da sie auf einem Pony saß, lächelte sie so unbefangen, wie nur Kinder es taten. Bertie jedenfalls war es unmöglich, seiner kleinen Tochter einen Wunsch abzuschlagen.

Schon als Elizabeth noch im Kinderwagen saß, hatte neben ihr im Gras eine Spielzeugponykutsche ihre Räder ins Gras gegraben. Die Leine, die sie mit dem Spielzeug verband, hatte Elizabeth nur unwillig losgelassen.

Als sie größer geworden war, hatten Bertie und seine Frau ihr ein Schaukelpferd geschenkt, auf dem Elizabeth »ritt«. Den Anblick der Kleinen im weißen Kleidchen auf dem Spielzeugpony würde Bertie nie vergessen. Sie zeigte keinen Funken Angst oder Scheu im Gesicht, obwohl das Pony wesentlich größer war als sie selbst.

Inzwischen überlagerte das Glück Lilibets die schmerzhaften Erinnerungen an seine eigene traurige Kindheit. Auch seinem Bruder David tat Lilibets Gesellschaft gut. Sein rastloser Geist kam zur Ruhe, wenn er mit ihr spielte. In jenen Momenten vergaß David seine Frauengeschichten und sogar seine Zukunft, die er am liebsten von sich gewiesen hätte und die er oft genug beklagte.

Bertie löste sich aus seinen Erinnerungen und sah wieder zu Elizabeth. Das Pony bewegte sachte den Kopf und schnaubte, während das Kind das Tier weiterhin liebkoste.

Naseby Hall zu mieten war die richtige Entscheidung gewesen. In London hatte Bertie sich ausgemalt, wie es wäre, mit der Familie den Winter in Northamptonshire zu verbringen. Inmitten von Grün auf die Jagd zu gehen und sich um Lilibet zu kümmern – das war es, was er wollte.

»Bleiben wir noch hier, Papa? Ich bin noch gar nicht geritten«, fragte Elizabeth in Berties Gedanken hinein.

»Wir sollten nicht zu lange draußen bleiben. Es ist kalt, Lilibet.«

»Ich friere aber gar nicht«, beharrte sie schelmisch.

Sie schloss die Finger um die Zügel. Unerschrocken griff sie fester zu, als das Pony sich langsam in Bewegung setzte. Sie saß aufrecht da und blickte entschlossen nach vorn. Wie der König und auch Bertie vermutet hatten, war Elizabeth fürs Reiten geboren.

»Fühlen Pferde wie wir, Papa?«, fragte Elizabeth plötzlich.

Bertie begann über Pferde zu sprechen. »Kein Pferd mag einen unsicheren Anführer. Egal, ob es ein großes Pferd ist oder ein Pony, es möchte sich auf seinen Anführer oder seine Anführerin verlassen können.«

»Du kannst mir vertrauen«, rief Elizabeth dem Pony mit heller Stimme zu.

»Pferde können den Kopf und den Hals nach oben und unten strecken, nach links und nach rechts. Der Hals ist der beweglichste Teil des Pferdekörpers.«

»Das kann ich auch«, krähte Elizabeth. Flugs drehte sie den Kopf in alle Richtungen, um ihrem Vater zu demonstrieren, dass ihre Worte stimmten. »Aber ich bin trotzdem kein Pferd. Ich bin Lilibet.«

Bertie lachte und erzählte mit ruhiger Stimme weiter, während Elizabeth mit gespitzten Lippen zuhörte und sie dem Weg folgten.

In den ersten Lebensmonaten seiner Tochter war Bertie fast täglich zu Lionel Logues Sprechstunde in der Harley Street in London gegangen. Der Sprachtherapeut hatte unablässig mit ihm geübt, und die Herzogin hatte Bertie zu jedem Termin begleitet, um die Einzelheiten der Atemübungen mit ihm zu erlernen.

»Ich tue es, um dich während unserer Reisen zu unterstützen«, hatte sie ihm versprochen und Bertie damit eine riesige Last von den Schultern genommen.

Bertie hatte kurz darauf seinem Vater geschrieben und ihm mitgeteilt, dass sich sein Sprechen bessere.

Ich bin sicher, dass ich noch rechtzeitig in Ordnung komme, aber vierundzwanzig Jahre falschen Sprechens lassen sich nicht in einem Monat aus der Welt schaffen. Ich wünschte, ich hätte Logue früher gefunden; denn jetzt, wo ich die richtige Atemtechnik gelernt habe, wird meine Angst vor dem Reden vergehen.

Seit er den Sprachtherapeuten konsultierte, blickte Bertie, was Reden in der Öffentlichkeit anging, hoffnungsvoller in die Zukunft. Mit dem Sprechen ging es stetig bergauf.

Auch Lilibet half ihm, ohne es zu wissen. Ihre bloße Existenz erinnerte Bertie daran, wie fröhlich das Leben sein konnte. Sie um sich zu haben, tat ihm gut; die Sorglosigkeit seiner Tochter war ein Segen für ihn.

Sie marschierten eine Weile weiter und kehrten dann in die Wärme Naseby Halls zurück.

Im Salon zündete Bertie sich eine weitere Zigarette an. Er rauchte meist um die sechzig am Tag und konnte davon nicht lassen.

»Es war richtig herzukommen«, sagte er zu der Herzogin, zufrieden mit dem Tag. »Lilibet liebt das Leben auf dem Land. Sie blüht hier noch mehr auf als in London.«

»Sie ist deine Tochter.« Die Herzogin ließ von ihrer Perlenkette ab, mit der sie herumgespielt hatte. »Und sie war lange genug bei meinen Eltern, um jedes Tier ins Herz zu schließen. Schließlich wimmelt es in Herfordshire von Hühnern, Ponys, Katzen, Schildkröten und Hunden.«

Am 6. Januar 1927 waren Bertie und die Herzogin an Bord des Schlachtkreuzers *Renown* aus dem Hafen von Portsmouth ausgelaufen, mit dem Ziel Australien; eine Reise, die sie bis Juli von ihrer Tochter ferngehalten hatte. Elizabeth hatte die Monate in Herfordshire bei ihren Großeltern in dem anheimelnden roten Backsteinhaus im Queen-Anne-Stil verbracht. Am liebsten hatte sie dort ihre Fäustchen im Pelz der Chow-Chows vergraben, die ihre Lieblinge waren. Danach war sie bei König George und Königin Mary in London gewesen. Das Band zwischen König und Enkelin war dadurch noch fester geworden. Und Königin Mary nahm seitdem aktiv an der Erziehung ihrer Enkelin teil.

Doch am 21. November erkrankte der König schwer.

»Die Ärzte haben eine Bronchialpneumonie festgestellt, die sich auf die rechte Lunge konzentriert«, teilte Königin Mary Bertie am Telefon mit.

In den Bulletins wurde von zunehmender Herzschwäche gesprochen.

»Ich mache mir ernsthaft Sorgen um Vater«, vertraute Bertie der Herzogin eines Abends an. »Wenn sein Zustand sich verschlimmert, müssen wir unser Refugium verlassen und nach London zurückkehren.«

Sie hofften das Beste und lebten so normal wie möglich weiter, doch der Zustand des Königs verschlimmerte sich tatsächlich, und so verließen die Yorks kurz darauf Naseby Hall. Zum ersten Mal wurde die traditionelle Weihnachtsfeier in Sandringham abgesagt, was Berties Sorge um seinen Vater noch verstärkte.

»Dass mein Vater auf seine geliebte Ortsveränderung verzichtet, hat es noch nie gegeben«, sagte er und nahm einen tiefen Zug von der Zigarette, um sich zu beruhigen.

In den vergangenen Jahren war die Dienerschaft in Sandringham am Heiligen Abend stets vor König George und Königin Mary getreten, um Geschenke in Empfang zu nehmen: Truthühner, Schinken und Ochsenlenden. Und alle erhielten ein paar freundliche Worte.

Auf dem Tisch lagen die Familiengeschenke. Die Familienmitglieder kamen jeden freien Augenblick herunter und betrachteten sie voller Vergnügen.

In diesem Jahr jedoch blieb die Familie in London. Lilibet durfte länger aufbleiben und lauschte mit großen Augen den Weihnachtsgesängen.

Denn siehe, ich bringe euch große Freude, die aller Menschheit widerfahren ist …

»Ich weiß, wer mit ›alter Mensch‹ gemeint ist«, rief sie und reckte dabei aufgeregt das Kinn. »*Grandpa England.*«

Für sie schien es ganz natürlich zu sein, dass die Menschen Lieder auf ihren Großpapa anstimmten. Schließlich nannte George V. die Nationalhymne »mein Lied«.

Im neuen Jahr wich die Kälte im März einer frühlingshaften Wärme, doch noch immer ging es dem König nicht besser.

»Die Ärzte sprechen inzwischen von einem Fall schwerer infektiöser Blutvergiftung. Man hat die Meinung des bekannten deutschen Chirurgen Ferdinand Sauerbruch eingeholt«, erzählte Bertie morgens beim Frühstück.

Der König hatte eine Reihe von Operationen und Rückfällen hinter sich, was nicht nur Bertie in Alarmbereitschaft versetzte, sondern auch seinen Bruder David, der seine Zeit als König näher kommen sah. Ein Umstand, der ihn in gereizte Stimmung versetzte.

»Und nun scheint man einhellig der Auffassung zu sein, dass nur der Lebenswille den König bisher gerettet hat. Und dieser Lebenswille, so sagt man, sei zu einem nicht unwesentlichen Teil auf Lilibet zurückzuführen.«

Die Herzogin blickte nachdenklich in ihre Teetasse, während Bertie sich aus Nervosität immer wieder übers Haar strich.

»Lord Dawson sagt, es sei das Beste, den König zur Erholung an die Südküste zu schicken.« Der Lord war Georges Leibarzt und stets um das Wohl des Königs besorgt. »Dort soll er die Meeresluft genießen und hoffentlich rasch wieder zu Kräften kommen. David wird ihn in dieser Zeit vertreten … selbstverständlich mit Mutters Unterstützung. Du kennst sie, sie gibt die Zügel nur ungern aus der Hand.«

Die Herzogin gab einen Klecks Marmelade auf ihren Toast, hielt jedoch inne. »Wohin genau wird dein Vater reisen?«

»Bognor. Ein Haus in der Nähe der Stadt ist bereits angemietet worden. Im Garten soll angeblich ein Sandkasten gebaut worden sein. Das hat mir sein Privatsekretär, Arthur Bigge, versichert.«

Die Herzogin starrte Bertie an. »Ein Sandkasten für Lilibet? Dann soll unsere Tochter während der Rekonvaleszenz an seiner Seite sein?«

Bertie nickte. »Man hat mir verlässlich versichert, dass sie ein wichtiger Bestandteil des Genesungsprozesses des Königs sein wird … sein *muss*. Die Ärzte raten uns dringend, zuzustimmen, dass Lilibet mit einer Kinderfrau die Reise ins Seebad antritt … Lilibet ist fast drei«, Bertie griff nach der Hand seiner Frau. Sie war kalt. »Sicher freut sie sich, Zeit mit ihrem Großvater zu verbringen. Ihr wird es in Bognor gutgehen.«

Elizabeth von York schob den Teller zur Seite, wischte sich die Hände an der Serviette ab und seufzte. »Nun, wenn es dem König hilft, gesund zu werden, können wir ihm diese Bitte unmöglich abschlagen.«

Bertie hatte geahnt, dass seine Frau zustimmen würde, Lilibet zu seinem Vater nach Südengland zu schicken. Auch sie wollte, dass er gesundete.

»Am besten gebe ich Mrs Knight sofort Bescheid. Ich habe heute ohnehin keinen rechten Appetit.«

Die Herzogin verließ das Esszimmer und rief nach dem Kindermädchen. Mrs Knight eilte sofort herbei. Sie trug ein unscheinbares graues Kleid, wohingegen die Herzogin in hellem Pastell leuchtete und eine Perlenkette trug, die im Licht schimmerte.

»Richten Sie bitte alles Nötige für eine Reise mit der Prinzessin an die Südküste, Mrs Knight. Elizabeth wird dem König dort während seiner Genesung Gesellschaft leisten.«

»Sehr wohl, Königliche Hoheit.« Mrs Knight räusperte sich. »Darf ich fragen, wie lange die Prinzessin fort sein wird?«

Die Herzogin sah ihr an, wie gespannt sie die Antwort erwartete. Sie zuckte kaum merklich die Schultern. »So lange es nötig sein wird, damit es dem König gesundheitlich besser geht. Näheres kann ich Ihnen leider nicht sagen, Mrs Knight.«

Mrs Knight nickte, senkte den Kopf und zog sich zurück.

Als der Tag des Abschieds gekommen war, fiel es Bertie noch schwerer als befürchtet, seinem Töchterchen Lebewohl zu sagen. Er nahm Elizabeth ein letztes Mal auf den Arm und drückte sie innig an sich.

»*Grandpa England* wartet schon sehnsüchtig auf dich. Ihr werdet eine Menge Spaß haben. Am Meer wirst du Fische und Krabben und viele andere Tiere sehen. Es gibt sogar einen Sandkasten im Garten des Hauses, in dem du wohnen wirst.«

Auf die Nachricht des Sandkastens reagierte Elizabeth mit Entzücken. »Darf ich darin spielen? Baut *Grandpa England* eine Burg mit mir?« Elizabeth strahlte angesichts des Abenteuers, das vor ihr lag und die schönsten Bilder in ihr entstehen ließ.

»Ganz bestimmt, Liebes«, sagte die Herzogin. Sie küsste Elizabeth auf die Wange.

Bertie schluckte, als er seine Tochter noch einmal an sich drückte und sie dann der Kinderfrau übergab. Wie sollte er die Zeit ohne sie nur hinter sich bringen? Er vermisste Lilibet schon jetzt.

Als Mrs Knight und die Prinzessin fort waren, zogen sich der

Herzog und die Herzogin in den Salon zurück. Die Sonne erhellte die Tapisserien, und frische Blumen verströmten einen angenehm süßlichen Duft, doch Bertie kam der Raum seltsam unbelebt vor. Er wandte sich der Schatulle mit den Zigaretten zu und öffnete sie. Rauchen half ihm, sich abzulenken, doch seine Frau strich ihm tröstend über die Wange und hinderte ihn, sich eine Zigarette zu nehmen.

»Vielleicht ist es ganz gut, ein wenig Zeit für uns zu haben«, sagte sie, um ihren Mann zu besänftigen. Einen Augenblick sah Bertie sie ratlos an, dann nahmen sie einander an den Händen.

»Es ist unschwer zu erkennen, wie sehr dich der Abschied von Lilibet trifft, doch dein Vater braucht sie jetzt mehr als wir.«

»Du hast ja recht.« Der Herzog schloss den Deckel der Schatulle mit einem leisen Geräusch. »Ich bin selbstsüchtig. Verzeih.«

Seine Frau legte die Lippen auf seine. »Du liebst, Bertie, daran ist nichts Selbstsüchtiges.«

Bertie nickte, erleichtert, dass er sein Herz gegenüber seiner Frau öffnen konnte.

»Komm, wir überlegen, was wir jetzt anstellen«, schlug die Herzogin vor und überspielte, wie schwer ihr selbst ums Herz war.

5. KAPITEL

Frühjahr 1929
England, Südküste,
Seebad Bognor,
Craigweil House

Unter einem hellgrauen Himmel kreisten Möwen und kreischten. Elizabeth wischte die Hände gegeneinander, sodass der nasse Sand auf den Boden des Sandkastens rieselte, in dem sie und König George V. über einen Sandkuchen gebeugt dastanden.

»Ist der Kuchen groß genug für alle, Großpapa?« Elizabeth blickte nachdenklich auf den Sandkuchen, der ein wenig schief geraten war, ansonsten jedoch gelungen schien. »Groß genug für Mummy, Papa, Großmama, dich und mich und für Allah. Sie will sicher auch ein Stück abhaben.« Elizabeth' Stimme wurde leiser und klang nun verschwörerisch. »Sie nascht doch so gern, aber sie will nicht, dass es jemand weiß.«

Mrs Knight – von Elizabeth Allah genannt – stand ein paar Schritte entfernt und hielt ihren Hut fest, damit er nicht vom aufkommenden Wind fortgeweht wurde. Schlimmstenfalls in eine der Regenpfützen vom vorangegangenen Tag.

»Allahs Geheimnis ist bei mir sicher«, versprach der König. Er kratzte sich den Bart und schenkte Elizabeth einen komplizenhaften Blick.

»Was hältst du davon, wenn wir einen zweiten Kuchen backen? Ich bin mir nämlich nicht sicher, ob wir genug vorrätig haben.«

Elizabeth gefiel der Vorschlag, bedeutete er doch, dass das Spiel mit ihrem Großvater nicht vorbei war und sie noch eine Weile draußen bleiben konnten.

»Au ja. Und wenn der zweite Kuchen fertig ist, überlegen wir uns, wie er schmecken soll. Wir sagen, es sind Nüsse drin … oder Schokoladenstückchen. Oder beides.«

»Das machen wir, Lilibet. Darben sollten wir ganz bestimmt nicht.«

Elizabeth zog die Stirn kraus. »Was heißt ›darben‹, Großpapa?« Mit ihren kleinen Fingern schob sie sich eine Haarsträhne unter den Hut.

»Darben bedeutet einen Mangel an Nahrung zu haben … dass man hungert.«

Elizabeth dachte nach. »Hunger haben ist nicht schön. Dann knurrt mir der Magen. Und Allah mag nicht, wenn mein Magen knurrt. Sie sagt, das gehört sich nicht für eine Prinzessin.« Elizabeth kam eine neue Idee. »Weißt du was, wir essen später richtigen Kuchen zu Hause und rufen Mummy und Papa an, damit sie wissen, dass wir ein Stück für sie mitessen.« Elizabeth griff nach dem Spielzeugeimer und goss eifrig Wasser in den Sand. Dann wartete sie, bis die Nässe versickert war, und ging sogleich an die Arbeit und schob den Sand zu einem Haufen zusammen.

George kniete sich neben seine Enkelin und half ihr, den Sandhügel zu vergrößern, damit sie einen zweiten Kuchen daraus *backen* konnten. Während seine großen Hände den Umriss eines Kuchens formten, entfuhr George ein leiser Seufzer. Wenn es ihm weiterhin jeden Tag ein bisschen besser ginge, würde man ihm sicher bald erlauben, seine erste Zigarette seit Monaten zu rauchen.

Elizabeth summte leise vor sich hin, während sie konzentriert arbeitete und gleichzeitig darauf achtete, ihren Mantel nicht übermäßig zu beschmutzen.

Seinen besseren Gesundheitszustand hatte er vor allem seiner Enkelin zu verdanken, davon war George überzeugt. Ihre Lebendigkeit war sein Lebenselixier. Er hatte Bertie und seiner Frau bereits geschrieben und sich bei ihnen bedankt, dass sie ihm Lilibet geschickt hatten. Schließlich wusste er, wie sehr die beiden selbst an ihr hingen.

»Wir essen etwas Gutes, wenn wir zu Hause sind. Sicher findet sich in der Küche ein Kuchen. Ich werde die Haushälterin danach fragen«, sagte George, während er weiter Sand formte.

Elizabeth schien die Vorstellung zu gefallen. »Wir essen, bis wir nicht mehr können. Und wenn in unserem Bauch kein Platz mehr für Kuchen ist, spielen wir Karten. Einverstanden, Großpapa?« Sie beugte sich vor und drückte dem König einen innigen Kuss auf die Wange.

George fühlte die Liebe durch sich hindurchströmen. Nie zuvor hatte er jemanden so sehr ins Herz geschlossen wie dieses Mädchen. Er strich Elizabeth zärtlich über die Schulter. Anstatt über Krankheiten und Verfall nachzudenken, wie das im Beisein seiner Leibärzte der Fall war, weckte Lilibet seinen Lebenswillen und ließ ihn Pläne schmieden – und wieder an die Zukunft glauben.

»Schau mal, Großpapa«, Elizabeth blickte zum Himmel, wo sich dunkle Wolken auftürmten, »gleich kommt Regen und macht alles nass. Wir müssen uns beeilen, sonst gehen die Kuchen kaputt, bevor wir davon *gegessen* haben.«

»Mach dir keine Sorgen. Wir müssen ohnehin ins Haus. Heute kommt der Erzbischof von Canterbury. Erinnerst du dich? Ich habe dir davon erzählt.«

Elizabeth nickte eifrig. »Essen wir mit dem Erzbischof auch Kuchen? Sicher mag er welchen mit Nüssen und Schokolade.«

Elizabeth' kindliche Begeisterung belebte George von dem Tag an, als sie zu sprechen begonnen hatte. Wenn sie erzählte, reckte sie den Kopf und sprach mit wunderbar melodiöser Stimme.

Gestern hatte Elizabeth ihre Zimmer im oberen Stock in 145 Piccadilly auf ein Blatt Papier gemalt und ihm alles aus ihrer Sicht erklärt. Ein Raum mit dunklen Möbeln samt einer Uhr und einer Vitrine für empfindliche Spielzeuge.

»Großpapa, hier steht der Wasserkrug in meinem Schlafzimmer, und hier ist das Becken, damit ich mir die Hände waschen kann, wenn sie kleben. Und dort, auf dem Treppenabsatz«, sie hatte mit dem Zeigefinger darauf gedeutet, »warten meine Spielzeugpferde auf mich. Sie laufen nie weg, denn sie wissen, wie wichtig sie mir sind. Ich liebe sie alle.«

»Deine Mutter hat mir erzählt, dass du jeden Abend vor dem Zubettgehen die Sättel und das Zaumzeug wechselst.«

»Das würdest du auch tun, nicht wahr, Großpapa?«

Er hatte es bejaht.

Wenn George Elizabeth etwas erklärte, hörte sie stets wissbegierig zu, ohne ihn zu unterbrechen. Und wenn sie am Strand spazieren gingen, suchte sie unermüdlich nach Muscheln. Meist schenkte sie ihm hinterher eine, um ihm eine Freude zu machen. Jeden Morgen deutete sie nach dem Frühstück aufs Meer, wo die Wellen anders als tags zuvor aussahen. Elizabeth entdeckte überall Neues und wurde nicht müde, ihm das Gesehene anzuvertrauen. Bevor sie abends zu Bett ging, zupfte sie mit ihren Händchen an seinem Bart und kicherte, wenn er für sie Grimassen schnitt.

Seine Tage waren selten so ausgefüllt gewesen wie in Bognor. Tage voller Lachen und Unbedarftheit, als gäbe es keine Einschränkungen und als sei er längst vollständig genesen.

Ergänzend zu ihren Spaziergängen und Spielen hatte George so etwas wie eine »Unterrichtsstunde« eingeführt, in der er Elizabeth, wann immer es ihm einfiel, in die Arbeit eines Königs einweihte und über verschiedene Themen mit ihr sprach. Er wusste, dazu war es im Grunde viel zu früh, schließlich feierte Elizabeth im April erst ihren dritten Geburtstag, doch George konnte sich nicht zurückhalten.

Elizabeth hatte durch ihn erfahren, dass das Britische Empire einem Viertel der Landfläche der Erde entsprach. Die indischen Unabhängigkeitsbestrebungen, den irischen Unabhängigkeitskrieg und die Imperial Conference 1926, während der die Dominions Kanada, Neufundland, Australien, Neuseeland, Südafrikanische Union und der Irische Freistaat gemäß der Balfour-Erklärung die Gleichrangigkeit mit Großbritannien erlangt hatten, was ein entscheidender Schritt zur Umwandlung des Empire in das Commonwealth of Nations war, hatte er bis jetzt nicht erwähnt. Das hätte Elizabeth überfordert. Doch manchmal war er sich seiner Einschätzung nicht sicher. Dieses Kind war *besonders*, in jeder Hinsicht.

Einmal hatte George die Hofdame seiner Frau, Lady Airlie, im Vertrauen mit der Königin sprechen hören und so zufällig mitbekommen, wie Königin Mary *sein* Verhältnis zu seinen sechs Kindern als schmerzlich belastet beschrieb.

»Der König kann seine Gefühle nicht ausdrücken. Mir gegenüber nicht, und auch nicht gegenüber unseren Kindern.«

Bei diesen Worten hatte er einen unangenehmen Stich im Herzen verspürt. Sicher, er trug das Herz nicht auf der Zunge, schließlich hatte sein Vater ihn äußerst streng erzogen, doch er hatte sich bemüht, die arrangierte Ehe mit Mary in gute Bahnen zu lenken. Er erinnerte sich daran, wie er ihr in den ersten gemeinsamen Tagen geschrieben und ihr für die Liebe gedankt hatte, die sie ihm schenkte.

Ihre Antwort war noch immer in ihm präsent: *Wie schade ist es doch, dass Du mir nicht sagen kannst, was Du schreibst, denn es würde mich so besonders glücklich machen.*

Die Antwort hatte ihn verwundert, denn Mary sprach ebenfalls nicht mit ihm. Sie waren nur selten zu zweit, hatten getrennte Schlafzimmer und meist offizielle Gäste zum Essen, und wenn dem einmal nicht so war, nahmen sie ihr Mahl häufig in Gegenwart des Hofstallmeisters oder einer Hofdame Marys ein. Vermutlich waren sie sich ähnlicher, als sie zugaben.

Seine Beziehung zu Elizabeth war jedenfalls weit herzlicher als sein Verhältnis zur Königin. George nahm sie als Glücksfall des Schicksals.

»Weißt du noch, Lilibet, als ich dir unlängst erzählt habe, dass Angehörige des Königshauses nur bis zu einem gewissen Grad Privatmenschen sind?«, sagte er, als sie aus dem Sandkasten traten. Die Wolken wurden immer dunkler, es drohte ein Gewitter. »Sie sind künftige Hüter der Krone und müssen deshalb besonders gut erzogen werden, damit sie befähigt sind, später wichtige Aufgaben zu übernehmen.«

Elizabeth nickte beflissen.

»Angehörige des Königshauses dienen vor allem der Krone, dies zuallererst. Den Dienst am Nächsten sollten wir niemals ablehnen, sondern stets aufs Neue mit Freude annehmen, denn dadurch tun wir Gutes. Pflichten sind etwas Großes, ja etwas Heiliges, Lilibet.«

George erzählte der staunenden Elizabeth von dem *Dehli Durbar* im Jahr 1911, bei dem er zum Kaiser von Indien ausgerufen worden war.

»Wir sind auf Elefanten geritten«, berichtete er zu ihrer großen Freude.

Elizabeth malte mit der Hand ein großes Tier in die Luft, sie wurde immer aufgeregter. »Oh, das will ich auch«, krächzte sie. »Darf ich einmal auf einem Elefanten reiten, Großpapa? Wenn ich größer bin und immer meine Pflicht erfülle?«

Der König nahm die Freude seiner Enkelin wie ein Geschenk entgegen. »Sicher reitest du eines Tages selbst auf einem, Lilibet. Inzwischen erzähle ich dir von meinen Erlebnissen, damit du unser weitreichendes Königsreich kennenlernst.«

Königin Mary wollte Elizabeth demnächst einen Satz Bauklötze schenken, die aus fünfzig verschiedenen Hölzern hergestellt waren, die in den verschiedenen Teilen des Königsreichs wuchsen. Vermutlich bekäme sie die zu ihrem vierten Geburtstag geschenkt. Früher machte das Geschenk laut Mary keinen Sinn.

Für einen Moment versank George in Gedanken. Als er weitersprach, redete er mehr zu sich selbst als zu Elizabeth: »Weißt du, leider sind etliche Kaiser, Könige und kleinere Dynastien inzwischen verschwunden.« Er blickte aufs Meer. »Fortgespült, als hätten Wellen sie ergriffen und im Stand versickern lassen.«

Es schien, als erfasse Elizabeth den tieferen Sinn des Gesagten mit kindlichem Instinkt und realisiere den Schmerz des Großvaters.

»Du wirst nicht fortgespült, Großpapa«, beeilte sie sich zu sagen. »Du bist immer freundlich zu allen Menschen. Deshalb bist du ein guter König.« Elizabeth überlegte, dann nahm sie die Finger zu Hilfe und zählte die Personen daran ab. »Und Großmama, Mummy, Papa und Onkel David tun auch ihre Pflicht. Hab ich recht?«

George sah auf Elizabeth' nun ernstes Gesicht hinab und schalt sich innerlich, zu weit gegangen zu sein. Mitunter vergaß er, wie jung Elizabeth war. Denn auch wenn sie viel älter und reifer wirkte, war sie noch klein.

»Mach dir keine Sorgen, Lilibet«, lenkte er ein und tätschelte ihre Schulter. »Wir geben jeden Tag unser Bestes, ich und alle, die du aufgezählt hast. Das vergessen die Menschen schon nicht.«

»Ich gebe auch gern mein Bestes geben, *Grandpa England*. So wie du«, vermeldete Elizabeth inbrünstig.

Der König zog seine Enkelin in eine schützende Umarmung. »Ich weiß, dass du mich nie enttäuschen wirst, Lilibet. Und ich verspreche hoch und heilig, dir bei allem zu helfen, wobei du mich brauchst.«

»Wenn du nicht mehr hier bist, sondern oben im Himmel …«, Elizabeth spielte verlegen am Saum ihres Mantels, »… dann wird Onkel David König sein, nicht wahr?!« Sie schien ernsthaft darüber nachzugrübeln, was dann geschähe.

Der König nickte. »Als Erstgeborener ist dein Onkel der Thronfolger.«

Elizabeth versuchte die Tragweite nach und nach zu erfassen. Schließlich warf sie die kleinen Arme um den König und hielt sich mit aller Kraft an ihm fest. »Ich bin bei dir, damit du wieder gesund wirst … und immer fröhlich bist. Du bist noch ganz lange mein *Grandpa England*, nicht wahr?«

Elizabeth bat ihn so inständig darum, dass George sich kaum der Tränen erwehren konnte. Er schluckte mehrmals und spürte, wie Elizabeth' Herz aufgeregt an seiner Brust pochte. Plötzlich schämte er sich, so oft über Berties Stottern geklagt zu haben. Wie oft hatte er gepoltert, Stottern sei eine Schwäche, unwürdig eines Königskinds. Und nun hatte ausgerechnet Bertie ihm Lilibet geschenkt – seinen Augapfel.

Der König erhob sich und lief mit Elizabeth die letzten Schritte zum Haus. Als sie den Eingang erreichten, setzte feiner Regen ein. Das goldene Morgenlicht war schon seit Stunden verschwunden, nun war die Landschaft grau. Nebel zog vom Meer auf. Lilibet schien der Regen nicht zu stören, ganz im Gegenteil, sie hüpfte noch einmal auf den Kiesweg, drehte ihre Handflächen nach oben und wandte das Gesicht dem Himmel zu.

»Ich fange die Regentropfen auf. Hast du Lust mitzumachen, Großpapa?«

Der König zögerte, dann überwand er sich und eilte neben seine Enkelin. Entschlossen drehte auch er die Handflächen dem Himmel zu. So stand er da und spürte die Regentropfen wie ein Kitzeln auf der Haut.

Elizabeth juchzte. »Regen macht Spaß. Und die Bäume freuen sich. Sie dürfen trinken.« Sie drehte Pirouetten und wurde immer nasser.

George fuhr seiner Enkeltochter mit der Hand über den Hut. Vermutlich stand längst sein Butler am Fenster und wunderte sich über ihn. Mrs Knight sah auch schon zu ihnen herüber. Sie stand unter dem Podest beim Eingang und warf ihnen einen nicht zu definierenden Blick zu.

»Sie sollten hineingehen, Majestät, sonst erkälten Sie sich«, rief sie schließlich. »Denken Sie an Ihre Gesundheit«, mahnte sie.

Elizabeth fing die Hand ihres Großvaters auf. »Komm, Großpapa. Wir können drinnen weiterspielen. Hast du Lust, meine Ponys zu striegeln?« Sie hatte zwei mitgebracht, um die sie sich liebevoll kümmerte. »Wir können auch deine Briefmarkensammlung anschauen.«

Sie gingen zum Eingang, wo der Butler ihnen die Tür öffnete. Elizabeth folgte George in den Flur des Hauses und übersah den zurechtweisenden Blick ihres Kindermädchens.

Craigweil House – nicht weit von der Stadt entfernt und doch ohne Nachbarschaft gelegen – hatte spitze Giebel, unterteilte Fenster und Brüstungen, von denen aus man einen wunderbaren Blick in die Landschaft hatte. Für Elizabeth war es ein Universum, in dessen Geheimnis sie jeden Tag tiefer eintauchte.

Seit sie mit Mrs Knight angekommen war, untersuchte sie jeden Winkel des Gebäudes, spähte unter die Treppen und sah in die verschiedenen Räume, um herauszufinden, was sich dort verbarg. Sie durfte sich nur nicht bei etwas Verbotenem erwischen lassen, denn Allah war streng und schreckte auch vor einer Bestrafung nicht zurück.

»Wenn es genehm ist, werde ich die Prinzessin umziehen, Sir«, kündigte Mrs Knight in gleichmütigem Ton an.

Sie blickte auf den Mantelsaum der Prinzessin, der vor Nässe troff, und auf die Regentropfen in Elizabeth' Gesicht.

»Darf ich, wenn ich sauber bin, zurückkommen?«, fragte Elizabeth. Vorsichtig zupfte sie an der Jacke des Königs, um seine Aufmerksamkeit zu erlangen.

George hörte ihre Stimme wie von fern und riss sich aus seinen Gedanken, als er das Zupfen bemerkte. Mit warmem Blick sah er auf das Kind hinab, das gespannt auf eine Antwort wartete.

»Ich lasse nach dir rufen, wenn es Zeit ist, um mit dem Erzbischof Kuchen zu essen«, versprach er. »Bis dahin habe ich zu tun, Lilibet. Aber keine Sorge, es wird nicht lange dauern.«

»Dann bis später, Großpapa«, erwiderte Elizabeth vergnügt. »Sag dem Erzbischof, wie gut wir Kuchen backen können. Vielleicht will er einmal mitmachen.«

Elizabeth hüpfte an Mrs Knights Hand die Treppe hinauf, während George den Tisch ansteuerte, auf den man ihm die Post gelegt hatte. Mit spitzen Fingern nahm er den obersten Brief an sich.

Er war von Königin Mary. Er ging zu dem mit schottischem Karostoff bezogenen Sessel, ließ sich auf die weiche Sitzfläche sinken und öffnete den Brief. Seine Augen wanderten über die Zeilen.

… ich fürchte die zwei Höfe ohne Dich, wie Du Dir vorstellen kannst, aber um der Sache willen halte ich es für richtig, die Hofhaltung fortzuführen.

George glaubte schwach den Geruch Marys wahrzunehmen und sah ihr schmales, ernstes Gesicht vor sich. Trotz ihrer Schwierigkeiten liebte er seine Gemahlin auf die Weise, zu der Gott ihn befähigt hatte. Mit einer gewissen Distanz, das gab er durchaus zu, weshalb seine Liebe jedoch nicht weniger ernsthaft und ehrlich war.

Mary schloss den Brief mit dem Wunsch, es möge ihm jeden Tag besser gehen. *… damit Du, wenn die Ärzte es Dir raten, zu mir und Deinen Pflichten zurückkehren kannst.*

George ließ den Brief sinken. Er vermisste Mary nur selten. In Bognor nahm Elizabeth all seine Liebe und Aufmerksamkeit ein.

Er hievte sich aus dem Sessel. Mit dem Brief in der Hand ging er zu dem Schreibtisch vor dem Fenster, nahm Papier und Feder zur Hand und begann, an seine Frau zu schreiben.

6. KAPITEL

Frühjahr 1929
England, Südküste,
Seebad Bognor,
London, Mayfair,
Buckingham-Palast

Eine Woche später zeigte sich George in der Öffentlichkeit. Das Wetter war merklich besser geworden, Wolken suchte man vergebens am Himmel, die Luft war mild, frühlingshaft. Unter diesen guten Bedingungen spazierte er mit Elizabeth an den Strand. Dicht aneinandergedrängt standen dort die Menschen.

»Da vorn ist der König.« – »Mein Gott, er ist es wirklich … Seine Majestät hier in Bognor.« – »Und das neben ihm ist Prinzessin Elizabeth, seine Enkelin.«

George stellte sich gerade hin, straffte die Schultern und sah über die Köpfe der Leute hinweg. Er war stets darauf bedacht, ein gutes Bild abzugeben. Als König war er es den Menschen schuldig, stark und standhaft zu wirken. Man zählte auf sein Geschick und seine Kraft. Sicher, er hatte schon oft erlebt, wie die Menschen auf ihn reagierten. Sie schätzten vor allem seine Einfachheit und seine Vorliebe für das Normale und Gewöhnliche, das hatte man ihm immer wieder bestätigt. Das Volk begriff offenbar, dass er sich als Diener des Empires sah – als verlängerter Arm all derer, für die er Verantwortung trug. Doch obwohl er um die Zustimmung wusste, die er genoss, überwältigte ihn die Liebe, die man ihm entgegenbrachte, jedes Mal aufs Neue.

»Lang lebe der König«, erschallte es. »Lang lebe die Prinzessin.« Einige Frauen klatschten und winkten Elizabeth zu.

George schob den rechten Fuß vor den linken, seine bevorzugte Stellung, wenn Fotos gemacht wurden. Mit großväterlichem Stolz blickte er auf Elizabeth, die neben ihm lustig winkte und sich sogar einmal verbeugte. Sie wirkte keineswegs scheu, wie er sie manchmal erlebte, wenn sie Fremden begegnete. Heute stand sie den Menschen zugewandt da und genoss das Spektakel, als handle es sich um ein Spiel, das sie mit ihrem Großpapa spielte.

»Du machst deine Sache sehr gut«, raunte er ihr zu.

Elizabeth hatte ihn gehört, drückte mit ihrer kleinen Hand seine große und sah zu ihm auf.

Als sie in die Wärme des Hauses zurückkehrten, eilte Mrs Knight herbei, knickste vor George und half der Prinzessin aus dem Mantel, dabei sah sie Elizabeth an, als wolle sie aus deren Miene lesen, wie sie ihren Auftritt überstanden hatte.

»Lilibet hat ihre Sache gut gemacht, nicht nur wegen ihres zauberhaften Wesens, sondern vor allem, weil die Menschen spüren, dass sie rechtschaffen und liebevoll ist«, sagte George.

»Das freut mich zu hören, Eure Majestät«, erwiderte Mrs Knight. Sie nahm Elizabeth an der Hand. »Sie brauchen gewiss ein wenig Ruhe, Sir.«

»Keineswegs, Mrs Knight. Ich fühle mich ausgezeichnet. Elizabeth bleibt noch eine Weile in meiner Obhut.« Georges Stimme hatte einen scharfen Unterton angenommen.

Königin Mary hielt große Stücke auf das Kindermädchen. Sie sei streng und lasse nichts durchgehen, wurde sie nicht müde zu erwähnen. George ahnte seit Elizabeth' Geburt, wie wichtig es seiner Frau war, eine aktive Rolle bei der Erziehung der Enkelin zu spielen, damit diese Pflichtbewusstsein, Selbstaufopferung und Fleiß lernte. Wenn persönliche Neigungen zu kurz kamen, war das der Preis des Vorrechts königlicher Geburt und musste akzeptiert werden, das wusste er nur zu gut.

Auch er selbst legte mit Nachdruck Richtlinien fest, nach denen Elizabeth erzogen wurde. Frühstück gab es um 7.30 Uhr, um 19.15 Uhr ging Elizabeth zu Bett. Nie gab es ein Nörgeln oder Protestieren seiner Enkeltochter. Zu Hause schritt Elizabeth über den dicken Teppich in der Halle zu dem bereitstehenden Lift, der sie in ihr Reich brachte, das sie mit Mrs Knight teilte.

Auch er erachtete es als falsch, Kinder zu sehr zu verwöhnen, es half niemandem, wenn sie verweichlichten. Das schadete ihnen nur später im Erwachsenenleben.

Die Königin hatte seit frühester Zeit darauf geachtet, dass Elizabeth wusste, wann sie zu lächeln und zu winken hatte, dass sie nicht zu zappelig war und nicht zu häufig die Toilette aufsuchen musste. Konnte sie ihren Blasendrang mehrere Stunden lang unterdrücken, gab es dafür eine Süßigkeit als kleine Belohnung.

Was Mrs Knights Erziehungsmethoden anging, war George jedoch manchmal anderer Meinung als Mary. Seiner Ansicht nach war die Kinderfrau zu verbissen, zu sehr darauf bedacht, Elizabeth keinen Moment vergessen zu lassen, dass sie in erster Linie Prinzessin war und erst in zweiter Kind. Auch der König wurde nicht müde, Elizabeth bewusst zu machen, dass sie kein gewöhnliches Kind war, doch er schlug einen spielerischeren Weg ein.

Der König wandte sich seiner Enkelin zu, die ihm mit trippelnden Schritten in den Salon gefolgt war.

»Hast du gesehen, wie sehr die Menschen dich mögen, Lilibet?«

Elizabeth rutschte auf den Rand des Sessels und ließ die Beine baumeln.

»Ich tue meine Pflicht, Großpapa. Wie du.« Sie faltete die Hände, legte den kleinen Zeigefinger über den Daumen und sah ihn mit kindlichem Ernst an.

Es war diese Mischung aus kindlichem Gemüt und ernster Gesinnung, die Elizabeth schon mit knapp drei Jahren verinnerlicht hatte, die George so rührte.

»Das freut mich zu hören, Lilibet. Da wir beide heute keinen Termin mehr haben, können wir Karten spielen. Willst du das?«, schlug er vor.

»Ja, gern.« Elizabeth sprang auf, rannte zum Schrank und zog mit aller Kraft an der Schublade, in der das Kartenspiel lag. Ihre kleinen Hände bekamen es zu fassen und hielten es George hin.

»Schau, wir setzen uns ans Kaminfeuer, Lilibet.« George hob sie auf den Sessel und nahm ihr gegenüber Platz. Routiniert mischte er die Karten und teilte sie aus.

»Erinnerst du dich, dass ich dir gestern erzählt habe, wie wichtig es ist, sein Umfeld zu beobachten, um zu erkennen, wie es den Menschen geht, was sie brauchen oder wovor sie sich fürchten? Wenn man das beherzigt, hat man viel richtig gemacht.«

George sah zu Elizabeth hinüber, die mit gekrauster Stirn dasaß und auf die Karten in ihrer Hand blickte.

»Hmm«, grummelte Elizabeth.

»Ist dir denn heute etwas aufgefallen? Zum Beispiel bei mir oder bei Mrs Knight oder bei jemand anderem?« George ließ Elizabeth nicht aus den Augen.

Elizabeth sah auf und nickte, endlich bei der Sache. »Ja, ich glaube schon. Allah ist verstimmt«, sagte sie nachdenklich.

George wurde hellhörig. »Sieh an. Und wodurch ist dir das aufgefallen?«

»Ich habe gesehen, wie sie an ihren Fingern zieht. Das macht sie immer, wenn sie sich ärgert«, vertraute Elizabeth ihrem Großvater flüsternd an.

George nickte zufrieden. »Gut beobachtet, Lilibet. Wenn du herausfindest, was die Menschen in deiner Umgebung brauchen, hilfst du ihnen und nicht zuletzt dir selbst.«

Elizabeth' Augen leuchteten. »Soll ich Allah rufen, Großpapa? Vielleicht will sie mitspielen. Dann geht es ihr bestimmt besser?«

»Ein anderes Mal, Lilibet. Lassen wir Mrs Knight ihre Ruhe. Vielleicht hilft ihr das am allermeisten.«

George ließ sich tiefer in den Sessel sinken, zufrieden, dass Elizabeth Eigeninitiative zeigte. Hoffentlich gab es noch viele solcher Tage mit ihr – nur sie beide, das wünschte er sich insgeheim.

Es war ein warmer Frühlingstag, als sie nach London zurückkehrten. Autos bewegten sich im Schritttempo durch die Straßen, und die vorbeieilenden Menschen wurden von der Sonne bestrahlt.

Mrs Knight sah auf die Blumenkästen vor den Fenstern in Mayfair, in denen Hortensien wie zu ihrem Willkommen blühten. Endlich wieder daheim, seufzte sie innerlich. Sie betrachtete das viergeschossige graue Gebäude, das ihr so viel Respekt einflößte. Es war von einer Reihe eleganter Häuser und breiter Gehwege umgeben und strahlte etwas Herrschaftliches und zugleich Vertrautes aus.

Mrs Knight schritt beherzt aus. Die Seeluft hatte nicht nur dem König, sondern auch ihr behagt, trotzdem hatte sie die Museen, Geschäfte und Galerien schmerzlich vermisst. London empfand sie als ihr Zuhause, insbesondere ihr Zimmer in 145 Piccadilly, das hinaus zur Straße ging. Vom Fenster aus bekam sie das Leben draußen hautnah und doch auf angenehme Weise gefiltert mit. Wenn sie sich nach Ruhe und Zurückgezogenheit sehnte, musste sie nur das Doppelfenster schließen und die schweren Vorhänge zuziehen, und schon blieb die Welt draußen und ließ sie mit einem Buch allein.

Elizabeth hüpfte auf dem Gehweg herum, glücklich, etwas von dem Leben auf der Straße mitzubekommen. Sie machte große Augen und sah eine Gruppe von Leuten vorbeigehen, die sich tuschelnd zueinanderbeugten.

Mrs Knight ging auf den Eingang zu, dabei hielt sie Elizabeth fest an der Hand. Sie wusste, worüber die Leute flüsterten. Sobald jemand die Prinzessin erspähte, steckten die Menschen die Köpfe zusammen und wurden nicht müde, sich über die kleine Tochter des Herzogs von York auszutauschen. Niemanden ließ der Anblick des entzückenden Mädchens in den Rüschenkleidern und mit den blank geputzten Schuhen kalt, alles wurde kommentiert: wie Elizabeth aussah, ob sie lächelte oder nicht, was sie trug, wie sie sich bewegte …

In der schützenden Intimität der Halle atmete Mrs Knight tief durch. Wenn sie ehrlich war, genoss sie die Aufmerksamkeit um die Prinzessin, denn so fiel auch auf sie ein Schein des Interesses.

Der Herzog kam auf sie zu. Er hielt eine Zigarette zwischen den Fingern, die Herzogin ein Glas Champagner, das sie nun dem Diener reichte. Mrs Knight knickste.

»Mummy, Papa«, rief Elizabeth. Mit einem freudigen Schrei der Wonne lief sie ihrem Vater entgegen, der die Tochter fest in die Arme schloss. Berties schmaler Körper beugte sich über das Kind und es versank geradezu darin.

»Willkommen zurück, Mrs Knight«, grüßte die Herzogin. »Wie war die Reise? Hoffentlich nicht allzu beschwerlich?«

»Danke, Königliche Hoheit. Die Reise ist problemlos verlaufen«, antwortete Mrs Knight.

Auch die Herzogin sehnte sich nach einer Umarmung ihrer Tochter, sie nahm Mrs Knights Antwort mit einem kaum merklichen Nicken zur Kenntnis und ließ Elizabeth, die sich gar nicht mehr von ihrem Vater lösen wollte, nicht aus den Augen. Die Herzogin seufzte. »Kümmern Sie sich bitte um die Kleidung der Prinzessin, Mrs Knight«, wies sie die Kinderfrau an.

»Sehr wohl, Königliche Hoheit.« Mrs Knight eilte davon.

Sie war für Elizabeth' Garderobe zuständig. Eine Aufgabe, die sie sehr ernst nahm, auch weil sie es liebte, all die schönen Stoffe durch die Finger gleiten zu lassen und davon zu träumen, selbst eines Tages solche Stoffe auf der Haut zu spüren.

Bertie hielt Elizabeth noch immer umfangen. Kopf an Kopf raunte er ihr zu: »Du hast mir gefehlt, Lilibet. Mummy auch.« Er küsste seine Tochter liebevoll auf die Stirn und übergab sie dann endlich seiner Frau.

Die Herzogin drückte Elizabeth an sich, wobei der seidige Stoff ihres pastellfarbenen Kleids sanfte Falten warf. »Mein Engel. Wir sind so glücklich, dass du wieder zu Hause bist – bei uns.«

Elizabeth schmiegte sich an ihre Mutter. »Ich habe jeden Mor-

gen und jeden Abend an euch gedacht, Mummy, und für euch gebetet habe ich auch, damit der liebe Gott auf euch aufpasst. Das
ist doch meine Pflicht, nicht wahr? Großpapa erfüllt seine Pflichten immer. Das ist wichtig, sagt er.«

Die Herzogin horchte auf die Worte ihrer Tochter. In der Zeit,
die Elizabeth mit ihrem Großvater verbracht hatte, schien sie ein
ganzes Stück erwachsener geworden zu sein. Sie wirkte so tüch-
tig und entschlossen.

»Du hast recht, Lilibet«, bekräftigte die Herzogin. »Seine Pflichten zu erfüllen, ist nicht nur wichtig, sondern auch beglückend
und manchmal unumgänglich. Wir sind sehr stolz darauf, dass du
deinem Großvater geholfen hast zu genesen. Es geht ihm gesundheitlich viel besser, wurde uns gesagt.« Elizabeth von York streichelte über das seidige Haar ihrer Tochter und gab ihr einen Kuss.

»Wir haben ganz viel gespielt, Mummy, und wir waren immer
an der frischen Luft, wie du gesagt hast. Wenn das Wetter schlecht
war, haben wir Großpapas Briefmarkensammlung angeschaut. Er
hat viele bunte Marken«, sprudelte es aus der Prinzessin heraus.
»Weißt du was? Ich habe Großpapa versprochen, ihm jeden Morgen zuzuwinken … weil er sich so an mich gewöhnt hat. Er sagt,
er schaut durch sein Fernglas, dann sieht er mich ganz groß.« Elizabeth war aufgedreht, konnte kaum aufhören zu erzählen. »Ist
es nicht schön, Mummy, dass ich mich auch hier um ihn kümmern kann? Vielleicht wird er dann nie wieder krank und bleibt
für immer bei uns?«

»Lilibet, die Ärzte kümmern sich hervorragend um deinen Großvater. Er ist in guten Händen«, versprach der Herzog.

Die Worte seiner Tochter trafen ihn mitten ins Herz, gleichzeitig sorgte er sich, Elizabeth könne sich für den Gesundheitszustand ihres Großvaters verantwortlich fühlen und einen Teil
ihrer Kindheit verlieren, auf die er so großen Wert legte, schließlich wollten die Herzogin und er, dass Elizabeth so normal und
unbeschwert wie möglich aufwuchs.

Elizabeth strahlte ihren Vater an. »Aber sie haben es doch nicht geschafft, Großpapa gesund zu machen«, plapperte sie. Es schien, als verstünde sich ihre Reise nach Bognor aufgrund dieser Tatsache von selbst. »Deshalb bin ich doch zu ihm gefahren, nicht wahr?!« Elizabeth deutete mit dem Zeigefinger auf sich. »Und jetzt muss ich mich weiter um Großpapa kümmern, ich habe es ihm versprochen. Er ist doch der König … sogar der Kaiser von Indien. Viele Menschen brauchen ihn«, ergänzte sie stolz.

Der Herzog und die Herzogin sahen einander stumm an. Die Reaktion ihrer Tochter überraschte sie, diese Ernsthaftigkeit und Entschlossenheit war ungewöhnlich für ein kleines Kind.

»Nun«, begann die Herzogin in leichtem Ton, »deinem Großvater geht es jeden Tag besser, Lilibet. Sicher tut deine Gesellschaft ihm gut. Sie hilft ihm, wenn er sich schwach oder krank fühlt. Durch dich ist er schneller wieder zu Kräften gekommen, zweifellos. Aber dein Großvater möchte, dass du genug Zeit zum Spielen, für deinen Unterricht und für uns hast«, schränkte sie ein.

»Er möchte, dass ich mich um meine Spielzeugpferde kümmere, besonders um Blitz, stimmt's?«, krähte Elizabeth vergnügt. Die Pferde waren ihr liebstes Thema. »Wenn ich Blitz sehe, freue ich mich immer. Und er freut sich auch, weil er von mir sein Futter bekommt«, behauptete sie. »Sicher hat er mich ganz schrecklich vermisst. Ich konnte ihn ja nicht mitnehmen, weil er auf die anderen Pferde aufpassen musste.«

Elizabeth sauste zum Fahrstuhl. Ihre blauen Augen blitzten vor Begeisterung, als ihr Vater neben sie trat.

»Fahren wir zu Blitz, Papa?«, bat sie mit ihrem kindlichen Charme.

Der Herzog konnte seiner Tochter keinen Wunsch abschlagen, erst recht nicht nach der langen Zeit der Trennung. Und so fuhren sie ins oberste Stockwerk, wo sich Elizabeth' Zimmer und ihre Spielzeugpferde befanden.

Der Saum des rosa Morgenmantels umspielte ihre Fußknöchel, als Elizabeth am nächsten Morgen in aller Frühe den Gang entlangsauste. Das einfallende Morgenlicht ergoss sich durch die imposante Glaskuppel, die sich über einer Rundgalerie erstreckte, und zauberte eine wunderbare Stimmung.

Elizabeth eilte weiter, bis sie plötzlich stehenblieb. Vor ihr standen die Spielzeugpferde. Am Abend zuvor hatte sie die Mähnen und Schweife nach langer Zeit endlich wieder mit der Bürste bearbeitet. In Reih und Glied standen sie da, die Abstände zwischen den einzelnen Pferden penibel eingehalten.

»Guten Morgen, Blitz.« Elizabeth beugte sich zu einem der Pferde hinunter. »Dein Futtersack ist leer«, sagte sie in traurigem Ton. Sie tätschelte das Spielzeugtier und versprach, bald mit frischem Futter zurückzukommen. »Aber vorher muss ich mich um Großpapa kümmern. Weißt du, er ist der König, und er braucht mich, weil er so lange krank war. Dir geht es gut, Blitz, nicht wahr?!«

Elizabeth wandte sich von Blitz ab und begrüßte die übrigen Spielzeugtiere. Für jedes hatte sie ein liebes Wort übrig. Zum Schluss versprach sie den Pferden, vorläufig nicht mehr fortzufahren. »Aber jetzt muss ich Großpapa winken. Sicher wartet er schon auf mich. Bis später, ihr lieben Pferde«, verabschiedete sie sich.

Nach dem Frühstück lief Elizabeth zu den Vorderfenstern und winkte voller Inbrunst in Richtung Buckingham-Palast mit dem schmiedeeisernen Zaun und der über einem mittleren Säulenportikus flatternden königlichen Standarte.

»Sicher hat Großpapa mich gesehen. Ich habe ihm ganz lang gewinkt«, sagte Elizabeth zu ihrer Mutter, die gerade den Raum betreten hatte und ihr zusah.

»Ich muss nur durch den Green Park laufen, und schon bin ich am Buckingham-Palast. Es dauert gar nicht lange, nicht mehr als ein paar Minuten«, plapperte Elizabeth, während sie durch die Scheibe sah.

Draußen war immer so viel los. Die Busse fuhren bimmelnd am Hyde Park Corner vorbei. Botenjungen waren auf Fahrrädern unterwegs, und Autos und Kutschengespanne gab es auch. Könnte sie doch nur öfter hinausgehen und sich alles ganz genau ansehen. Ein kurzer Moment der Traurigkeit erfasste Lilibet, doch er verflog, als in der Ferne das Telefon klingelte.

Schritte waren zu hören. Ein Diener kam ins Zimmer. »Ma'am«, der Diener räusperte sich, »Eure Majestät, der König wünscht Sie zu sprechen«, teilte er der Herzogin mit.

Wenige Momente später hielt Elizabeth den Hörer in der Hand. Es war ihr Großvater, der mit ihr sprechen wollte.

»Wie geht es dir, Großpapa?«, fragte sie ihn.

Die sonore Stimme des Königs drang an ihr Ohr. »Mir geht es gut, Lilibet. Was hältst du davon, wenn du für eine Stunde herüberkommst?«

Wie jeden Morgen hatte der König auch an diesem Tag mehrere Stunden Aktenstudium eingeplant, danach ging er, pünktlich um 9 Uhr, zum Frühstück. Er betrat den Speisesaal genau in dem Augenblick, wenn Big Ben die volle Stunde schlug.

Elizabeth hörte im Hintergrund das Krächzen eines Papageis und lachte. »Au ja, Großpapa. Allah bringt mich zu dir. Dann spielen wir wieder miteinander. Wie in Bognor.«

Als Elizabeth wenig später im Buckingham-Palast eintraf, rannte Georges Sealyham-Terrier auf sie zu, gleichzeitig schnatterte Charlotte, der Papagei, den George von seiner Schwester, Prinzessin Victoria, geschenkt bekommen hatte. Elizabeth streichelte den Hund und steckte die Nase in sein wuscheliges Fell. Dann sah sie zu Charlotte hinüber.

Der Papagei sprang vom Finger des Königs auf den Tisch und steckte den Schnabel in die Marmelade, danach hüpfte Charlotte zur Butter, zuletzt kam ein gekochtes Ei dran, in das der graue Papagei seinen Schnabel steckte.

Elizabeth kicherte. »Charlotte ist so furchtbar frech«, quietschte sie. »Sie weiß, dass sie alles darf, weil du sie so lieb hast.«

Eine Weile beobachtete Elizabeth den Papagei und plauderte mit ihren Großeltern.

Dann wandte der König sich an sie. »Begleitest du mich, Lilibet?«, schlug er vor. »Es ist Zeit für meine Inspektionsrunde.«

Elizabeth nickte und trippelte neben dem König zum Barometer auf dem Gang zum Fenster. Von dort aus hielt George mit dem geübten Auge des Seemanns nach dem Wetter Ausschau.

»Was denkst du, Lilibet? Wie wird das Wetter heute Nachmittag? Bleibt es trocken oder gibt es Niederschlag?«

»Ich glaube, die Sonne kommt heraus, Großpapa. Jedenfalls wünsche ich mir das«, plapperte Elizabeth.

Bald waren die morgendlichen Besuche beim Großvater ein Ritual geworden. Und jeden Abend vor dem Zubettgehen wechselte Elizabeth die Sättel und das Zaumzeug ihrer Spielzeugpferde und berichtete dem König am nächsten Tag davon.

Zu Weihnachten schenkte ihr der König ihr erstes Pony. Als sie es sah, klatschte sie begeistert in die Hände und ließ sich sogleich hinaufhelfen.

»Danke, *Grandpa England*. Ich habe mir schon immer ein eigenes Pony gewünscht.«

»Und nun hast du eins«, sagte der König. »Reiten ist in England sehr populär, Lilibet. Deshalb ist jeder beliebt, der etwas fürs Reiten übrighat. Denk immer daran, du bist den Menschen in Großbritannien nahe, wenn du reitest. Sie verstehen dich … und du verstehst sie.«

Von oben sah die Welt wundervoll aus. Elizabeth wollte gar nicht mehr von ihrem Pony hinunter und drehte Runde um Runde. Ab diesem Tag bekam sie Reitunterricht und konnte schon bald sehr gut reiten.

Auch der König liebte das Reiten. Er ließ sich mit seinen vier Söhnen – in der Reihenfolge ihrer Anwartschaft auf den Thron – hoch zu Ross im Park von Windsor fotografieren. Diese Aufnahme war von allen Fotos, die von ihm gemacht wurden, die weitaus beliebteste. Seine Tochter, Prinzessin Mary, war nicht dabei. Ebenso wenig Prinz John, das sechste und letzte Kind. John litt an epileptischen Anfällen, weshalb die Ärzte dem König und der Königin geraten hatten, ihn von der übrigen Familie zu trennen. John wohnte innerhalb eines eigenen kleinen Haushalts in Sandringham und wurde von einer Krankenschwester betreut.

Bald ließ George sich auch mit Elizabeth fotografieren. Sie ritten nebeneinander, er auf seinem Pferd, sie auf ihrem Pony. Das Bild stand auf seinem Schreibtisch. George sah es sich jeden Morgen an, und immer, wenn er Lilibets Strahlen sah, vergaß er seine Traurigkeit über John.

7. KAPITEL

November 1936
England, London, Mayfair,
Buckingham-Palast

»Autsch«, schrie Elizabeth und zog den Kopf weg.

Margaret versuchte, mit dem Kamm den Knoten aufzulösen, der sich in Elizabeth' Haar gebildet hatte, doch egal, wie energisch sie ans Werk ging, es gelang ihr nicht.

Margaret war auf den Tag genau vier Jahre und vier Monate nach Elizabeth auf die Welt gekommen und hatte mit lautem Geschrei dafür gesorgt, dass sogar die Fledermäuse unterm Dach erfuhren, dass sie an jenem Augusttag das Licht der Welt erblickt hatte. Ein erster Eindruck, der zu dem quirligen Mädchen passte.

Margaret war ein wahrer Wirbelwind. Doch das tat nichts zur Sache, denn Elizabeth liebte sie von ganzem Herzen.

»Autsch, das tut weh«, entfuhr es Elizabeth ein weiteres Mal, als Margaret immer heftiger an dem Knoten zerrte.

»Ich bin ja schon fertig«, tönte die Sechsjährige. Rasch griff sie nach dem Handspiegel, der auf der Kommode lag, und reichte ihn Elizabeth.

»Schauen Sie mal, wie Sie aussehen«, plapperte sie.

Elizabeth hob den Spiegel auf Augenhöhe und drehte ihn so, dass sie ihre Haare sehen konnte.

»Auweia.« Blitzschnell verschloss sie ihren Mund mit der Handfläche, damit Margaret es nicht hörte. Ihre Haare standen in alle Richtungen, als würden sie von einem versteckten Magneten angezogen.

Mit dieser Frisur konnte sie unmöglich das Haus verlassen. Doch sie wollte Margarets Freude keinesfalls schmälern. Sie liebte dieses wunderbare Funkeln in den Augen ihrer Schwester. Wenn Margaret in ihrem Element war, konnte man ihr einfach nicht böse sein.

»Und? Sind Sie zufrieden?« Margaret spielte die Rolle der Friseurin perfekt.

»Ja, durchaus. Wie viel bekommen Sie für diese zauberhafte Frisur, Miss?«

»Hmm.« Margaret ging einen Schritt zur Seite und begutachtete erneut Elizabeth' frisch gekämmtes Haar. »Ihr heutiger Besuch geht aufs Haus, aber nur, wenn Sie versprechen, morgen wiederzukommen«, sagte sie mit einem verschmitzten Lächeln.

Elizabeth tat ernst. »Wenn das so ist, komme ich morgen Vormittag selbstverständlich noch einmal vorbei.«

Plötzlich sprang die Tür auf und eine weibliche Stimme erklang.

»Hier seid ihr.«

Die Mädchen drehten die Köpfe in Richtung der Tür, wo ihre Mutter stand.

»Lilibet, Margaret Rose. Es ist Zeit aufzubrechen. Onkel David erwartet uns.«

Margaret ließ den Kamm fallen. »Warte kurz, Mummy.«

Sie lief an ihrer Mutter vorbei zu ihrem Zimmer. Kurz darauf kehrte sie mit einer Puppe in den Händen zurück. »Wir sind bereit«, verlautbarte sie mit Blick auf ihre Lieblingspuppe und streckte die kleine Hand der Mutter entgegen.

»Nun … dann wollen wir mal«, sagte die Herzogin und nahm Margaret an die Hand.

Elizabeth folgte den beiden und versuchte unbemerkt, ihre Haare glatt zu streichen. Jedoch ohne Erfolg. Der Knoten ließ sich einfach nicht lösen.

Auf dem Weg nach draußen kamen sie an dem Vorderfenster vorbei, von dem aus sie einst *Grandpa England* zugewinkt hatte.

Versonnen sah Elizabeth in Richtung Buckingham-Palast. Es war bald ein Jahr her, seit sie sich mit Tränen in den Augen von ihrem Großvater verabschiedet hatte. Sie dachte oft an die gemeinsame Zeit in Bognor zurück. Die Tage an der Küste würden immer einen besonderen Platz in ihrem Herzen haben.

Margaret lief den Gang entlang. »Schau mal, ich kann fliegen«, rief sie und sprang von einem Bein auf das andere.

Kurz darauf erreichten sie den Buckingham-Palast. Das Schloss hatte sich überhaupt nicht verändert, seit ihr Onkel König war, fand Elizabeth. Alles erweckte den Eindruck, als würde *Grandpa England* jeden Moment von einem wichtigen Termin zurückkommen.

»Ich empfinde es als unmöglich, meiner Aufgabe als Monarch nachzukommen ohne Wallis an meiner Seite«, hörte Elizabeth die Stimme ihres Onkels. Sie blieb stehen und spinkste durch den Türspalt. Ihr Vater und Onkel David saßen sich in schweren Sesseln gegenüber. Beide rauchten.

»David, Mrs Simpson ist verheiratet. Wie stellst du dir das vor?«, gab Bertie zu bedenken.

»Mag schon sein, aber die Scheidung ist nur noch eine Frage der Zeit«, entgegnete David. »Mir ist bewusst, Bertie, dass das nicht meine erste Affäre mit einer verheirateten Frau ist, aber diesmal ist es anders. Ob du es mir glaubst oder nicht, Wallis ist *die* eine für mich. Ich will mein Leben mit ihr teilen.«

Das Gespräch klang ernst und beunruhigte Elizabeth.

Schon an seinem ersten Tag als König hatte ihr Onkel das Protokoll gebrochen und die öffentliche Proklamation seines Herrschaftsantritts gemeinsam mit seiner Freundin von einem Fenster des St.-James's-Palastes verfolgt. Elizabeth wusste davon, weil sie ein Gespräch ihrer Eltern aufgeschnappt hatte. Danach hatte sie lange über das Gehörte nachgedacht.

Für sie stand fest, dass ihr Onkel sich verändert hatte, seit er König war. Zwar konnte sie nicht sagen, was es war, aber sie spürte, dass ihm etwas auf der Seele lag. Wie sie, wenn mit ihrem Pony oder den Hunden etwas nicht stimmte und sie sich sorgte, schien er ständig zu grübeln. Dieses Gefühl der Unruhe spürte sie auch jetzt, während sie ihn regelrecht in dem Sessel versinken sah.

»Lilibet, jetzt komm endlich.« Margaret war vorgelaufen und kam nun zurück. Mit in die Hüften gestemmten Händen stellte sie sich vor ihre Schwester. »Sollen wir *Catching Happy Days* spielen? Es sind noch genügend Blätter an den Bäumen.«

Elizabeth mochte das Spiel, bei dem sie möglichst viele Blätter fangen mussten, die von den Bäumen fielen. Dabei rannten sie wie die Verrückten um jeden Baum herum. Doch gerade jetzt wäre sie lieber an Ort und Stelle geblieben, um zu erfahren, wie es mit ihrem Onkel und Mrs Simpson weiterginge.

»Warte«, antwortete Elizabeth ausweichend. »Gib mir noch einen Moment.«

»Wie lange dauert ein Moment?«, wollte Margaret wissen.

Elizabeth verzog das Gesicht. Wie sollte sie die Frage beantworten, sodass Margaret zufrieden wäre? Mit ihrer Schwester wurde es nie langweilig, was allerdings im Umkehrschluss bedeutete, dass es oft unmöglich war, eine ruhige Minute für sich zu haben.

»Ich mache dir einen Vorschlag. Was hältst du davon, wenn wir zuerst eine Runde Verstecken spielen und du dir schon mal ein sicheres Versteck aussuchst?«

»Aber nur, wenn du die Augen zumachst. Sonst macht es keinen richtigen Spaß.«

Elizabeth gab nach. »Natürlich schließe ich die Augen. Ich schummle nicht. Ehrenwort«, versicherte sie.

»Und du suchst mich auch wirklich? Oder sagst du das jetzt nur so?«

Elizabeth beugte sich zu Margaret hinunter. »Habe ich jemals ein Versprechen gebrochen?«

Margaret dachte kurz nach, dann schüttelte sie den Kopf. »Nein, mir fällt nichts ein.«

»Na siehst du.« Elizabeth richtete sich wieder auf. »Und jetzt lauf.«

»Na gut. Fang schon mal an zu zählen.«

Ehe sie sich's versah, war Margaret aus ihrem Blickfeld verschwunden. Jetzt blieb nur zu hoffen, dass sie nicht auf die Idee kam, sich in einem ganz anderen Teil des Schlosses zu verstecken, dann müsste Elizabeth einen Suchtrupp nach ihr losschicken.

Elizabeth wandte sich wieder dem Türspalt zu.

»David, ich bitte dich, überleg dir diesen Schritt gut«, hörte sie die leise Stimme ihres Vaters.

»Das habe ich bereits getan. Der Premierminister und der Erzbischof sind nach wie vor der Ansicht, es sei politisch und gesellschaftlich inakzeptabel, eine Frau zu heiraten, deren geschiedene Ehemänner noch leben. Und bevor dir die Frage in den Sinn kommt … auch eine morganatische Ehe kommt nicht infrage«, erklärte David. »Somit habe ich keine andere Wahl, als zurückzutreten.«

Elizabeth hörte ihren Vater laut ausatmen. Sie hatte keine Ahnung, was eine morganatische Ehe war, aber das Gespräch schien sowohl ihren Onkel als auch ihren Vater zu bedrücken. Hektisch zogen beide an ihrer Zigarette.

»Möchtest du wirklich ihr dritter Mann werden, David? Du weißt, dass Papa weder mit eurer Affäre einverstanden war, noch hätte er dir jemals seinen Segen gegeben, Mrs Simpson zu heiraten. Und denk bitte an das Wichtigste: Großbritannien zählt auf dich.«

Elizabeth' Onkel schien von den Worten seines Bruders unbeeindruckt. »Meine Entscheidung steht, Bertie. Daran kannst du nichts ändern.«

Für einen kurzen Moment war es so still, dass Elizabeth angst und bange wurde.

»Nun … dann … wünsche ich dir, dass diese schwerwiegende Entscheidung auch später noch die richtige für dich ist«, sagte Bertie. »Ich wünsche dir alles Glück. Ich hoffe, das weißt du.«

Elizabeth stand erstarrt da. Sie konnte nicht einschätzen, ob man schlichtweg als König geboren wurde oder ob man es sich aneignen und jeden Tag ein bisschen mehr lernen konnte, es zu sein. Ihr Onkel hatte zweifelsfrei seine Entscheidung getroffen. Daran war sicher nicht zu rütteln.

Doch wenn er nicht mehr König sein wollte, hieß das, dass ihr Vater es werden müsste. Und dann würde sich gewiss auch Margarets und ihr Leben ändern. Wie genau, wusste Elizabeth nicht, aber sie würde es bald erfahren.

8. KAPITEL

»Margaret!« Elizabeth rutschte auf die Kante des Holzstuhls und schlug nach der Feder, mit der die Schwester sie kitzelte. »Wenn du mich weiterhin ablenkst, bin ich mit Papas Krönungstagebuch morgen noch nicht fertig. Und fertig werden muss ich, sonst bekommt er es nicht rechtzeitig.«

Margaret ignorierte den strengen Blick ihrer elfjährigen Schwester. »Ach, immer dieses dumme Krönungstagebuch«, beschwerte sie sich.

»Es ist nicht dumm. Es ist meine Pflicht, es zu schreiben«, verteidigte Elizabeth die wichtige Aufgabe.

Seit Stunden versuchte sie, die Krönung ihres Vaters Bertie zu George VI. zu beschreiben, verwarf Sätze und schrieb neue. Der Rücktritt ihres Onkels hatte ihre Welt auf den Kopf gestellt. Noch bevor er offiziell gekrönt worden war und sein erstes Jahr als König vollendet hatte, war er zurückgetreten, um Mrs Simpson zu heiraten.

Wallis Simpson war keine Schönheit im klassischen Sinne, aber sie hatte eine gewisse Eleganz und ein Wesen, das ihren Onkel, wie es schien, gefangen nahm.

Margaret rollte mit den Augen. »Warum sprichst du immer von der langweiligen Pflicht?«

Sie streckte die Hand, deren Finger die braun gemusterte Feder umklammerten, erneut nach Elizabeth aus. Sie hatte die Feder vor ein paar Tagen bei einem Spaziergang mit Bobo, ihrem Kindermädchen, im Park gefunden und mit nach Hause genommen. Schnell hatte Margaret erkannt, welch wunderbares Kitzel-Instrument die Eulenfeder war. Und nun neckte sie ihre Schwester damit, um sie davon zu überzeugen, von dem Krönungstagebuch abzulassen.

»Wir könnten Karten spielen. Das ist viel spannender«, schlug Margaret vor. Ihre Hand drehte sich, sodass die Feder in Elizabeth' Nacken landete und dort weiter ihr Unwesen trieb.

»Vielleicht später«, versuchte Elizabeth Margaret zu besänftigen. »Jetzt kann ich *wirklich* nicht. Ich brauche meine Ruhe.« Sie hielt den Stift mahnend in die Höhe, kicherte jedoch dabei. »Du weißt doch, dass sich nach Papas Krönung alles geändert hat.« Elizabeth klang plötzlich furchtbar erwachsen, viel älter als elf.

Margaret ließ von ihrer Schwester ab. »Eigentlich finde ich es schön, dass wir jetzt richtige Prinzessinnen sind und Mummy und Papa echte Kronen haben.« Sie stieß einen lauten Seufzer aus. »Aber das mit der riesengroßen Verantwortung und dem ganzen Drum und Dran ist blöd. Mummy, Papa, du und ich müssen jetzt richtig viel arbeiten.« Margaret schien wenig begeistert von den Änderungen, die bereits auf sie zugekommen waren.

»Stimmt.« Elizabeth wandte Margaret ihre ganze Aufmerksamkeit zu. »Deshalb habe ich ja die wichtige Aufgabe, Papas Krönungstagebuch fertigzustellen. Du weißt, wenn der König einem etwas aufträgt, müssen wir dem Folge leisten.«

»*Folge leisten?*«, wiederholte Margaret und blickte noch eine Spur grüblerischer, während sie auf eine Reaktion der Älteren wartete.

»Ja«, wiederholte Elizabeth mit ihrer hellen Stimme. »Es bedeutet, dass man tut, was einem aufgetragen wurde.«

»Iiii, wie langweilig«, gluckste Margaret.

Sie kullerte über den Boden, keinen Moment an die Rüschen ihres Kleids denkend, die zusammengedrückt wurden. Zu tun, was man von ihr erwartete, war nicht ihre Sache. Und sie hatte Glück, denn jeder sah es ihr nach, wenn sie Schabernack trieb, weil sie die Gabe hatte, andere zum Lachen zu bringen. Margaret nutzte das mitunter schamlos aus.

Elizabeth brachte Beispiele, die Margaret davon überzeugen sollten, dass Pflichterfüllung ein Gefühl der Befriedigung nach sich zog. Sie gab sich Mühe, die richtigen Worte zu finden, um ihrer jüngeren Schwester zu erklären, was sie selbst bereits verstanden hatte, Margaret jedoch noch nicht einordnen konnte.

»Denk nur an die Ponys. Es ist unsere Pflicht, uns um sie zu kümmern, aber diese Pflicht macht Spaß, nicht wahr?« Elizabeth hörte ihre eigene, klare Stimme und hoffte, dass sie in Margarets Ohren nicht wie eine gewissenhafte Lehrerin klang, die ihrer Schülerin nichts durchgehen ließ.

»Das ist ein dummes Beispiel, Lilibet«, schimpfte Margaret. »Jeder liebt Ponys und kümmert sich gern um sie. Aber ein Krönungstagebuch«, sie rollte auf den Rücken und legte den Arm unter den Nacken, »… oder ein Bergwerk, das man besuchen muss … das ist etwas anderes. Mummy hat sicher nichts dagegen, wenn du das Buch erst morgen fertig hast. Erst gestern hat sie vor dem Zubettgehen zu mir gesagt, ›Margaret Rose, morgen ist auch noch ein Tag‹.«

Margaret strich sich eine Locke aus dem Gesicht, griff an den Rand des Holztischs und zog sich daran hoch. »Und Papa wird das Buch sicher nicht vermissen. Er ist doch jetzt König und muss bis spätabends arbeiten.«

Das Mädchen sah ihre Schwester mit durchdringenden blauen Augen an.

Ihr triumphierendes Lächeln ließ Elizabeth den Stift zur Seite legen. Ihr Vater sagte immer, dass sie – Elizabeth – sein ganzer Stolz sei und Margaret seine Freude. Doch Stolz musste man sich verdienen.

»Und wenn *ich* nicht alles an einem Tag machen muss«, sprach Margaret altklug weiter, »musst du es auch nicht. Damit wartest du besser, bis du erwachsen bist und geheiratet hast. Dann ist immer noch genug Zeit, pflichtvoll zu sein.«

»Es heißt pflichtbewusst, Bud …«, sagte Elizabeth milde.

Elizabeth hatte sich den Kosenamen *Bud* ausgedacht, als ihre Schwester Margaret Rose zur Welt gekommen war. Ihrer Ansicht nach war das kleine Bündel Mensch im Arm ihrer Mutter noch gar keine richtige Rose, sondern eher eine Knospe.

»Und mag schon sein, dass Mummy das gesagt hat, aber das hier«, sie klopfte auf das Geschriebene vor sich auf dem Tisch, »ist von außerordentlichem Interesse. Die Menschen sind nach Onkel Davids Rücktritt ziemlich verunsichert. Er war *ihr* König, aber dann ist er von einem Tag auf den nächsten zurückgetreten«, fügte sie hinzu.

Elizabeth war unwohl bei dem Gedanken, was die Abdankung in Zukunft noch für ihre Familie bedeutete. Ihre Mutter hatte das Ganze furchtbar mitgenommen. Ihren Vater ebenso. Doch was käme als Nächstes auf sie zu?

»Und nun muss Papa den Leuten Hoffnung geben«, sprach sie weiter. »Die Menschen brauchen die Sicherheit, dass sie sich auf die königliche Familie verlassen können. Wir müssen tun, was in unserer Macht steht, damit das Volk wieder Vertrauen in die Krone fasst.«

Margaret hatte stumm zugehört und schien, entgegen Elizabeth' Erwartung, von ihrem ernsten Vortrag berührt. »Warum hat Onkel David das getan?« Margaret klang plötzlich weinerlich. »Er ist doch immer so nett zu uns. Wenn er König geblieben wäre, müsstest du später keine Pflichten erfüllen … Und ich auch nicht.« Margaret sprach im Brustton der Überzeugung und schien ihrer beider Leben bereits vor sich zu sehen.

Elizabeth empfand Mitgefühl mit Margaret. »Ein paar Pflichten bringen uns schon nicht um, Bud. Und denk dran, wir dürfen wundervolle Kleider tragen. Das magst du doch so gern.«

»Wirklich?« Margarets Augen weiteten sich.

»Ja«, bekräftigte Elizabeth und strahlte ebenfalls.

»Aber versprichst du mir, dass wir immer lange genug spielen können, Lilibet?«, wisperte Margaret. Sie klammerte sich an Elizabeth und hielt sich an ihr fest. »Und dass du immer Zeit für mich hast, wenn mich etwas traurig macht?«

»Natürlich tue ich das. Heiliges Ehrenwort, Bud.« Wie zur Bestätigung hauchte Elizabeth einen Kuss auf Margarets kleine Hand.

Die schmiegte die Wange an sie, augenscheinlich beruhigt.

»Magst du Onkel David nicht mehr, weil er nicht König sein will, Lilibet?«, wollte Margaret plötzlich wissen. Sie wirkte verunsichert, als käme es allein auf Elizabeth' Antwort an.

»Natürlich mag ich ihn noch.«

»Aber Mummy schimpft immer fürchterlich über Mrs Simpson. Und Onkel David liebt sie. Sicher mag er Mummy jetzt nicht mehr so gern … weil sie so über Mrs Simpson spricht.«

Margarets säuerlicher Gesichtsausdruck erinnerte Elizabeth an eine kurzsichtige alte Dame, die versuchte, das Bild vor ihrem Auge scharfzustellen.

»Mummy macht sich nur Sorgen, deshalb schimpft sie über Mrs Simpson. Aber sicher hat sie Onkel David immer noch gern«, beruhigte Elizabeth ihre Schwester.

Sie dachte daran, wie lustig es war, wenn sie mit Onkel David im Great Windsor Park herumtollten. Sie hatten so viel Spaß miteinander. Der Gedanke, dass sie wegen der Liebe ihres Onkels zu der Amerikanerin dereinst selbst Königin wäre, wurde übermächtig – das hatten die Eltern ihr neulich erklärt. Margarets Stimme riss sie aus ihren Überlegungen.

»Ich mag ihn auch noch.« Margaret rümpfte die Nase. »Ich finde es aber komisch, dass Papa jetzt George heißt, sein Name ist doch Albert.«

»Für uns heißt er weiterhin Papa«, erklärte Elizabeth. »Daran wird sich nichts ändern.«

»Ja schon, aber wieso bleibt er nicht einfach Albert?« Das Thema schien Margaret nicht aus dem Kopf zu gehen.

»Weil jeder König sich den Namen aussuchen darf, unter dem er regiert. Außerdem möchte er *Grandpa England* Anerkennung zollen und eine Verbindung zwischen den beiden Regentschaften herstellen, deshalb hat er sich für George entschieden.«

Elizabeth hatte bei ihrem Vater nachgefragt, woraufhin er ihr die Hintergründe erklärt hatte.

»Aha.« Margaret war sichtlich beeindruckt. »Dürfen Königinnen auch ihren Namen wählen?«

»Natürlich.« Elizabeth nickte. »So, jetzt muss ich mich aber wirklich wieder dem Krönungstagebuch widmen.«

»Also gut«, willigte Margaret großzügig ein. »Dann schreib weiter. Aber später spielst du mit mir, so lange ich will«, verlangte sie. »Und vielleicht kann ich dir bei dem Buch ja helfen?«

»Das ist Erpressung ... aber gut«, gab Elizabeth grinsend nach.

Ungeachtet ihrer unterschiedlichen Charaktere hing sie an Margaret. Wenn die kleinere Schwester sich in ihre Arme warf, fühlte Elizabeth, wie stark die Liebe zu ihr war und wie sehr sie hoffte, sie ihr Leben lang beschützen zu können. Margaret und sie waren wie zwei Seiten einer Medaille – sie gehörten untrennbar zusammen.

Elizabeth griff nach der Eulenfeder, die ihre Schwester vor ein paar Minuten achtlos fallen gelassen hatte. Margaret war dazu übergegangen, die Haare ihrer Puppe zu flechten. Sie war ganz in ihr Tun versunken.

»Wie du mir, so ich dir«, stieß Elizabeth den Schlachtruf aus. Sie hob die Hand und ging auf Margaret los.

Margaret fuhr herum und schnappte johlend nach der Feder, doch diese verfing sich in ihrem Haar und landete in ihrem Nacken, wo das Mädchen besonders empfindlich war.

Margaret schnappte erneut, doch Elizabeth war schneller. Eine Weile balgten die Schwestern um die Feder. Hände schossen vor und zurück, während helles Lachen durchs Zimmer flog.

Schließlich ließ Elizabeth von dem Spiel ab und übergab Margaret die Feder, als wäre es eine Krone von unermesslichem Wert.

»Hier. Sie gehört dir. Du hast sie gefunden.«

Margaret wollte etwas erwidern, als die Tür aufsprang und Bobo im Türrahmen erschien. Sie hatte gerötete Wangen und war außer Atem.

»Margaret.« Bobo legte die Hand auf den Brustkorb, erleichtert, ihren Schützling gefunden zu haben. »An die weiten Wege hier im Buckingham-Palast muss ich mich erst gewöhnen. Darauf hätte man mich vorbereiten müssen«, keuchte sie.

Elizabeth sprang Bobo bei. »Deshalb sollten hier alle Fahrräder haben, finde ich«, schlug sie vor. »Auf Rädern kämen wir viel schneller überallhin.«

»Toll!« Margaret schien die Idee ausnehmend gut zu gefallen. »In den Gängen macht Fahrradfahren bestimmt Spaß«, mischte sie sich ein und kicherte vergnügt. »Und wenn ich hinfalle, hilft mir immer jemand auf.«

Bobo lächelte über den Vorschlag. »Fahrradfahren im Schloss ist sicher eine praktische Idee, aber ich denke nicht, dass die königlichen Hoheiten ernsthaft darüber nachdenken, uns Räder zur Verfügung zu stellen.«

»Ich helfe Ihnen, Bobo. Ich werde mit Mummy sprechen«, rief Margaret dazwischen.

Pläne zu schmieden gehörte zu ihren liebsten Beschäftigungen.

Bobo hockte sich vor ihren kleinen Schützling. »Margaret, wie wäre es, wenn wir eine Runde im Garten spazieren gehen?«, versuchte sie das Mädchen zu locken. »Das gute Wetter ist eine Einladung an uns, den Blumen, Schmetterlingen und Bienen einen Besuch abzustatten.«

Margaret schien wenig begeistert. »Das geht leider nicht«, sagte sie. »Lilibet schreibt für Papa ein Krönungstagebuch. Und ich«, sie deutete auf sich, »muss ihr dabei helfen.«

»Ich bin mir sicher, Margaret, dass deine Schwester dir ein paar Stunden freigibt, eben weil heute so schönes Wetter ist. Sehe ich das richtig, Lilibet?«

Elizabeth ging auf das Spiel ein und nickte. »Selbstverständlich gebe ich Margaret frei. Sie kann eine Pause gebrauchen. Vielleicht könntet ihr ein paar Blumen für Mummy pflücken?«, schlug sie vor. »Es sieht bestimmt hübsch aus, wenn wir einen Strauß auf den Tisch im Speisesaal stellen.« Elizabeth ließ unerwähnt, dass bereits überall prachtvolle Sträuße standen und der Palast von Blumenduft durchzogen war.

»Also gut. Dann überraschen wir Mummy damit«, lenkte Margaret ein. »Sollen wir rote, gelbe oder weiße Blumen pflücken?«

»Am besten pflückst du Blumen von jeder Farbe, Bud. Du findest doch immer die schönsten«, lobte Elizabeth.

Margaret schritt umgehend zur Tat und suchte nach ihren Schuhen, die sie sich beim Spiel ausgezogen hatte. Dann ergriff sie die Hand des Kindermädchens und zog sie aus dem Zimmer. »Also los, Bobo. Wir müssen Blumen pflücken, damit Mummy weiß, wie lieb ich sie habe.«

Als die Tür leise ins Schloss fiel, atmete Elizabeth auf. Margaret fiel es schwer, abzuwarten, wenn sie sich etwas vorgenommen hatte. Elizabeth hingegen hatte bereits gelernt, wie wichtig Geduld gepaart mit Entschlossenheit war.

Sie stand auf und wandte sich dem Fenster zu. Draußen zogen inzwischen graue Wolken über den Himmel. Die nächste halbe Stunde wäre sie vermutlich vor Margaret sicher, doch spätestens wenn die ersten Regentropfen sich ankündigten, käme ihre Schwester zurück, um ihr weiter Löcher in den Bauch zu fragen.

Sie setzte sich wieder, nahm den roten Stift und schrieb in ihrer kindlichen Schrift:

Die Krönung. 12. Mai 1937. Für Mummy und Papa. In Erinnerung an ihre Krönung. Von Lilibet.

Der Krönungstag war ein unvergesslicher Tag gewesen. Am Morgen waren sie um 5 Uhr von der Band der Royal Marines, die vor den Fenstern des Palasts spielte, geweckt worden. Es war ein kalter, nebliger Morgen gewesen, doch das hatte Elizabeth nicht davon abgehalten, blitzschnell aus dem Bett zu hüpfen. Margaret war es nicht anders ergangen. Auch sie hatte die halbe Nacht wach gelegen und dem besonderen Ereignis entgegengefiebert.

Noch bevor sie, wie jeden Morgen, in die Gemächer ihrer Eltern schlichen, hatten sie sich, in Decken gewickelt, an der Fensterscheibe die Nasen plattgedrückt, um zu sehen, was sich draußen abspielte. Menschenmengen hatten sich in der Nacht vor dem Palast versammelt, um die Bewohner mit viel Lärm und Gesang auf sich aufmerksam zu machen.

Margaret und ich saßen um 7.30 Uhr am Frühstückstisch. Natürlich konnte Margaret kaum stillsitzen. Draußen war schon viel los, und wenn etwas los ist, will Margaret immer dabei sein und wissen, was die Leute treiben. Nach dem Frühstück sind wir in unsere Kleider geschlüpft. Sie waren aus Seide und cremefarbener Spitze und hatten in der Mitte von oben bis unten kleine goldene Schleifen, was sehr schön aussah. Auch die Puffärmel hatten Schleifchen. Außerdem haben wir Umhänge übergezogen, die in Hermelin eingefasst waren.

Elizabeth dachte an Margarets enttäuschtes Gesicht, als ihr auffiel, dass für Elizabeth eine kleine Schleppe vorgesehen war, für sie jedoch nicht. Doch dann hatte sie die eigens für sie angefertigten Kronen entdeckt, und sofort hatten Margarets Augen wie Sterne gefunkelt, als sie ihre von allen Seiten begutachtete und jedes kleine Detail mit »oh« und »ah« kommentierte.

Als sie fertig angezogen waren, war ihre Gouvernante Marion Crawford, die sie Crawfie nannten, zu ihnen gekommen. Margaret hatte plötzlich eine unerwartete Schüchternheit ergriffen, und Elizabeth hatte ähnlich empfunden. Ihre Kleidung war wunderschön, und sie waren ein bisschen überwältigt von ihrem eigenen Anblick. Von den mit Pelz verbrämten und mit Tressen besetzten Umhängen, die sie tragen würden, während sie den Gang von Westminster Abbey entlangschritten, hoffentlich, ohne einen Fehler zu begehen. Elizabeth wusste, dass dieser Tag Margarets und ihr Leben in die Zeit davor und danach unterteilte. Sie wären andere, wenn die Krönung vollzogen wäre.

»Gefallen Ihnen meine Schuhe, Crawfie?«, hatte Elizabeth gefragt und ihr Kleid hochgezogen, sodass die Gouvernante die silbernen Sandalen sehen konnte.

Sie war rot geworden, als sie die Schrammen vom Herumtollen im Garten an ihren Beinen bemerkt hatte. Sie schienen nicht zu der eleganten Kleidung und den hübschen Schuhen zu passen. Doch sie ließen sich nicht wegzaubern, und Crawfie schienen sie kein bisschen zu stören.

»Alles an dir sieht bezaubernd aus, Lilibet«, hatte sie ihr gut zugeredet. »Ein besonderer Anblick an einem besonderen Tag.«

Elizabeth hatte sich über das Kompliment gefreut. Crawfie würde von Owen, dem Fahrer, in einem Mitarbeiterauto zur Abbey gebracht werden. Doch es gab noch etwas, das sie beschäftigte.

»Ich hoffe, Margaret blamiert uns nicht, indem sie irgendwann einschläft, Crawfie. Schließlich ist sie noch sehr jung für eine Krönung. Meinen Sie nicht auch?«, hatte sie ihre Sorge geäußert.

»Sei beruhigt, Lilibet. Margaret wird ihre Sache ebenfalls gut machen, denn du wirst auf sie aufpassen, nicht wahr?«

Elizabeth riss sich aus ihren Gedanken und setzte abermals den Stift an.

Nachdem wir Mummy einen Abschiedskuss gegeben haben, sind wir mit der Kutsche zur Westminster Abbey gefahren. Anfangs war es sehr holprig, aber wir haben uns schnell daran gewöhnt …

Das Personal hatte die Kutsche mit einem eigens für Margaret angefertigten Sitz ausgestattet, weil sie noch zu klein war, um ohne Hilfsmittel aus dem Fenster der Kutsche sehen zu können. Margaret war begeistert gewesen, endlich richtig groß zu sein, besser gesagt, so zu wirken, als sei sie es.

Elizabeth sah wieder vor sich, wie Margaret voller Enthusiasmus der Menschenmenge zuwinkte, bis sich ihr Gesicht säuerlich verzog, weil ihr Arm weh tat. Vor der Westminster Abbey war Margaret erleichtert aus der Kutsche gestiegen und hatte den Arm hinter dem Rücken versteckt, um nicht mehr winken zu müssen.

… Margaret, Tante Mary und ich sind den Gang der Abbey entlang zu unseren Plätzen marschiert. Wir haben uns hingesetzt und ungefähr eine halbe Stunde gewartet, bis Mummys Prozession begann. Dann kam Papa. Er sah sehr schön aus in der purpurroten Robe und der Cap of Maintenance … Ich fand alles sehr, sehr wunderbar … als Mummy gekrönt wurde und alle Peeressen ihre Kronen aufsetzten, sah es wundervoll aus, Arme und Kronen in der Luft schwebend zu sehen und dann die Arme verschwinden zu sehen, als wäre es Magie. Auch die Musik war schön, und das Orchester und die neue Orgel spielten wunderschön …

Sonnenstrahlen, die durch die Wolken blitzten, breiteten sich über Elizabeth' Schreibtisch aus. Die Prinzessin hielt die Hand in das helle Licht und beobachtete, wie die Schatten, die ihre Finger auf das Holz zeichneten, sich mit jeder kleinen Regung bewegten.

Das goldene Teppichmeer mit dem Krönungsstuhl, die Schwerter, der Reichsapfel und das Zepter, die Treueschwüre … Sie hatte ständig den Blick schweifen lassen und doch nur einen Bruchteil von allem mitbekommen.

Margaret hatten die funkelnden Edelsteine an den Hälsen und Händen der Frauen beeindruckt, die leuchtenden Farben ihrer Gewänder und schimmernden Seidenroben und das glitzernde Gold. Sie hatte Elizabeth ständig geknufft, weil sie ihr etwas zeigen wollte.

Elizabeth war vor allem von den Pferden fasziniert gewesen. Sie waren in geraden Reihen gelaufen, ohne dass auch nur eins der Tiere ausgeschert wäre. Nicht zu vergessen die Soldaten, die so adrett ausgesehen hatten. Die Mall war für die Krönung mit Zuschauertribünen bestückt worden, die mit Bannern mit dem königlichen Wappen geschmückt waren. Die Staatskarosse ihres Vaters, mit all dem Blattgold und der Krone auf dem Dach und den acht weißen Pferden, jedes von einem goldbetressten Stallmeister begleitet, hatte die Menschen in ihren Bann gezogen. Ebenso die berittene Kavallerie mit den im Licht blitzenden Helmen.

Und dann waren da noch die Dudelsackpfeifer aus den Highlands gewesen, die kanadischen Mounties, Sikhs, die zu Fuß gingen, und die Premierminister aus den Herrschaftsgebieten.

Was sie gesehen und erlebt hatte, ließ Elizabeth auch jetzt wieder ehrfürchtig innehalten. Könnte sie doch noch einmal das Zaumzeug des Pferds des Maharadschas bestaunen. Am besten aus nächster Nähe.

Elizabeth hatte das Bild in ihrem Kopf in allen Einzelheiten abgespeichert.

Teil der Krönung gewesen zu sein war unvergleichlich. Auch ihre Eltern würden sich gewiss bis zu ihrem letzten Atemzug an diesen Tag erinnern.

Bei Elizabeth' Großmutter sah das allerdings anders aus. Der Tag, an dem sie Königin geworden war, hatte sich, zu Elizabeth' Staunen, nicht in Großmama Marys Gedächtnis gebrannt.

… Was mich verwundert, ist, dass Großmama Mary sich nur an wenige Momente ihrer eigenen Krönung erinnert. Ich hätte gedacht, dass dieser Tag ihr für immer in Erinnerung bliebe.

Elizabeth griff nach dem Wasserglas neben dem Tablett mit den Stiften, trank einen Schluck und schrieb weiter.

… Die Krönungszeremonie war übermäßig lang. Am Ende wurde sie eher langweilig, da nur noch gebetet wurde. Granny und ich haben nachgesehen, wie viele Seiten es noch bis zum Ende sind. Als wir dann noch eine Seite umgeblättert haben, stand dort das Wort ›Finis‹, ich habe darauf gedeutet, und wir haben uns zugelächelt und unsere Aufmerksamkeit wieder auf die Zeremonie gerichtet …

Sie war gedanklich noch mit der Krönung beschäftigt, als auf dem Korridor Margarets Lachen erklang.

… Dann sind wir alle auf den Balkon gegangen, vor dem Palast

*warteten Millionen von Menschen auf uns. Im Anschluss wurden
wir in diesen schrecklichen Lichtern fotografiert.*

Margaret und sie waren über eine Stunde von allen Seiten fotografiert worden. Ihre Füße hatten furchtbar geschmerzt, dennoch war da auch dieses glückliche Kribbeln gewesen, das sich in Elizabeth' Körper ausgebreitet hatte. Wie Brause, die im Mund blubberte.

Später hatte Crawfie sich bei ihr nach dem Tag erkundigt.

»Hat Margaret sich angemessen verhalten?«, hatte sie gefragt und Elizabeth liebevoll übers Haar gestrichen.

»Margaret war wunderbar, Crawfie. Ich musste sie nur ein paar Mal stupsen, als sie zu laut mit dem Gebetbuch gespielt hat.«

Die Energie, die sich im Laufe eines Tages in Margaret staute, musste sie irgendwann loswerden. Unlängst hatte sie sich während des Unterrichts vor lauter Übermut beinahe den Inhalt eines Tintenfasses über den Kopf geschüttet. Doch den Krönungstag hatte sie gut gemeistert.

Rasch schrieb Elizabeth die letzten Eindrücke nieder. Erleichtert klappte sie das Heft zu und legte es in die Schublade, als die Tür aufsprang und Margaret hereinstürmte. Ihr Haar war zerzaust. In der Hand hielt sie eine Kette aus Gänseblümchen, die sie Elizabeth feierlich aufs Haupt drückte.

»Jetzt bist du ebenfalls gekrönt. Schließlich bist du die Nächste ...« Margaret deutete kichernd auf die *Krone* aus Gänseblumen, deren Blüten bereits die Köpfe hängen ließen. »Aber jetzt spielen wir, ja? Am liebsten Ich sehe was, was du nicht siehst.«

»Du fängst an«, gab Elizabeth klein bei. »Was hast du gesehen? Erzähl ...«

Kaum hatte sie ihre Zustimmung zu dem Spiel gegeben, prasselte bereits eine Tirade an Wörtern auf Elizabeth ein.

9. KAPITEL

1938/39
England, London,
Buckingham-Palast

Elizabeth schlang die Arme um die Knie. Wieder und wieder kamen ihr die Worte ihres Vaters in den Sinn.

»Ich habe nie ein Staatspapier in der Hand gehabt. Ich bin nur ein einfacher Marineoffizier. Das ist das Einzige, wovon ich etwas verstehe.«

Nachdenklich ließ sie den Kopf gegen das Betthaupt sinken. Sie verstand die Sorge ihres Vaters, als stotternder Monarch in die Geschichte einzugehen. Manchmal glaubte sie sogar, er fürchte sich davor, seiner Aufgabe als König grundsätzlich nicht gerecht werden zu können.

Seit er König war, schenkte Elizabeth ihm ihre ganze Aufmerksamkeit, um ihn spüren zu lassen, dass sie an ihn glaubte. Als sie ihm das Krönungstagebuch mit feierlicher Miene überreicht hatte, war er vor Rührung fast in Tränen ausgebrochen. Die Freude, die sie ihm hatte machen wollen, war gelungen.

Als König hörten die Aufgaben und Herausforderungen niemals auf, das erzählte er ihr immer wieder.

»König zu sein ist ein Fass ohne Boden«, hatte Elizabeth auch Crawfie kurz nach der Krönung zu einer Freundin sagen hören.

Elizabeth zog die Decke, die hinuntergerutscht war, über die Knie. Sie wusste inzwischen, dass ihr Onkel nur eine begrenzte Vorstellung davon gehabt hatte, was es bedeutete, König zu sein. Weshalb hatte Großpapa seinen ältesten Sohn nicht besser auf die große Aufgabe vorbereitet? War es angesichts dieser Überforderung nicht verständlich, dass ihr Onkel zurückgetreten war und nun ihr Vater seine Rolle einnehmen musste? Und würde es ihm besser ergehen? Elizabeth wusste keine Antworten auf die Fragen, was sie unruhig machte.

Seit der Krönung machte sie sich eine Menge Gedanken über das, was in Zukunft geschähe. Laut ihrer Mutter war es allein Mrs Simpson zuzuschreiben, dass mit Onkel David *nicht mehr zu sprechen war*. Sie sprach oft davon, dass *diese Frau* das Unglück der Familie zu verantworten hatte. Nachdem Onkel David mit Mrs Simpson die Flucht ergriffen hatte, wie Mummy es ausdrückte, hatte ihrer aller Leben sich für immer verändert. Leider keinesfalls zum Leichteren.

Elizabeth dachte gern an die unbeschwerte Zeit in Bognor zurück. Unvergessen waren auch die morgendlichen Besuche im Buckingham-Palast. Nie würde sie vergessen, wie lustig es gewesen war, wenn Charlotte den Frühstückstisch unsicher machte. Doch diese Zeiten waren ein für alle Mal vorbei …

Nun hörte Elizabeth die Stimme ihrer Mutter im Kopf. »Vergiss nie, Bertie, wir haben etwas, worauf wir uns immer verlassen können: Kontinuität.«

Mit diesen Worten der Aufmunterung hatte ihre Mutter erst gestern wieder versucht, den Vater zu trösten.

In letzter Zeit wirkte ihr Vater gar nicht mehr wie früher. Elizabeth blieben die Sorgenfalten in seinem Gesicht nicht verborgen.

Wenn Onkel David anrief, war er besonders aufgewühlt.

»Warum ruft David ständig an und bombardiert mich mit Ratschlägen, die niemand hören will? Zum Umgang mit Ministern, zum Thema Geld und Status. Weshalb ist er zurückgetreten, wenn er weitermachen will?«

Es kam vor, dass ihre Mutter den Vater nach diesen Telefonaten lange beruhigen musste.

Ihr Vater hatte es abgelehnt, ein Mitglied der königlichen Familie zur Hochzeit seines Bruders letzten Juni zu entsenden. Das Fest hatte in einem Chateau stattgefunden. Winston Churchills Sohn war unter den Gästen.

Wie nicht anders zu erwarten, hatte Margaret geschmollt, als sie erfuhr, dass sie nicht zu der Hochzeit Davids mit Mrs Simpson fuhren.

»Da passiert mal etwas Aufregendes, und wir sind nicht dabei.«

Elizabeth hatte sie getröstet. »Wir mussten ablehnen, Bud, weil Onkel David nicht nur die Familie enttäuscht hat, sondern ganz England«, hatte sie den Entschluss ihres Vaters verteidigt.

Auch Elizabeth hätte gern das ein oder andere über Mrs Simpson erfahren. Doch das durfte sie Margaret gegenüber nicht zugeben, sonst gäbe ihre Schwester keine Ruhe und würde sie vermutlich dazu anstiften, Onkel David einen Brief zu schreiben, damit er sie einlud, bei ihm und seiner Frau vorbeizuschauen. Margarets Fantasie kannte nun mal keine Grenzen.

Immerhin hatte die Tatsache, dass ihre Eltern nun König und Königin und sie in den Buckingham-Palast gezogen waren, nichts an den Wochenenden in der Royal Lodge geändert. Ihre Großmutter wohnte inzwischen im Marlborough House und hatte beim Umzug ihre Freude darüber ausgedrückt, dass ihr geliebtes altes Zuhause in so gute Hände kam und Bertie als neuer König die Tradition fortsetzen würde.

Elizabeth sah auf das Foto ihres Ponys auf der Kommode. Ponys spielten eine immer größere Rolle in ihrem Leben. Wenn es darum ging, was sie vorhatte, behauptete Margaret immer: »Fragt nicht mich. Fragt Owen. Er ist die oberste Instanz, wenn es um Lilibet und ihre Pläne geht.«

Als Stallbursche war Owen ständig um Elizabeth herum. Reiten war ihr nun mal das Liebste.

»Den Menschen gefällt es, dass *ihre* Prinzessin Elizabeth sich auf dem Rücken eines Pferds aufgehoben fühlt«, hatte Großpapa immer gesagt.

Elizabeth hörte unten das Telefon klingeln. Was jetzt wohl wieder wäre?

Ihr Vater war noch immer verärgert, weil er vom Rücktritt des Außenministers aus den Zeitungen erfahren hatte. Bei einem der letzten Telefonate war es anscheinend darum gegangen, dass Premierminister Chamberlain versagt hatte. Elizabeth hatte das Wort *Kriegsgelüste* und die Namen Adolf Hitler und Benito Mussolini aufgeschnappt und begriffen, dass jemand die Geduld verloren hatte. Weil sie nicht wusste, was das alles bedeutete, hatte sie ihren Vater danach gefragt. Er hatte von einer Kabinettsitzung erzählt, in der über alles, was gerade so schwierig war, gesprochen worden war. Allerdings hatte niemand es für nötig befunden, ihn davon in Kenntnis zu setzen.

»Dabei ist es mein Recht, umfassend über politische Krisen informiert zu werden«, hatte er geendet.

Immerhin ein Gutes hatte es. Ihr Vater erhielt von da an die Erstfassung des Protokolls jeder Kabinettssitzung. Es gab sogar Fotos, auf denen Elizabeth neben ihm stand und ihm über die Schulter schaute, während der König das Protokoll las.

Im Mai des nächsten Jahres sprach Bertie unter vier Augen mit Elizabeth.

»Es steht eine Reise nach Amerika für Mummy und mich an, Lilibet. Vermutlich wird es Krieg geben, und Premierminister Chamberlain hofft darauf, dass ich eine transatlantische Unterstützung auf zwei Ebenen befördern kann. Als König von Kanada kann ich hoffentlich eine engere persönliche Beziehung zum kanadischen Premierminister Mackenzie King aufbauen. Zudem könnte ich als König von Großbritannien einige der isolationistisch gesinnten Menschen jenseits der kanadischen Grenze, in den Vereinigten Staaten, für uns gewinnen.«

Elizabeth spitzte die Ohren, wenn ihr Vater über Politik mit ihr sprach, auch wenn sie noch nicht alles verstand. Doch bei dem Gedanken, so viele Wochen ohne ihre Eltern zu sein, war sie untröstlich.

»Ich will nicht, dass Mummy uns verlässt«, klagte Margaret, nachdem sie von der Reise erfahren hatte. Sie kroch in Elizabeth' Bett und schmiegte sich wie ein Äffchen an die Schwester.

»Kränk dich nicht.« Elizabeth streichelte ihr übers Haar. »Wir machen uns mit Crawfie eine schöne Zeit.«

Als Margaret am nächsten Tag im Beisein der Gouvernante ihre Sorge wiederholte, warf Elizabeth Crawfie einen flehenden Blick zu, den diese richtig interpretierte.

Marion Crawford setzte ein besonders fröhliches Lächeln auf und zog Margaret zu sich heran. »Wir könnten schwimmen gehen, Margaret. Was meinst du dazu?«

»Ach, das kennen wir doch schon. Ich finde, wir sollten etwas aushecken, das lustiger ist.« Der Gedanke erschien verlockend.

»Versprechen Sie uns, dass wir etwas tun, das wir noch nie getan haben, Crawfie? Wie damals, als wir zum ersten Mal U-Bahn gefahren sind.« Sie strahlte bei der Erinnerung an das Erlebnis. »Mummy und Papa werden schrecklich lange fort sein, und wenn man jemanden vermisst, hilft Ablenkung. Ich glaube, ich vermisse sie jetzt schon.«

Margaret zupfte an der Borte ihres Kleids. In ihrer Fantasie schien sie bereits Alternativen durchzugehen, auf die das Wort *aushecken* passte. Sie zählte eine Menge Möglichkeiten auf und schloss mit den Worten: »Wir müssen es Mummy und Papa ja nicht sagen.«

Margaret war schnell gekränkt oder traurig, doch sie beruhigte sich ebenso schnell wieder. Vorausgesetzt, man setzte ihr keinen Floh in Form eines Plans ins Ohr. Wenn das geschah, malte sie sich das Kommende in den buntesten Farben aus und ließ nicht locker. Elizabeth kannte das bereits.

Als der Tag kam und sie ihre Eltern am Pier verabschiedeten, war Großmutter Mary an ihrer Seite. Wie immer, hielt sie sich sehr gerade und schaute ernst drein.

»Seid stolz auf eure Eltern, Mädchen. Es ist das erste Mal, dass ein amtierender britischer Monarch US-amerikanischen Boden betritt. Wir bezeugen einen historischen Moment.«

»Ich bin stolz, Großmama. Deshalb werde ich winken, bis ich nicht mehr kann und mir der Arm abfällt«, hob Margaret entschlossen an. Sie schwenkte ihren Arm sogleich heftig.

»Eine Prinzessin winkt nicht, bis ihr der Arm abfällt. Den brauchst du noch bei verschiedenen Gelegenheiten«, erwiderte Mary trocken.

Das Schiff legte pünktlich um drei am Nachmittag ab.

»Was für ein schöner Anblick, nicht wahr, Kinder?« Mary schien das Schiff nicht aus den Augen lassen zu wollen.

Margaret zog ihr Taschentuch hervor. »Hier, ich habe meins dabei«, sagte sie zu ihrer Schwester.

Elizabeth legte den Arm beschützend um sie. »Aber doch nur zum Winken, nicht zum Weinen, nicht wahr!?«

Die Mädchen winkten lange, bis das Schiff fast außer Sicht war, und fuhren dann schweigend nach Hause.

Die nächste Aufregung ließ nicht lange auf sich warten. In der *Daily Sketch* vom 24. Mai wurde berichtet, dass Marys Wagen auf dem Rückweg von einem Besuch in Surrey einen Unfall hatte. Die Limousine war mit einem mit Strahlrohren beladenen LKW zusammengeprallt, doch Mary hatte Glück gehabt. Sie stieg seelenruhig aus den Trümmern des umgestürzten Daimlers, einen zerbrochenen Regenschirm in der Hand. So wandte sie sich dem verletzten Lord Hamilton zu, dem Vize-Kammerherrn des Haushaltes, und fragte, ob ihr Rock anständig saß. Die Details wurden unter den Dienstboten ausgetauscht, so hörte Elizabeth davon.

Dass ihre Großmutter sich am Rücken und an den Augen verletzt hatte, erfuhr sie erst später. Mary musste deswegen sogar einige Tage Bettruhe halten. Elizabeth besuchte sie und las ihr vor, um sie zu unterhalten.

Die Zeitungen berichteten über die Reise des Königspaars, und

Elizabeth bestand darauf, alle durchzusehen. Jeden Tag blätterte sie Seite um Seite um, bis ihre Finger dunkel von Druckerschwärze waren. Ebenso Crawfie.

»*Die britischen Souveräne haben Washington erobert*, titelt die *New York Times*.« Crawfie sah die Mädchen über die Zeitung hinweg an.

Elizabeth strahlte. »Das klingt wundervoll.«

Crawfie las weiter. »*… dabei haben sie einen besseren Eindruck hinterlassen, als selbst ihre zuversichtlichsten Berater es hätten erwarten können.*« Die Gouvernante ließ die Zeitung sinken.

Elizabeth war rot vor Stolz geworden. »Lesen Sie weiter, Crawfie. Es ist so spannend«, verlangte sie, als Crawfie die nächste Zeitung aufschlug. Sie wollte alles wissen.

»*Präsident Franklin D. Roosevelt und seine Gattin Eleanor haben sich nicht nur persönlich mit dem britischen Königspaar angefreundet, sondern sind auch beeindruckt von deren breiter Kenntnis über die US-amerikanische Innenpolitik*«, las Crawfie vor.

»Es geht eben nicht nur darum, royalen Charme und Glanz zu verbreiten«, sagte Elizabeth. Sie dachte stets ernsthaft über Gehörtes oder Gelesenes nach, so auch jetzt. »Mummy sagt, Vertrauen ist von unschätzbarem Wert. Darum geht es bei solchen Reisen, nicht wahr, Crawfie?«

Crawfie sah auf und lobte Elizabeth. »Ganz recht, Lilibet. Vertrauen ist die Basis für vieles und von unschätzbarem Wert in der Welt der Diplomatie. Wenn es ein Problem gibt, ist Vertrauen die Voraussetzung dafür, es in den Griff zu bekommen oder einen Kompromiss zu finden.«

Am nächsten Tag rief das Königspaar zu Hause an. Es war das erste royale transatlantische Telefonat.

»Lilibet«, hörte Elizabeth die Stimme ihrer Mutter. »Kannst du mich verstehen?«

Elizabeth' Hände zitterten vor Aufregung. »Mummy«, rief sie

in den Apparat. »Ich höre dich gut.« Sie sah zu Margaret, die die Hände nach dem Apparat ausstreckte. »Allerdings muss ich mich gegen Bud wehren. Sie will unbedingt mit dir sprechen.«

Nicht nur Margaret hüpfte um Elizabeth herum. Auch Dookie, der Corgi ihrer Mutter, ließ sich nicht abschütteln.

»Warte, Mummy«, schrie Margaret, als sie an der Reihe war. »Hier ist noch jemand, der dich sprechen will.« Sie beugte sich zu Dookie hinunter und kniff ihn ins Hinterteil. Sofort ließ der Hund ein energisches Bellen hören. »Mummy? Hörst du Dookie?«, vergewisserte sich Margaret. »Dookie sagt, mit Großmutter ist alles in Ordnung. Du musst dir keine Sorgen machen. Und mit uns auch. Crawfie und den anderen geht es auch gut.«

Sie plapperte munter drauflos und wollte gar nicht mehr aufhören. Schließlich holte die Königin ihren Mann dazu, der ebenfalls mit den Mädchen sprechen wollte.

Die Aufregung aller steigerte sich noch, als bald darauf ein Kriegsschiff der Royal Navy die Prinzessinnen an Bord nahm, damit sie ihren Eltern entgegenfuhren.

Elizabeth hielt die Nase in den Wind.

»Ist es nicht wunderbar, dass wir Mummy und Papa entgegenreisen?«, sagte sie zu Margaret und Crawfie, die neben ihr standen.

»Ich bin ganz deiner Meinung«, sagte Crawfie.

»Und ich sowieso«, bekräftigte Margaret.

Die Freude war grenzenlos, als die Familie wieder vereint war. Bertie war außer sich vor Erleichterung, als er seinen Töchtern entgegenlief.

»Ihr habt mir so gefehlt. Als ich dem amerikanischen Präsidenten von der Sehnsucht nach euch erzählte, standen nicht nur mir Tränen in den Augen, sondern auch ihm … Die nächste Schiffsreise machen wir gemeinsam«, versprach er und schloss die Mädchen endlich in die Arme.

»Das wird fein«, rief Margaret. »Wohin fahren wir denn, Papa? Bekomme ich neue Kleider für die Reise?«

Bertie tat sehr geheimnisvoll. »Was deine Reisegarderobe anbelangt, musst du dir keine Sorgen machen, Margaret. Und ansonsten ... Lass dich überraschen«, raunte er ihr ins Ohr. »Und gib dir keine Mühe. Kitzeln hilft nicht. Diesmal ziehst du mich nicht auf deine Seite. Ich verrate kein Wort.«

Schon einen Monat später traten sie die gemeinsame Schiffsreise an. Auf der königlichen Jacht *Victoria und Albert* ging es entlang der englischen Südküste nach Dartmouth, zu einem Besuch des *Britannia Royal Naval College*, der Alma Mater des Königs.

Elizabeth erfuhr von ihrem Vater, dass sie Prinz Philip träfen. Sie war ihm bereits auf einigen Familienfeiern begegnet, doch jetzt würde sie ihm offiziell vorgestellt werden.

»Ich habe gehört, dass Philip inzwischen der Liebling der Frauen sein soll«, sagte die Königin zu ihrem Mann. »Man hört von einer gewissen Cobina Wright.«

»Wer soll das sein?«, erkundigte sich der König.

»Eine amerikanische Debütantin«, klärte seine gut informierte Frau ihn auf.

»Philip ist jung. Und nicht jeder hat das Glück, dass er gleich die Richtige findet. So wie ich, als ich dich sah.« Bertie nahm die Hand seiner Frau und sah ihr tief in die Augen.

Bei der Ankunft in Dartmouth erfuhren der König und die Königin von einem Ausbruch von Mumps und Masern, so wurde beschlossen, die Töchter nicht zu allen offiziellen Veranstaltungen auf dem College-Gelände mitzunehmen, um sie nicht dem hohen Infektionsrisiko auszusetzen.

»Ihr zwei seid herzlich in das Haus von Admiral Sir Frederick Dalrymple-Hamilton eingeladen«, kündigte Bertie an.

»Und was machen wir dort?«, wollte Margaret enttäuscht wissen. »Versauern?«

»Psst.« Elizabeth legte den Finger an den Mund. »Ich finde, wir sollten uns überraschen lassen. Das ist spannender, als alles im Vorhinein zu wissen.«

Das überzeugte die jüngere Schwester, die nichts lieber mochte, als Geheimnissen und Überraschungen auf den Grund zu gehen.

Unter jenen, die abgestellt wurden, um die jungen Prinzessinnen zu unterhalten, befand sich auch Kadett Prinz Philip von Dänemark.

»Er ist jetzt achtzehn«, wusste Elizabeth.

»Uralt«, sagte Margaret. »Was sollen wir mit ihm anfangen?«

»Er ist nur fünf Jahre älter als ich. Das ist nicht uralt«, stellte Elizabeth richtig.

Als sie Philip gegenüberstanden, staunte Elizabeth. Er hatte sich sehr verändert, war hochgewachsen und hatte strahlende Augen und blonde Haare.

»Er sieht aus wie ein Wikinger«, flüsterte sie Margaret zu.

»Und? Was flüstert ihr?«, fragte Philip rundheraus.

»Ach nichts.« Elizabeth lief puterrot an.

Nachdem sie sich gesetzt hatten, griff Philip nach einem Ingwerkeks und biss hinein, während Margaret ihre Limonade in einem Zug austrank. Elizabeth saß schweigend da. »Was machen wir jetzt?«, wollte sie schließlich wissen.

Philip überlegte. »Was haltet ihr davon, über die Netze am Tennisplatz zu springen?« Er steckte sich den letzten Bissen Keks in den Mund und ließ sich nicht zweimal bitten, sie zu bespaßen.

Am nächsten Tag sahen sie ihn wieder. Er war zum Lunch eingeladen.

Die Königin drängte den Prinzen zuzulangen. »Iss noch einmal eine ordentliche Mahlzeit, bevor du wieder mit den College-Portionen vorliebnehmen musst, Philip.«

»Danke für die Aufforderung, Königliche Hoheit«, antwortete Philip. Er langte tatsächlich ordentlich zu und schlang riesige Mengen Garnelen und einen Bananen-Split hinunter.

Elizabeth, die kaum einen Bissen zu sich nahm, konnte kaum glauben, wie viel er vertilgte.

»Jeder, der so viele Shrimps hinunterbringt, ist ein Held«, merkte Margaret kichernd an. »Findest du nicht auch, Lilibet?«

»Hmmm.« Elizabeth hörte nicht hin, was Margaret vor sich hin grummelte. Eine sanfte Röte hatte sich auf ihr Gesicht gelegt, während sie Philip beobachtete. Sie sah nur ihn.

Als die Rückfahrt nahte und die königliche Jacht aus dem Hafen fuhr, bestiegen die Kadetten Segel-, Ruder- und Motorboote.

»Sieht aus, als wollten sie uns zum Abschied bis zur Mündung des Dart River in den Ärmelkanal begleiten.«

Bertie gab schließlich die Anweisung, die Kadetten sollten das Signal zur Rückkehr erhalten.

Als das Signal ertönte, drehten alle um. Nur Philip fuhr in seinem Ruderboot weiter bis aufs offene Meer.

»Verfluchter Grünschnabel«, wetterte Bertie. »Er soll umdrehen. Sofort.«

Elizabeth stand an der Reling der *Victoria und Albert*, sah durch ein riesiges Fernglas auf das kleine Boot und lächelte selig.

10. KAPITEL

1939/40
England, Norfolk,
Sandringham House,
Royal Lodge,
Schloss Windsor, Schottland,
Aberdeenshire, Birkhall,
Schloss Balmoral

»Wo Elizabeth und Margaret Rose sich befinden, wird unter allen Umständen geheim gehalten.« Bertie lief mit hinter dem Rücken verschränkten Händen durch den Raum. »Der Öffentlichkeit wird lediglich bekanntgegeben, dass die Prinzessinnen sich *irgendwo im Land* aufhalten. Was meine Töchter anbelangt, verfolge ich eine strikte Linie. Ihnen darf auf keinen Fall etwas zustoßen.«

Seit dem 3. September 1939, 15 Uhr, befand Großbritannien sich im Krieg. Seit diesem Tag war auch die königliche Familie im Ausnahmezustand.

Elizabeth und Margaret erfuhren auf Schloss Balmoral, wo sie gerade mit einigen ihrer Cousinen die Sommerferien verbrachten, vom Kriegseintritt. Bertie erteilte umgehend die Anweisung, die Kinder in eine weniger exponierte Familienresidenz auf dem Anwesen von Balmoral umzusiedeln.

»Das Schloss gilt als ein Hauptziel der Angriffe. Die Mädchen sind dort nicht länger sicher«, mahnte er.

»Wo müssen wir denn jetzt hin?«, wollte Margaret wissen.

Elizabeth unterdrückte die vielen Fragen, die auch sie hatte, und warf ihrer Schwester einen aufmunternden Blick zu. »Stellen wir uns doch vor, es wäre ein Rätsel, eine Art Geheimnis.«

Der spielerische Aspekt dieser Sichtweise lenkte Margaret augenblicklich ab. »Du meinst, wir machen ein Spiel daraus?«

Elizabeth nickte. »Warum nicht. Was glaubst du, wo wir hinkommen? Wie lautet dein Tipp?«

Sie zogen nach Birkhall, das aus mehreren weiß gestrichenen Gebäuden bestand, die miteinander verbunden waren. In Elizabeth' Augen hatte das Anwesen, das in das Tal von Dee eingebettet war, etwas ausgesprochen Romantisches. Sie mochte die Holzverkleidungen und die Karikaturen viktorianischer Politiker, die dort hingen. Doch am besten gefiel ihr der Garten, durch den ein Bach floss. An den Ufern wuchsen im Frühsommer Rhododendren und Goldregen, dessen verschwenderisch gelbe Blüten sie liebte.

»Ich weiß nicht, ob es mir hier gefällt«, schmollte Margaret, während sie sich in ihrem zukünftigen Zimmer umsah. »Ich vermisse Mummy und Papa schrecklich.«

Elizabeth wusste, sie würde sich Mühe geben müssen, Margaret die Mutter zu ersetzen, die sie nun nicht mehr um sich hatten.

»Ach, komm schon, Bud. Umziehen macht doch Spaß. Und jetzt, wo Crawfie wieder bei uns ist, werden wir uns sicher schnell an unser vorübergehendes Zuhause gewöhnen.«

»Crawfie war bestimmt traurig, als sie sich von ihrer Familie verabschieden musste. Sie hat sicher nicht damit gerechnet, dass Mummy sie bittet, früher aus dem Urlaub zurückzukommen. Und alles nur wegen diesem Hitler.«

Elizabeth nickte. »Sich von Menschen zu verabschieden, die man lieb hat, ist nie leicht. Aber sie hat ja uns. Wir passen gut auf sie auf.« Elizabeth setzte sich zu Margaret aufs Bett und nahm ihre Hand. »Komm, jetzt frühstücken wir erst mal, und dann bringen wir unsere Unterrichtsstunden hinter uns.«

Margaret blickte traurig zu Boden. »Ja, gut … Aber wie soll ich mich auf den Unterricht konzentrieren, wenn ich weiß, dass Mummy und Papa jeden Moment etwas zustoßen kann?«

Elizabeth gab sich alle Mühe, ihre eigene Traurigkeit vor Margaret zu verbergen. »Du weißt doch, dass Mummy und Papa immer aufeinander aufpassen, so wie du und ich. Deshalb wird ihnen nichts passieren.«

Margaret ließ sich für den Augenblick beruhigen und folgte Elizabeth in die Küche. Kurz darauf redete sie schon wieder ohne Punkt und Komma und fragte Elizabeth die unmöglichsten Dinge.

Nach dem Frühstück betraten die Schwestern das Unterrichtszimmer.

»Nach getaner Arbeit gönnen wir uns einen Orangensaft und Biskuits«, versprach Crawfie, als sie die Tür hinter den Prinzessinnen schloss.

Elizabeth sah auf den Stapel Zettel auf ihrem Platz. Ihre Lippen öffneten sich zu einem erleichterten Lächeln. Dass weiterhin Unterrichtsmaterial in Recht und Verfassungsgeschichte von Henry Marten, dem Vize-Provost des Eton College, per Post eintrudelte, wertete sie als gutes Zeichen. So schlimm konnte der Krieg doch nicht sein, wenn sie noch immer von ihm unterrichtet wurde.

»Ich habe beschlossen, deinen Lehrplan zu ergänzen«, hatte Elizabeth' Vater ihr bereits Anfang des Jahres erklärt. »Es ist mir wichtig, dass du dich mit unterschiedlichen Themen auseinandersetzt, damit du alles, was in der Welt vor sich geht, verstehst.«

Seit geraumer Zeit legte ihr Vater Wert darauf, Elizabeth bei offiziellen Treffen zunehmend miteinzubeziehen. So hatte er sie während eines Mittagessens neben den amerikanischen Botschafter Joseph P. Kennedy gesetzt. Elizabeth freute sich über das Vertrauen ihres Vaters. Es machte sie stolz, dass er so große Stücke auf sie hielt.

Während Crawfie sich Margarets Französischkenntnissen widmete, machte Elizabeth sich mit Feuereifer an die schriftlichen Ausarbeitungen. Sie konnte es kaum erwarten, die Papiere Marten zur Korrektur zurückzuschicken.

Nach dem Unterricht belohnte Crawfie sie mit den versprochenen Leckereien.

»Crawfie, warum mussten Mummy und Papa zurück? Glauben Sie, die Deutschen werden kommen und sie mitnehmen?«, wollte Margaret wissen, als sie draußen auf einer Bank in der Herbstsonne Platz nahmen.

»Nein, die Deutschen nehmen sie bestimmt nicht mit. Du wirst sehen, wir bringen diese Zeit schneller hinter uns, als du denkst. Wir sind stark. Das trifft auch auf den König und die Königin zu. Sogar in besonderem Maße.«

Auch Elizabeth sorgte sich – nicht nur um ihre Eltern und die ganze Familie samt Philip, sondern auch um die Menschen *da draußen*, von denen Crawfie so oft zu ihnen sprach.

»Als Mitglied der Königsfamilie ist es wichtig zu verstehen, womit die Menschen sich abplagen, was sie fürchten und was sie sich erhoffen. Vor allem du, Lilibet, benötigst diese Informationen für deine spätere Aufgabe«, schärfte Crawfie ihr immer wieder ein.

Krieg, das hieß die Zähne zusammenbeißen, Stärke beweisen und stets Ruhe bewahren, um keine Fehler aus Unachtsamkeit zu machen, wie Crawfie ihnen erklärt hatte.

»Darf ich mir mal Ihr Zimmer ansehen?«, wollte Margaret von Crawfie wissen. Ihre Beine baumelten über dem Boden. »Ich bin neugierig, ob Sie es schön dekoriert haben.«

Crawfie lachte. »Du darfst mich gern jederzeit besuchen. Was das Dekorieren betrifft, muss ich dich aber enttäuschen. Darüber habe ich mir noch keine Gedanken gemacht. Schließlich sind wir ja nur auf der Durchreise.«

Die Freude über Crawfies letzte Worte stand Margaret sofort ins Gesicht geschrieben.

»Wir sind nur auf der Durchreise, genau«, wiederholte sie, »und bald wohnen wir wieder mit Mummy und Papa zusammen.«

Als Margaret kurz ins Haus lief, um etwas zu holen, sprach Elizabeth ihre Gedanken aus. »Ich finde, niemand sollte vor Margaret über Schlachten und solche Dinge sprechen. Wir wollen sie doch nicht in Angst und Schrecken versetzen«, bat sie. »Margaret setzt der Krieg furchtbar zu.«

Ein paar Tage später brachen sie mit Crawfie und dem Pony George zu einem Ausflug auf. Manchmal stellte Elizabeth sich vor, wie es sich wohl anfühlte, barfuß über das Moos am Ufer des Flusses zu laufen. Es musste herrlich sein, wenn die Füße darin versanken.

Als sie sich der Holzfälleranlage näherten, sahen sie die Bulldozer, die gerade einen Baum zu Fall brachten.

»George, ich verspreche dir, dass du keine Angst haben musst«, sprach Margaret beruhigend auf das Pony ein. »Ich finde Bulldozer spannend. Du auch, Lilibet?«

»Hmm«, murmelte Elizabeth, »ich hoffe, sie lassen uns noch ein bisschen Wald übrig.«

»Sie nehmen nur so viel, wie sie für den Krieg brauchen«, versicherte die Gouvernante.

Margaret dachte nach. »Aber wenn der Krieg zu lange dauert, gehen uns dann die Bäume aus?«

Elizabeth half Margaret in den Steigbügel. »Ach was. Bis dahin ist noch viel Zeit.«

»Dann ist ja gut. Oh, schau mal, Lilibet. Die Arbeiter freuen sich, uns zu sehen.« Margaret war sichtlich aufgeregt, als die Männer ihr freundlich zulächelten.

Neben dem Unterricht und Spaziergängen bildeten die wöchentlichen Treffen der Bauersfrauen eine willkommene Unterbrechung ihrer stets gleichen Tage, ebenso die Nähstunden und andere Kriegsarbeiten, die Allah organisierte. Elizabeth und Margaret nahmen pflichtbewusst an allem teil. Wenn sie etwas taten, verging die Zeit schneller, und sie fieberten nicht den ganzen Tag dem allabendlichen Anruf der Eltern entgegen.

Punkt sechs war es dann so weit. Margaret sprintete immer als Erste zum Telefon, obwohl sie wusste, dass die Mutter zuerst mit Crawfie sprechen wollte. Auch Elizabeth hielt sich an diesem kleinen bisschen Normalität fest. Genauso ungeduldig, die Stimme ihrer Mutter und ihres Vaters zu hören.

»Mummy, Papa ... Stellt euch vor, Lilibet und ich haben heute genäht. Wir helfen bei den Kriegsarbeiten, weil wir Prinzessinnen sind und weil Lilibet und ich euch stolz machen wollen ...« Margaret redete, so schnell sie konnte. »... außerdem haben wir für die anderen Näherinnen, die bei uns zu Besuch waren, Musik auf dem Grammophon abgespielt. Die Musik war schrecklich laut, deshalb hat Crawfie sechs Schals in das Horn gesteckt. Mein Lieblingslied ist *Your Tiny Hand is Frozen*. Crawfie meint, das passt ganz gut, weil es so kalt im Haus ist und meine Hände sich manchmal anfühlen wie Eiszapfen.«

Als Elizabeth abends zu Bett ging, schwor sie sich, durchzuhalten. Die Decke bis zur Nase gezogen, versuchte sie sich auszumalen, was auf das Land und sie alle wohl noch zukäme. In ihrer Vorstellung war der Krieg ein Zug, der viel zu schnell auf sie zurollte und vor dem ihre Eltern sie und ihre Schwester in Sicherheit gebracht hatten. Doch sie konnte sich beim besten Willen nicht vorstellen, was tatsächlich geschähe. Sie wusste nur, seit Krieg war, fühlte sie sich wesentlich älter als dreizehn.

Die darauffolgenden Wochen vergingen schnell und langsam zugleich, und als der Herbst vorüber war, verlebten sie ihren ersten schottischen Winter in der idyllischen Landschaft von Birkhall. Sie liefen über weiße Schichten Schnee, unter denen der Rasenteppich verschwand. Die Landschaft versank im Weiß, und die kahlen Äste der Bäume, die wie mahnende Wächter aussahen, wehten im schottischen Wind. Auch die Wildgänse waren zu den Flüssen zurückgekehrt.

Doch so idyllisch es in Birkhall auch war, die Sehnsucht nach den Eltern wuchs von Woche zu Woche, ebenso die Sorge, ob ihnen hoffentlich nichts zustieß.

»Das Schlachtschiff *Royal Oak* wurde in Scapa Flow von einem deutschen U-Boot versenkt.«

Mit dieser Nachricht aus dem Radio wurde ihnen endgültig bewusst, was es bedeutete, im Krieg zu sein. Zu wissen, dass Menschen starben und ihr Zuhause verloren, dass Männer verwundet wurden und Kinder ihren Vater verloren, war schrecklich. Seltsamerweise war Elizabeth froh, wenn Crawfie ihre Fragen ehrlich beantwortete. Es war immer besser, informiert zu sein, als im Dunkeln zu tappen und sich noch Schrecklicheres auszumalen.

Margarets Kichern riss Elizabeth an diesem Morgen aus ihren Gedanken.

»Schau mal.« Sie drehte die Wasserkaraffe, die sie in ihrer Hand hielt, auf den Kopf und lachte glucksend. »Das Wasser ist schon wieder gefroren. Unsere Waschlappen auch.« Sie griff mit spitzen Fingern danach. »Das bedeutet bestimmt, dass wir uns heute nicht waschen müssen.«

Sie hatten sich längst daran gewöhnt, dass sie in ihren Schlafzimmern keine Heizung und keinen Ofen hatten und oft vor Kälte schlotterten.

Elizabeth gähnte verschlafen. »Was hat dich denn dazu getrieben, so früh aufzustehen, Bud?«

Margaret ging zum Fenster und deutete auf die Scheibe. »Ich wollte die Eisblumen sehen. Sind sie nicht wunderschön?!«

Abends kam wieder der tägliche Anruf der Eltern.

»Crawfie, es geht uns gut«, hörten Elizabeth und Margaret undeutlich die Stimme ihrer Mutter am anderen Ende. »Es gibt auch Neuigkeiten. Wir werden Weihnachten in Sandringham mit Lilibet und Margaret verbringen.«

Elizabeth sah in Crawfies strahlende Augen und stieß einen Freudenschrei aus. Margaret hüpfte wie ein Hampelmann herum und konnte sich kaum beruhigen. Es war fast vier Monate her, seit sie ihre Eltern das letzte Mal gesehen hatten.

»Hoffentlich erkennen Mummy und Papa uns noch«, gab Margaret zu bedenken, als das Telefonat beendet war. Sie wirkte ehrlich erschrocken, als glaubte sie, was sie sagte.

»Aber sicher tun sie das«, beruhigte sie Crawfie. »Man vergisst seine Kinder doch nicht.«

»Wie können Sie sich da so sicher sein, Crawfie? Papa ist der König und hat so viel zu tun. Und Mummy hat gewiss auch keine ruhige Minute. Und am Telefon hören sie nur unsere Stimmen.« Margaret wirkte überzeugend wie immer.

Crawfie streichelte ihr besänftigend übers Haar. Elizabeth tat es ihr gleich.

»Bud, dich erkennen sie als Erstes. Weil du die Allererste bist, die in ihre Arme fällt. Und das hübscheste Mädchen, das Eltern nur haben können«, setzte sie hinzu.

»Aber gleich danach bist du dran, Lilibet. Du bist doch die Thronfolgerin.«

In Sandringham wünschte Elizabeth sich jeden Morgen beim Frühstück, die Zeit möge stehenbleiben, denn es war zu schön, wieder mit den Eltern zusammen zu sein.

Doch schon im Februar mussten sie sich erneut trennen. »Wenigstens geht es uns nicht wie den anderen Kindern, die irgendwohin gebracht werden, wo sie niemanden kennen«, versuchte Margaret sich selbst zu trösten, als sie in den Wagen stiegen, der sie in die Royal Lodge in Windsor bringen sollte, während die Eltern zurück nach London fuhren. »Außerdem kommen Mummy und Papa an den Wochenenden. Mummy hat es mir fest versprochen.«

Doch es waren keine Wochenenden wie früher. Oft kamen Boten vorbei und überbrachten Bertie wichtige Nachrichten. Wenn sie fort waren, sah Elizabeth ihren Vater mit verschränkten Armen und sorgenvollem Blick auf und ab gehen.

In Windsor nahm Elizabeth ihre Stunden bei Henry Marten, auf der anderen Seite der Themse, wieder auf.

Und an ihrem vierzehnten Geburtstag im April sahen sich alle gemeinsam Pinocchio an. Als die Fee die Marionette Pinocchio in eine lebende Puppe verwandelte, waren alle begeistert, auch der König. Gelöstes Lachen flog durchs Zimmer, und erleichterte Seufzer waren zu hören, als der Film zu Ende ging. Für kurze Zeit war ihre Welt wieder wie früher.

Doch im Mai erreichte Hitlers Wehrmacht Frankreich. Elizabeth spürte, wie die Anspannung ihres Vaters stetig wuchs. Selbst ihre Mutter wirkte immer betrübter.

Eines Nachmittags kam Crawfie zu ihnen: »Wir werden nach Schloss Windsor umziehen. Genauer gesagt in den Lancaster Tower. Wo ihr sonst auch wohnt, wenn ihr dort seid.«

»Aber warum müssen wir schon wieder weg?«, fragte Margaret überrumpelt.

Elizabeth ahnte, dass die Gouvernante ihnen den Grund des erneuten Umzugs verschweigen wollte.

»Es ist wegen Hitler, weil seine Soldaten in Frankreich einmarschiert sind … und weil Frankreich nicht weit von uns ist. Nicht wahr, Crawfie?«, sagte sie ihr später auf den Kopf zu.

Crawfie wiegelte ab. »Deine Eltern wissen, was sie tun. Sei unbesorgt.«

In Elizabeth' Augen glich das Schloss einer Festung. Vermutlich war das der Grund, warum sie hergekommen waren, überlegte sie, als sie am zweiten Abend im Lancaster Tower zu Bett ging.

Sie dachte über das Glockensystem nach, von dem Allah ihnen mit eindringlicher Stimme erzählt hatte.

»Elizabeth, Margaret Rose, hört mir bitte aufmerksam zu. Im Schloss wurde ein Glockensystem zu unser aller Sicherheit installiert. Sobald ein bestimmter Ton erklingt, suchen wir unverzüglich den Schutzraum auf. Habt ihr das verstanden?«

Margaret hatte nur halb zugehört, trotzdem war von ihr ein beflissenes »Ja, sicher« gekommen während sie die Nase weiter in das Buch gesteckt hatte, das sie unbedingt zu Ende lesen wollte.

»Und wie funktioniert das Glockensystem?«, hatte Elizabeth nachgefragt.

Allah hatte die Wächter auf dem Dach erwähnt, die mit den Luftschutzwarten, die das Glockensystem bedienten, in ständigem Austausch standen, und noch einmal bekräftigt, dass alle im Schloss genau wussten, was bei welchem Glockenklang zu tun wäre.

Am Tag darauf horchte Elizabeth auf die hallenden Schritte der Luftschutzwarte, die unermüdlich auf Patrouille waren, um sicherzugehen, dass kein Licht nach außen drang.

»Das Schloss muss dunkel sein, damit uns niemand findet«, erklärte ihr einer der Männer. Elizabeth verstand. Nun hatte der Krieg sie eingeholt.

Als die Glocke erstmals erklang, war sie kurz davor einzunicken. Wie von der Tarantel gestochen sprang sie aus dem Bett, riss die Schublade der Kommode auf, dass sie fast herausfiel, und wühlte aufgeregt durch ihre Sachen.

Margaret kam im Schlafanzug mit Allah angerannt und schrie: »Es läutet, Lilibet. Wir müssen uns anziehen, sonst erfrieren wir unten.«

Allah versuchte, Margaret, so schnell sie konnte, in einen Cardigan zu helfen. Doch es gelang ihr nicht, weil Margaret sich versteifte.

»Allah. Wo sind Sie? Alle sind schon im Schutzraum. Sie müssen sofort hinunter«, hörten sie Crawfie vom Gang aus rufen. Sie schrie, als wollte sie das ganze Schloss aufwecken.

Elizabeth hielt in ihrem Tun inne, als die Tür aufsprang und ihre Gouvernante vor ihnen stand. Ihr Haar war in Unordnung und ihre Miene undurchschaubar.

»Was in Gottes Namen macht ihr hier noch?«, schrie Crawfie entsetzt, dabei sah sie Allah mahnend an.

»Die Kinder müssen sich etwas überziehen«, erklärte Allah.

»Sonst erkälten wir uns unten«, verteidigte sich Margaret.

»Hört sofort auf damit.« Crawfie fasste Margaret am Arm. »Ihr müsst nach unten. Das ist keine Generalprobe.« Sie griff nach Elizabeth' Mantel. »Bleibt in euren Schlafanzügen und zieht eure Mäntel drüber. Sofort!«

Alles musste rasend schnell gehen. Gemeinsam stolperten Elizabeth und Margaret hinter Crawfie und Allah durch die steinernen Gänge nach unten, vorbei an abgedunkelten Fenstern und leeren Wänden, die ehemals Gemälde geziert hatten. Erneut fiel Elizabeth auf, wie dunkel es im Schloss war. Die Kronleuchter hingen nicht an ihren Plätzen und die lichtspendenden Glühbirnen waren gegen viel dunklere ausgetauscht worden.

»Wir sind gleich da«, murmelte Crawfie, die Margarets Hand fest umschlossen hielt.

»Lilibet, bist du noch hinter mir?«, rief Margaret ängstlich.

»Ja. Ich bin da«, versicherte Elizabeth. Sie bildete gemeinsam mit Allah das Schlusslicht.

Als sie im Schutzraum ankamen, blieb Elizabeth stehen. Das war kein besonders einladender Ort, sondern ein düsteres Verlies.

»Sie müssen dafür sorgen, dass die Kinder das nächste Mal augenblicklich heruntergebracht werden. Ganz egal, welche Kleidung sie tragen«, schimpfte der Hofmeister Hill Child. Er wusste über alles Bescheid, auch darüber, dass Allah ab sechs Uhr abends für die Kinder zuständig war.

»Crawfie, sind hier auch mal Menschen gefangen gehalten worden?«, wollte Margaret wissen und blickte sich ängstlich um.

Elizabeth sah auf den Boden, wo ein Käfer zu einem zweiten krabbelte.

»Ich finde es hier ziemlich gruselig«, flüsterte Margaret. »Du auch?«

Elizabeth sah, dass ihrer Schwester Tränen in den Augen standen. Die letzten Monate hatten ihr einiges abverlangt. Auch sie selbst fühlte sich hier unten unwohl.

»Wir sind hier in Sicherheit. Das ist jetzt das Wichtigste. Soll ich dich halten, Margaret?«, kam es von Crawfie.

Während Margaret sich bei Crawfie verkroch, legte Elizabeth sich auf eins der aufgestellten Betten und griff nach einem der Bücher, die das Personal offenbar mitgebracht hatte. Doch sie konnte sich nicht auf ihre Lektüre konzentrieren. Nach einer Weile drehte sie sich nach Margaret um, von der nichts mehr zu hören war. Sie war eingeschlafen und lag mit verschränkten Armen und angezogenen Beinen in Crawfies Schoß.

Elizabeth legte das Buch zur Seite und schloss die Augen.

»Es handelt sich um Alarmstufe Rot«, hörte sie einen Mann hinter sich murmeln. Sie versuchte, den Satz zu vergessen, doch es gelang ihr nicht.

Gegen zwei Uhr nachts kam endlich die Entwarnung. »Sie können nun ins Bett gehen, Ma'am«, sagte Hill Child zu Elizabeth.

Schlaftrunken rappelte sie sich auf und tapste hinter Crawfie und den anderen nach oben.

Am nächsten Morgen lag eine beklemmende Stimmung über dem Schloss.

»Lilibet, Margaret Rose, ich werde nach dem Frühstück eure Koffer holen, damit ihr alles, was euch wichtig ist, einpackt«, kündigte Crawfie an.

Als sie Margarets ängstliche Miene sah, sprach sie weiter: »Keine Sorge, ich habe bereits in die Wege geleitet, dass der Schutzraum besser ausgestattet wird. Ihr bekommt ein vernünftiges Bett und Decken. Dann fühlt ihr euch vielleicht zumindest ein bisschen wohler.«

Elizabeth hatte bereits geahnt, dass die vergangene Nacht nicht ihre letzte im Schutzraum bleiben würde. Trotzdem bedrückte sie die Aussicht, ganze Nächte dort unten zu verbringen.

Nach dem Frühstück legten sie los.

»Wir können nicht alles mitnehmen«, warnte Elizabeth ihre

Schwester, als Margaret dabei war, ihren Koffer mit allen möglichen Sachen zu füllen.

»Meine Bücher und Broschen brauche ich aber«, protestierte Margaret. »Vor allem in einem Verlies. Wenn ich sie hierlasse, werde ich trübsinnig.«

»Aber nicht in solchen Mengen. Wir müssen darauf achten, dass wir den Koffer noch zukriegen … Crawfie hat mir erzählt, dass wir demnächst auch einen Sirenenanzug bekommen. Für alle Fälle«, erzählte Elizabeth, während sie das Tagebuch, das ihre Mutter ihr geschenkt hatte, in den Koffer legte. Es machte ihr Freude, abends ein paar Zeilen in das Buch mit dem kleinen Schloss zu schreiben.

»Dann sehen wir wie Zwillinge aus«, freute sich Margaret.

Die Lage spitzte sich von Tag zu Tag mehr zu, vor allem, seit die Luftwaffe ihre Angriffe verstärkt hatte. Auch London war betroffen.

Als die Nachricht kam, dass der Buckingham-Palast am Vormittag bombardiert worden war, schrie Margaret erschüttert auf.

»Mummy und Papa dürfen nicht sterben. Ich brauche sie doch noch … und du brauchst sie auch, Lilibet«, schluchzte sie und klammerte sich mit aller Kraft an Allah. »Warum wirft dieser Hitler Bomben auf Mummy und Papa? Sie haben ihm doch nichts getan. Und wir ihm auch nicht.«

»Ich verspreche euch, dass es euren Eltern gut geht. Sie kommen heute Abend zu euch«, bemühte Allah sich, die Situation zu beruhigen.

»Aber Sie waren doch nicht dort, Allah. Vielleicht geht es ihnen ganz schlecht? Oder vielleicht schwindeln Sie, damit wir nicht noch trauriger sind. Vielleicht haben wir gar keine Eltern mehr, und niemand sagt es uns.«

Elizabeth griff nach Margarets Hand. Sie war selbst ziemlich durcheinander und machte sich ebenfalls große Sorgen. Doch um

Margarets willen bemühte sie sich, stark zu sein. Sie durfte sie nicht noch mehr verunsichern.

»Bud. Allah lügt uns sicher nicht an. Mummy und Papa sind der König und die Königin. Alle wüssten, wenn es ihnen nicht gut ginge.«

Allah nickte, sichtlich erleichtert, dass Elizabeth Margaret zu beruhigen vermochte.

Die Stunden bis zum Abend wollten einfach nicht vergehen. Elizabeth und Margaret liefen immer wieder nach draußen, um nachzusehen, ob ihre Eltern schon kamen. Doch jedes Mal war es umsonst.

Als sie schließlich den Wagen näherkommen hörten und sich die Türen öffneten, liefen sie juchzend auf die Eltern zu und fielen ihnen in die Arme. Elizabeth schmiegte sich an ihre Mutter. Sie spürte die Wärme ihres Körpers und sog den Geruch ihrer Kleidung ein. Sie war noch nie so glücklich gewesen, ihre Mummy umarmen zu dürfen.

»Wie habt ihr es geschafft, dass euch nichts passiert ist?«, fragte Margaret, als sie, sich an den Händen haltend, gemeinsam hineingingen.

»Wir haben gut auf uns aufgepasst. So, wie ihr es auch tut«, sprach die Königin beruhigend auf ihre Jüngste ein. Der wunderbar weiche Klang ihrer Stimme konnte die ganze Welt beruhigen, fand Elizabeth.

Später hörte sie, wie ihre Mutter leise mit Hill Child sprach.

»Der König und ich haben ein Geräusch gehört, das von einem Flugzeug kam. Ein weiteres Geräusch hörte sich an, als würde ein Flugzeug mit großer Geschwindigkeit fliegen. Dann war dieser furchtbar laute Knall ... wir haben gesehen, wie die Bombe im Innenhof explodierte.«

Elizabeth' Hände suchten instinktiv die Ohren. Ein paar Wortfetzen hörte sie trotzdem noch.

»... eine Säule aus Rauch und Erde, die in die Luft geschleudert wurde … in den Korridor gelaufen … weitere gewaltige Explosion … damit uns kein Glas um die Ohren fliegt.«

Sie nahm die Hände wieder von den Ohren. Die letzten Worte waren von ihrem Vater gekommen. Wie furchtbar ernst und besorgt er aussah. Ganz anders als in dem Moment, als er aus dem Wagen gestiegen und seine Töchter wiedergesehen hatte.

Elizabeth drehte sich um und ging mit hängenden Schultern zu Margaret.

»Ist jetzt alles kaputt? Weil doch Bomben gefallen sind.« Ihre Schwester saß auf dem Bett und hatte die Knie mit ihren Armen umschlungen. Ihre Fantasie hatte sie offenbar wieder einmal fest im Griff und zeichnete ein Schreckensbild nach dem nächsten.

Elizabeth setzte sich neben sie. »Wir werden das, was zu Bruch gegangen ist, reparieren. Dann ist alles wieder wie vorher, Bud.«

»Und was, wenn auf uns auch eine Bombe fliegt?« Margarets linke Hand löste sich aus der Umklammerung und griff nach Elizabeth'.

»Das Warnsystem hier ist gut durchdacht, und die Luftschutzwarte wissen immer genau, was vor sich geht. Das weißt du doch.« Elizabeth versuchte, nicht nur ihre Schwester zu beruhigen, sondern auch sich selbst.

Dass ihr Vater sich mittlerweile eine Maschinenpistole zugelegt hatte und ihre Mutter demnächst Übungsstunden mit dem Revolver absolvieren wollte, beunruhigte sie. Was man wusste, wurde manchmal so lebendig in einem, als hätten die Worte die Fähigkeit erlangt, sich für alle Zeiten in einem einzurichten.

Auch von einem Notfallplan, der vorsah, dass Margaret und sie mit nur einem Corgi nach Wales oder Gloucestershire im Westen Englands gebracht würden, hatte Elizabeth gehört. Doch ob das stimmte, wusste sie nicht.

Einen Monat später hielt sie ihre erste Rundfunkansprache über BBC. Sie hatte die Rede in den Tagen zuvor mit ihrer Mutter geübt, um ja keinen Fehler zu machen.

»Es ist wichtig, den Tonfall richtig zu treffen, nicht wahr, Mummy?« Elizabeth presste unter dem Tisch die Hände zusammen.

»Lilibet, du wirst das hervorragend meistern. Ich weiß es, ich bin schließlich deine Mutter«, erklärte die Königin, ohne den Hauch eines Zweifels in der Stimme.

Als es so weit war, schaffte Elizabeth es tatsächlich, ihr Lampenfieber zu überwinden.

»Ich kann euch aufrichtig sagen, dass uns Kinder in der Heimat Frohsinn und Mut nicht verlassen haben«, las sie vom Blatt ab.

Sie schaffte die Rede mit Bravour und erreichte die Menschen, weil sie war, wie sie war. Zurückhaltend, pflichtbewusst und ernsthaft.

Am Ende wandte sie sich an ihre Schwester: »Los, Margaret«, forderte sie die Jüngere auf und sah Margaret auffordernd an.

Die beugte sich zu dem Mikrofon. »Gute Nacht, Kinder«, wünschte sie mit ihrer hohen Stimme, glücklich, etwas zu der wichtigen Rede beigetragen zu haben.

UNRUHIGE ZEITEN

◆

*Wir suchen nach neuen Antworten in unserer modernen
Welt. Ich selbst bevorzuge die bewährten Rezepte,
wie etwa gut voneinander zu sprechen und verschiedene
Meinungen zu akzeptieren; zusammenzukommen, um
eine gemeinsame Basis zu finden, und niemals das große
Ganze aus den Augen zu verlieren.*

Elizabeth II. im Januar 2019, nach der Enthüllung einer Gedenktafel
zum hundertjährigen Bestehen der Ortsgruppe des
Women's Institute in Sandringham, deren Mitglied sie seit 1943 war

11. KAPITEL

Die Tinte auf dem Papier verschwamm vor Elizabeth' Augen. Die Zeit schien sich aufzulösen, während sie über ihr Tagebuch gebeugt saß. Die Gefühle der Jahre ihrer Kindheit und Jugend waren alle noch präsent. Auch die Momente, in denen sie Klavier gespielt und gesungen hatten, um die Vibration der Bomben, die auf London gefallen waren und deren Erschütterung sogar in Schloss Windsor deutlich zu spüren gewesen war, auszublenden.

Wenige Monate vor ihrem sechzehnten Geburtstag hatte sie ihren ersten militärischen Rang erhalten und damit den Platz ihres verstorbenen Taufpaten, Prinz Arthur, *Duke of Connaught and Strathearn*, eingenommen.

Damals waren junge Offiziere zu ihrem Schutz auf Schloss Windsor stationiert gewesen. Sie wusste noch, dass es ihr eine Herzensangelegenheit gewesen war, den Müttern jener Offiziere, die später im Dienst an ihrem Land ihr Leben ließen, einen Brief zu schreiben, damit sie wussten, ihre Söhne würden nicht vergessen werden.

Gern erinnerte sie sich an die Stunden, in denen Margaret und sie sich um ihren kleinen Garten gekümmert hatten. Das britische Ministerium für Agrarkultur hatte gleich zu Beginn des Kriegs die »*Dig for Victory*«-Kampagne ins Leben gerufen und die Menschen dazu aufgefordert, in Zeiten der Rationierung ihr eigenes Gemüse anzupflanzen.

An ihrem achtzehnten Geburtstag hatte ihr Vater sie darauf vorbereitet, zum *Counsellor of State* ernannt zu werden.

Elizabeth blätterte zu dem Eintrag von damals:

Papa sagt, er werde die Ausnahmeregelung zum Regency Act schon erlangen. Normalerweise ist das Mindestalter einundzwanzig. Aber

ich werde bereits mit achtzehn ernannt, damit ich im Fall eines Aus-
landsaufenthalts oder einer vorübergehenden Arbeitsunfähigkeit
Papas bestimmte Amtsgeschäfte übernehmen kann.

Zwei Seiten weiter hatte sie das Weihnachtsfest 1943 schriftlich
festgehalten:

Endlich habe ich Philip wiedergesehen. Er war unter den Zu-
schauern, als Margaret und ich das Märchenspiel Aladdin *aufge-*
führt haben.

Am zweiten Weihnachtsfeiertag haben wir das Grammophon
angestellt und die Teppiche zurückgerollt, damit wir tanzen konn-
ten. Philip ist ein hervorragender Tänzer. In seinen Armen fühle
ich mich leicht wie eine Feder und gleichzeitig behütet. Meine Wan-
gen glühen immer vor Hitze, wenn ich ihm körperlich so nah bin.

Philip ist so schneidig und wortgewandt, voller Leben, dazu ehr-
geizig und entschlossen. Außerdem sieht er verboten gut aus. Er
hat mir von seiner glänzenden Zukunft bei der Marine erzählt, da-
bei hat er mich mit seinen blauen Augen angesehen, als gäbe es
keinen Zweifel daran, dass sein Leben stets erfolgreich und glück-
lich sein würde.

Wir haben bis 1 Uhr morgens getanzt, erst dann sind wir zu Bett
gegangen, und obwohl ich todmüde war, konnte ich nicht einschla-
fen, weil ich immer noch seine Worte gehört und seine Wärme ge-
spürt habe.

Wie viel besser würde ich dereinst die Rolle als Monarchin mit
einem Mann wie ihm an meiner Seite ausfüllen können.

Rasch blätterte Elizabeth weiter:

Februar 1945

Ich bin in Aldershot als Leutnant in den Dienst der Territorial-
verteidigung eingetreten. Jeden Tag werde ich zum Ausbildungslehr-
gang gefahren und lerne einen Motor auszubauen und zu warten,
Kolonne zu fahren und Karten zu lesen. Das Gefühl, eine von vie-
len zu sein, die ihre Pflicht erfüllen, ist wunderbar. Außerdem macht
es Spaß, während der kurzen Pausen mit den anderen zu plaudern.

Margaret fühlt sich ausgeschlossen und meint, sie sei zu spät geboren worden. Als sie jedoch meine khakifarbene, wenig ansehnliche Uniform gesehen hat, hat es ihr nichts mehr ausgemacht, nicht dabei zu sein.

Und der letzte Eintrag aus dieser Zeit:

8. Mai – endlich ist der Krieg für uns vorbei und damit auch unser Leben in der »Unterwelt«. Kein Sammeln von Staniolpapier mehr, kein Aufrollen von Mullbinden und Stricken von Socken, um unseren Anteil zu leisten.

15. August – Papa hat unsere Bitte erhört und zwei junge Offiziere dazu bestimmt, Margaret und mich aus dem Palast zu bringen.

In den hell erleuchteten Straßen herrscht jeden Tag buntes Treiben, es geht zu wie in einem Bienenstock.

Als wir draußen waren, trieb die Masse an Menschen zum Parlament, dann nach Whitehall hinunter zum Trafalgar Square, nach Piccadilly bis zum Hotel Ritz und zurück zur königlichen Residenz. Überall wurden Weltkriegs-Hits geschmettert, und die Menschen umarmten sich.

Margaret und ich fühlten uns wie gewöhnliche junge Frauen. Die Sorgen und Einschränkungen der vergangenen Jahre waren unter all den Feiernden plötzlich vergessen. Viele Einschränkungen werden noch lange bleiben, das weiß ich, doch der Krieg ist vorbei. Vor allem das zählt.

Elizabeth blätterte weiter, dabei ließ sie die freie Hand am Holz des Sessels hinabgleiten und spürte das weiche Fell Muicks.

Das leise Grunzen der Hunde im Ohr, las sie:

Crawfie hat ein Buch über Margaret und mich geschrieben. Vor allem Mummy ist außer sich …

Gedanken an ihre ehemalige Gouvernante suchten Elizabeth auch jetzt wieder mit gemischten Gefühlen heim. Damals war sie vierundzwanzig gewesen.

Die Familie hatte Crawfie sehr gemocht, als diese allerdings ein

Buch über die Erlebnisse mit ihren Schützlingen schrieb, wurde sie zur *unerwünschten Person.*

»Was ist nur in sie gefahren? Sie erschien mir durchaus loyal, und dann hintergeht sie uns auf so abscheuliche Weise. Ich habe ihr im Vorfeld erklärt, dass sie nicht über die Kinder schreiben darf. Als Gouvernante hatte sie eine Vertrauensposition inne. Ich habe sogar zugestimmt, dass sie einem amerikanischen Magazin Hilfestellung bei der Verfassung eines Artikels leistet, solange ihr Name nicht darin vorkommt und es nicht um etwas so Privates und Kostbares wie unsere Familie geht. Und was tut sie? Sie schreibt gleich ein ganzes Buch über Elizabeth und Margaret Rose. Wie soll man ihr je wieder vertrauen, nachdem wir so hintergangen wurden. Crawfie ist für mich gestorben.«

Dem abschließenden Urteil ihrer Mutter hatten sich alle angeschlossen.

Elizabeth hatte lange überlegt, ob Crawfies Mann sie vielleicht gedrängt hatte, das Buch zu veröffentlichen. In ihrer Vorstellung konnte es nicht anders sein, schließlich hatte Crawfie ihre eigene Hochzeit um viele Jahre verschoben und war erst nach Elizabeth' Heirat mit Philip in den Ruhestand getreten; zwei Monate zuvor hatte sie sich selbst vermählt und Nottingham Cottage als Zeichen der Wertschätzung Königin Marys erhalten.

Elizabeth ließ von Muick ab, der ihr seine Nase entgegengestreckt hatte.

In ihren Tagebüchern hatte sie unzählige Begebenheiten festgehalten. Manche so ungewöhnlich, dass sie selbst kaum hatte glauben können, sie zu erleben.

Auch ihr Vater hatte bis 1947 Kriegstagebücher geschrieben, nun in den Royal Archives in Schloss Windsor lagen.

»Eine ehrliche Chronik des gesamten Kriegs.«

So hatte er das Geschriebene bezeichnet. »Die Aufzeichnungen helfen mir bei der Orientierung … weil man seinem Gedächtnis nicht trauen kann.«

Elizabeth entkam ein leises »Oh«, als sie mit dem Ellbogen an den Stapel Tagebücher stieß. Einige fielen mit lautem Rumpeln zu Boden und blieben dort aufgeschlagen liegen. Sandy sprang auf und schnupperte neugierig daran.

»Das sind nur Erinnerungen, Sandy«, beruhigte Elizabeth den Hund und beugte sich hinab, um sich des Malheurs anzunehmen.

Sommer 1971, las sie, als sie nach dem ersten Buch griff.

Damals, wenige Monate nach ihrem fünfundvierzigsten Geburtstag, hatte Idi Amin sich zu seinem ersten Staatsbesuch außerhalb Afrikas aufgemacht. Ein halbes Jahr zuvor hatte er sich in Uganda an die Macht geputscht. Premierminister Heath hatte ihn damals unbedingt auf seine Seite bringen wollen. Aus diesem Grund hatte er einen Besuch in Schottland für Amin arrangiert.

Zu ihrem Glück hatte man sie vorgewarnt, dass Idi Amin praktisch Analphabet und vor allem gefährlich sei.

Beim Lunch hatte sie sich selbst davon überzeugen können, mit wem sie es zu tun hatte. Als sie mit ihm zu Tisch saß, gestand Amin ihr unverblümt, er plane mit seinen Soldaten in Tansania einzumarschieren, um sich einen Bereich im Norden einzuverleiben.

Im ersten Moment hatte Elizabeth geglaubt, das sei ein Scherz, doch dann hatte sie begriffen, dass die Ankündigung ernst gemeint war. Sie hatte kaum noch das Essen hinunterbekommen, und sobald es ihr möglich war, hatte sie umgehend Außenminister Douglas-Home über das Gehörte informiert, um Schlimmes zu verhindern.

Elizabeth blätterte weiter und stieß auf einen Eintrag, den sie zwei Jahre später verfasst hatte.

Staatsempfang für Mobutu Sese Seko und seine Frau Marie-Antoinette.

Es war um einen Deal über ein Wasserkraftwerk gegangen. Elizabeth erinnerte sich, dass sie das Paar aus Zaire in der Belgian Suite im Buckingham-Palast untergebracht hatte und dass im Briefing gestanden hatte, Mobutu Sese Seko habe Rivalen kurzerhand erhängt. Er hatte außerdem westliche Mode verboten. Männer durften keine Jacketts und Krawatten tragen, Frauen keine Miniröcke oder Hosen. Allerdings war es seiner Tochter erlaubt, ein Mädcheninternat in Eastbourne zu besuchen. Das mochte verstehen, wer es konnte.

Marie-Antoinette hatte sich damals täglich rohes Fleisch in die Belgian Suite bringen lassen. Elizabeth hatte sich den Kopf darüber zerbrochen, wofür sie das Fleisch brauchte, bis sich schließlich herausstellte, dass Marie-Antoinette heimlich ihren Hund eingeschmuggelt und damit gegen das britische Anti-Tollwut-Gesetz verstoßen hatte. Der Höhenpunkt dieses Vorkommnisses war die krude Ausrede, ihr Hund sei »von Geburt Brite«, weshalb Marie-Antoinette ihn mit nach London gebracht habe, damit er endlich seine Heimatstadt sähe.

Elizabeth klappte das Tagebuch zu und griff nach dem nächsten, das auf dem Boden lag. Sandy sah ihr mit blinzelnden Augen zu.

Bis heute ist mir Weihnachten das liebste Fest. In Sandringham zu feiern, ist immer eine große Freude …

Wie sehr liebte sie das im jakobethanischen Stil gehaltene Anwesen. Königin Victoria hatte es 1862 als Wohnsitz für ihren Sohn, den *Prince of Wales*, und dessen Ehefrau gekauft. Später war es vollständig neu als Landhaus aus roten Ziegelsteinen errichtet worden.

Während seiner Zeit dort hatte Elizabeth' Großvater, König George V., alle Uhren eine halbe Stunde zurückdrehen lassen, um mehr Zeit für sein Hobby, die Jagd, zu haben. Diese Tradition war bis 1936 aufrechterhalten worden. Erst David hatte sie, als er König geworden war, aufgehoben. Er war in vielem anderer Meinung gewesen als sein Vater.

Sie selbst hatte jedes Jahr auf dem riesigen Anwesen die Weihnachtsbäume fürs Haus ausgewählt. Prinz Albert, Königin Victorias Mann, hatte den deutschen Brauch, einen Baum ins Haus zu holen und am Heiligen Abend die Geschenke auszupacken, nach England gebracht.

Auch sonst mangelte es nicht an Traditionen. Scherzgeschenke hatten bei ihnen eine lange Geschichte. Je verrückter das Präsent, umso lieber.

Einmal hatte ihr Enkel Harry Philip ein Furzkissen auf den Stuhl gelegt, woraufhin der ganze Tisch in amüsiertes Lachen ausgebrochen war.

Eine weitere Tradition war das Fußballspiel, das William und Harry lange Jahre gegen ein Team der Angestellten bestritten hatten.

Elizabeth dachte an das Herumbalgen und die Schreie der beiden, an das Kämpfen und Lachen und an ihre verschwitzten, zufrieden grinsenden Gesichter, wenn sie den Ausgang des Spiels bekanntgaben. Der Sieg war mehr symbolisch. Doch sie hatten jedes Jahr so getan, als habe er Bedeutung. Abends hatten William und Harry Jacketts mit roten Kragen getragen und freudig dabei zugesehen, wie die Corgis ihre Geschenke bekamen – in festliches Papier gewickelte Hundeleckerlis.

Der Zwist ihrer Enkelsöhne hatte viele liebgewordene Traditionen beendet. Und ohne Philip würde Weihnachten noch einsamer werden.

Auch dieses Jahr würde es, wenn die Pandemie anhielte, wieder ein ruhiges Fest werden. Keine Einträge bei Tisch in ihr Notizbuch, um Verbesserungen für das nächste Jahr festzuhalten, kein Dudelsackspieler, der in Sandringham am Ende des Mahls aufspielte und um den Tisch herumging, und keine Weihnachtsstrümpfe für die Urenkel, die Elizabeth eigenhändig an die Türen hängte.

Selbstverständlich würde sie ihre selbstverfasste Weihnachtsansprache halten. Was die Familie dazu sagte, würde sie jedoch nur per Telefon hören.

Elizabeth stieß einen Seufzer aus und langte nach einem weiteren Tagebuch.

Sommer 1946, Philip hat während seines Landurlaubs auf Balmoral bei Papa um meine Hand angehalten. Ich fühle mich wie im Himmel …

Ein Lächeln grub sich in ihr Gesicht.

Etwas Aufregenderes hatte sie mit ihren damals zwanzig Jahren nie zuvor erlebt.

Philip hatte von Anfang an eine ordentliche Portion frischen Wind in ihr Leben gebracht. Wenn er in seinem Sportwagen angerauscht kam und ihm mit offenem Hemdkragen entstieg, war seine Selbstsicherheit nicht nur für sie greifbar gewesen. Manche hatten getuschelt, er sei ein Prinz ohne Land und Vermögen. Elizabeth war das egal gewesen. Im Grunde fand sie diese Einordnung sogar empörend. Zählte nicht vor allem ihre Liebe zu ihm und seine zu ihr?

Erst als eine monatelange Reise nach Südafrika hinter ihnen lag, wurde am 9. Juli 1947 ihre Verlobung mit Philip offiziell verkündet.

Vier Monate später, am 20. November 1947, hatte die Hochzeit in der Westminster Abbey stattgefunden. Laut Margaret waren sie das glücklichste Paar, das die Welt je gesehen hatte …

12. KAPITEL

Elizabeth spähte zwischen den Vorhängen ihres Schlafzimmers nach draußen, überrascht von dem, was sie sah. Vom zweiten Stock des Buckingham-Palasts aus bot sich ihr ein perfekter Blick auf die Menschenmenge. Mit dicken Schals, Decken und Kissen gegen die Kälte gewappnet, sogar mit Campingkochern, auf denen sie sich warmen Tee zubereiten konnten, wollten Hunderttausende dem großen Ereignis beiwohnen und wenigstens einen Blick auf die königliche Familie, vor allem aber auf die strahlende Braut werfen, wenn sie später den Palast verließ.

Ein Windstoß ließ die Fensterscheibe erzittern. Elizabeth zog den Kragen ihres Schlafmantels fester um den Hals. Es war ein kalter Morgen nach einer regnerischen Nacht. Sie ließ den Blick über die vielen Köpfe wandern und stellte sich vor, sie selbst stünde draußen in der Kälte und fröre, die Hände klamm in die Taschen ihres Mantels geschoben. Sie langte nach dem Opernglas, das ihr Großvater ihr einst geschenkt hatte. In den Reihen entdeckte sie eine Frau, die ein Stück beschriftete Pappe hochhielt: *Gott schütze Elizabeth und Philip*, stand darauf.

Elizabeth lächelte gerührt. Egal, welche Temperaturen draußen herrschten, die Menschen freuten sich mit ihr. Sogar die Garde-Kavallerie in Paradeuniform käme heute zum Einsatz, und in Tresoren verwahrte Geschmeide würden nach langer Zeit wieder einmal angelegt. Ihre Hochzeit war eben nicht nur das Bekenntnis zweier Liebender, sondern auch ein prunkvolles Staatsereignis. Aus ganz Europa hatten sich königliche Gäste angemeldet. Elizabeth trat einen Schritt zurück.

Ihr Hochzeitskleid, für das Hofdesigner Norman Hartnell Inspiration in den Museen Londons gesucht und sie bei Botticelli gefunden hatte, würde sicher alle Blicke auf sich ziehen. Es symbolisierte Frühling, Hoffnung und Neubeginn. Das waren die Schlagworte, mit denen Hartnell nicht nur Elizabeth selbst, sondern auch ihre Mutter, aber vor allem Margaret beeindruckt hatte. Entstanden war eine Kreation aus elfenbeinfarbener Seide, bestickt mit zehntausend Perlen. Nach der praktischen und tristen Kleidung während des Kriegs war ein Gewand wie dieses wahrlich ein Neubeginn.

Dreihundertfünfzig Näherinnen hatten sieben Wochen lang an dem Kleid gearbeitet. Und aus Angst vor Spionen hatte Hartnell angeordnet, jeden Tag müsse eine Angestellte in der Werkstatt übernachten, damit kein Detail vorschnell an die Öffentlichkeit gelänge. Hartnell hatte wahrlich an alles gedacht und war nicht müde geworden, eine Verbesserung nach der nächsten anzudenken und sie auch umzusetzen. Elizabeth hatte nicht glauben können, dass man in ein Kleid so viel Aufmerksamkeit, Kreativität und Hartnäckigkeit stecken konnte, wie Hartnell und seine Mitarbeiterinnen und Mitarbeiter es getan hatten.

»Kein königliches Kleid wird die Öffentlichkeit je mehr in den Bann ziehen als Ihres«, hatte er ihr mit glasigem Blick versprochen. Den Stolz über diesen Auftrag hatte er nicht verleugnen können.

Viele Frauen hatten ihre Ausgabemarken für Kleidung und Stoffe in den Palast gesandt, um sie Elizabeth zu schenken, denn Versorgungsgüter waren, ebenso wie Lebensmittel, während des Kriegs rationiert worden. Selbstverständlich hatten sie alle Marken zurückgeschickt. Und besonders rührend: Viele der Zutaten für die Hochzeitstorte, die McVitie's im Norden Londons anfertigte, verdankten sie den Girl Guides in Australien. Diese hatten doch tatsächlich ihr Taschengeld zusammengelegt, um Mehl, Zucker und kandierte Früchte zu kaufen. Des Weiteren hatten Philip und sie eine Waschmaschine geschenkt bekommen und hundertachtundvierzig Paar Socken. Nicht zu vergessen das Rennpferd, das der Aga Khan, Oberhaupt der ismailitischen Nizariten, Elizabeth als Hochzeitspräsent hatte überbringen lassen.

Philip war von dem ganzen Tamtam zwischenzeitlich überfordert gewesen.

»Ich werde den Eindruck nicht los, dass unser Jawort zu einem bis ins Letzte inszenierten Märchen hochstilisiert wird«, hatte er kopfschüttelnd gemeint.

Elizabeth hatte ihm angesehen, dass er die Hochzeit lieber einfacher gehalten hätte, und besänftigend den Arm um ihn gelegt. Philip machte nicht gern viel Aufhebens um seine Person. Doch diesmal ließ sich das nicht vermeiden.

»Du weißt doch, welch ein Quell der Freude die Hochzeit für das Volk ist, geschweige denn für diejenigen, die daran teilnehmen«, hatte sie ihn mit sanfter Stimme erinnert.

Er hatte die Stirn in Falten gelegt und schließlich sein verschmitztes Grinsen sehen lassen. »Keine Sorge, Lilibet, für unseren Hochzeitstag lege ich jede Zurückhaltung ab. Es ist nicht nur ein ausgesprochen wichtiger Tag für uns, sondern auch für die Krone. Dessen bin ich mir durchaus bewusst.«

Elizabeth ging die Prozedur noch einmal im Kopf durch. Gegen 11 Uhr würden die Glockenschläge von Big Ben den Beginn der Hochzeit des Jahrhunderts ankündigen.

Trotz des Kleids und des ganzen Pomps trugen sie den Umständen und Zeiten Rechnung und gestatteten Tagesanzüge in der Kirche, was vor allem Philip erleichtert zur Kenntnis genommen hatte.

Elizabeth war sich nicht sicher, ob so viel Prunk in dieser Zeit nicht falsch war, auch wenn draußen Unmengen an Menschen auf das Brautpaar und den König und die Königin warteten. Ob die Menschen sie nicht doch wegen dieser auffälligen Hochzeit verurteilten?

Winston Churchill war zwar gleich nach dem Krieg als Premierminister abgelöst worden, hatte sich aber trotzdem zu Wort gemeldet und daran erinnert, dass die Menschen sich nach der harten, grauen Nachkriegszeit *nach einem Hauch von Farbe auf unserem schwierigen Weg* sehnten.

Mit seiner Weigerung, in Verhandlungen mit Hitler einzutreten, und seinen Reden hatte er in den kritischen Monaten des Frühjahrs und des Sommers 1940 den Widerstandswillen und die Bereitschaft der Briten, den Krieg gegen das nationalsozialistische Deutschland fortzuführen, gestärkt. Dementsprechend viel zählte sein Wort auch jetzt noch.

Elizabeth hatte mit ihren Eltern und Philip darüber gesprochen, ob eine kleine, private Feier in Windsor der Lage nicht angemessener wäre. Philip und sie hatten dafür gestimmt. Elizabeth mochte keine großen Veranstaltungen. Zurückhaltung entsprach weit mehr ihrem Charakter.

»Großbritannien macht ein hartes Jahr durch. Drei Pfund Kartoffeln pro Kopf und Woche. Das dürfen wir nicht vergessen«, hatte sie argumentiert.

»Fast alles ist rationiert«, hatte Philip sie unterstützt. »Vermutlich denken gar nicht so wenige, wir haben den Krieg zwar gewonnen, doch es geht uns weiterhin schlecht. Und da kommen wir und wollen eine Hochzeit wie aus dem Bilderbuch feiern?«

Margaret war anderer Meinung gewesen. Sie hatte einen spitzen Schrei ausgestoßen und sie angesehen, als wären sie Verräter.

»Du heiratest nur einmal, Lilibet, und wirst dich dein Leben lang daran erinnern. Euer Jawort gehört zelebriert, der Tag kann gar nicht außergewöhnlich genug gestaltet werden.«

Aus Philips Verwandtenkreis hatte man lediglich seine Mutter und einen Onkel eingeladen. Sein Vater war bereits verstorben, und seine Schwestern hatten in den deutschen Hochadel eingeheiratet, was sie so kurz nach dem Krieg als Gäste der Hochzeit disqualifizierte.

Als Philips schwangere Schwester Cecile zehn Jahre zuvor mit ihrem Mann, ihren beiden Söhnen und ihrer Schwiegermutter bei einem Flugzeugabsturz ums Leben gekommen war, war der sechzehnjährige Philip nach Darmstadt zu ihrem Begräbnis geflogen. Während der Prozession hatte er sich plötzlich inmitten von Nazis wiedergefunden. Die Erkenntnis, dass seine Schwestern in diesen Kreisen verkehrten, hatte er wie einen Schlag ins Gesicht empfunden.

Churchill war jedenfalls bei seiner Einschätzung geblieben und hatte dafür von Margaret Beifall geerntet.

»Gerade weil die Nation erschöpft ist, sehnt sie sich nach einem Fest. Nach etwas Ablenkung von all der Trübsal und der Mühe. Es ist, als würde man nach Jahren des Darbens endlich von jemandem ins Theater eingeladen. Man darf einen Abend lang träumen und sich auf diese Weise erholen. Das dürfen wir den Menschen nicht vorenthalten. Sie würden es uns übelnehmen.«

»Churchill und ich sehen die Dinge durch dieselbe Brille«, hatte Margaret geschwärmt.

Wie zu erwarten, war sie nicht mehr davon abgerückt.

Auch die Labour-Regierung hatte letztlich für ein großes Fest gestimmt, vorausgesetzt, es koste nicht viel. Deshalb hatten sie sich dafür entschieden, die Hochzeit zu einem Ereignis *für alle Menschen da draußen* zu machen.

Elizabeth wollte gerade ihren Platz am Fenster verlassen, als die Tür aufsprang und Margaret ins Zimmer stürmte.

Eine Locke fiel ihr in die Stirn, als sie auf Elizabeth zueilte. »Stell dir vor, Lilibet, die Frauen waschen sich aus Thermoskannen«, platzte es aus ihr heraus, »und die Männer rollen Matratzen auf, auf denen sie die Nacht verbracht haben. Seit dem Vorabend harren die Leute schon in der Kälte aus.«

»Ich weiß. Ich habe es gerade gesehen. Hoffentlich tun sie das nicht nur meinet-, sondern auch Philips wegen. Schließlich gäbe es ohne den Bräutigam keine Hochzeit.« Elizabeth gab ihrer Schwester einen Kuss auf die erhitzte Wange und drückte sie kurz an sich.

»Verständlicherweise wünschst du dir, dass das Volk Philip eine

Chance gibt. Aber bei einer Hochzeit zählt vor allem die Braut.«
Margaret hatte eine klare Vorstellung davon, wie eine Hochzeit
auszusehen hatte. »Bei meiner Hochzeit werde ich ebenfalls der
strahlende Mittelpunkt sein. Verlass dich drauf«, prophezeite sie
schwärmerisch.

»Dass du eine Braut sein wirst, die niemand vergisst, steht außer Zweifel, Bud.« Elizabeth schmunzelte angesichts von Margarets Begeisterung. »Aber die Menschen hören gern eine gute Geschichte. Und Philips Leben bietet ihnen eine.«

»Du denkst wie immer praktisch und überlegst selbst an deinem Hochzeitstag, wie man Philip ins rechte Licht rücken kann.
Das ist typisch für dich.«

Margaret stellte sich in Position, als befände sie sich auf einer
Bühne und unten wartete das Publikum auf ihr Spiel. »Kennt ihr
schon die Geschichte des Jungen mit der verarmten Familie? Des
Jungen, dessen Mutter ihr Leben in einer Nervenheilanstalt fris-
ten musste und dessen Vater sich nicht um ihn scherte? Dieser
Junge heißt Philip, er ist bei seinen Verwandten herumgereicht
worden wie eine vergessene Schachtel. Selbst als erwachsener
Mann lief er noch mit gestopften Socken herum und fuhr im
Zug dritter Klasse. Doch heute heiratet der Prinz seine Prinzes-
sin. Deswegen wird sich für ihn alles zum Besseren ändern ...«

Elizabeth zog die Augenbrauen zusammen. »Was ist mit Philips ganzem Stolz?« Sie tat, als lenke sie einen Wagen. »Den hast
du nicht erwähnt.«

Margaret reagierte sofort. Mit getragener Stimme sprach sie
weiter: »Navy Lieutenant Philip Mountbatten, deutsch-dänisch-
griechischer Prinz, der nicht weniger königliche Vorfahren als
meine Schwester hat, jedoch über so gut wie kein Geld verfügt,
ist vor allem«, sie betonte die letzten beiden Wörter, »Hüter seines MG-Sportwagens. Dieser schnittige Wagen ist, man mag es
nicht glauben, sein Ein und Alles. Er fährt damit gern am Seiten-
eingang des Palasts vor, um zum Dinner bei Elizabeth vorstellig

zu werden.« Margaret lachte und nahm Elizabeth' Knuff entgegen.

»Sei nicht so … so …«, Elizabeth brach ab.

»… ehrlich?« Margaret lachte ausgelassen.

»Süffisant.« Elizabeth wusste, dass Margaret es nicht böse meinte. Sie liebte nun mal alles, was mit Darstellung zu tun hatte.

Für ein paar Sekunden gab Elizabeth sich in Gedanken den Abenden mit Philip hin, der Harmonie, die zwischen ihnen herrschte, und den zärtlichen Küssen, die sie ausgetauscht hatten. Küssen, von denen sie nie genug bekommen konnte. Wenn Philip einen seiner Besuche ankündigte, lag stets eine elektrisierende Erwartung über dem Palast. Es war, als hätte jemand überall die Lichter angeschaltet und als glühe der Palast im hellen Schein der Freude, mit der Elizabeth ihren Liebsten erwartete.

Es war die große Liebe – für sie ebenso wie für ihn. Sie wussten beide, welch riesiges Glück ihre Gefühle füreinander waren. Und egal, was man ihr gesagt oder wovor man sie gewarnt hatte, Elizabeth hatte ihre Liebe zu Philip mit Zähnen und Klauen verteidigt, als man ihr anfangs geraten hatte, noch zu warten. Ihre Eltern hatten jedenfalls schnell begriffen, dass sie nur *ihn* heiraten würde und dass darüber nicht zu verhandeln war.

Margaret holte Elizabeth aus dem Moment süßer Erinnerung zurück.

»Und jetzt gibt dieser prachtvolle Kerl für dich sogar das Rauchen auf, und eine strahlende Zukunft mit seiner schönen Braut liegt vor ihm. Das ist eine wundervolle Geschichte, die die Menschen in aller Welt mitverfolgen werden.« Margaret seufzte theatralisch. »Fehle nur noch ich selbst. Prinzessin Margaret Rose, die ihre große Liebe vor dem Traualtar besiegelt. Darauf muss das Volk allerdings noch warten.«

Margaret griff nach der Skizze von Longmans Florist, die auf dem Konsolentisch im Schlafzimmer lag. Elizabeth hatte ihr Hochzeitsbouquet nach dieser Originalzeichnung ausgesucht.

»Weißt du übrigens schon, dass ihr in der Kirche auf Orangenkisten knien werdet? Man will nicht unnötig Holz verschwenden. Die Kisten sind allerdings seidenbespannt, du bekommst also keine Schrammen am Knie.«

Elizabeth lachte leise. »Na, wenigstens musste unseretwegen kein Baum dran glauben. Das wird Philip freuen.«

Elizabeth konnte ihre Neugierde kaum bezähmen. Trotz aller Vorbereitung warf der Tag Fragen auf, dabei mochte sie nichts weniger als Unvorhergesehenes. Das machte sie nervös.

»Hast du zufällig etwas aus der Küche aufgeschnappt?«, erkundigte sie sich. »Läuft dort alles nach Plan?« Margaret war immer bestens informiert.

»Mach dir keine Sorgen. Ich habe nichts gehört.« Margaret hob die Hände. »Was nur heißen kann, dass dir kein Schreckensszenario bevorsteht.«

Französisch war die Sprache der Gourmets, sogar beim Wedding-Breakfast, dem Mittagessen im Buckingham-Palast. Es waren nur hundertfünfzig Gäste geladen und serviert würden lediglich drei Gänge, wie man sie in jedem anständigen Londoner Restaurant bekäme.

Elizabeth griff nach der Karte, die sie tags zuvor mit ins Schlafzimmer genommen hatte. Das Essen würde im Ball Supper Room stattfinden: Seezunge mit Lauch und Pernod, Rebhuhn aus dem Schmortopf mit Nusskartoffeln und königlichem Salat und als Dessert Eisbombe Elizabeth mit Erdbeeren und Meringue. Unwiderstehlich, jedenfalls nach Elizabeth' Geschmack.

Ihr Vater hatte Philip einen Degen geschenkt, mit dem sie die drei Meter hohe Hochzeitstorte anschneiden würden. Hinzu kamen ein ganzer Schwung neuer Adelstitel für den Bräutigam. Die Tische würden mit weißen Nelken geschmückt sein, ihren Lieblingsblumen, und mit weißen Heidesträußen aus Balmoral, dem Ort, an dem sie sich frei wie ein Vogel fühlte und wo sie einen Teil ihrer Flitterwochen verbringen würden. Nach der Trauung würden Philip und sie sich auf dem Balkon des Buckingham-Palasts zeigen und den Menschen zuwinken.

Elizabeth dachte an die Hochzeitspräsente: die fünfhundert Kisten Dosenananas, die Singer-Nähmaschine, die silbernen Salzstreuer, die handgestrickten Bettsocken und das Tuch aus selbstgesponnenem Garn von Mahatma Gandhi, das ihre Großmutter, Königin Mary, versehentlich für einen Lendenschurz gehalten hatte.

»Ich wünsche dir alles Glück dieser Welt, Lilibet«, Margaret küsste sie auf beide Wangen. »Philip ist der Richtige. Ich bin so froh, dass ihr einander gefunden habt. Wie du weißt, beneide ich dich vom ersten Tag an um ihn.«

Elizabeth strich ihrer Schwester liebevoll übers Haar. »Warte nur, bis du deinen Schatz findest. Dann sind wir gleichauf.«

»Das wird hoffentlich bald passieren. Ich beneide dich keine Sekunde länger als unbedingt nötig«, scherzte Margaret. »Du weißt ja, Geduld ist etwas für Menschen ohne Vorstellungskraft, und das bin ich nun wirklich nicht.«

Elizabeth' Vater war von tiefer Rührung ergriffen, als er seine Älteste zum Altar führte und sie dem Erzbischof übergab. Die Menschen nahmen Elizabeth als anspruchslos und natürlich wahr und gönnten ihr das Glück als Lohn für ihr Pflichtbewusstsein, auch als Hoffnung für alle auf bessere Zeiten.

Was das Programm des Hochzeitszeremoniells anbelangte, unterschlug man darin, dass Philip vom König der Titel *His Royal Highness* verliehen worden und er damit zum *Duke of Edinburgh* ernannt worden war. Offiziell wurde er schlicht als Lieutenant Philip Mountbatten RN geführt, was niemanden störte, Philip und Elizabeth am allerwenigsten. Sie wurden von ihrer Liebe durch den Tag getragen.

Bertie nahm seinen Platz ein und sah zu Winston Churchill hinüber. Vorhin war er den Mittelgang entlanggeschritten und hatte stehende Ovationen entgegengenommen. Doch an diesem Tag ging es nicht um ihn.

Die Königin suchte die Hand ihres Mannes und drückte sie liebevoll, dann richtete sie ihre Aufmerksamkeit auf die Zeremonie und lauschte den schlichten Worten des Erzbischofs.

»Diese Zeremonie ist im Grunde dieselbe, wie sie jedes Bauernmädchen erlebt, das vielleicht heute Nachmittag in einer Dorfkirche irgendwo in den Bergen getraut wird.«

Elizabeth hörte nur mit halbem Ohr zu. Philip nahm ihre ganze Aufmerksamkeit in Anspruch. Es fühlte sich an, als stünden sie viel näher beisammen, als sie es tatsächlich taten. Sie beide verband nicht nur Verliebtheit und dieses wunderbare Gefühl der Freundschaft, sondern auch eine starke körperliche Anziehung. Vor allem dieses Gefühl schien Elizabeth hochzuheben, als schwebe sie.

Die Stunden flogen dahin. Die jubelnde Menge, als sie nach der Vermählung vom Balkon des Palastes winkten, schien gar nicht genug von ihnen bekommen zu können.

Als der Tag sich dem Ende neigte und die Dämmerung anbrach, verließen die Frischvermählten den Buckingham-Palast.

Der König drückte seine Tochter an sich, wandte sich seinem Schwiegersohn zu und klopfte ihm auf die Schulter.

»Genießt die Flitterwochen. Und pass bitte gut auf Lilibet auf.«

»Ich verspreche, sie keinen Moment aus den Augen zu lassen«, gab Philip sein Wort.

Elizabeth' Mutter küsste ihre Tochter und kämpfte gegen Tränen an.

Auch Elizabeth war ergriffen von den Stunden, die hinter ihr lagen, ebenso von den Empfindungen ihrer Eltern.

»Danke, Mummy. Danke, Papa. Es war ein unvergesslich schöner Tag.«

Es fiel ihr schwer, sich von den Eltern zu trennen, und so drehte sie sich hastig nach Margaret um, die sie in ihrem eleganten Kleid erwartungsvoll ansah.

»Erzähl mir jedes Detail eurer Flitterwochen«, flüsterte sie und ließ ihr perlendes Lachen hören. »Ich bin an allem interessiert, was ihr zur weiteren Verwendung freigebt.«

»Erwarte nicht zu viel«, dämpfte Elizabeth ihre Hoffnung. »Diskretion ist das Rezept jeder guten Ehe.«

»Da bin ich anderer Ansicht. Abwechslung ist weit besser«, konterte Margaret.

Schließlich gab der König seiner Tochter einen Schubs und signalisierte ihr in die bereitstehende Kutsche zu steigen. »So, und nun fort mit euch.« Er nahm seine Frau und seine jüngere Tochter an die Hand, und gemeinsam sahen sie der davonfahrenden Kutsche nach.

»Himmel, was für ein Tag«, schwärmte Elizabeth, als sie bemerkte, dass sie mit Papierrosen überschüttet und von den Gästen bis zum Zaun des Vorplatzes begleitet wurden.

Sie langte nach der Wärmflasche, die unter den Reisedecken versteckt lag, damit sie in der offenen Kutsche nicht fror.

Für einen Moment lehnte sie den Kopf an Philips Schulter und genoss die Wärme und Freude, die ihr entgegenschlug.

Endlich lag der offizielle Teil der Hochzeit hinter ihnen und die Zeit zu zweit begann. Sie nahm Philips Hand und verschränkte ihre Finger mit seinen.

»Worüber amüsierst du dich?«, fragte Philip, als sie ein entspanntes Lachen hören ließ.

»Über die Vielzahl an Missgeschicken, die heute passiert sind und die ich zunächst so furchtbar ernst genommen habe, und nun scheinen sie mir alle ganz unbedeutend. Zum Beispiel die Sache mit dem Diadem.«

Sie hatte das kostbare Diadem eigenhändig auf den Schleier setzen wollen. Doch aus unerfindlichen Gründen war ihr das kostbare Stück aus der Hand geglitten, zu Boden gefallen und in der Mitte zerbrochen. Der Schreck, den dieses Unglück in ihr ausgelöst hatte, hätte nicht größer sein können.

»Mummy hat das Diadem von Königin Mary geschenkt bekommen und es mir als Glücksbringer für die Hochzeit geliehen.«

Von einem Glücksdiadem konnte allerdings keine Rede sein, denn es war nicht mehr zu verwenden. Glücklicherweise hatte Bobo die Idee gehabt, es zum Hofjuwelier bringen zu lassen, um nachzufragen, ob es in aller Eile zu reparieren sei.

»›Zumindest notdürftig wird doch wohl etwas zu machen sein, damit du es heute tragen kannst‹, hat sie behauptet.«

Philip lachte amüsiert. »Das war sehr optimistisch von Bobo gedacht.«

Elizabeth nickte. »Allerdings. Und du glaubst nicht, in welchem Tempo sie die Sache vorangetrieben hat. Als ginge es um ihr eigenes Leben.«

»Was ist sonst noch passiert?«, wollte Philip wissen.

»Als Nächstes war die Perlenkette, die Papa mir zur Hochzeit geschenkt hat, verschwunden … bis wir realisiert haben, dass sie sich noch in der Ausstellung im St.-James's-Palast befindet.«

»Von wo sie dann schleunigst jemand geholt hat.«

»Ja«, lachte Elizabeth. »Es war fast unmöglich, wenn man bedenkt, wie wenig Zeit wir hatten. Aber es ist uns gelungen.«

»Und dann die Aufregung um den Brautstrauß«, fuhr Philip fort.

Elizabeth hatte wenig damenhaft geschnauft, als sie nach der Trauung zum offiziellen Fototermin erschien und Philip erzählte, dass ihr Brautstrauß erst nach hektischer Suche in der Kühlung gefunden worden war.

»Wie kann ein Brautstrauß Probleme machen? Er hat schließlich keine Beine, um davonzulaufen«, hatte Philip gescherzt.

»Möchte man meinen. Ein Diener hatte ihn in den Kühlschrank in der Portiersloge gelegt, damit die Blumen nicht welken.«

Daraufhin hatte Philip an Elizabeth hinabgesehen und auf ihre leeren Hände gedeutet. »Und wo ist das gute Stück jetzt? Wieder in der Kühlung?«

»Nein … aber wieder wie vom Erdboden verschluckt. Diesmal finden wir ihn bestimmt nicht. Was meinst du, ist das ein gutes oder ein schlechtes Omen?«

Philip hatte nicht lange überlegt. »Missgeschicke dieser Art deuten auf lebenslanges Glück hin. Sicher, sie sind nervenaufreibend, erst recht bei der eigenen Hochzeit und für jemanden wie dich, Lilibet. Schließlich schätzt du nichts mehr als Ordnung«, hatte er mit ihr gefühlt. »Aber ich glaube fest daran, dass ein zweimal verschwundener Brautstrauß dauerhaftes Glück verheißt. Davon abgesehen, verspreche ich dir, dass ab jetzt nichts mehr schiefgehen wird.«

Philip suchte Elizabeth' Blick. »Weißt du was, Lilibet? Wir holen die Fotos mit Strauß nach. Was hältst du davon?«

»Gute Idee«, besann sich Elizabeth. »Mr Longman bindet mir sicher gern einen zweiten Strauß. Ich ziehe mein Hochzeitskleid nochmal an und dann posieren wir mit dem Ersatzstrauß.«

»Siehst du, schon haben wir das Problem gelöst«, beruhigte sie Philip.

Draußen riss der Jubel nicht ab. Die Menschen in den Straßen winkten ihnen zu, und Elizabeth und Philip winkten zurück.

Am Bahnhof stand der Zug bereit, der sie nach Broadlands, dem Landsitz von Dickie Mountbatten, bringen würde. Elizabeth freute sich auf Schottland. Auf die unberührte Natur, den freien Himmel, sogar auf den Regen und die Kälte, die dort zu erwarten wären, denn das alles würde sie gemeinsam mit Philip erleben.

»Die nächsten Wochen gibt es nur dich und mich«, flüsterte sie, als sie den Royal Train bestiegen.

»Nur du und ich? Ich würde sagen, das stimmt nicht ganz.« Philip sah auf Elizabeth' Lieblings-Corgi. Susan schaute schwanzwedelnd zu ihnen hinauf und schien genau zu wissen, welch großes Privileg es war, dass sie mitkam.

Elizabeth nahm in dem bequemen Sitz Platz, ohne den zartblauen Samtmantel und den Hut abzulegen. Susan ließ sich gemächlich zu ihren Füßen nieder.

»Susan wird uns nicht stören, Liebling. Das verspreche ich dir«, sagte sie besänftigend und kraulte den Corgi dabei ausgiebig. »Großmama fand die Hochzeit übrigens wunderbar.«

»Das hat sie sicher gesagt, weil es keinen Nebel gab, oder?« Philip streckte die langen Beine aus.

Elizabeth wollte gerade etwas erwidern, doch sie kam nicht dazu, denn ihr Mann nahm ihre Hände, legte die Lippen auf ihre Finger und küsste einen nach dem anderen. »Deine Großmutter hat recht«, raunte er zwischen den Küssen, »weniger wegen des Nebels, sondern wegen des Glücks, das ich habe. Du bist die Eine für mich, Lilibet. Die Frau, die ich immer lieben und unterstützen werde. In guten wie in schlechten Zeiten.«

Elizabeth fing den zärtlichen Blick auf, der bekräftigte, dass Philips Worte von Herzen kamen. Sie spürte, wie wichtig es ihrem Mann war, sein Eheversprechen zu wiederholen. Nur für sie, ohne Zeugen.

»Auch ich bin für dich da, was immer auch geschieht«, versprach sie gerührt. Dann beugte sie sich vor und küsste Philip.

Als er den Arm um sie legte, erklang empörtes Bellen. Philip löste sich von Elizabeth. »Kein Grund, eifersüchtig zu sein, Susan.« Er sah auf den Hund hinab, der sie mit unschuldigem Blick ansah. »Du fährst mit in die Flitterwochen«, fuhr er fort. »Das sagt wohl alles über deinen Status in unserem Leben.« Augenblicklich stellte Susan das Bellen ein. Philip wandte sich an Elizabeth. »Zumindest scheint sie mich zu verstehen. Das macht es leichter.«

»Siehst du, sie hat dich bereits als Autorität akzeptiert. Unsere Flitterwochen können beginnen …«, versprach Elizabeth.

Bald hörten sie Susan leise schnarchen. Sie war eingeschlafen und wachte erst auf, als sie ankamen.

13. KAPITEL

November 1950
Malta

Elizabeth trat aus der Entbindungsklinik und nahm die Treppe hinunter, dabei warf sie dem Mann im Mantel, der wenige Schritte von ihr entfernt stand, einen unauffälligen Blick zu. Inspektor Usher, der sich in Malta um die Fragen der Sicherheit kümmerte, hielt sich stets dezent im Hintergrund. Elizabeth sah, wie er sich das Gesicht abtupfte, und nickte ihm zu. Die Temperaturen waren gemäßigt, Mr Usher zog dennoch oft sein Taschentuch. Eigenen Aussagen zufolge fühlte er sich in kühleren Gefilden am wohlsten. Wärme, noch schlimmer Hitze, setzten ihm zu.

Elizabeth löste den Blick von dem Inspektor und nahm die herrliche Umgebung wahr.

Philip war im Oktober 1949 als Oberleutnant der *HMS Checkers* nach Malta beordert worden, und nach Charles' erstem Geburtstag, den Elizabeth mit ihrem Sohn in England gefeiert hatte, war sie Philip erstmals nachgereist, um mit ihm auf Malta ihren zweiten Hochzeitstag zu begehen. Man hatte ihr geraten, Charles zu Hause zu lassen, da das Klima nicht geeignet sei für ein Kleinkind. Zudem war Charles bei seinen Großeltern in Sandringham gut aufgehoben. Und so hatte Elizabeth sich guten Gewissens für ein paar Wochen in der Villa Guardamangia, die Dickie Mountbatten für sich und seine Frau Edwina gemietet hatte, einquartiert.

Die Villa befand sich im Osten der Insel, in Pietà, oberhalb der Häfen, in der Nähe der Hauptstadt Valletta. Ein pittoreskes Anwesen auf einem Hügel, mit großer Terrasse und einem Garten mit Springbrunnen und wunderschönem Blick auf den Hafen Marsamxett; es gehörte zu den ersten Gebäuden, die nach dem Sieg gegen die Osmanen jenseits der Befestigungsmauern eines Forts oder Valletta gebaut worden waren.

Während Philip Dienst tat, erkundete Elizabeth die Hauptstadt und die Orte rundum. Fernab vom höfischen Protokoll war sie nur die Frau eines Marine-Offiziers; eine Frau in ihren Zwanzigern, glücklich, bei ihrem Mann zu sein.

Wenn Philip frei hatte, fuhren sie herum, gingen in Valletta einkaufen, picknickten an einem der einsamen Strände und trafen sich mit Freunden oder gingen abends tanzen.

Nun war sie wieder in Malta, erneut vereint mit Philip.

Alice Egerton, ihre Hofdame, die sie zur Entbindungsstation begleitet hatte, erschien an ihrer Seite. Sie trug die Blumen, die Elizabeth von der Leiterin der Entbindungsstation überreicht bekommen hatte. Ein Bündel herrlicher Blüten.

»Dieses Mal hat es mir so gut gefallen wie beim letzten Mal«, resümierte Elizabeth. »Es tut gut, den Frauen auf der Station durch meine Anwesenheit Kraft zu spenden. Wenn doch alles nur so leicht ginge.«

»Ich hatte den Eindruck, die jungen Frauen spüren, dass Sie eine von ihnen sind«, beeilte die Hofdame sich, das, was sie ausdrücken wollte, auf den Punkt zu bringen. »Sie sehen in Ihnen eine junge Ehefrau, die, wie sie selbst, Kinder zur Welt gebracht hat. Die weiß, was es bedeutet, erst vor kurzem entbunden zu haben.«

»So schien es mir auch«, sagte Elizabeth zögerlich.

Seit sie wieder hier war, kämpften Glück, Freude und ihr schlechtes Gewissen einen Kampf. Mittlerweile war sie zweifache Mutter, doch statt bei ihren Kindern zu sein, war sie auf Malta, viele Seemeilen von Charles und Anne entfernt. Wusste sie wirklich, was es bedeutete, Mutter zu sein? Der Gedanke nagte an ihr und ließ sie schweigen, während sie mit Alice Egerton über den Platz ging.

Ihre Tochter Anne war erst vor einem Monat zur Welt gekommen. Und ausgerechnet an jenem 15. August war Philip zum Kapitänleutnant ernannt worden und hatte ein eigenes Schiff bekommen. Nun war er Kommandant der *HMS Magpie*. Eine Aufgabe, die ihn zutiefst erfüllte.

»Alle auf der Entbindungsstation waren glücklich, Sie zu sehen …«, sprach die Hofdame weiter und unterbrach damit das bedrückende Schweigen.

»Ja, das habe ich bemerkt.«

Charles und Anne waren in den besten Händen. Ihre Mutter kümmerte sich liebevoll um sie, unterstützt von Mrs Lightbody und Miss Anderson, den schottischen Kinderschwestern.

Elizabeth unterdrückte einen Seufzer. Als sie noch kein Jahr alt gewesen war, waren ihre Eltern zu einer Reise zu den Antipoden aufgebrochen. Sie erinnerte sich nicht an die Zeit ohne sie. Doch man hatte ihr davon erzählt.

Sie jedoch war nicht auf der größten Insel des im Mittelmeer gelegenen Malta-Archipels, um ihre Pflicht am Volk zu erfüllen, wie ihre Eltern es ehemals getan hatten. Sie war hier, weil sie Philip vermisste. Sie hatte es in England kaum ohne ihn ausgehalten. Jeden Abend, wenn sie zu Bett gegangen war, hatte sie sich gewünscht, er nähme sie in den Arm und lauschte ihr, während sie ihm erzählte, was sie den Tag über getan hatte. Sie telefonierten miteinander, natürlich, doch jedes Telefonat war viel zu schnell vorbei. Kaum hörte sie Philips Stimme, mussten sie sich schon wieder voneinander verabschieden.

Elizabeth ermahnte sich, nicht zu streng mit sich ins Gericht zu gehen. Bis Philip nach Malta abberufen worden war, hatte sie Tag um Tag bewiesen, dass ihr durchaus klar war, was man von ihr erwartete. Und in wenigen Monaten wäre sie auch wieder zu Hause.

Zusammen mit ihrer Hofdame ging sie zum Kai, dort stellten die beiden Frauen sich in die wärmende Novembersonne. Elizabeth fühlte, wie der Wind ihr über die Arme strich und die Gedanken endlich ein kleines bisschen leichter wurden.

Die Inselgruppe im Mittelmeer gehörte zum Commonwealth of Nations und war während des Zweiten Weltkriegs ein wichtiger strategischer Stützpunkt für die Alliierten gegen die Achsenmächte des nationalsozialistischen Deutschlands gewesen. Mit ihrer Krönung, die hoffentlich noch lange auf sich warten ließe, würde sie auch Königin von Malta und Oberhaupt des Commonwealth werden. Vielleicht kämen ihr die Erfahrungen, die sie hier sammelte, eines Tages zugute?

Als sie in die Villa kamen, erwarteten sie Pearce, ihr Diener, und Bobo. Philips Kammerdiener John Dean war ebenfalls auf Malta.

Bobo half ihr aus dem Mantel und nahm ihr den Hut ab. »Ich breche später zu einem Picknick auf«, informierte Elizabeth ihre Zofe. Bobo wusste nichts von dem spontanen Termin, den sie mit Philip ausgemacht hatte.

»Das klingt wunderbar. Morgen findet der Navy Ball in Valletta statt. Bleibt es bei dem ausgesuchten Kleid?«

»Natürlich«, bekräftigte Elizabeth. »Darin kann ich mich gut bewegen und tanzen.«

Das Ballkleid lag am Oberkörper eng an, fiel an den Schultern dezent über die Oberarme und weitete sich ab der Hüfte zu einem elegant schwingenden Rock.

»Alle werden das entzückende Paar, das über die Tanzfläche schwebt, bewundern«, erlaubte Bobo sich anzumerken.

Elizabeth dachte an Margaret. Ihre Schwester fühlte sich von jeder *Kreation* umhüllt, während sie selbst – Elizabeth – sich lediglich ankleidete. Kleider brachten sie nicht zum Träumen oder ermutigten sie, sich Geschichten dazu auszudenken, die sie später erzählen konnte. Ihre Schwester tat all das. Sie sammelte, was schön war und ihr schmeichelte, und gab es hinterher als Erlebnis weiter. Mode war für Margaret viel mehr als Kleidung. Sie überlegte oft endlos lange, welche Farbe ihr am besten stand und welcher Schnitt der perfekte für ihre Figur war.

Bei dem Gedanken an Margarets Reaktion auf ihr Ballkleid lächelte Elizabeth. Ihre Schwester fände es hinreißend, feminin und ausgesprochen elegant.

Ihr selbst ging es vor allem ums Praktische. Elizabeth achtete gewöhnlich darauf, wie sie sich in dem, was sie trug, bewegen konnte, und natürlich, wie sie darin auf andere wirkte. Was man trug, hatte Wirkung auf das Umfeld. Farben nahmen Einfluss auf Menschen. Es kam darauf an, mit der Garderobe niemandem zu nahe zu treten, etwa, indem man der Gastgeberin die Show stahl. Nicht zu sehr auffallen, lautete Elizabeth' Devise. Abgesehen von den Terminen, bei denen es von ihr gewünscht war aufzufallen, um dem, worauf sie hinweisen wollte, mehr Gewicht zu verleihen.

Sie hatte erst lernen müssen, ihrer Mutter nachzueifern, die genau wusste, welchen Einfluss ihre wie aus einem Märchen wirkenden pastellfarbenen Kleider auf Menschen hatten. Sie spendeten Hoffnung und ließen manch schwierige Situation leichter wirken, als sie tatsächlich war.

Seit ihrer Verlobung mit Philip wurden auch Elizabeth' Kleider immer öfter in den Zeitungen erwähnt und von sogenannten Fachleuten besprochen.

Dass sie als pragmatisch galt, tat dem keinen Abbruch, im Gegenteil. Man unterstellte ihr nicht, durch ihren Kleidungsstil kokettieren zu wollen.

Elizabeth ließ von ihren Überlegungen ab und legte die Hand auf den Arm der Zofe. Bobo war lange ihr Kindermädchen gewesen. Bis Elizabeth dreizehn war, hatte sie bei ihr im Zimmer geschlafen. Und als Margaret geboren worden war, war Ruby, Bobos Schwester, als Margarets Kindermädchen zu ihnen gekommen. Ihre Beziehung war aufgrund dieser Verflechtungen eng. Ein Leben ohne Bobo konnte Elizabeth sich nur schwer vorstellen. Inzwischen war die Zofe über vierzig, doch Bobo wirkte zeitlos, fand zumindest Elizabeth.

»Wie wäre es, wenn du dir morgen freinimmst? Ein Tag nur für dich … Ich komme durchaus allein zurecht«, sagte Elizabeth.

Bobo sah Elizabeth entgeistert an. »Einen Tag freinehmen?«, wiederholte sie und schüttelte irritiert den Kopf. »Das kommt nicht infrage, Lilibet.« Bobo klang entschlossen.

Elizabeth holte aus, um die Hintergründe zu erläutern. »Du tätest mir im Grunde einen Gefallen. Wenn du dir freinimmst, fühle ich mich nicht wie die Einzige, die nichts anderes tut, außer ihr Leben zu genießen.«

»Dein Leben genießen? Du hast heute die Entbindungsstation besucht«, erinnerte sie Bobo. »Das war ein offizieller Termin. Und letzte Woche ...«

Elizabeth winkte ab. »Ach, diese Termine sind das reinste Vergnügen. Die Frauen im Krankenhaus haben mir von ihrem Alltag erzählt. Ich musste ihnen nur zuhören. Sonst nichts.«

»Wie wir alle wissen, ist Zuhören eine Kunst, die nicht jeder beherrscht«, sagte Bobo mit weicher Stimme.

Elizabeth versuchte das Bild der Säuglinge in den Bettchen aus ihrem Kopf zu bekommen. Die Gesichtchen, Füßchen und Hände, die zusammengekniffenen Augen und geröteten Wangen und das sanfte Gähnen, wenn sie die kleinen Münder aufrissen und gleich wieder schlossen, um friedlich weiterzuschlafen. All das erinnerte sie an Charles und Anne. Die Sehnsucht nach den beiden wurde die meiste Zeit von ihrer Verliebtheit überdeckt, doch sie war da.

»Die ersten Jahre einer Ehe sind das Fundament für das, was kommt, Lilibet. Sie schmieden Menschen zusammen. Der *Duke of Edinburgh* und du habt einen langen gemeinsamen Weg vor euch. Einen, den die meisten Menschen sich nicht mal vorstellen können. Du wirst eines Tages die nächste Königin sein, Lilibet, und brauchst jemand neben dir, der weiß, was es bedeutet zu tun, was du tun wirst. Hier auf Malta eröffnet sich dir ein bisschen Raum für Zweisamkeit. Was der *Duke* tut, ist wichtig für ihn. Er arbeitet an seinem beruflichen Fortkommen. Und du an seiner Seite zeigst ihm, wie wichtig es dir ist, ihn glücklich zu sehen. Er wird die Zeit hier für immer im Gedächtnis behalten.«

Niemand sprach zu ihr wie Bobo. Und niemandem sonst gewährte Elizabeth diese Nähe. Bobo wusste, wie es in ihr aussah,

was sie bewegte und was sie belastete. Sie sah die Situation richtig. Philip würde einen langen Zeitraum seines Lebens auf sie ab-
stimmen müssen. Was sprach dagegen, ihm die Zeit auf Malta zu
gönnen?

Elizabeth dachte an die schlanke Gestalt ihres Vaters, an die
Zigarette, die stets zwischen seinen Fingern glomm, an seine Liebe zu seiner Frau und zu Margaret und ihr. In letzter Zeit war er
kränklich, weniger belastbar. Er hatte während des Krieges einfach zu viel geleistet.

Bobo schenkte Elizabeth einen verständnisvollen Blick. »Selbst
die schönste Zeit ist eines Tages vorbei, Lilibet. Du tankst auf Malta Kraft, um die Aufgaben, die auf dich warten, bestmöglich erfüllen zu können. Vergiss das nicht. Und was deinen Vorschlag
anbelangt: Ich fühle mich nicht wohl, wenn ich nicht zur Stelle
bin, um für dich da zu sein.«

»Ach, Bobo.« Elizabeth wurde leichter zumute. »Du weißt immer, was du sagen musst, damit ich mich besser fühle.« Sie tat ein
paar Schritte und spürte Bobos Blick in ihrem Rücken.

»Dafür bin ich da. Und nun sehe ich mal nach dem Tee. Ich
habe vorhin um eine Tasse gebeten. Sicher steht er schon bereit.
Möchtest du auch eine?«

Elizabeth drehte sich nach Bobo um und hob die Hand. »Nein,
danke. Ich habe alles.«

Elizabeth sah, wie Bobo die Tür hinter sich schloss. Auf Malta
stand sie ihr noch näher, dabei verhielt sie sich in ihrer Gegenwart stets gleich. Vielleicht lag es an ihr selbst, überlegte Elizabeth.
Vielleicht nahm sie Menschen und Situationen im Süden aus einem anderen Blickwinkel wahr …

Sie ging in den zweiten Stock hinauf, wo sie mit Philip eine ganze Zimmerflucht bewohnte, und trat ans Fenster. Ein Wechsel-
spiel aus Sonne und Wolken zog über den Himmel und tauchte
den südlich gelegenen Salon in helles Licht, kurz darauf verdun-
kelten Schatten das Zimmer, dann wurde es erneut hell.

Der Wind rauschte, und die Zikaden zirpten. Plötzlich war Elizabeth wieder mit sich im Reinen. Bobo hatte recht. Auf Malta ließ sie die Zeit für sich arbeiten, damit das Fundament ihrer Ehe auch in Krisenzeiten hielte.

Sie ging zu der Kommode an der gegenüberliegenden Wand, zog die oberste Schublade heraus und sah auf die Briefe, die sie mitgenommen hatte.

Ihr Vater hatte ihr ein paar Tage, nachdem sie in die Flitterwochen aufgebrochen waren, geschrieben. Zeilen, die wärmten, wie keine Sonne es vermochte.

Elizabeth faltete den Brief auseinander. Beim Lesen fühlte sie auch jetzt wieder die innige Liebe ihres Vaters.

Ich habe Dich in all diesen Jahren mit Stolz heranwachsen sehen, unter der Hand von Mummy, die, wie Du weißt, der großartigste Mensch auf der Welt ist. Und ich kann, das weiß ich, immer auf Dich zählen, und jetzt auch auf Philip, dass ihr uns bei unserer Arbeit helft. Deine Abreise hat eine große Lücke in unser Leben gerissen, aber Du darfst nie vergessen, dass Dein altes Zuhause immer für Dich da ist. Komm zu ihm zurück, so lange und so oft wie möglich. Ich kann sehen, dass Du mit Philip überglücklich bist, das ist auch richtig so, aber dass Du uns nicht vergessen mögest, ist der Wunsch Deines

Dich liebenden Papas

Ihre Eltern hatten ihr lange hinterhergewinkt, als sie nach Schottland aufgebrochen waren. *Us four*, so nannte ihr Vater die Familie – wir vier. Die beiden Worte hoben das starke Band hervor, das die Familie im Kern zusammenhielt. Eine Familie, anders als die, die er als Kind erlebt hatte.

Elizabeth hatte oft darüber nachgedacht, warum *Grandpa England* so liebevoll zu ihr war, diese Liebe seinen eigenen Kindern jedoch vorenthalten hatte.

»Mein Vater hatte Angst vor seinem Vater, ich hatte Angst vor meinem Vater, und ich werde verdammt noch mal zusehen, dass Edward und Albert Angst vor mir haben.«

Das waren einst die erschreckenden Worte ihres Großvaters gewesen. Antworten darauf, was es mit dieser Einstellung gegenüber seinen Kindern auf sich hatte, hatte Elizabeth nie bekommen. Ihre Großmutter, Königin Mary, schwieg eisern zu dem Thema.

Während ihrer Flitterwochen hatte Elizabeth alles um sich herum vergessen. Die Zeit mit Philip hatte sie voll und ganz ausgefüllt. Doch eines Morgens war sie plötzlich sehr früh aufgewacht und hatte sich besonnen, wie egoistisch sie war, weil sie die Gefühle ihrer Eltern und Margarets vollkommen vergaß. Ohne zu zögern, war sie aufgestanden und hatte sich darangemacht, ihnen in einem Brief zu erzählen, dass Philip und sie lange Spaziergänge unternahmen und sich hinterher durchgefroren vor dem Kamin einfanden. *In der Hand ein heißes Getränk oder etwas Stärkeres.* Schottland kam ihnen weit weg von der Welt vor. Hier fühlten sie sich aufgehoben, wie in einem Kokon, der sie schützte. Sie schloss den Brief mit den Worten: *Ich finde, ich habe die beste Mutter und den besten Vater der ganzen Welt. Und die beste Schwester von allen.*

Ihre Worte hatten ausgedrückt, was sie tief in sich spürte, wenn sie an ihre Familie dachte.

Elizabeth steckte den Brief ihres Vaters zurück in den Umschlag. Dann öffnete sie das Fenster und sog die salzige Meeresluft ein.

Valletta mit den imposanten Festungsanlagen, den prächtigen Palästen und Kirchen war ihr beim ersten Besuch beeindruckend vorgekommen. Doch rasch hatte sie herausgefunden, dass sie sich am liebsten in den kleinen Gassen umsah, von denen sich, wie in einem Labyrinth, immer wieder Abzweigungen ergaben, die sie in neue Gegenden führten. Mit Hut und Sonnenbrille war sie kaum zu erkennen.

Als Philip 1946 aus Fernost zurückgekehrt war, wo er die japanische Kapitulation in der Bucht von Tokio miterlebt hatte, und sie gemeinsam das Musical *Oklahoma* angeschaut hatten, hatte sie hinterher in Dauerschleife *People will say we're in love* gehört und dabei in ihrer Verliebtheit geschwelgt.

Auch Philip war von seinen Gefühlen überwältigt gewesen. Er hatte ihrer Mutter geschrieben, er frage sich, wie er all die guten Dinge verdiene: im Krieg verschont geblieben zu sein, sich neu orientieren zu können und sich völlig vorbehaltlos zu verlieben. Sich zu verlieben, *hat mehr für mich getan als alles andere in meinem Leben.*

Elizabeth fuhr sich mit der Hand über den Unterarm und lächelte versonnen. Philips Worte zeichneten ihre Liebe als etwas Beeindruckendes. Etwas, das mehr war als nur die Gefühle, die sie füreinander empfanden.

»Ich bin mir dessen bewusst, dass wir einen langen, keineswegs gewöhnlichen Weg miteinander gehen«, hatte er ihr versprochen. »Vielleicht ist dieser Weg mitunter beschwerlich, doch wir werden ihn schon schaffen.«

Seine Karriere war Philip sehr wichtig. Doch neben der Navy strebte er danach, sie zu einer gemeinsamen Existenz zusammenzuschweißen, sodass sie gemeinsam etwas Gutes bewirken konnten.

Elizabeth schätzte seine pflichtbewusste, vorausschauende Seite, denn sie kam ihrem eigenen Charakter sehr nahe, doch sie mochte auch seinen Humor.

»Lachen leistet einen wichtigen Dienst an der Menschheit. Warum sollte ich mir eine Gelegenheit dazu entgehen lassen«, war sein Standpunkt.

Dass er mit seinem Humor manchmal übers Ziel hinausschoss, störte ihn nicht.

Elizabeth wurde rot, als sie an gemeinsame nächtliche Stunden dachte.

»Du hast wundervolle Haut, Liebes«, hatte Philip ihr erst wieder in der vergangenen Nacht zugeflüstert. Es war herrlich gewesen, in seinen Armen zu liegen, ihr Körper übersät von seinen Küssen. In dem Gefühl, zutiefst geliebt zu werden, war sie schließlich eingeschlafen.

Elizabeth versuchte, sich von dem Bild zu lösen. Plötzlich überzog ein schelmisches Grinsen ihr Gesicht. Es war amüsant, wie schockiert die Kammerdiener anfangs reagiert hatten, als herausgekommen war, dass der *Duke of Edinburgh* nachts keinen Schlafanzug trug.

Philip vertrat den Standpunkt, nur weil andere altmodische Pyjamas trugen, musste er es nicht auch tun.

»Du bist du, Philip. Ein Unikat. Daran werden sich schon alle gewöhnen«, hatte Elizabeth ihn unterstützt.

Und es stimmte. Inzwischen wussten alle, dass Philip seinen eigenen Kopf hatte.

Elizabeth' Gedanken wanderten nach Südafrika. Ihr Vater hatte ihr während der Reise vor dreieinhalb Jahren die auf sie zukommende Rolle verdeutlicht. Zurück in London, hatte Elizabeth zum ersten Mal *gefühlt*, wie ihre Zukunft aussehen würde. Sie würde dem Volk dienen, wie schon ihr Großvater und viele vor ihm es getan hatten, und wie ihr Vater und ihre Mutter es nun taten. Sie wünschte sich lediglich noch ein bisschen Zeit mit Philip und den Kindern, bis es für sie so weit wäre.

Elizabeth sah auf den Sonnenhut auf dem Bett.

Für die Weihnachtsfeiertage während ihres zweiten Ehejahrs war sie per Bahn und Schiff nach Malta gereist. Und im März darauf war sie zurückgekommen, um mit Philip und ein paar Freunden ihren vierundzwanzigsten Geburtstag zu feiern. Damals hatte eine der Offiziersfrauen ihr den Hut geschenkt.

Malta war überschaubar. Hier saßen die Navy-Frauen an Bistrotischen und tranken Limonade, aßen Eis und plauderten über die Karrieren ihrer Männer, das Wetter oder ein geplantes Abendessen. Ungezwungene Tage wie diese hatte Elizabeth nie zuvor erlebt. Dass ihr Mr Usher auf Schritt und Tritt folgte, ließ sie unerwähnt. Er hatte inzwischen Übung darin, so gut wie unsichtbar zu sein.

Elizabeth griff nach dem Hut und setzte ihn auf. Als sie sich im Spiegel betrachtete, dachte sie an Valerie, deren Mann mit Philip auf der *HMS Checkers* Dienst getan hatte. Sie war voller Vorfreude auf den morgigen Abend, wenn sie sie sehen würde.

»Hier, trink.« Valerie reichte Elizabeth ein Glas, in dem Eiswürfel klirrten.

»Was ist das?« Elizabeth ließ die Flüssigkeit kreisen und sah auf das helle Braun in dem Kristallglas.

»Das fragst du mich?« Valerie kicherte wie ein Schulmädchen und stieß mit Elizabeth an. »Ich habe keine Ahnung. Hauptsache, es macht mich locker, damit ich besser tanzen kann. Du weißt ja, dass ich auf diesem Gebiet nicht gerade eine Könnerin bin.«

Valerie zog das pastellgelbe, bodenlange Kleid einen Fingerbreit hoch und ließ die Füße, die in Satinschuhen steckten, kreisen.

Von hinten legten sich zwei Arme um Elizabeth. Sie fuhr herum und sah in Philips wasserblaue, strahlende Augen, die sie eingehend musterten. Sein Gesicht war vor Hitze und Lachen gerötet. Die Art, wie er sie an sich heranzog, hatte etwas wunderbar Vertrautes. Seine Hände blieben kurz auf ihren Schultern liegen, dann ließ er seine Fingerkuppen an ihren Armen hinunterwandern.

Elizabeth lief rot an, weil Philip nicht darauf achtete, ob jemand sie beobachtete. So nah kamen sie sich in der Öffentlichkeit gewöhnlich nicht.

»Keine Sorge, Darling«, sagte er, »ich habe keineswegs jede Scheu abgelegt, falls du das glaubst. Ich habe bloß einen Deal mit den Fotografen geschlossen. Kein Bild, das nicht von mir abgesegnet wird. Genauer gesagt, nur ein paar Bilder, für die wir posieren werden.«

»Meine Güte, du bist mein Held«, freute sich Elizabeth und warf Philip einen Luftkuss zu.

»Dass ich dein *Held* bin, höre ich gern.« Philip sprach das Wort *Held* mit ganzer Konzentration aus und grinste zufrieden. »Und weil ich so heldenhaft bin, könntest du jetzt mit mir tanzen.«

Er legte an Ort und Stelle einen kurzen Stepp hin. Seine Füße flogen hin und her, die Arme bewegten sich dazu, er grinste noch immer, als er endete.

Elizabeth hatte ihm beeindruckt zugesehen. Jede seiner Bewegungen hatte etwas herrlich Intimes. Sie hatten unlängst vor dem Zubettgehen miteinander getanzt – nur sie beide. Hinterher waren sie aufs Bett gefallen und hatten sich lange geküsst.

»Nun überstürz mal nichts«, erwiderte Elizabeth. Bei der Erinnerung an jenen Tanz und die Küsse stieg erneut Farbe in ihre Wangen.

»Ach was, wir sind jung. Wir dürfen alles. Also los. Komm schon.«

Elizabeth wollte Philips Wunsch gerade nachgeben, als ein Mann, er musste an die zwei Meter groß sein, sich zwischen die Gruppe Frauen und Männer schob und vor ihr stehen blieb.

»Dürfte ich um den nächsten Tanz bitten ... wenn es genehm ist«, rief er über den Lärm der Feiernden hinweg.

Elizabeth betrachtete die Uniform des Mannes. Sie war in tadellosem Zustand, sein Haar sauber geschnitten. Das Orchester stimmte gerade einen Song an. Tanzwillige aus allen Richtungen strömten herbei und begannen, sich im Takt der Musik zu drehen.

Elizabeth schlüpfte unter Philips Armen hindurch und legte die Hand in die ausgestreckte Hand des Fremden, dabei warf sie Philip einen kecken Blick über die Schulter zu und folgte ihrem Tanzpartner auf die Tanzfläche.

»Er drängelt sich gern vor«, sagte einer der Offiziere neben Philip. »Das gehört zu seinem Charakter.«

»Solange er meine Frau nach zwei Tänzen wohlbehalten zu mir zurückbringt, soll es mir recht sein«, nahm Philip es gelassen.

Ein weiterer Offizier mischte sich ein. »Meine Frau darf ruhig den Unterschied zwischen mir und anderen Tänzern, die ihr dauernd auf die Füße steigen, herausfinden. Ein Pluspunkt für meine Wenigkeit kann nicht schaden«, sagte er lachend.

Philip sah zu Elizabeth hinüber. Sie schwebte über die Tanzfläche, der Rock ihres eleganten Abendkleids schwang im Takt. Darunter blitzten ihre Tanzschuhe hervor. Wie meist, wenn sie etwas tat, war sie auch beim Tanzen ganz bei der Sache.

Die Musik verklang, die Tanzenden applaudierten.

»Danke für den Tanz«, sagte Elizabeth' Begleiter und führte sie zu ihrem Tisch zurück.

Philip griff nach ihrer Hand und umschloss sie.

»Du tanzt wie eine Göttin. Schenkst du mir den nächsten Tanz, Liebes?«

Elizabeth beugte sich vor und flüsterte ihm ins Ohr. »Mehr als das … ich schenke dir mein ganzes Leben.«

14. KAPITEL

Januar/Februar 1952
Kenia

Elizabeth und Philip bestiegen die Maschine nach Kenia.

Die Reise nach Australien, Fidschi und Neuseeland war für Bertie zu strapaziös, deshalb hatte er Elizabeth gebeten, ihn zu vertreten. Sie reisten mit einem Kammerdiener, Bobo und Commander Mike Parker, Philips Adjutant, und mit Philips Cousine Lady Pamela Mountbatten als Elizabeth' Hofdame.

Sicher haben wir neben den Verpflichtungen auch eine Menge

Spaß, hatte Elizabeth Pamela in einem freundschaftlichen Brief versprochen und sie gebeten, ihr bei der Reise Gesellschaft zu leisten.

Und nun folgte sie Elizabeth mit ein paar Schritten Abstand den engen Flugzeuggang entlang.

»War es nicht schön, dass Papa und Winston Churchill uns zum Flughafen begleitet haben?«, sagte Elizabeth zu Philip. Churchill war inzwischen wieder Premierminister. »Churchill meinte, Papa wirke ausgesprochen lebendig. Er hat das Wort *unbekümmert* benutzt. Unbekümmert?«, sprach Elizabeth weiter. Sie schüttelte den Kopf, als sei das Wort im Zusammenhang mit ihrem Vater geradezu ein Witz. Ihrer Ansicht nach wirkte ihr Vater noch immer schwach und kränklich. Was kein Wunder war, schließlich hatte man Bertie einen Lungenflügel entfernt.

»Glaubst du, Churchills gute Prognose ist lediglich dem Willen geschuldet, mich zu beruhigen?«, fragte Elizabeth, als sie bei ihrem Sitzplatz angekommen waren.

»Vermutlich nicht. Ich finde auch, dass dein Vater besser aussieht«, schlug Philip denselben Ton wie Winston Churchill an.

Elizabeth ließ sich aus dem Mantel helfen und sah, wie Philip seine Krawatte lockerte.

»Ich darf gar nicht daran denken, wie es eines Tages sein wird, wenn Papa nicht mehr unter uns ist. Mummy wird in ein tiefes Loch fallen …« Elizabeth setzte sich und ließ ein leises Seufzen hören. »Von Margaret ganz zu schweigen.« Die Worte waren schneller heraus, als sie denken konnte.

»Niemand ahnt, was als Nächstes geschieht, Liebes.« Philip sah Elizabeth mitfühlend an. »Vielleicht stimmt Churchills Eindruck ja, und es geht deinem Vater längere Zeit besser? Ich bete dafür, dass Margaret und du euren Vater noch lange habt und deine Mutter ihren Mann.«

Philip vergewisserte sich, dass die anderen mit sich selbst beschäftigt waren, griff verstohlen nach Elizabeth' Hand und küsste sie.

Gerührt nahm Elizabeth die zärtliche Geste entgegen, froh, dass niemand es gesehen hatte. »Was täte ich nur ohne dich?«

»Ich bin da. Wie man sieht. Diese Frage brauchst du dir also nicht zu stellen.«

Aus dem Cockpit erklang die sonore Stimme des Kapitäns.

Die unbekümmerte Zeit auf Malta erschien Elizabeth angesichts des angeschlagenen Gesundheitszustands ihres Vaters noch kostbarer als zuvor. Seit ihrer endgültigen Rückkehr nach London warteten jeden Tag mehr Aufgaben auf sie. Dass sie einmal davon geträumt hatte, Tierärztin oder Landwirtin zu werden, war lediglich auf den unbedarften Geist eines jungen Mädchens zurückzuführen, das keine Ahnung von der Realität gehabt hatte. Alles war ganz anders gekommen.

Letztes Jahr, während eines Staatsbesuchs in Kanada und in den Vereinigten Staaten, hatte die kanadische Presse moniert, die Tochter des Königs wirke mürrisch, was Elizabeth' Gefühl, neben ihrer charmanten Mutter und ihrem charismatischen Ehemann, der sich auf Smalltalk verstand und jedes ernste Gespräch im Nu auflockerte, nicht mithalten zu können, noch verstärkt hatte.

Elizabeth hatte schon so manches Augenpaar glitzern sehen, wenn Philip sich einer Dame etwas länger als üblich widmete. Er war nun mal ausgesprochen attraktiv, das sahen auch andere Frauen.

Philip achtete auf seine Ernährung und trieb regelmäßig Sport. Auch sie musste etwas tun, um in Form zu bleiben, deshalb verzichtete sie neuerdings zunehmend auf Kartoffeln und Süßigkeiten, obwohl sie beides liebte.

Elizabeth nahm das Glas Wasser, das man ihr reichte. »Glaubst du, unsere Reise wird erfolgreich sein?«, überlegte sie, während sie lustlos an dem Wasser nippte.

»Davon bin ich fest überzeugt. Dein Vater wird stolz auf dich sein und dich fast erdrücken, wenn du zurück bist.«

Bei der Vorstellung an die Umarmung ihres Vaters entglitt Elizabeth ein versonnenes Lächeln. »Er wird mich gar nicht mehr loslassen wollen, bis ich nach Luft schnappe.«

»… oder bis ich dich aus dieser Umarmung rette. Schließlich will ich auch etwas von dir haben.« Philip rückte näher an Elizabeth heran. »Nicht nur auf Reisen, sondern auch in London.«

Nach ihren Terminen in Nairobi reisten sie zur Sagana Lodge am Fuß des Mount Kenia und ins Treetops Hotel inmitten der überwältigenden Natur des Aberdare-Nationalparks.

Dort stieß ihr Privatsekretär, Martin Charteris, mit einigen Tagen Verspätung zu ihnen.

»Es ist entspannend, das ostafrikanische Lebensgefühl in sich einsinken zu lassen«, sagte Charteris träge. Er saß nach dem Lunch mit Norman Jarman, dem Hotelmanager, zusammen und nippte an einem Sherry.

»Der Sherry ist auch nicht zu verachten.« Norman Jarman lehnte sich genüsslich zurück. Er wollte gerade den nächsten Schluck nehmen, als das Telefon klingelte. »Es ist Mittagszeit. Alle ruhen«, murmelte er. Bedächtig stellte er sein Glas ab und schlenderte zum Apparat – nur nicht hetzen.

Charteris schloss die Augen und ließ sich treiben. Kurz darauf hörte er eilige Schritte, und als er die Augen öffnete, stand Jarman vor ihm, kreidebleich.

»Das war der Herausgeber des *Nairobi Standard*«, sagte Jarman stockend. »Er hat eine wichtige Nachricht über den Fernschreiber erhalten.«

Charteris stellte sein Glas auf den Tisch. »Und die lautet?«, fragte er besorgt.

Jarman brachte es kaum über die Lippen. »Der König ist tot.«

Es dauerte ein paar Sekunden, bis Charteris die Bedeutung der Worte erfasste. Wie von fern hörte er den Hotelmanager weiterreden.

»Sie wollen wissen, ob Prinzessin Elizabeth … Entschuldigung, ob Ihre Majestät die Königin es bestätigen kann und sie die Geschichte drucken können. Ich habe sie gebeten zu warten, bis wir zurückrufen.«

Martin Charteris begriff langsam die Tragweite des Gehörten. Die Sherry-Gläser wackelten bedrohlich, als er beim Aufspringen gegen den Tisch stieß. »Ich muss sofort Kontakt mit dem Buckingham-Palast aufnehmen.« Ohne ein weiteres Wort eilte er davon.

Mike Parker erfuhr die Nachricht aus dem Radio. »Der König ist tot«, meldete die BBC gerade, als er den Apparat anschaltete. Dann erklang Trauermusik. Parker wurde heiß und kalt zugleich. Er eilte zu Philip, der sich zur Mittagsruhe zurückgezogen hatte.

»Der König ist tot«, meldete er. »Alle Welt weiß es bereits ... nur die Prinzessin noch nicht«, stieß er außer Atem hervor.

Philip fuhr hoch. Ein Gefühl der Beklommenheit schnitt ihm die Luft ab. Churchills Worte über seinen Schwiegervater kamen ihm in den Sinn. Wie sehr hatten sie Elizabeth beruhigt. Und als wie falsch erwiesen sie sich nun.

Philip sah Parker an. »Es wird nicht leicht werden, es ihr zu sagen. Sie rechnet nicht damit.«

Als Parker fort war, setzte sich Philip auf und atmete tief durch. Entgegen seinem ersten Impuls zögerte er das entscheidende Gespräch noch etwas hinaus. Seit sie in Afrika waren, wirkte Elizabeth ausgesprochen beschwingt. Was schadete es schon, ihr noch ein paar Minuten friedlicher Sorglosigkeit zu gönnen? Als er sein Zimmer verließ, traf er Martin Charteris und erfuhr weitere Details.

»Ich gehe jetzt zur Prinzessin und überbringe ihr die traurige Nachricht«, sagte Philip.

Charteris nickte.

Bekümmert trat Philip den schweren Gang an.

Elizabeth war völlig ahnungslos, als sie kurz darauf nebeneinanderher spazierten. Philip fühlte, wie sein Puls raste. Er durfte nicht länger zögern.

»Lilibet, ich habe dich aus einem speziellen Grund um diesen Spaziergang gebeten«, begann er.

Elizabeth' Blick streifte ihn. »Was hast du jetzt wieder ausgeheckt? Dass wir als Nächstes auf Löwen reiten? Oder mit Nashörnern baden gehen?« Ihr klingendes Lachen war wie Musik.

»Liebend gern würde ich dir etwas dergleichen vorschlagen, aber leider geht es um etwas ausgesprochen Ernstes.« Er tat sich schon mit der Eröffnung schwer. Wie sollte er ihr das Unfassbare überbringen? Er holte tief Luft, dann sagte er, was er erfahren hatte.

»Dein Vater ist gestern in Sandringham auf die Jagd gegangen, hat mit der Familie zu Abend gegessen und sich danach zurückgezogen. Ein Kammerdiener hat ihm später noch eine Tasse heiße Schokolade gebracht …«

Elizabeth' Stimme war klar. »Warum erzählst du mir das so ausführlich?«

Philip blieb stehen und fasste Elizabeth bei den Schultern. »Ich versuche dir zu sagen, dass dein Vater in den frühen Morgenstunden an einem Herzinfarkt verstorben ist, Lilibet.« Er sprach das bittere Ende mit heiserer Stimme aus. »Als der Kammerdiener ihm in der Früh eine Tasse Tee ins Schlafzimmer bringen wollte, hat er ihn leblos in seinem Bett vorgefunden.«

Philip sah in Elizabeth' beeindruckend schöne Augen. In ihren klaren, leuchtenden Blick hatte er sich verliebt. Diese Augen blickten ihn nun starr und ausdruckslos an.

»Ich weiß, es ist ein furchtbarer Schlag für dich, und ich wünschte, es gäbe etwas, das ich tun könnte, um dir Trost zu spenden.«

Elizabeth fühlte bleierne Traurigkeit. »Wer weiß es schon?«, fragte sie.

»In England vermutlich alle. Unsere Reisebegleiter haben es in den BBC-Nachrichten gehört.«

Mit einem Mal kam der Schmerz mit voller Wucht. Es war Elizabeth, als ob ein schwerer Stein sie traf und etwas in ihr zerschmetterte. Die Luft blieb ihr weg, ihr Herz geriet aus dem Takt. Sie versuchte, ruhig zu bleiben, doch es gelang ihr nicht. Ihr geliebter Vater war nicht mehr da. Sie würde ihn nie wiedersehen.

Als Philip und sie im letzten Oktober nach Kanada und in die Vereinigten Staaten gereist waren, hatte Martin Charteris wegen der angegriffenen Gesundheit ihres Vaters versiegelte Papiere zur Thronnachfolge dabeigehabt. Auch Trauerkleidung hatte sie bei jeder Reise begleitet, sollte der Vater vor ihrer Rückkehr sterben. Doch obwohl all das eine Vorbereitung auf den schlimmsten Fall gewesen war, war die Gewissheit, nun tatsächlich in Trauerkleidung nach England zurückzukehren, ein Schock.

In den Schmerz, der immer gewaltiger wurde, mischten sich Gedanken an das, was jetzt von ihr erwartet wurde. Offizielle Verpflichtungen hätten nun Vorrang: vor ihrem persönlichen Schmerz als Tochter und vor ihrer Rolle als Mutter zweier Kinder und Frau eines Marineoffiziers. Als Monarchin musste sie sich um die naheliegenden Aufgaben kümmern. Zeit zum Trauern würde ihr nicht bleiben.

Plötzlich hörte sie sich sprechen: »Ich weiß noch, dass Papa sich anfangs nicht in der Verfassung sah, das Amt des Königs anzunehmen. Alle wussten, dass er stottert, wenn er in der Öffentlichkeit reden musste. Nicht zuletzt deshalb, sagte er, zeichne ihn nichts dafür aus. Auch *Grandpa England* fühlte sich überfordert, als sein ältester Bruder, Prinz Albert, 1892 starb und er überraschend Thronerbe wurde. Aus Sorge, seine Marinekarriere genüge nicht für die neue Rolle im Buckingham-Palast, ging er zu Dickies Vater und gestand ihm seine Angst. ›George, du irrst. Für einen englischen König gibt es keine bessere Vorbereitung als die Ausbildung in der Marine.‹ Das war die Antwort von Dickies Vater.«

Elizabeth sammelte sich kurz, dann fuhr sie mit brüchiger Stimme fort: »Die Geschichte hat Papa Auftrieb gegeben. Sie hat ihn begreifen lassen, dass der Dienst auf den Kriegsschiffen der Marine ihn mit dem Denken der Menschen vertraut gemacht hat.

Auch deshalb hat Papa gegenüber dem Volk und der Regierung eine Position erlangt, wie sie nicht mal mein Großvater besessen hat. 1945 hat er seinen ganzen Einfluss in die Waagschale gelegt und die Sozialisten von Maßnahmen abgehalten, weil er sie für zu radikal hielt. Er hat dem englischen Königshaus Würde und Popularität zurückgebracht.«

Philips Blick war auf Elizabeth gerichtet. Es war nur allzu deutlich, wie wichtig es für sie war, durch diese Rückschau ihres Vaters zu gedenken. Doch schließlich verblassten die Bilder, und die traurige Gegenwart kehrte zurück.

»Ist er wirklich tot?« Elizabeth spürte, wie sie innerlich zitterte.

Wie Blitze stiegen die Warnzeichen der angegriffenen Gesundheit ihres Vaters noch einmal vor ihr auf. Die Ärzte hatten von einer Störung der Blutzirkulation in den Beinarterien gesprochen, nachdem einer von Berties Füßen gefühllos geworden war. Nach einer Operation im Frühling 1949 schien es ihm endlich besser zu gehen. Nur deshalb hatte Philip unbesorgt den Posten als Erster Offizier auf dem Führerboot der Ersten Zerstörerflottille im Mittelmeer übernehmen können. Doch im Juli des vergangenen Jahres, als Bertie erneut erkrankte und man Clement Price Thomas, den führenden Chirurgen in Großbritannien und Spezialist für bösartige Geschwülste, hinzugezogen hatte, war Philip auf unbegrenzte Zeit von der Marine beurlaubt worden.

Elizabeth suchte in Philips Augen nach Halt.

»Es war beruhigend, zu glauben, wir hätten noch Zeit, bevor du Königin und ich Prinzgemahl werde.« Er klang so betroffen, wie Elizabeth sich fühlte. »Jetzt ist es an dir, in die Fußstapfen deines Vaters zu treten … Ich bin bereit, Lilibet. Gemeinsam schaffen wir es.«

Elizabeth hatte sich in den vergangenen Tagen so leicht gefühlt, nun erschien ihr Körper bleischwer. Sie dachte an das Treetops Hotel, nicht mehr als eine Hütte im Geäst eines riesigen Feigenbaums mit Blick auf ein Wasserloch und eine Salzlecke, und an das Jagdhaus am Ufer des Sagana River im Wildreservat von Aberdare Forest, das sie besucht hatten – das Hochzeitsgeschenk der Bewohner Kenias.

Mitten in die Bilder, die an ihr vorbeizogen, machte sich Clarke, ein Kriminalbeamter, bemerkbar. Er verbeugte sich vor Elizabeth.

Pamela Mountbatten folgte ihm und umarmte Elizabeth. »Es ist so schrecklich. Mir fehlen die Worte.« Noch an Elizabeth geschmiegt, erinnerte Lady Mountbatten sich daran, dass sie ihre Arme um die Königin geschlungen hatte. Hastig machte sie sich los und knickste tief. »Entschuldige. Du bist nicht mehr Prinzessin, sondern unsere Königin.«

Das alles war noch fremd für Elizabeth. Weitere Informationen prasselten auf sie ein. Sie erfuhr von einem Telegramm von Reuters und dass der Buckingham-Palast eine verschlüsselte Nachricht an den britischen Gouverneur in Nairobi geschickt hatte, es jedoch Probleme mit dem Verschlüsselungscode gegeben hatte. Deshalb hatte es so lange gedauert, bis sie vom Tod ihres Vaters erfahren hatte.

Der gestrige Tag mit Philip kam Elizabeth längst wie ein Traum vor.

»Ich habe beim Fischen einen besseren Fang gemacht als mein Mann«, hatte sie Bobo berichtet, als sie von ihrem Ausflug zurückkehrten.

»Ich werde mich mal mit unserer Heimreise befassen.« Elizabeth erschrak, als Philip sie aus ihren Erinnerungen holte.

»Gut. Ich kümmere mich um die Telegramme, schließlich müssen wir die anderen Termine absagen«, raffte Elizabeth sich auf.

Kurz darauf brachte Philip die wichtigsten Informationen. »Entebbe ist der nächstgelegene Flugplatz, den ein Langstreckenflugzeug anfliegen kann.«

Elizabeth reichte ihm ein beschriebenes Blatt Papier.

»Das sind die Entschuldigungstexte für die Telegramme nach Australien und Neuseeland.«

Philip überflog den Text. »Weißt du schon, welchen Namen du als Königin tragen wirst?«

Wie jeder Monarch vor ihr musste auch Elizabeth entscheiden, unter welchem Namen sie regieren wollte.

»Meinen eigenen natürlich«, antwortete sie, ohne zu zögern.

Auf dem Weg zum Flugplatz fuhren sie an Flaggen und Spruchbändern vorüber, die für den nächsten Tag angebracht worden waren, um sie offiziell zu verabschieden. Philip griff nach ihrer Hand und löste sanft ihre ineinander verschränkten Finger.

»Kann ich etwas für dich tun, Lilibet?«

Elizabeth hörte seine Stimme, doch gegen den dunklen Schmerz in ihr kam nichts an. Tränen sammelten sich in ihren Augen. Lilibet wäre sie nur noch in wenigen privaten Momenten. Nun war sie in erster Linie Königin.

»Ich komme zurecht«, sagte sie, straffte die Schultern und schluckte die Trauer hinunter.

Gegen Mitternacht erreichten sie Entebbe, bereit, den Rückflug über Libyen nach London anzutreten.

Beim Einsteigen ins Flugzeug blieb Elizabeth auf der obersten Stufe der Gangway stehen. Mit aller Kraft verdrängte sie die Gewissheit des Todes ihres geliebten Vaters, drehte sich um, hob die Hand und winkte den Menschen lächelnd zu.

15. KAPITEL

Februar 1952
England, London,
Schloss Windsor

Es war bereits Abend, als sie in London ankamen. Kühle Luft wehte durch die geöffnete Flugzeugtür ins Innere. Elizabeth zog fröstelnd die Schultern hoch und drehte sich nach Philip um.

»Ich bin an deiner Seite, auch wenn ich laut Protokoll nun hinter dir gehen muss«, raunte er zu ihr.

Es fiel ihm schwer, seine Karriere bei der Marine endgültig aufzugeben, doch er würde sein Versprechen, den Weg mit ihr gemeinsam zu gehen, einhalten. Elizabeth nahm sich zusammen, um das Kommende zu meistern, und trat aus dem Flugzeug.

Nach Afrika war die Kälte Londons schneidend. Mit der Hand strich sie ihre Jacke glatt. Nicht nur das Land versank in dumpfen Farben, auch in ihr sah es dunkel und trostlos aus.

Mechanisch setzte sie einen Fuß vor den anderen. Philip folgte ihr mit zwei Schritten Abstand. Langsam stiegen sie die Treppe hinab.

Unten erwartete sie ihr Onkel Henry, *Herzog von Gloucester,* der jüngere Bruder ihres Vaters. Neben ihm entdeckte Elizabeth Clement Attlee, den früheren Premierminister, Winston Churchill und Anthony Eden. Alle waren in Schwarz gekleidet, und alle neigten ehrerbietig den Kopf vor ihr – der jungen Königin.

Du bist gerüstet, stark genug für diesen Augenblick.

Der Satz war wie ein inneres Korsett. Es blieb keine Zeit, um in die neue Rolle hineinzuwachsen. Sie musste sie schon jetzt ausfüllen.

»Eure Majestät«, hörte sie die Stimmen der Männer.

»Mein aufrichtiges Beileid«, rang Churchill sich ab.

Sie schüttelte Hände und sprach mit den Männern. Sie war die neue Königin, entschlossen, ihren verstorbenen Vater und das Land nicht zu enttäuschen. Das Schicksal hatte nicht nur sie überrascht, auch die Männer waren sichtlich geschockt.

Am Tag des Abschieds hielt nebliges Grau die Stadt wie hinter Schleiern verborgen. Alles wirkte dumpf und ohne jede Lebendigkeit. Seit sie zurück war, kam Elizabeth London fremd vor. Wohin sie auch sah, alles schien seine Farbe verloren zu haben.

Sie löste den Blick vom Fenster und ging in den Ankleideraum, wo Bobo sie erwartete. Elizabeth grüßte sie und bekam kaum mit, was Bobo tat.

Auch ihre Mutter versuchte, mit dem Geschehenen klarzukommen, doch es gelang ihr nur zeitweise. Sie war untröstlich wegen ihres Verlusts und gab David und Wallis Simpson die Schuld am frühen Tod ihres Mannes. Margaret weinte ununterbrochen. Trauer war eine einsame Angelegenheit.

Während Bobo ihr beim Ankleiden half, sah Elizabeth die Nashörner vor sich, die sie in der letzten Nacht in Afrika mit Philip beobachtet hatte. Die Tiere verschwanden vor ihrem geistigen Auge und wurden von ihrem Vater ersetzt, der sie – als kleines Mädchen – auf ein Pony hob. *Us four* ... Wir vier. Das war ein für alle Mal vorbei.

Bobo räusperte sich und fasste sie am Arm, um sie auf sich aufmerksam zu machen.

»Ich war in Gedanken, Bobo. Entschuldige«, sagte sie und rang sich ein Lächeln ab.

»Du musst dich nicht entschuldigen«, sagte Bobo. »Ich weiß, wie du dich fühlst.«

Bobo langte nach dem Schleier, griff nach dem zarten Stoff. Elizabeth sah, wie die flüchtig wirkende Spitze zwischen ihren Händen hindurchglitt.

Ihre Großmutter hatte sie darum gebeten, in Marlborough House bleiben zu dürfen. Sie fühle sich zu schwach, um von ihrem Sohn

Abschied zu nehmen. Für Mary war es der vierte Monarch und das dritte ihrer Kinder, das sie betrauerte. Elizabeth wäre der sechste Souverän, der zu Lebzeiten ihrer Großmutter regierte. Beruhigend war, dass ihre Großmutter Lady Airlie als tröstende Gesellschaft hatte.

Es war ein seltsamer Moment gewesen, als ihre Großmutter Elizabeth als Untertanin die Hand geküsst hatte. Mary war keine Träne entkommen. Sie konnte eisern sein, das wusste Elizabeth aus Erfahrung.

Ganz würde ihre Großmutter sich dem Abschied allerdings nicht entziehen können. Der Trauerzug samt Lafette mit dem Sarg käme auf der Mall in ihr Blickfeld. Vermutlich würde Mary, wenn sie auf den Sarg blickte, sich vor allem von ihrem Jungen verabschieden und nicht vom König.

Elizabeth wusste, dass ihre Großmutter bereits die Details von Königin Victorias Krönungsgewändern studierte, die ihr – Elizabeth – als Vorlage für ihre Robe dienen könnten.

Wenn sie das Wort *Zweckbestimmung* im Zusammenhang mit der Monarchie hörte, verhärtete sich seit je alles in Mary. Die Krönung war für sie ein göttlicher Akt, etwas, woran der Mensch nicht rühren durfte. Ebenso sah sie den Tod an. Er war der Arm Gottes, der jeden auf Erden erreichte und beizeiten heimholte.

Ihre Großmutter wäre die Nächste, von der sie Abschied nehmen musste. Mary scheute sich nicht, es anzusprechen.

»Die Trauer um die ehemalige Gemahlin eines Königs darf nie die Krönung eines neuen Souveräns beeinträchtigen«, hatte sie zu Elizabeth gesagt. »Ich werde keinen Schatten auf deine Krönung werfen, falls ich vorher sterbe. Du weißt, die Krone steht über allem.«

Elizabeth' Gedanken wanderten zu Charles und Anne. Sie und Philip würden in Zukunft sehr viele Termine wahrnehmen müssen. Ihrer aller Leben würde sich drastisch verändern.

Am Abend zuvor hatte Elizabeth sich in der Dunkelheit hinter einem Torbogen versteckt, um zuzusehen, wie die Trauernden in der Westminster Hall am aufgebahrten Sarg ihres Vaters vorbeidefilierten. Sie war einfach losmarschiert, ohne Philip etwas zu sagen. Zuvor hatte es eine Aufbahrung in der St. Mary Magdalene Church in Sandringham gegeben, erst danach in der St. George's Chapel in Schloss Windsor.

»Fertig.« Bobo trat einen Schritt zurück und betrachtete ihren Schützling sorgenvoll.

Elizabeth sah sich im Spiegel, die Blässe war trotz des Schleiers zu sehen. Sie hatte tagelang kaum etwas gegessen, nun drohten ihre Knie nachzugeben.

»Der Schleier liegt wie ein Hauch auf dir. Ein guter Schutz vor neugierigen Blicken«, versprach Bobo.

»Nun denn ...« Elizabeth zupfte an dem Stoff, froh, dass der Schleier ihr etwas Intimität gewährte und zugleich Halt gab.

Bobo drückte Elizabeth' zarte Hände, hielt sie in ihren. »Es tut mir unendlich leid, dass dir kaum Zeit bleibt, um zu trauern.«

Elizabeth' Augen verengten sich, dann fokussierte sie den Blick auf Bobo. »Lilibet ist tieftraurig. *Sie* ist untröstlich, Bobo. Elizabeth hingegen ist bereit, ihre Aufgabe zu erfüllen. Ich bete, dass sie den Ansprüchen, die man an sie stellt, vollumfänglich gerecht wird.«

»Unsere Königin wird tun, was zu tun ist. Unter ihr als Souveränin versammeln sich alle unter der Krone.« In Bobos Stimme lag nicht die Spur eines Zweifels, sondern Zuversicht und Vertrauen.

Der Sarg des Königs senkte sich unter dem Klang dumpfen Trommelwirbels in die Erde. Das gesamte Land schien innezuhalten. Vermutlich nahmen die Briten sie mit ihren fünfundzwanzig Jahren als erschreckend jung für das Amt der Königin wahr. Doch sie war die legitime Nachfolgerin ihres Vaters und würde das Volk nicht enttäuschen.

Elizabeth verfolgte, wie das Leinentuch über der Silberschüssel auf dem Hocker neben ihr weggezogen wurde.

Dankbarkeit für die Zeit mit ihrem Vater stieg tröstend in ihr auf. Sie nahm eine Handvoll Erde aus der Schüssel und streute sie über den Sarg. Ihr Vater hatte sein Stottern in den Griff bekommen, öffentliche Reden gehalten und England durch den Krieg gebracht. Während dieser schwierigen Zeit hatte er seine Frau und seine Kinder beschützt. Er hatte ihnen seine Liebe geschenkt und ihnen ein Gefühl der Geborgenheit vermittelt. Wenn sie ihren Vater gebraucht hatte, hatte er ihr stets seine volle Aufmerksamkeit geschenkt.

Der Haushofmeister hob seinen Stab, brach ihn entzwei und legte die beiden Hälften ins Grab.

Elizabeth sah sich um und fing Blicke unverhohlener Wertschätzung auf. Von allen Seiten beobachtete man sie.

Als das Abschiedszeremoniell vorbei war, atmete sie innerlich auf.

Philip hatte sie kurz nach der Rückkehr in Clarence House daran erinnert, dass sie das Recht hatte, um ihren Vater zu trauern. Mit ernstem Blick und sanfter Stimme hatte er sie ermahnt, ihre Gefühle nicht beiseitezuschieben. »Du kannst die Empfindungen des Verlusts nicht auf ewig unterdrücken. Trauer lässt sich nicht leugnen«, hatte er sie beschworen.

Auch ihre Mutter hatte ihr geraten: »Kämpfe nicht gegen deine Trauer an, Lilibet.«

Elizabeth wusste, dass unterdrückte Trauer eines Tages übermächtig werden und einem alle Kraft rauben konnte. Doch sie wusste auch, dass sie als Privatperson hinter der Rolle als Monarchin zurückstehen musste. Wie sollte sie es angesichts dieses Widerspruchs schaffen, sich nicht völlig von ihren Gefühlen abzuschneiden?

Wenn sie im Kreis der Familie über ihren Vater sprachen, versteifte sie sich häufig. Es hatte Tage gedauert, bis sie nach dem ersten Schmerz in Kenia ein zaghaftes, schneidendes Gefühl in sich wahrgenommen hatte, das sie immer dann überkam, wenn sie die schreckliche Gewissheit zuließ, ihren Vater nie wiederzusehen. Dieses Gefühl machte ihr die Endgültigkeit seines viel zu frühen Todes nur allzu deutlich klar.

Eines Nachts war sie erwacht, und salzige Tränen waren über ihr Gesicht geströmt. Der Verlust, den sie erlitten hatte, schien ihr untragbar. Hinzu kam die diffuse Angst vor ihren neuen Aufgaben. Konnte sie in die Fußstapfen ihres Großvaters und ihres Vaters treten? Würden die Menschen sie als Königin respektieren? Im Grunde war sie nur eine junge Mutter und Ehefrau. Sie fühlte sich so verloren.

In Clarence House hatte sie mit Philip vor dem Kamin im Salon gesessen, vereint in stummer Eintracht. Wenn er bemerkte, dass sie mit sich rang und die trüben Gedanken in ihr überhandnahmen, hatte er sie in seine Arme gezogen und schweigend gehalten.

»Wir finden einen Weg.« Philip würde ihr beistehen. Er tat es bereits, denn er war für sie da.

Abends hatte Elizabeth vor ihrem Bett niedergekniet, den Kopf gesenkt und die Hände gefaltet. In der Intimität dieses Moments hatte sie die Worte gemurmelt, die sie schon so lange kannte: »Vater unser im Himmel, geheiligt werde dein Name. Dein Reich komme. Dein Wille geschehe, wie im Himmel so auf Erden ...«

Seit sie denken konnte, war ihr das Gebet eine wichtige Stütze. Groll und Hass sollten keinen Platz im Leben haben. Negative Gefühle waren zerstörerisch und hielten einen davon ab, nach dem Guten im Menschen zu suchen. Zu vergeben, falls es nötig war.

Margaret war regelmäßig vorbeigekommen. Zerbrechlich und blass hatte sie sich in ihr Taschentuch geschnäuzt, bis es nur noch ein winziges Knäuel in ihren Händen gewesen war.

»Ich kann nicht mehr schlafen, weil das Gefühl der Überforderung keinen Moment aufhört. Auch nachts nicht«, klagte sie, die

Augen vom Weinen geschwollen. »Ich denke ständig an Mummy und mache mir Sorgen um sie. Sie fühlt sich so allein und verloren. Verlassen vom wichtigsten Menschen ihres Lebens.«

»Ach, Bud. Ich wünschte, ich wüsste, wie ich dich trösten könnte …«

Sie waren in ihrer Trauer vereint und wussten beide, dass sie den Kummer aushalten mussten, bis er hoffentlich irgendwann schwächer würde.

Auch heute versteckte Margaret die Augen hinter einem Taschentuch.

»Was mache ich nur, wenn ich diesen Kummer nie mehr loswerde? Wenn ich nie wieder ich selbst bin?« Diese Frage hatte sie ihr häufig gestellt.

»Du wirst wieder du selbst sein, Bud. Ich verspreche es dir. Ich weiß nur nicht, wie lange dieser schmerzliche Prozess dauert.«

Elizabeth stellte sich vor allem die Frage, woher sie die Kraft nehmen würde, ihr Amt auszufüllen und ihre Rolle als Mutter mit der der Souveränin zu verbinden.

»Die Menschen werden mich an den Taten meines Vaters messen«, hatte sie Philip gestern beim Abendessen anvertraut. »Ich trete ein großes Erbe an. Ich darf das Volk nicht enttäuschen.«

»Auch du selbst wirst dich an deinem Vater messen. Du hast Angst, und diese Angst zeigt, dass du dir deiner Aufgabe bewusst bist und sie ernst nimmst. Du kannst niemanden ersetzen oder kopieren. Du kannst nur du selbst sein und dich dem Volk als die zeigen, die du bist. Du wirst die Menschen davon überzeugen, dass du willens und fähig bist, dem Land zu dienen. Der Dienst an der Krone ist die für dich vorgesehene Aufgabe. Diese Pflicht wirst du erfüllen, Lilibet. Und ich helfe dir … jeden einzelnen Tag.«

Philip hatte ihre Zweifel beiseitegewischt, jedenfalls großteils. Ihr Glaube und seine Unterstützung würden ihr helfen, eine gute Monarchin zu sein.

Auch Margaret und ihre Mutter hatten versprochen, für sie da zu sein. Ihre Mutter musste sich allerdings zuerst mit der Rolle der Königinmutter – der *Queen Mum* – zurechtfinden.

Elizabeth trat einen Schritt vor und ergriff die Hand ihrer Schwester. *Ich bin da*, sagte ihr Händedruck.

Ich bin da, sprach sie ein weiteres Mal stumm aus. Diesmal waren die Worte an die Menschen gerichtet – an ihr Volk. Als Versprechen, ihre Aufgabe, solange sie lebte, niemals aus den Augen zu verlieren.

16. KAPITEL

Juni 1953
England, London

»Die Krönung wird von fast einem Viertel der Weltbevölkerung gefeiert. Wenn man die Bewohner Großbritanniens und des Commonwealth zusammenzählt, kommt man auf fast sechshundertfünfzig Millionen Menschen.« Margaret strich sich vorsichtig über das Haar, das wie immer in perfekten Wellen lag.

»Alle Hotels und Pensionen sind nicht nur ausgebucht, sondern *überfüllt*.« Sie legte das Gewicht ihrer Aussage auf das letzte Wort. »Und sämtliche Sitze auf den Tribünen sind ganz schnell ausverkauft gewesen.« Sie schnippte mit den Fingern. »So schnell konntest du gar nicht schauen, sind auf dem Schwarzmarkt Plätze für fünfzig Pfund gehandelt worden.«

»Fünfzig Pfund?«, wiederholte Elizabeth. Am 2. Juni wäre es so weit. An diesem Tag würde sie gekrönt werden – Königin Elizabeth II.

»Ja. Es ist verrückt, nicht wahr?« Margaret plauderte unbefangen weiter und schlug die Beine unter. »Balkone, von denen aus der Zug zu sehen sein wird, kosten sogar noch mehr. Ich habe von dreitausendfünfhundert Pfund für fünfzig Personen gehört … allerdings ist in dem Preis der Champagner inbegriffen. Und außerhalb Londons organisiert man offenbar die Aufteilung der Menschen auf die zur Verfügung stehenden Fernsehapparate.«

Die Geräte waren gerade in den Handel gekommen und würden vielen Menschen die Möglichkeit geben, die Krönung mitzuerleben.

»Es werden Bierkrüge, Teller und Abzeichen mit dem Union Jack verkauft.«

Elizabeth hörte ihrer Schwester zu und dachte dabei an ihre Großmutter. Mary war am 24. März verstorben und hatte verfügt, dass ihr Ableben keinen Schatten auf die Krönung ihrer Enkeltochter werfen dürfe. Der Trauerzug mit den Regimentern durch die abgeschirmten Straßen stand Elizabeth noch deutlich vor Augen. Mary war neben ihrem Gemahl in der St. George's Chapel in Windsor beigesetzt worden. Sie vermisste sie.

Margaret erzählte weiter. Sie musste alles Wichtige, das sie irgendwo aufgeschnappt hatte, loswerden.

Schließlich sprach Elizabeth: »Gott sei Dank hatte ich seit der Thronbesteigung sechzehn Monate Zeit, um mich auf den entscheidenden Tag vorzubereiten. Ich hoffe, ich werde niemanden enttäuschen.«

»Das wirst du schon nicht, Lilibet. Du hast ja tatkräftige Unterstützung. Und das diamantbesetzte Diadem, die Schärpe und der Hosenbandorden strahlen eine geradezu magische Kraft aus.«

Der *Orden des blauen Hosenbandes*, auch *Orden des Heiligen Georg in England*, war der älteste und höchste britische Orden und einer der angesehensten Europas. Im 14. Jahrhundert hatte ihn Eduard III. ins Leben gerufen. Elizabeth mochte die zugrundeliegende Geschichte:

Catherine Grandison, die *Countess of Salisbury*, so hieß es, hatte ehemals beim Tanz mit Eduard III. ihr blaues Strumpfband verloren. Um die peinliche Situation zu retten, hob der König das

Strumpfband auf und band es sich selbst ums Bein – so erzählte es die Legende. Dem allgemeinen Gelächter der Anwesenden entgegnete er auf Französisch: *Honi soit qui mal y pense ... Beschämt sei, wer Schlechtes dabei denkt.*

Ob die Gründung tatsächlich auf dieses Ereignis zurückzuführen war, ließ sich nicht beweisen, doch der Ausspruch war bis heute das Motto des Ordens. Die Mitglieder wurden nach ihren Verdiensten um das Königreich oder den Souverän ausgewählt. So auch Philip. Dass das Hofpersonal ihn als schwierig empfunden hatte – *stachelig* –, lag lange zurück. Von Tag zu Tag hatte er mehr Anerkennung gewonnen. Und nun nahm man wohlwollend zur Kenntnis, dass er die Krönung vorantrieb, als wäre es seine eigene. Wie oft hatten sie sich mit Elizabeth' Privatsekretär Tommy Lascelles besprochen, hatten Dinge für gut befunden und wieder verworfen.

»Irgendjemand von der *Time* hat angemerkt, dass alle hinter dir zurückfallen: Captain Carlsen, der in schwerem Sturm auf der *Flying Enterprise* ausgeharrt hat, Marilyn Monroe, sogar Dwight Eisenhower und etliche andere, wie Nagib in Ägypten. Du hast angeblich die geheimnisvolle Macht zurückgewonnen, die Herrschenden zu eigen ist, und verkörperst die Sehnsüchte des kollektiven Unbewussten.«

Elizabeth wurde es langsam zu viel. »Jetzt hör schon auf, Bud.« Sie machte eine abwehrende Handbewegung. »Es wird ein außergewöhnlicher Tag werden, durchaus. Doch das Entscheidende ist die Arbeit, die ich hoffentlich gut erledigen werde.«

»Diese nüchterne Sichtweise ist mal wieder typisch für dich.« Margaret bekam sich gar nicht mehr ein. »Die Krönung hält die Menschen seit Monaten in Atem. Viele werden noch Jahre später davon erzählen, sich Fotos und Filme anschauen und ihre Erlebnisse und Empfindungen mit anderen teilen. Es wird bereits ein neues Elisabethanisches Zeitalter ausgerufen.«

Margaret war eindeutig in Redelaune. Wenn das der Fall war,

war sie nicht zu stoppen. Elizabeth sah das verräterische Glitzern in den Augen ihrer Schwester. Die Beziehung zu Peter Townsend ließ Margaret strahlen, bereitete Elizabeth jedoch seit Langem schlaflose Nächte. Die Affäre gedieh im Geheimen, doch es wurde längst hinter vorgehaltener Hand darüber getuschelt. Townsend war Vater zweier Söhne und inzwischen geschieden. Eine Ehe mit Margaret war dennoch unmöglich, denn weder die Kirche noch das Parlament tolerierten, dass Geschiedene erneut heirateten. Zudem war Townsend Bürgerlicher.

Als ihr Vater 1944 nach einem Stallmeister, der die Aufgabe des persönlichen Assistenten erfüllte, Ausschau gehalten hatte, hatte er das Luftfahrtministerium nach Männern befragt, die an der Front gekämpft hatten und für diese Aufgabe infrage kämen. Sofort war Peter Townsends Name gefallen. Er hatte während des Zweiten Weltkriegs an vorderster Front gedient, und als sein Flugzeug angeschossen und das Cockpit zerstört worden war, hatte er sich mit dem Fallschirm ins Meer gerettet. Nachdem er von einem Kriegsschiff der Marine aufgenommen worden war, war er noch am selben Tag wieder in ein Flugzeug gestiegen und hatte Tag- und Nachtoperationen bis zur totalen Verausgabung geflogen. Dieser Einsatz ohne Limit hatte Elizabeth' Vater beeindruckt. Er hatte Peter nicht nur zu seinem Stallmeister gemacht, sondern später auch die Patenschaft für seinen Sohn Hugo übernommen.

»Jetzt schau doch mal ein bisschen genauer hin, Lilibet«, unterbrach Margaret Elizabeth' Gedanken. »Es ist keineswegs übertrieben, zu behaupten, dass derzeit wieder so ein Gemeinschaftsgeist wie nach dem Krieg herrscht. Weißt du nicht mehr, wie großartig es war, als wir uns heimlich unter die Feiernden gemischt und dieses Miteinander erlebt haben?« Sie schmückte einzelne Erlebnisse in den buntesten Farben aus.

Elizabeth erinnerte sich nur zu gut. Ihre Eltern hatten während des Krieges darauf bestanden, nicht von den allgemeinen Einschränkungen ausgenommen zu werden. Ihr Essen war – bis auf das Wild aus den königlichen Besitzungen – rationiert gewesen wie bei allen anderen. Und selbstverständlich waren die schweren Vorhänge zur Verdunklung stets zugezogen worden. Die wenigen Glühbirnen hatten kaum etwas an dem schummerigen Eindruck der Räume geändert. Sie hatten an allen Ecken und Enden gespart, sogar am Badewasser, dessen erlaubte Höhe durch einen dunklen Strich in den Wannen gekennzeichnet worden war. Die Seife, diese dünnen, rissigen, fast durchsichtigen Stücke, hatte Elizabeth oft genug die Hände aufgeritzt.

Doch in jener Nacht hatten Margaret und sie mit den Menschen auf den Straßen gefeiert. Nichts war auf einen Schlag vergessen gewesen, sie hatten gewusst, dass die harten Zeiten nicht vorbei waren, doch die Empfindung der Hoffnung hatte alles um sie herum in strahlendes Licht getaucht. Diese Hoffnung hatte sie beflügelt wie nichts je zuvor.

»Und nun ist es so ähnlich wie damals«, plauderte Margaret weiter. »Die ganze Welt scheint plötzlich königstreu zu sein. Und das nur deinetwegen, Lilibet. Wann hat es je eine so junge Königin gegeben?«

Elizabeth spürte Margarets Hände auf der Schulter. Ihre Schwester schaute sie eindringlich an, von jedem Wort, das sie ausgesprochen hatte, zutiefst überzeugt.

»Ich habe nichts vergessen, Bud. Wie könnte ich? Es war das erste Mal, dass wir keine Prinzessinnen sein mussten und uns in den Straßen Londons über das Ende des Krieges freuen konnten.«

»Es war eine magische Nacht. Ich werde sie immer im Gedächtnis behalten. Und nun stell dir vor, in welchem Taumel das Land sich gerade befindet.«

Margaret ließ von Elizabeth ab, ging zu dem Tisch und goss aus der Karaffe Wasser in ein Glas. Sie trank einen Schluck und schien nachzudenken.

Elizabeth wusste, dass sich das Land wieder im Ausnahmezustand befand. Sie machte nur nicht so viel Aufhebens darum, weil es diesmal um ihre Person ging. Vermutlich verbanden die Menschen die kleine Prinzessin, die sie bei der Krönung ihres Vaters gewesen war, mit der verschmierten Mechanikerin in Uniform des Kriegshilfsdienstes und der romantischen Braut an der Seite ihres ausländischen Prinzen … und nun blickten sie gespannt auf die junge Frau, die bald offiziell gekrönt werden würde. Und wegen dieser Krönung waren die Augen aller Welt auf Großbritannien gerichtet.

»Und erst die verstaubten Titel, die allen mit einem Mal so ungeheuer gefallen.« Margaret stellte das Glas zurück. »Großzeremonienmeister … *Lord Great Chamberlain*, Oberstallmeister, *Mistress of the Robes*«, zählte sie auf. »Das Krönungszeremoniell schlägt offenbar selbst die größten Skeptiker in seinen Bann. Manchmal denke ich, es ist wie in einem Märchen, dem alle mit Spannung lauschen.«

»Erinnere mich nicht an den *Marchess of Cholmondeley*.« Elizabeth verzog amüsiert das Gesicht. »Die Frage, ob anstelle von Hermelin auch Kaninchenfell zum Besatz verwendet werden kann, schien ihm keine ruhige Minute zu lassen.«

Der Großzeremonienmeister war die letzte Instanz in Garderobenfragen und hatte sich noch über die kleinsten Kleinigkeiten den Kopf zerbrochen.

Tatsächlich hatte es weit Wichtigeres zu klären gegeben, fand Elizabeth. Das Öl, mit dem sie gesalbt werden würde, wurde seit Zeiten Karls I. nach einem besonderen Rezept hergestellt: Orangenblüten, Rosen, Zimt, Jasmin, Sesam, Moschus, Zibet und Ambra. Einst war es Tradition, von der vorgeschriebenen Mischung eine so große Menge herzustellen, dass es für mehrere Krönungen reichte, doch Königin Victoria hatte so lange den Thron innegehabt, dass der Vorrat körnig geworden war.

Und so war für König Eduard VII. und für ihren Großvater, George V., eine neue Mixtur hergestellt worden. Doch das für ihren Onkel David und für ihren Vater verwendete Öl war in der Sakristei von Westminster Abbey aufbewahrt worden und der Glasbehälter bei den Bombenangriffen zu Bruch gegangen. Und die Apotheke, die die Mischung seit Königin Victorias Zeiten herstellte, war inzwischen geschlossen. Also hatte man sich auf die Suche nach einem Verwandten des Apothekers gemacht, in der Hoffnung, er habe noch ein paar Unzen der ursprünglichen Ölmischung aufbewahrt. Man war tatsächlich fündig geworden und hatte schlussendlich einen Apotheker in der Bond Street damit betraut, das Öl nach der entsprechenden Formel herzustellen. Die Öffentlichkeit hatte es geschätzt, dass der Mann einen Monat vor Beginn seiner Arbeit das Rauchen aufgab, um seinen Geruchssinn zu verbessern. Allgemein war befunden worden, der Apotheker erweise sich seiner bedeutenden Aufgabe als würdig.

Das zweite Thema, das sie beschäftigt hatte, war die Tatsache, dass die Krönung gefilmt werden würde. Philip hatte insistiert, man müsse das neue Medium Fernsehen im Sinne der Krone nützen und die Menschen auf jedmögliche Weise teilhaben lassen.

Und dann hatte Elizabeth sich lange Gedanken über das Commonwealth gemacht. Norman Hartnell hatte Roben aus weißem Satin im selben Schnitt wie ihr Hochzeitskleid entworfen. Er hatte ihr neun Entwürfe vorgelegt: mit der englischen Rose, der schottischen Distel, dem irischen Kleeblatt und dem Lauch von Wales.

»Nicht nur die Embleme Großbritanniens müssen zu sehen sein, sondern auch die der Commonwealth-Länder«, hatte Elizabeth angemerkt. Wie sollte sie ein Kleid tragen, das nicht alle, die unter der englischen Krone lebten, einschloss?

Hartnell hatte unverzüglich auf ihre Anregung reagiert. »Ma'am, dann schlage ich vor, wir nehmen in den Saum den Lotus von Ceylon, die Proteusblüte aus Südafrika, die australische Akazie, Weizen für Pakistan und Jute und die entsprechenden anderen Muster für die übrigen Länder auf.«

Er hatte ihre Wünsche verstanden und würde sein Versprechen

halten, darüber hatte Elizabeth sich keine Gedanken mehr machen müssen.

Der wichtigste Punkt war die praktische Vorbereitung auf die Krönung. Sie durfte nicht stolpern oder sonst etwas falsch machen. So hatte sie sich ein Bettlaken an die Schultern heften lassen, um das Gefühl der Krönungsschleppe nachzuempfinden.

Mit der provisorischen »Schleppe« war sie im Weißen Salon im Schloss und im Ballsaal, der mit Pfosten und Bändern markiert worden war, herumgegangen. Als Nächstes hatte sie die Proben mit der aus massivem Gold bestehenden St.-Edwards-Krone fortgesetzt. Sie war so schwer, dass Elizabeth Sorge gehabt hatte, sie könne die Krone nicht so lange tragen wie vorgesehen. Als sie diese Angst aussprach, hatte man ihr geraten, die leichtere *Imperial Crown of State*, die Staatskrone, zu wählen, die eigens für Königin Victoria angefertigt worden war.

»Und welche Krone wirst du tragen?«, wollte Margaret nun wissen.

»Die St.-Edwards-Krone«, antwortete Elizabeth.

»Wette gewonnen.« Margaret hob siegessicher die Hand. »Ich hatte keine Zweifel daran, dass du dich für die offizielle Königskrone entscheidest. Aber keine Sorge … ich habe nicht wirklich mit jemandem gewettet. Ich war mir einfach nur sicher.«

»Du kennst mich eben gut.« Elizabeth lächelte.

»Wenigstens trägst du auf dem Weg zur Westminster Abbey das Diadem Königin Victorias. Ein Leichtgewicht im Vergleich zur Krone.«

Königin Victorias Diadem war ein mit Diamanten besetzter Reif mit dem Georgskreuz. Erst in der Abbey würde Elizabeth mit der St.-Edwards-Krone gekrönt werden.

»Hast du noch mal mit dem Erzbischof gesprochen?«, wollte Margaret wissen.

Elizabeth nickte. Das Prozedere, von dem ihre Schwester sprach, war für die äußere Welt inklusive der Medien bestimmt. Was wirklich geschähe, fände zwischen Gott und ihr statt. Das Programm des Erzbischofs von Canterbury sollte ihr dabei helfen, sich auf diesen inneren Austausch vorzubereiten. Geoffrey Fisher hatte tägliche Bibellesungen und Meditationen ausgesucht, an die Elizabeth sich strikt gehalten hatte. Die Stunden mit den Texten, versunken in Meditation, hatten ihr ein ums andere Mal verdeutlicht, wie wichtig der heilige Schwur war, den sie ablegen würde. Der Schwur, ihrem Volk vorbehaltlos zu dienen. Sie gäbe ihr Leben der Krone hin.

Auch Philip war bewusst, wie ernst sie diesen Schwur nahm und wie sehr er sich auch auf sein Leben auswirkte. Obwohl Elizabeth sich sicher war, dass Zeiten kommen würden, in denen er darunter litt, hinter ihr zurückzustehen und seine Karriere aufgegeben zu haben, war sie davon überzeugt, nicht von ihm enttäuscht zu werden.

Aufgrund seiner Herkunft und der Geschichte seiner Familie verstand Philip ihre Hingabe zum Dienst am Volk. Sein Anteil an ihrer lebenslangen Pflicht wäre kein geringer. Doch würden ihre Kinder es ebenfalls verstehen? Hätte sie genug Zeit für sie?

Margaret kam zu ihr und küsste sie auf die Wange, dabei schlang sie die Arme um Elizabeth. »Versprich mir, dass sich nie etwas zwischen uns ändert, nur, weil du nun Königin bist. Wir sollten immer zuallererst Schwestern sein – Lilibet und Bud.«

Sie klang kleinlaut wie als Kind, wenn sie etwas ausgefressen und Elizabeth um Hilfe gebeten hatte.

»Wir werden immer wir selbst sein, Bud. Schon, weil wir jeden Tag miteinander telefonieren.«

Margaret verzog die Stirn. »Falls du dazu in Zukunft noch Zeit haben wirst.«

Elizabeth schenkte ihrer Schwester einen vertrauensvollen Blick. »Für dich und Mummy werde ich immer Zeit finden.«

»Und für Philip«, stellte Margaret richtig. »Nicht zu vergessen Charles und Anne.«

Elizabeth war erleichtert, dass Margaret Peter Townsend unerwähnt ließ. Dies war nicht der rechte Moment, um über ihre sehnsüchtig erhoffte Zukunft mit ihm zu sprechen. Die Last dieser Entscheidung träfe sie früh genug. Elizabeth zog Margaret an sich und hielt ihren zarten Körper umschlungen, froh, dass sie diesen Moment miteinander hatten.

Nach einer Regennacht brach der Krönungsmorgen an.

Abends zuvor hatte Elizabeth die *Red Box* durchgesehen, die man ihr täglich brachte. Sie verwandte viel Zeit auf die Unterlagen des Parlaments und der Regierung, und jedes Mal, wenn sie die Box öffnete, dachte sie an ihren Vater, der sie hin und wieder Zeugin dieser Aufgabe hatte sein lassen.

Sie sah die Stapel Papiere so akribisch durch, wie er es getan hatte. Inzwischen fand sie sich auch immer besser zurecht.

Elizabeth dachte an das Epson Derby am kommenden Tag – sie wünschte sich sehnlichst, dass dort einmal eins ihrer Pferde siegen würde –, als Philip ihr aus seinen Räumlichkeiten entgegenkam. Er hatte den Vorsitz über das Krönungskomitee.

»Es gibt Neuigkeiten, Lilibet«, sprudelte es aus ihm heraus. »Der Mount Everest wurde unter Captain John Hunt bestiegen. Edmund Hillary …«

»Warte …«, Elizabeth legte den Zeigefinger gegen die Lippe, »… Hillary … ist das nicht der Imker aus Neuseeland?«

»Richtig, und ebenjener Hillary und sein Sherpa Tensing Norgay haben als Erste den Gipfel erreicht.«

»Was für eine bemerkenswerte Leistung. Ich werde über das Außenministerium Glückwünsche übermitteln lassen.«

»Tu das. Wann geschieht schon etwas derart Beeindruckendes.« Philip sah die Regenschlieren auf dem Fenster. »Wenn du mich fragst, ist diese herausragende Tat ein besseres Omen für deine Krönung als gutes Wetter«, prophezeite er.

»Das will ich hoffen«, erwiderte Elizabeth. »Über das Wetter haben wir keine Kontrolle. Darüber, ob wir uns davon beeinträchtigen lassen, schon.«

Philip fing sie mit dem rechten Arm ein und zog sie an sich. »Und wieder mal sind wir uns einig, Liebes.« Er küsste sie auf die Nasenspitze und sah sie forschend an. »Übrigens drängen sich seit gestern Abend auf der Mall zirka dreißigtausend Menschen. Mit Bettzeug, Hockern, Spirituskochern und Zeltplanen.«

»In dem Regen. Mein Gott, die Ärmsten.« Elizabeth schüttelte den Kopf.

»Bist du nervös?« Philip sah sie fragend an.

»Darf ich eine Gegenfrage stellen?« In Elizabeth' Augen standen Zuversicht und Entschlossenheit. Alle anderen Gefühle hatte sie beiseitegeschoben.

»Nur zu.«

»Kennst du jemanden, der besser vorbereitet ist als ich? Wenn ich jetzt nervös bin, waren die stundenlangen Übungseinheiten umsonst.« Sie schmunzelte, machte aber durch eine Handbewegung deutlich, dass sie durchaus nervös war.

»Du wirst dem Volk eine würdige Königin sein, daran besteht für mich kein Zweifel.«

Elizabeth seufzte. »Das hoffe ich. Mit Gottes Gnaden werde ich es schon schaffen.«

Gegen acht Uhr begannen die Auffahrten. Der Lord Mayor fuhr in einer Karosse, die von sechs Grauschimmeln gezogen wurde, zur Westminster Abbey. Erstes Staatsoberhaupt war Königin Salote von Tonga. Zur Freude der Schaulustigen war das Verdeck ihrer Kutsche trotz des Regens heruntergeklappt. Man sah die auffällige rote Feder an ihrem Hut und den Sultan von Kelantan, der neben ihr saß.

Um elf fuhren Elizabeth und Philip vor, in Begleitung der königlichen Leibgardisten in ihren rot-goldenen Röcken und der Vorreiter. Die Kutsche, 1761 für George III. gebaut, war über und über vergoldet und mit pastoralen Szenen geschmückt.

Elizabeth' Krönungsstrauß bestand aus englischen Maiglöckchen, schottischem Jasmin, walisischen Orchideen und Wiesenklee aus Nordirland und von der Isle of Man.

»Vergiss nicht, in England sitzen siebenundzwanzig Millionen Menschen vor den Fernsehern«, sagte Philip, ohne Elizabeth den Kopf zuzuwenden.

Als sie aus der Kutsche stieg, sah sie auf die grauen Wallache, die sie selbst ausgesucht hatte. Sie schenkte Philip einen letzten Blick und verabschiedete sich von ihm, dann trat sie durch das Tor der Abtei. Die Ehrenjungfrauen erwarteten sie und knicksten.

»Fertig, Mädels?«, fragte Elizabeth, entschlossen, den jungen Frauen die Nervosität zu nehmen.

Nach einem kurzen Moment der Überraschung wegen der unerwartet saloppen Worte erklang es: »Selbstverständlich, Ma'am«, und es folgte leises Gekicher.

»Sehr schön«, freute sich Elizabeth. »Dann geht es jetzt los.«

Unter den Klängen der Eröffnungshymne schritt Elizabeth durch das Mittelschiff der Kathedrale. Ihr Krönungskleid hatte einen herzförmigen Ausschnitt und einen weiten, reich bestickten Rock, und an einer verborgenen Stelle hatte Hartnell ein winziges vierblättriges Kleeblatt als persönlichen Glücksbringer eingenäht. Ihre Schuhe waren von Roger Vivier und mit Rubinen verziert. Ihr Samtmantel war mit Hermelin besetzt.

In der Ehrenloge der Abtei befanden sich ihre Mutter und Margaret mit dem kleinen Charles, außerdem ihre Schwiegermutter, Alice von Griechenland. Den zurückgetretenen König, Onkel David, hatte Elizabeth auf Anraten Winston Churchills nicht eingeladen.

Zadok the Priest wurde gespielt, während die Ehrenjungfrauen

Elizabeth Schmuck und Robe abnahmen. So stand die junge Königin da, ohne Prunk, bereit zum Empfang der Weihe.

Auf dem Königsstuhl Edwards I. – einem kunstvoll geschnitzten Eichenstuhl mit hoher Rückenlehne – empfing sie, in weißes Leinen gekleidet, die Zeichen ihres Amtes: die Weltkugel, das Zepter mit dem Kreuz, den Stab der Gnade und den Königsring – den Ehering Englands.

Sie hatte darauf bestanden, dass der wichtigste Moment der Krönung, die Salbung, nicht übertragen würde. Es war ein Augenblick großer Feierlichkeit und zugleich stiller Innigkeit, als sie das heilige Öl empfing. Sie schloss die Augen.

»Es seien eure Hände gesalbt mit dem heiligen Öl, es sei eure Brust gesalbt mit dem heiligen Öl, es sei gesalbt euer Haupt mit dem heiligen Öl«, hörte sie das leise Murmeln.

Danach wurde der Baldachin, der sich über sie gesenkt und sie geschützt hatte, von vier Trägern angehoben und weggetragen.

Als der Erzbischof wenig später die St.-Edwards-Krone emporhob, neigte sie ehrfürchtig das Haupt, bis sich die Krone langsam auf sie herabsenkte.

»Gott schenke dir diese Krone der Herrlichkeit und Gerechtigkeit«, proklamierte der Erzbischof.

In diesem Moment hoben alle Peers ihre Kronen und setzten sie auf. »*God save the Queen*«, schallte es von allen Seiten.

Trompetenstöße ertönten, die Kirchenglocken läuteten, Salutschüsse waren zu hören.

Elizabeth hatte längst vergessen, dass die Krönung live im Fernsehen und im Rundfunk übertragen wurde. Philip nahm seine Krone ab, reichte sie dem Pagen, trat vor und kniete als Erster vor ihr nieder.

»Ich, Philip, Herzog von Edinburgh, werde euer Lehnsmann sein mit Leib und Seele und irdischer Huldigung. Treue und Wahrheit werde ich euch entgegenbringen, im Leben wie im Sterben, gegen jedermann. So wahr mir Gott helfe.«

Philips Blick war ernst. Auch Elizabeth verzog keine Miene, doch sie tauschten einen Blick, der mehr sagte als alle Worte.

Philip erhob sich und küsste sie auf die Wange. Elizabeth schenkte ihm einen letzten, dankbaren Blick, dann waren die anderen Peers an der Reihe, die Herzöge, Marquesses, Earls, Viscounts und Barone. Alle brachten ihre Huldigung dar, während der Chor sang.

Nach dem Abendmahl trat Elizabeth aus der Westminster Abbey und zeigte sich dem Volk. Dies war der Moment, in dem sie das Bedürfnis der Menschen nach Einheit beschwor, es durch die Krone, die sie symbolisierte, sichtbar machte. Es war ein Ereignis nationaler Kommunion, bei der sich die Gesellschaft ihrer moralischen Werte bewusst wurde.

Sie spüren, dass ich es ernst meine, ahnte Elizabeth, als sie auf die Menschenansammlung sah. Eine konstitutionelle Monarchie hatte keine Macht. Das Britische Empire war noch in der Ära ihres Vaters zusammengebrochen, gefolgt von der Unabhängigkeit und der Teilung Indiens. Indien und Pakistan waren dennoch Teil des British Commonwealth of Nations mit dem König – ihrem Vater – als Staatsoberhaupt geblieben. Nun war sie ihre Königin.

Um welche Länder es sich auch handelte, sie würde durch ihre Präsenz und durch aufmerksames Zuhören Strömungen innerhalb der Gesellschaft auffangen und sie zu ihren Themen machen, damit sie etwas in Bewegung setzen und zum Besseren wenden konnte. Sie würde ihre Aufgabe mit Kopf und Herz erfüllen.

17. KAPITEL

Juni/Juli 1953
England, London,
Buckingham-Palast

Elizabeth' Augen ruhten auf den Gesichtern ihrer Kinder. Der unbedarfte Blick von Anne und Charles rührte sie auch diesmal wieder, während sie den Schnappschuss betrachtete.

Erinnerungen an die Geburt ihres Sohnes stiegen in ihr auf …

»Er sieht aus wie ein Plumpudding.«

Kaum hatte Philip den Satz ausgesprochen, war schon sein entwaffnendes Lachen zu hören gewesen. Er hatte Charles auf die Stirn geküsst und nach seiner winzigen Hand gegriffen. »Dieser kleine Kerl ist perfekt«, hatte er voller Rührung geraunt. »Das hast du verdammt gut hinbekommen, Lilibet.«

Auch ihr Vater war beim Anblick seines Enkels den Tränen nahe gewesen. Der kleine Charles hatte das Wunder vollbracht, Bertie kurz von seinen Sorgen abzulenken. Führer der indischen Unabhängigkeitsbewegung verhandelten zu jener Zeit mit britischen Regierungsvertretern über eine Verfassung für Indien – ein unabhängiges Indien würde den Ausschluss aus dem Commonwealth bedeuten.

Was das Commonwealth anging, hatte man sich schließlich nach langem Ringen 1949 darauf geeinigt, dass Nationen im Bündnis bleiben konnten, selbst wenn sie sich für eine republikanische Verfassung mit einem Präsidenten entschieden. Sie mussten den Monarchen lediglich als Symbol der freien Assoziation und als Oberhaupt des Commonwealth anerkennen. Es war die Geburtsstunde eines freien Zusammenschlusses unabhängiger Nationen, die einmal unter britischer Herrschaft gestanden hatten.

Nach dem Tod ihres Vaters stand Elizabeth der *Family of Nations* vor, die sich über jeden Kontinent und jede Religion mit fast einem Drittel der Weltbevölkerung erstreckte, und sie sah es als ihre Aufgabe, sich darum zu bemühen, dass kein Land sich zurückgesetzt fühlte. Allen gerecht zu werden, war sowohl als Königin wie auch als Mutter schwierig.

Was ihre Kinder betraf, war die Zeit, als sie sie morgens und zur Bade- und Schlafenszeit hatten sehen können, vorbei. Die königlichen Pflichten hielten sie oft bis in die Nacht beschäftigt, weshalb Mabel Anderson die Kinder inzwischen allein versorgte. Dennoch hatte Elizabeth es sich nicht nehmen lassen, ihren wöchentlichen Termin mit dem Premierminister, der schon zu Zeiten ihres Vaters pünktlich um halb sechs Uhr abends stattgefunden hatte, um eine Stunde nach hinten zu verschieben, sodass ihr wenigstens etwas Zeit für die Kinder blieb.

Seufzend stellte Elizabeth das Foto zurück. Sie fuhr mit dem Finger über Annes und Charles' Gesicht. Beide sahen sie voller Zuversicht an, als gäbe es nicht den geringsten Zweifel am Gleichgewicht der Welt.

Einst hatte sie mit ebensolcher Zuversicht auf die Welt geblickt, doch Margarets Liebe zu Peter Townsend, der seit vergangenem Jahr Hofstallmeister bei ihrer Mutter war, verdeutlichte ihr seit Monaten, vor welche Herausforderungen das Leben einen mitunter stellte. Elizabeth und ihre Mutter wussten schon länger von der Affäre, und die ausländischen Medien schrieben bereits über Margarets Liebe, doch nun spekulierte auch die englische Presse, die Prinzessin wolle den geschiedenen zweifachen Vater, Group Captain Peter Townsend, heiraten.

Elizabeth' Privatsekretär, Tommy Lacelles, war von Peter Townsend persönlich über die heikle Situation in Kenntnis gesetzt worden. Tommy war bereits der Privatsekretär ihres Onkels gewesen und hatte Elizabeth von Beginn an in ihre Aufgaben als Königin eingeführt. Er kannte die Fallstricke, die überall lauerten.

Er hatte Peter Townsend vorgeworfen, er müsse verrückt sein, anzunehmen, eine Ehe mit Prinzessin Margaret eingehen zu können. Wie zu erwarten, hatte Tommy unverzüglich Kontakt mit Elizabeth aufgenommen und vorgeschlagen, Group Captain Townsend augenblicklich zu versetzen. Bei dem Gespräch hatte er sie – als wäre das nötig gewesen – daran erinnert, dass Elizabeth als Oberhaupt der Kirche von England dieser Ehe unter Berücksichtigung des *Royal Marriages Act* von 1772 unmöglich zustimmen konnte.

Auch Churchill hatte dafür plädiert, Peter Townsend umgehend aus dem Haushalt der *Queen Mum* zu entfernen.

Elizabeth ließ sich auf den Stuhl vor dem Schminktisch sinken. Die Last der vergangenen Monate lag wie Blei auf ihren Schultern. Es war ein berührender und zugleich bedrückender Moment gewesen, als Margaret ihr die Ernsthaftigkeit ihrer Liebe zu Peter klargemacht hatte.

»Ich liebe Peter aufrichtig und möchte ihn heiraten, Lilibet. Ihn und keinen anderen!«

Nicht um den heißen Brei herumzureden, entsprach Margarets Wesen, und trotz des Wissens, dass ihre Wahl die Krone unter Druck setzte, hoffte sie, Elizabeth werde ihre Zustimmung zur Heirat geben. Doch Kirche und einzelne Mitglieder des Parlaments pochten darauf, dass längst eine rote Linie überschritten worden war, schließlich war Peter Townsend geschieden und noch dazu bürgerlich.

Bei dem Abendessen, zu dem Elizabeth das Paar eingeladen hatte, hatte sie die Freude auf eine gemeinsame Zukunft mit Peter als glühenden Hoffnungsschimmer in den Augen ihrer Schwester aufblitzen sehen.

Elizabeth war der Magen wie zugeschnürt gewesen, so sehr hatte es sie geschmerzt, Margaret die Zustimmung zu einer Heirat verweigern zu müssen. Selbst wenn ihre Schwester bis zu ihrem fünfundzwanzigsten Geburtstag wartete – dann bräuchte sie ihre Zustimmung nicht mehr –, wäre nicht klar, ob das Parlament die Hochzeit auch dann nicht untersagte. Immerhin hatte Elizabeth erreicht, dass bis zu ihrer Krönung in dieser Sache nichts unternommen werden würde.

Doch ausgerechnet während der Krönung war die Situation eskaliert; Margaret hatte eine Fluse von Peters Revers gestrichen und der Welt damit zu verstehen gegeben: *Seht her, wir sind ein Paar.*

Elizabeth selbst hatte Peter einstmals als Rechnungsprüfer in den Haushalt ihrer Mutter versetzt. Damals hatte sie nicht im Traum damit gerechnet, dass ihre lebenshungrige Schwester ausgerechnet dem fast sechzehn Jahre älteren, damals noch verheirateten Mann, den sie schon so lange kannten, ihr Herz schenken könnte.

Als temporärer Stallmeister des Königs war Peter Townsend seit 1944 schnell zu einer festen Größe geworden. Als stellvertretender Leiter der inneren Organisation des Palastes und nach seiner Ernennung zum Finanzchef hatte er damals kaum noch Zeit für seine Familie gefunden, weshalb es niemanden gewundert hatte, als es eines Tages einen neuen Mann im Leben von Townsends Frau gab und es zur Scheidung kam. Zumindest auf dem Papier war Peter frei für Margaret. Doch die Kirche sah das anders.

Elizabeth griff nach dem Puder und dachte an Margarets Frisiertisch. Dort hatte immer das blanke Chaos geherrscht. Margaret schwärmte bis heute für Dinge in Miniaturform und hatte kleine Figuren auf ihren Frisiertisch gestellt, einfach, weil sie schön anzusehen waren.

»Kreative Geister verleihen allem nun mal einen persönlichen Touch«, hatte ihre beliebteste Erklärung gelautet, wenn ihr Tisch mal wieder vor lauter Dingen überquoll.

Nach dem Krieg, als sie Windsor verlassen und eigene Räume im Buckingham-Palast bezogen hatten, stand in Margarets lachsrosa Zimmer ein runder Tisch, auf dem ebenfalls *kreatives Durcheinander* herrschte: Briefe, Einladungen, Telegramme, Notizen und alles Mögliche.

In Elizabeth' Schlafzimmer, das in den Lieblingsfarben ihrer Mutter gehalten gewesen war – Pink und Beige –, hatte sich nichts Prächtiges befunden. Im Gegensatz zu ihrer Schwester hatte Elizabeth die Wahl der Einrichtung bereitwillig in die Hände anderer gegeben.

»Warum akzeptierst du alles, was man dir bringt?«, hatte Margaret wissen wollen, als Elizabeth mal wieder ein *abgetragenes* Möbelstück, wie ihre Schwester es nannte, angenommen hatte.

»Es gibt Berge von allem im Schloss, es ist unnötig, etwas Neues anzuschaffen«, hatte Elizabeth achselzuckend erklärt.

Sie mochte keine Verschwendung und war zufrieden, dass einige Möbel für sie neu arrangiert worden waren. Die schlichten weißen Möbel und der geblümte Chintz für die Vorhänge und Couchen waren für sie in Ordnung.

Lediglich um eins hatte Margaret sie beneidet: um den Blick auf Big Ben, den sie von ihrem Frisiertisch aus hatte.

Wenn Margaret bei ihr vorbeigekommen war, hatte sie jedes Mal sehnsüchtig aus dem Fenster gesehen und behauptet: »Kein Wunder, dass du immer pünktlich bist. Du kannst gar nicht anders.«

Elizabeth starrte auf die Puderquaste, als mit einem leisen Geräusch die Verbindungstür zu Philips Gemächern aufsprang.

»Guten Morgen, Liebes. Hast du gut geschlafen?«, drang seine Stimme zu ihr durch.

Er beugte sich zu ihr hinab und legte seine Lippen auf ihre Schläfe.

»Und du?« Elizabeth umschloss sein Gesicht kurz mit den Händen.

»Wie ein Murmeltier.« Philip ließ sich in einen Sessel fallen und schlug die Beine übereinander. Die lässige Körperhaltung stand im Widerspruch zu dem ernsten Ausdruck seines Gesichts.

»Gibt es Neuigkeiten bezüglich Peter? Hat er sich entschieden, wo er hingeht?«

Elizabeth hörte die leise Ungeduld in Philips Stimme. Auch sie selbst spürte eine innere Spannung. Ihrer beider Sorge um Margaret und Peter wuchs stetig.

Sie hatte sich mit dem Erzbischof von Canterbury, Geoffrey Fisher, beraten, ebenso mit Churchill, der unmissverständlich klargestellt hatte, dass Elizabeth nicht gleich am Anfang ihrer Regentschaft wegen einer nicht standesgemäßen Hochzeit ihrer Schwester in Schwierigkeiten geraten sollte.

Zum Schluss hatten sie sich darauf geeinigt, Peter ins Ausland zu versetzen. Singapur, Johannesburg und Brüssel standen zur Auswahl.

»Michael Adeane hat mir mitgeteilt, dass Peter seiner Versetzung nach Brüssel zustimmt. Vermutlich, weil er dann näher bei seinen Kindern ist … und weil zumindest die Chance besteht, dass er Margaret ab und an in Clarence House sehen kann.«

Elizabeth öffnete die Dose und trug mit dem Pinsel Puder auf die Wangen auf. Sie musste etwas tun, um ihren Geist zu beruhigen.

Philips erwartungsvoller Blick erlosch. »Klingt, als wäre die Geschichte noch lange nicht zu Ende … und als wären Tränen bei Margaret vorprogrammiert.«

»Ich wünschte, ich könnte ihr eine bessere Perspektive geben, als abzuwarten, bis Peter zurückkommt. Auf einem habe ich allerdings bestanden, dass er uns am 30. noch einmal als Stallmeister nach Nordirland begleitet. Ich hoffe, er sieht es als Geste des guten Willens.«

Philip kratzte sich nachdenklich am Kinn. »Das hoffe ich auch.«

Elizabeth drehte sich zu ihrem Mann um. »Ach, Philip … Ich wünsche mir doch nur, dass Margaret glücklich wird. Das ist meine größte Hoffnung.«

»Ich befürchte nur, mit Peter wird sie dieses Glück nicht finden … Wie konnte sie ihm nur vor aller Welt diese verdammte

Fluse vom Revers zupfen? Ihr muss doch klar gewesen sein, dass jeder Reporter auf so eine Chance lauert. Und was tut sie … sie präsentiert der Presse die Schlagzeile auf dem Serviertablett.« Philip tat, als wische er sich eine Fluse an seinem Jackett weg. »Schaut her, Group Captain Townsend und ich sind ein Paar. Wollt ihr nicht darüber schreiben?«

Der Hofstaat war eine Brutstätte von Neuigkeiten. Über Margaret und Peter wurde schon seit langem getuschelt, doch seit diesem Vorfall war es noch schlimmer geworden.

»Sicher war es ein Impuls und ist passiert, bevor sie sich überhaupt klar darüber war, was sie tut.«

»Was gefällt ihr eigentlich so an Peter? Sicher, er ist pflichtbewusst, höflich, charmant und klug …«

»Du hast schüchtern vergessen.« Elizabeth griff nach dem Lippenstift und drehte ihn aus der Hülle.

»Schüchtern … eben … Margaret ist das genaue Gegenteil. Ich dachte immer, sie entscheidet sich mal für jemanden, der es liebt, im Mittelpunkt zu stehen.«

»Ich glaube, ihr gefällt, dass Peter sie erdet. Außerdem sieht er ziemlich gut aus.«

»Was für ein Glück, dass du selbst ein gutaussehendes Exemplar Mann ergattert hast.« Philip deutete auf sich.

Elizabeth dachte an Philips Mitgliedschaft im *Thursday Club*, einem privaten Club für Gentlemen des öffentlichen Lebens, und daran, dass er regelmäßig unterwegs war und dort auch auf Frauen traf.

»Deine Attraktivität fällt nicht nur mir ins Auge, Philip, sondern auch anderen Frauen.«

»Ist da etwa jemand eifersüchtig?«

»Eher vorsichtig.« Elizabeth schob den Gedanken an andere Frauen beiseite.

Philips Stimme wurde weich. »Ich sehe durchaus, wenn eine Frau attraktiv ist, aber keine kann es mit dir aufnehmen.« Er streckte die Hand nach Elizabeth aus, zog sie zu sich heran und küsste sie.

Elizabeth genoss den Moment der Nähe.

»Vielleicht empfindet Margaret für Peter wie ich für dich? Vielleicht kann sie sich gar nicht mehr vorstellen, jemand anderen zu lieben? Peter hat seine Qualitäten. Er war der Einzige, der mit Papas Zornesausbrüchen umgehen konnte.«

Elizabeth erinnerte sich, als wäre es gestern gewesen, wie aufmerksam und diskret Peter die Weisungen ihres Vaters ausgeführt und wie beruhigend er auf ihn eingewirkt hatte, wenn die Emotionen mal wieder hochkochten. Selbst der zweiwöchige Schichtdienst hatte ihn nicht gestört. Er sei daran gewöhnt, zu essen und zu schlafen, wo er sich gerade befinde, hatte er gesagt. In Sandringham und Balmoral war er über die reguläre Dienstzeit hinaus geblieben. Und 1947 hatte er die königliche Familie sogar nach Südafrika begleitet.

Vermutlich hatte Margarets Schwärmerei für Peter während dieser langen Reise ihren Anfang genommen und war durch Elizabeth' Heirat verstärkt worden. Ohne sie hatte Margaret sich einsam gefühlt und in Peter Halt und Ablenkung gefunden. Er war mit ihr während der Feiertage aufs Land gefahren und mit ihr ausgeritten. Ihr Vater hatte das toleriert. Solange Margaret ihm zwischendurch Gesellschaft leistete, war für Bertie die Welt in Ordnung.

Elizabeth schwieg einen Moment, dann sprach sie ihre Sorge aus. »Ich habe Margaret vor langer Zeit versprochen, immer für sie da zu sein.«

Philip legte den Zeigefinger an Elizabeth' Kinn, sodass sie ihn ansehen musste. »Das bist du doch auch. Im Rahmen deiner Möglichkeiten.«

»Ich bin die Königin, wie sollte ich je frei sein, zu entscheiden?«

Einen Moment lauschten sie dem Wind, der draußen heulte.

»Vielleicht legt sich das Ganze ja wieder? Mit der Zeit kühlen manche Gefühle ab. Unter Umständen tut den beiden die Trennung gut. So können sie noch einmal in Ruhe über alles nachdenken.«

Elizabeth schüttelte den Kopf. »Margaret wird Peter nicht aufgeben, wie herausfordernd die Umstände auch sein mögen … Ist dir aufgefallen, dass er stottert?«

Philip sah sie verwundert an. »Nein.«

»Es kommt nicht oft vor, nur hin und wieder«, erklärte Elizabeth. »Papas Stottern hat in Margaret immer Mitgefühl und Fürsorge ausgelöst. Peter ist unserem Vater in vielem ähnlich.«

Philip fiel Margarets bevorstehende Reise in die britische Kronkolonie im südlichen Afrika ein.

»Peters Versetzung überschneidet sich doch hoffentlich nicht mit Margarets Reise nach Süd-Rhodesien. Es ist das Mindeste, dass sie sich in Ruhe voneinander verabschieden können.«

»Die Versetzung wird erst am 17. Juli spruchreif, wenn Margaret bereits zurück ist.« Der Seufzer, der Elizabeth entkam, verdeutlichte ihre Gefühle. »Ich mag mir nicht vorstellen, wie sie sich an diesem Tag fühlen wird.«

Das Versprechen, sich noch von Angesicht zu Angesicht von Peter verabschieden zu können, wurde gebrochen, als seine Versetzung still und leise bereits am 15. Juli über die Bühne ging. Selbst der britische Botschafter in Belgien, Christopher Warner, der sich zu der Zeit in Léopoldville befand, erfuhr von der Ankunft Peter Townsends in Brüssel aus der Zeitung.

Als Margaret in Süd-Rhodesien erfuhr, dass sie Peter bei ihrer Rückkehr nach London nicht mehr sähe, brach sie zusammen. Die Königinmutter, die sie auf der Reise begleitete, musste die letzten öffentlichen Termine übernehmen. Offiziell hieß es, die Prinzessin leide unter einer schweren Erkältung.

Bei Margarets Rückkehr nahm Elizabeth erschüttert den Zustand ihrer Schwester wahr. Das Strahlen war aus ihrem Gesicht verschwunden, ihr Teint war fahl, und sie hatte abgenommen.

Elizabeth nahm sie in den Arm, um sie zu trösten, doch es fühlte sich an, als wäre eine Mauer zwischen ihnen.

Peters Brüssel-Aufenthalt war nur ein Aufschub, sie schlichen um das Problem herum, in der Hoffnung, es würde sich unter dem Druck der Trennung endgültig lösen. Doch Elizabeth ahnte, dass diese Hoffnung trügerisch war.

18. KAPITEL

1953/1954
Australien, Neuseeland

Philip ordnete mit der Hand das durcheinandergewirbelte Haar. Neben ihm an der Reling hatte Elizabeth die Arme auf die Brüstung gestützt, die Frisur zum Schutz gegen den Wind unter einem seidenen Tuch verborgen.

Sie waren an Bord der *Gothic* und segelten durch den Panamakanal nach Fidschi und weiter durch den Südpazifik nach Tonga. Diesmal waren sie auf ihrer Reise nach Australien und Neuseeland zuerst Richtung Westen nach Bermuda geflogen.

»Es ist mir wichtig, den Menschen noch einmal zu vergegenwärtigen, dass das Commonwealth nichts mit dem Empire der Vergangenheit gemein hat ...« Elizabeth löste die Arme von der Brüstung und fasste gestikulierend die wichtigsten Punkte zusammen. »Während meiner Reden möchte ich die Zuhörer spüren lassen, dass es sich lohnt zusammenzustehen und wie elementar es ist, nicht die Unterschiede zu betonen, sondern die Gemeinsamkeiten, um miteinander nach Frieden, Freiheit und Fortschritt zu streben.«

Philip drehte den Kopf gegen den Wind. »Wer könnte erfolgreicher sein als du, eine junge, schöne, engagierte Königin? Allein durch deine Anwesenheit stärkst du die Bündnisse.«

Angesichts des Lobs legte sich eine leichte Röte auf Elizabeth' Wangen.

»Du schmeichelst mir.« Die Worte ihres Mannes motivierten sie.

»Keineswegs«, erwiderte Philip. »Ich drücke lediglich aus, was ich sehe und woran ich glaube.«

Elizabeth hörte Schritte. Als sie sich umdrehte, sah sie Philips Cousine, Pamela Mountbatten, die auch diesmal als Hofdame mitreiste, mit einer kleinen Schachtel auf sie zueilen.

»Ich dachte, eine Brille gegen die Sonne könnte nicht schaden«, sagte sie schon von weitem. Sie knickste vor Elizabeth, nickte Philip zu und reichte Elizabeth das Etui.

»Danke, Pamela. Das ist sehr aufmerksam.«

Als sie wieder allein waren, nahm Philip seiner Frau das Etui ab, öffnete die Bügel und schob ihr die getönte Brille über den Nasenrücken. »Jetzt musst du die Augen nicht länger zusammenkneifen.«

Die kleinen Fältchen um ihre Augen glätteten sich. »Ah … viel besser«, murmelte Elizabeth. Sie drehte die Hände und hielt sie in die Sonne. »Weißt du, worauf ich mich freue?«

Philip schüttelte den Kopf. »Nein. Sag es mir.«

»Auf Königin Salote. Ich werde nie vergessen, wie sie bei meiner Krönung im offenen Wagen durch den Regen fuhr. Hoffentlich erwartet sie nicht etwas ähnlich Spektakuläres von uns. Zumindest mit ihrem auffälligen Hut, den sie damals trug, kann ich mithalten. Bobo hat zwei besonders extravagante Exemplare eingepackt.«

Bei ihren Reisen ging es immer auch darum, den Menschen in Erinnerung zu bleiben. Und Kleidung war eine einfache Möglichkeit, etwas zu verdeutlichen, wenn auch die unbedeutendste.

»Was sagst du eigentlich zu der Hoffnung, mit deiner Regentschaft begänne ein neues elisabethanisches Zeitalter?«

»Wie meine Tudor-Vorfahrin Elizabeth I., die weder Mann noch Kinder hatte?« Elizabeth entkam ein gelöstes Lachen. »Kannst du dir mich als Despotin vorstellen? Wo sich noch nicht mal die Hunde vor mir fürchten.«

»Wenn du willst, kannst du durchaus bestimmt sein.« Philip schmunzelte. »Nicht bei den Hunden natürlich … aber mir gegenüber.«

Elizabeth gab ihrem Mann einen Klaps auf den Unterarm. »Ich stehe für das Konzept einer gleichberechtigten Partnerschaft ein. Schon vergessen?«

»Ach, so ist das. Weshalb hast du mir dann bei unserer Hochzeit Gehorsam versprochen? War das ein Scherz?«

»Das nennt man kirchliche Tradition.«

Philip tat, als werde ihm etwas klar. »Ich wusste es. Frauen, die einem Gehorsam versprechen, ist nicht zu trauen.«

Sie lachten und scherzten eine Weile, dann kam Elizabeth auf Weihnachten zu sprechen.

»Ich finde es übrigens interessant, das Fest dieses Jahr in Neuseeland zu verbringen. Ich hoffe, du hast mein Geschenk nicht zu Hause vergessen.«

Philip tat, als wisse er nicht, was gemeint war. »Welches Geschenk?« Erneut lachten sie.

Es waren Momente wie diese, die Elizabeth Kraft gaben und dem Leben eine Portion Leichtigkeit entgegensetzten.

Sie kamen pünktlich zu Weihnachten in Neuseeland an. Wie geplant, bereitete Elizabeth sich auf ihre Weihnachtsansprache vor, die live im Radio übertragen werden sollte, als sie jäh unterbrochen wurde.

»Eure Majestät?!«

Sie sah von ihren Unterlagen auf, alles andere als erfreut über die Unterbrechung, und bemerkte, wie angespannt ihr Privatsekretär wirkte.

»Ich habe nicht mehr viel Zeit, um mich vorzubereiten.«

»Ich weiß, Ma'am. Tut mir leid, dass ich Sie störe.«

»Was gibt es denn?«, erkundigte sich Elizabeth.

Es hatte den Anschein, als traue ihr Privatsekretär sich kaum auszusprechen, was er ihr zu sagen hatte. »Es ist zu einer schrecklichen Katastrophe gekommen, Ma'am. Der schlimmsten in der Geschichte Neuseelands.«

Elizabeth versuchte, ihr Entsetzen zu verbergen. »Welche Art Katastrophe?«, wollte sie wissen.

»Ein Zugunglück, bei dem über hundertfünfzig Menschen ums Leben gekommen sind.«

Elizabeth' Hände schoben mechanisch die Papiere zusammen. »Wie außerordentlich tragisch«, entfuhr es ihr. Sie überlegte, dann sagte sie: »Wir machen Folgendes. Ich ändere meine Ansprache und gehe auf das Ereignis ein. Vielleicht kann ich den Menschen zumindest mit ein paar Worten ein wenig Trost spenden, auch wenn ich im Moment nicht glaube, dass es mir gelingt.«

Sie griff nach dem Füllfederhalter und strich hastig Sätze durch, schrieb neue dazu. Kurz darauf gab sie das Zeichen, dass sie bereit war. Sie strich mit dem Daumen über den Zeigefinger ihrer linken Hand und begann die Ansprache in bedächtigem Ton.

»Letztes Weihnachten habe ich aus England zu Ihnen gesprochen; dieses Jahr tue ich dies aus Neuseeland … Dies wird also eine Reise um die ganze Welt sein – die erste, die ich als Königin von England unternehmen darf. Aber vor allem habe ich mich auf diese Reise begeben, um so viel wie möglich von den Menschen und Ländern des Commonwealth und Empire zu sehen, um aus erster Hand von Ihren Triumphen und Schwierigkeiten, Ihren Hoffnungen und Ängsten zu erfahren. Ich möchte Ihnen zeigen, dass die Krone nicht nur ein abstraktes Symbol unserer Einheit ist, sondern ein persönliches und lebendiges Band zwischen

Ihnen und mir.« Als sie auf das Unglück zu sprechen kam, wurde sie innerlich ganz ruhig. »Und nun möchte ich etwas zu meinem neuseeländischen Volk sagen. Letzte Nacht ereignete sich in Tangiwai ein äußerst schwerer Eisenbahnunfall, der Tragödie in viele Zuhause und Trauer in diesen Weihnachtstag gebracht hat.« Wärme und Mitgefühl lagen in ihrer Stimme. Sie trauerte mit den Menschen und war ehrlich betroffen. »Ich weiß, dass es niemanden in Neuseeland, in der Tat im gesamten Commonwealth gibt, der sich nicht meinem Mann und mir anschließen würde, um den Trauernden eine Botschaft der Anteilnahme für ihren Verlust zu senden.« Schließlich fügte sie hinzu: »Ich bete, dass Sie und alle Verletzten getröstet und gestärkt werden.«

Nach der Ansprache kam Philip zu ihr und nahm sie zur Seite.

»Eine wunderbare Ansprache, Lilibet. Es ist nicht leicht, in einer Situation wie dieser die passenden Worte zu finden, ohne ins Rührselige abzugleiten. Genau das ist dir gelungen.«

Im neuen Jahr reisten sie weiter und ankerten in Farm Cove.

»Was steht heute bei dir auf dem Programm?«, erkundigte sich Elizabeth, als sie in Sidney in den Tag starteten.

»Der Besuch eines Testgeländes für die Entwicklung von Raketen.«

Elizabeth hob interessiert die Augenbrauen. »Wie spektakulär. Das müsste doch ganz nach deinem Geschmack sein.«

»Das ist noch nicht alles. Danach stehen auf meinem Tagesplan eine Uranmine und eine Fabrik für unbemannte Flugzeuge. Wo ich auch bin, ich lasse den Gedanken der Monarchie als Katalysator der Moderne nicht aus den Augen«, erklärte Philip augenzwinkernd. »Übrigens, die *State Library of New South Wales* findet, unsere Reise sei das größte Ereignis, das jemals in Australien organisiert wurde.« Er zog am Knoten seiner Krawatte, um den perfekten Sitz noch einmal zu kontrollieren.

»Hört sich großartig an.« Elizabeth nahm die Handschuhe, die für sie bereitlagen. »Ich habe heute veranlasst, dass an den großen Veranstaltungen Behinderte und Kinder von Aborigines teilnehmen können. Meinem Empfinden nach stehen beide Gruppen viel zu sehr am Rand der australischen Gesellschaft. Das will ich ändern.«

Elizabeth hatte sich im Vorfeld der Reise mit der Unterdrückung der Aborigines beschäftigt; in den 1920er Jahren lebten nur noch sechzigtausend.

»*Ab origine* bedeutet übrigens *von Anfang an*. Wusstest du das?«, erklärte sie.

Philip schüttelte den Kopf.

Elizabeth streifte die Handschuhe über. »Wir nennen sämtliche Ureinwohner des fünften Kontinents so, aber in Australien differenziert man. Ich bin froh, dass inzwischen Organisationen gegründet wurden, die sich für die Rechte der Ureinwohner einsetzen. Viele Aborigines haben im Krieg für Australien gekämpft. Es war wichtig, dass sie 1949 endlich die australische Staatsbürgerschaft erhalten haben.«

»Du scheinst bestens vorbereitet zu sein.« Philip gab Elizabeth einen flüchtigen Kuss. »Erzähl mir am Abend mehr.«

Als sie vor Ort ankam, war die Organisatorin sichtlich aufgeregt, der Königin zu begegnen. Es war immer dasselbe. Wenn sie einen Raum betrat oder auf jemanden zuging, änderten die Menschen ihr Verhalten. Sie waren nicht mehr sie selbst, sondern spielten eine einstudierte Rolle. Auch diesmal versuchte Elizabeth, der Frau durch einen offenen Blick und ein paar freundliche Worte die Scheu zu nehmen.

»Die Geschichte der Aborigines erzählt leider viel zu lange von Unterdrückung und Ausgrenzung«, sprach sie ihre Gedanken aus. »Deshalb ist es mir wichtig, dass sich das in Zukunft ändert.«

Die Organisatorin nickte bekümmert. »Das ist leider ein trauriges Kapitel unserer Geschichte, Ma'am. Das gebe ich zu.« Die junge Frau schien es trotz des ernsten Themas zu genießen, kurz mit ihr zu plaudern.

»Nun … dann werde ich mich mal zeigen«, kündigte Elizabeth nach ein paar Sätzen an.

Große dunkle Augen sahen sie erwartungsvoll an, als sie mit einem ungezwungenen Lächeln vor die Menschen trat.

»Ich freue mich, heute hier zu sein«, sagte sie, schüttelte Hände und erwiderte die freudigen Blicke und das unbedarfte Interesse der jungen Menschen.

Das Treffen, das auch die Aborigines mit einbezog, war nur ein kleines Puzzleteil ihrer Reise, aber ein sehr emotionales.

In Sydney nahmen Elizabeth und Philip an einem Staatsbankett teil, und da in Australien das Fernsehen noch nicht eingeführt worden war, erschienen zweihunderttausend Menschen, um die Königin bei der Anfahrt zu sehen.

Als sie nach Melbourne weiterreisten, säumten eine Million Zuschauer die Straßen.

Elizabeth presste während der Fahrt immer wieder die Lippen zusammen, um die Gesichtszüge zu entspannen, dann setzte sie wieder ein Lächeln auf.

»Ich würde gern jedem Einzelnen mein wärmstes Lächeln schenken, aber ich fürchte, meine Gesichtsmuskeln machen bald nicht mehr mit«, klagte sie, während sie den Menschen zuwinkte.

Philip schien kein Problem damit zu haben. Er konnte ohne Ermüdungserscheinungen stundenlang lächeln. Wie machte er das nur?

»Niemandem ist es möglich, mehr als sein Bestes zu geben. Am Ende des Tages bleibt jeder nur ein Mensch«, beruhigte Pamela sie abends in sanftem Ton, als Elizabeth ihr von der Wagenkolonne erzählte, während der sie ständig versucht hatte zu lächeln.

»Ein Mensch schon, aber bitte einer, der dauerlächelt«, nahm

Elizabeth es mit Humor. »Ich wünschte, ich könnte mein Lächeln einfrieren, damit es immer auf meinem Gesicht zu sehen ist, wenn ich es brauche.«

Zu allem Überfluss griffen die Medien das Thema auf und schrieben über das »Lächelproblem« der Königin, und es dauerte nicht lange, bis Elizabeth die Schlagzeilen sah.

»Ich kann es kaum erwarten, das Wochenende fern von all dem Trubel zu verbringen«, sagte Philip und öffnete das Fenster, um die warme Sommerluft hereinzulassen. »Hättest du jemals gedacht, dass wir mal in einem Nationalpark in Victoria wohnen würden?« Noch bevor Elizabeth etwas entgegnen konnte, sprach er weiter. »Wobei … eigentlich dürfte mich in diesem Leben nichts mehr überraschen, so viel, wie wir schon erlebt haben. Ich bin mir sicher, dass uns das Leben noch mit einigen Dingen überraschen wird.«

Elizabeth hielt die Zeitung in Händen. »Ich sehe ziemlich mürrisch aus.« Sie tippte auf ein Foto, das sie nicht gerade vorteilhaft abbildete. »Wenn der Presse nichts Neues einfällt, werde ich demnächst die Königin der schlechten Laune sein.«

Philip setzte sich und faltete die Zeitung zusammen, in der ein weiterer Artikel über Elizabeth' stand. »Das solltest du ignorieren. Irgendwann stürzen sie sich auf jemand anderes. Ist nur eine Frage der Zeit … Und mit ein bisschen Glück fängt das Kamerateam bei deinem Besuch bei den Koalas ausschließlich deine lächelnden Momente ein«, scherzte er.

Seit ihrer Ankunft wurden sie von einem Kamerateam begleitet, um den ersten Besuch eines regierenden Monarchen in Australien festzuhalten.

Elizabeth' Blick fiel auf eine weitere Zeitung, die titelte: *Der Mann der Königin hat kein Problem zu lächeln.*

»… Lächeln scheint dem *Duke of Edinburgh*, der vor allem beim weiblichen Geschlecht sehr gut ankommt, im Blut zu liegen«, las Elizabeth vor. Sie sah auf. »Du kommst ganz schön gut weg.«

»Nimm das nicht allzu ernst, beachte es nicht«, sagte Philip. Als Elizabeth hektisch zu atmen begann, griff er ein. »Bitte reg dich nicht auf, es lohnt sich nicht. Du atmest wie im Auto, wenn ich deiner Meinung nach zu viel Gas gebe.«

Elizabeth schob die Zeitung außer Reichweite. »Du meinst wohl eher, wenn du mit überhöhter Geschwindigkeit die Straße entlangbretterst«, sagte sie genervt.

Philip erwiderte Elizabeth' Blick. »Und was sage ich dann immer?«

Elizabeth spürte, wie sie sich über die Worte ärgerte, obwohl Philip sie noch gar nicht ausgesprochen hatte. »Du sagst, wenn du nicht sofort aufhörst, so komisch zu atmen, halte ich den Wagen an und lasse dich an Ort und Stelle aussteigen«, sagte sie an seiner Stelle.

»Genau. Und so halte ich es auch jetzt«, bekräftigte Philip.

»Ach wirklich? Das würde ich mir an deiner Stelle noch mal überlegen«, konterte Elizabeth. »Vor allem, wo wir gar nicht in einem Wagen sitzen und du folglich auch nicht anhalten kannst.«

Die Sätze flogen hin und her, eine Entgegnung jagte die nächste. Elizabeth mochte keine Auseinandersetzungen und wechselte deshalb manchmal das Thema, doch diesmal gelang es ihr nicht.

Nach einer Weile reichte es Philip. »Weißt du was? Ich muss dringend den Kopf freibekommen. Für heute habe ich genug.«

Er ging zur Tür.

»Du wirst doch nicht mitten im Gespräch davonlaufen?«, ereiferte Elizabeth sich.

»O doch. Das tue ich. Glaub mir.« Philip öffnete die Terrassentür und ließ sie mit einem lauten Knall hinter sich ins Schloss fallen.

Elizabeth fühlte, wie eine ungeheure Wut in ihr aufstieg. Sie sah sich im Zimmer um, ergriff den Tennisschläger und die Sportschuhe, die neben der Tür standen, und rannte nach draußen.

Philip stand ein paar Schritte entfernt mit in die Hüften gestemmten Armen. Auf seinem Gesicht glaubte Elizabeth ein Lachen auszumachen. Ohne zu überlegen, holte sie aus und warf den Schläger und danach die Schuhe in seine Richtung. Das Geräusch des Tennisschlägers, der auf dem Holzboden aufschlug, ließ sie zu sich kommen. Plötzlich war die Wut wie weggeblasen, und sie empfand nur noch Scham, sich derart aufzuführen.

Sie sah zu Philip hinüber und entdeckte nicht weit entfernt eine Kamera und gleich daneben die betroffenen Gesichter der Filmcrew, die sich offenbar auch an ihrem freien Wochenende ein paar Bilder von ihnen erhoffte. Die Männer sahen sie mit schreckgeweiteten Augen an.

Konnte es sein, dass dieser unschöne Vorfall festgehalten worden war? Panik stieg in Elizabeth auf. Sie sah schon die Schlagzeile vor sich: *Wütende Königin bewirft ihren Mann mit Schuhen und Tennisschläger.*

Richard Colville rannte herbei. »Eure Majestät«, raunte der Pressesprecher ihr zu. »Machen Sie sich keine Sorgen. Ich werde umgehend veranlassen, dass wir den Film aus der Kamera bekommen.«

»Danke, das wäre sehr hilfreich«, presste Elizabeth hervor.

Sie beobachtete mit einem mulmigen Gefühl, wie Colville zu den Männern ging, mit ihnen sprach und wie ihm nach kurzem Zögern tatsächlich ein Film ausgehändigt wurde.

»Und jetzt bekommen Sie erst mal ein kühles Bier und ein paar Sandwiches«, hörte sie Colville versprechen.

Elizabeth drehte sich um und eilte ins Haus. Sie war betroffen und wusste nicht, was sie tun sollte. Sie musste sich später unbedingt bei Colville für sein rasches Einschreiten bedanken. Er hatte sie gerettet.

Das ganze Ausmaß ihrer Beschämung stand ihr ins Gesicht geschrieben, als Philip das Zimmer betrat.

»Philip … Es tut mir leid. Wie konnte ich mich nur derart vergessen?«

Philip breitet die Arme aus. Elizabeth ging zögernd auf ihn zu, und als er ihr zunickte, legte sie den Kopf an seine Schulter.

»Du bist überlastet, das ist alles. Man muss schon ein Übermensch sein, um so viele Bürgermeisterempfänge und Schlagzeilen durchzustehen, ohne mal Dampf abzulassen«, beruhigte er sie. Er wandte den Kopf Richtung Fenster. »Und morgen kaufen wir neue Schuhe. Die da draußen kann man nicht mehr nehmen.«

»Danke für dein Verständnis.« Elizabeth fühlte Erleichterung. Philip reagierte völlig anders, als sie erwartet hatte. Sie dankte ihm noch einmal, dann griff sie nach ihrem Hut und eilte nach draußen.

Für einen Moment hatte sie sich vergessen, doch es war ihr wichtig, für ihr Handeln Verantwortung zu übernehmen.

»Es tut mir leid, dass Sie Zeugen dieses unschönen Zwischenfalls geworden sind.« Mit diesen Worten trat sie vor das Kamerateam. »Wie Sie wissen, passiert so was in den besten Ehen«, sagte sie mit ruhiger Stimme. »Keine Beziehung ist immer vorbildlich.«

Elizabeth blickte in verständnisvolle Gesichter. Einer der Männer grinste wissend, riss sich dann aber zusammen.

»Für Gefühle muss sich niemand schämen, das ist menschlich«, sagte der Mann, der Colville den Film ausgehändigt hatte.

Die anderen nickten zustimmend.

»Vielen Dank für Ihr Verständnis und noch einen schönen Tag«, wünschte Elizabeth, nachdem sie noch einige Sätze gewechselt hatten.

Als sie das Haus betrat und die Tür hinter sich schloss, war sie froh, alle besänftigt zu haben.

Am Ende ihrer Reise gingen sie wieder an Bord der *Gothic*, um über das Mittelmeer die Heimreise anzutreten. Die Band spielte: *There'll always be an England*.

»Australien betrachtet das alte Land noch immer als seine Heimat.« Elizabeth dachte an ihren Vater, dem diese Erkenntnis viel bedeutet hätte.

»Mögen die Australier für immer anglophil sein«, beschwor Philip das Bild einer langen gemeinsamen Zukunft herauf.

In England erwartete sie eine beeindruckende Begrüßung: Zweihundert Flugzeuge zeigten sich am Himmel.

»Welch ein Spektakel! Es ist unglaublich«, schwärmte Elizabeth. Sie legte den Kopf in den Nacken, unfähig, sich vom Anblick der Flugzeuge zu lösen.

»So heißt man die Königin willkommen«, sagte Philip. Auch er war ergriffen.

»Und den *Duke of Edinburgh*.« Elizabeth senkte den Kopf und sah ihren Mann an, der kurz das Winken unterbrach. »Wie machst du das nur? Du winkst den Menschen und lächelst mich gleichzeitig an.«

»Das gehört zum Repertoire eines Prinzgemahls«, sagte Philip mit diesem Schmelz in der Stimme, den Elizabeth so mochte.

Nun wandte auch sie sich den Menschen zu und winkte ausgelassen.

19. KAPITEL

März 1955
England, London,
Buckingham-Palast

Philip knotete den Gürtel seines Morgenmantels. »Wie stehen die Dinge in der Downing Street? Hat Churchill endlich eingesehen, dass es besser ist, sein Amt niederzulegen?«

Elizabeth legte die Haarbürste beiseite. »So gut wie. Er braucht nur noch einen kleinen Stups.«

»Na endlich. Er hat Anthony Eden auch lange genug herausgefordert.«

»Als würde der den Kampf um ein Amt nicht selbst am allerbesten kennen«, warf Elizabeth ein.

»Man schaut nun mal leichter auf die Fehler anderer als auf die eigenen.«

Elizabeth stieg in ihre Hausschuhe, bereit, sich in ihr Schlafgemach zurückzuziehen.

Winston Churchill war nach einem schweren Schlaganfall, in dessen Folge er teilweise gelähmt war, zum Problem geworden, dessen Elizabeth sich hatte annehmen müssen. Lord Salisbury und Richard Butler hatten sich entschlossen, Churchills Zustand zu verharmlosen, weil sie Angst hatten, ohne ihn die Macht zu verlieren.

»Die Menschen schätzen, was Churchill für das Land getan hat. Aber diesmal geht er zu weit. Er klammert sich an sein Amt, als könnte er ohne es nicht überleben«, hatte sie zu Philip gesagt, als ihr klar geworden war, dass der Premierminister partout nicht abtreten wollte.

Seine Rückkehr an die Macht 1951 war als Erfolg und Tragik zugleich zu werten. Die Reputation seines Namens hatte die Konservativen wieder an die Regierung gebracht, aber Churchills Gesundheit war der Bürde des Amtes nicht länger gewachsen. Es stand schlimm um ihn, doch er wollte es nicht wahrhaben.

Philip hatte ihr geraten, ein ernstes Wort mit ihm zu sprechen. »Du als Königin bist die Einzige, die ihn bitten kann, sein Amt niederzulegen.«

»Ich weiß, aber ich habe geschworen, im Sinne meines Vaters zu regieren. Und er hasste Veränderungen und liebte Churchill. Wo soll ich ansetzen, um den Premierminister zur Einsicht zu bringen?«, hatte sie erwidert.

Nun sagte sie zu Philip: »Wie ich Churchill kenne, wird er auf dem Parteitag der Konservativen im Herbst sprechen wollen.«

»Kann er das in seinem Zustand überhaupt bewerkstelligen?«

»Vermutlich wird er verbissen daran arbeiten, der Kampf um seine Gesundheit ist für ihn gleichbedeutend mit seiner Identität als Politiker. Und er ist nicht zu unterschätzen. Er ist dickköpfig und stur wie ein Esel und scheut sich nicht, sich mit mir anzulegen. Wenn er meine Bitte, zurückzutreten, ablehnt, kommt es zur Staatskrise.«

1953 hatte Elizabeth Winston Churchill zum Ritter des Hosenbandordens ernannt. Außerdem war ihm der Nobelpreis für Literatur zugesprochen worden. Seine Marlborough-Biografie und seine Erinnerungen an den Zweiten Weltkrieg hatten ihm die hohe Auszeichnung eingebracht.

Zigarren, Whisky und opulente Mahlzeiten waren seine Vorlieben, nicht zu vergessen seine Frau und die Pudel. Churchill liebte die zwergigen, rotbraunen Exemplare. Doch am meisten liebte er sein Amt. Ein Leben ohne Politik war für ihn offenbar kaum vorstellbar.

»Seine Reden zur Verteidigung menschlicher Werte haben mich immer inspiriert. Er ist brillant, wenn er spricht. Ich werde ihm nach dem Amtsverzicht den Titel eines *Duke of London* anbieten. Was der schicksalsgläubige Churchill wohl dazu sagen wird?«

»Ich denke, da kann ich mit einer Antwort dienen. Er wird um jeden Preis Mitglied des Unterhauses bleiben wollen. Dem *House of Commons* schwört er nicht ab. Er wird sich nicht auf seinen Landsitz in Kent zurückziehen, um sich dort der Malerei und den Hunden zu widmen.«

»Was ist mit dem Schreiben?«, warf Elizabeth ein.

»Keine Chance«, glaubte Philip.

Churchills Ansehen in der Öffentlichkeit hatte sich mit den Jahren gewandelt. Die Menschen nahmen ihn inzwischen als eine Art Antiquität wahr.

»Churchill hat viele meiner anfänglichen Zweifel mit einem

Handstreich weggewischt«, erinnerte sich Elizabeth. »Das werde ich ihm nie vergessen.«

Die wöchentlichen Termine mit ihm würden ihr für immer in Erinnerung bleiben. Ebenso die vielen Stunden, die er sich Zeit für Margaret und sie genommen hatte, als sie noch Kinder waren. Er hatte sein Wissen und seine Erfahrungen stets mit ihnen geteilt und war nie müde geworden, ihre Fragen zu beantworten. Aber für jeden kam der Zeitpunkt, an dem man sich klarmachen musste, dass man alt, und, in seinem Fall, gebrechlich war und Jüngere auf ihre Chance warteten.

»Ich weiß, ich als Königin auf Lebenszeit habe leicht reden«, sprach Elizabeth weiter. »Niemand wird mich je infrage stellen. Zumindest hoffe ich das … Aber wahrscheinlich liegst du mit deiner Einschätzung richtig. Er wird den Titel ausschlagen. Das sei ihm unbenommen. Also keine erbliche Peerswürde für Winston Churchill.« Elizabeth' Gesichtszüge wurden weich, als sie über den Teppich auf Philip zukam. »Sag mal«, begann sie, »wäre es etwas für dich, zurückgezogen auf dem Land zu leben und nur noch das zu tun, was dir in den Sinn kommt, wenn du die achtzig überschritten hast?«

Elizabeth glaubte die Antwort bereits zu kennen, doch sie wollte sich nicht des Vergnügens berauben, sie aus dem Mund ihres Mannes zu hören.

»Ich bin ein anderes Kaliber, das solltest du inzwischen wissen.« Philip sah auf die Hunde hinab, die um Elizabeth herumtollten. »Außerdem lässt du nie und nimmer zu, dass die Corgis zu mir überlaufen, wenn ich es mir später im Grünen gemütlich mache.«

Das Bild, das Philip zeichnete, amüsierte Elizabeth.

»Du schiebst es tatsächlich auf die Hunde? Die schwächsten Glieder in der Kette.«

»Die schwächsten Glieder in der Kette?« Philip lachte auf. »Hast du unsere Flitterwochen vergessen? Wer hatte in dieser Zeit denn das Sagen? Ich oder dein Liebling Susan?«

Elizabeth breitete die Arme aus und umarmte Philip. »Ich gebe zu, dass Susan uns hin und wieder gestört hat, wenn sie raus wollte.«

»Sie wollte mit *dir* raus! Wohlgemerkt«, erinnerte Philip sie.

Sie standen eng umschlungen da, scherzten und wünschten sich, nachdem die Hunde in ihr Zimmer gebracht worden waren, eine gute Nacht.

»Gute Nacht, Liebes. Bis morgen.« Philip gab Elizabeth einen Kuss.

Als sich die Tür hinter ihm geschlossen hatte, ließ Elizabeth sich aufs Bett sinken und schob die Füße unter die Daunendecke.

Der tägliche Ablauf im Buckingham-Palast funktionierte immer besser. Seit letztem Jahr kümmerte sich Lord Plunket, Stellvertreter ihres obersten Hofmeisters, um das öffentliche und private Leben, koordinierte Staatsempfänge und Hauspartys und besorgte sogar die Geburtstagsgeschenke für Anne oder Charles. Plunket legte sein ganzes Augenmerk auf die Arbeit. Auf ihn konnte sie auch in schwierigen Momenten zählen. Er wusste, wie lange ein Mittagessen dauerte – nicht länger als fünfzig Minuten – und dass ein Essen abends keine zwei Stunden in Anspruch nehmen sollte, Tischreden inklusive. Außerdem wusste er, dass Samstage für Elizabeth normale Wochentage waren.

»Wie sonst sollen Menschen, die von montags bis freitags rechtschaffen ihrer Arbeit nachgehen, mich sehen? Schließlich komme ich nicht jeden Tag bei ihnen vorbei«, lautete ihre Devise.

Ein wichtiger Punkt waren außerdem die Sicherheitsmaßnahmen.

»Zu viele Maßnahmen erschweren meine Arbeit oder machen sie zunichte. Es ist wichtig, dass ich Kontakt mit den Menschen aufnehme. Also keine Kolonne von Motorradfahrern neben meinem Wagen, sonst sieht man mich nicht. Menschlichkeit ist gleichbedeutend mit Verwundbarkeit. Und ich möchte mich den Leuten als Mensch zeigen, nicht nur als ihre Königin.«

Elizabeth' Blick fiel auf das Buch auf ihrem Nachttisch. Margaret hatte ihr den Roman bei ihrem letzten Besuch mitgebracht. Sie war schon in Kindertagen eine unersättliche Leserin gewesen und verschlang noch heute alles, was ihr in die Finger kam.

Elizabeth griff nach dem Buch, doch ein Bild schob sich vor ihre Augen: Margarets weißbehandschuhte Hand, die über das Revers von Peter Townsends Uniform streicht und dort einen Fussel entfernt …

20. KAPITEL

April 1955
England, London,
Downing Street,
Buckingham-Palast

Ein satter Summton war zu hören, während der Wagen durch die Straßen fuhr. Die Route war wie immer durch Scotland Yard freigemacht worden, und an den wichtigen Kreuzungen standen Polizisten, um die Fahrt zu überwachen.

Die Stadt zog an Elizabeth vorüber und kam ihr vor wie ein Lebewesen, das ständig in Bewegung war. Nichts blieb je gleich. Elizabeth tastete nach der Handtasche und zog sie auf den Schoß. Gewöhnlich nahm sie keine Einladungen zum Abendessen an. Schweres Essen, Zigarrenrauch und Tischreden gehörten zu den Dingen, die sie nicht mochte.

Wenn sie einen freien Abend hatte, war sie am liebsten privat und fütterte gegen fünf die Hunde. Es war entspannend, den Tieren zuzusehen, wie sie, die Köpfe eifrig über die Näpfe gebeugt, fraßen. Wenn die Hunde versorgt waren, spielte sie mit den Kindern, puzzelte mit ihnen oder fragte sie nach ihrem Tag. Charles war mittlerweile sechs und Anne vier. Die Momente, wenn sie den Kindern zusah, wie sie vorm Schlafengehen in der Badewanne plantschten, gehörten zu den schönsten, die das Leben ihr bieten konnte. Leider hatten Philip und sie nicht oft die Gelegenheit, als Familie zusammen zu sein.

An diesem Abend kam sie jedoch nicht umhin, den Buckingham-Palast zu verlassen, denn Winston Churchill war endlich so weit, zurückzutreten.

»Wir sind am Ziel, Ma'am. Downing Street Nummer 10«, teilte der Fahrer ihr mit.

Elizabeth murmelte einen leisen Dank. Sie war gespannt darauf, wie der Abend verlaufen würde. Offenbar gefiel es Churchill, sie als erster amtierender Premierminister zum Essen in die Downing Street einzuladen. Zurückhaltung lag ihm nicht, er blieb sich bis zum letzten Tag treu.

Als er sie gebeten hatte, ihm am Abend des 5. April die Freude eines gemeinsamen Essens zu machen, hatte sie nach kurzem Zögern zugesagt. Der 6. April war als Tag seines Rücktritts festgesetzt worden, und ein geordneter Abgang wäre wichtig.

Churchill erwartete sie bereits im Eingangsbereich seines Amtssitzes.

Schlagartig fiel ihr wieder ein, dass er anfangs die schützenswerte junge Frau in ihr gesehen hatte, die keine Ahnung vom politischen »Geschäft« hatte. Doch sie war schon damals weder rührselig noch uninformiert gewesen, jedenfalls nicht in dem Ausmaß, wie Churchill es vermutet hatte. Sie hatte gewusst, dass Aufgaben pragmatisch anzugehen waren und private Befindlichkeiten und persönliche Meinungen nichts zur Sache taten. Ihren Beitrag zu leisten, darauf war sie von Kindesbeinen an vorbereitet worden.

»Eure Majestät.« Wie stets verbeugte Churchill sich vor ihr. »Danke, dass Sie mir die Freude Ihrer Gesellschaft gewähren.«

»Gern, Premierminister. Es ist für uns beide ein besonderer

Abend«, erwiderte Elizabeth und folgte ihm zu Tisch, während sie etwas Smalltalk machten.

»Wie geht es Ihrer Frau? Sicher freut sie sich darauf, Sie bald häufiger um sich zu haben.«

»Zu diesem Thema kann ich Ihnen nicht verlässlich Auskunft geben, Ma'am. In letzter Zeit behauptet meine Frau, ich sei am besten auszuhalten, wenn ich einen Pinsel oder einen Stift in der Hand habe. Aber ich denke, das sagt sie schon seit Jahren, ich habe mich nur immer bemüht, es zu überhören.«

Elizabeth musste lächeln, obwohl Churchills Wehmut, sein Amt aufzugeben, deutlich spürbar war. »Ich lasse Ihnen einen Satz Pinsel zukommen, dann ist für den Hausfrieden gesorgt«, versprach sie.

»Sehr großzügig von Ihnen, Ma'am.« Churchill drehte leicht den Kopf. »Ich hoffe, in Ihrer Familie erfreuen sich alle guter Gesundheit?«

»Danke der Nachfrage. Allen geht es gut«, bestätigte Elizabeth.

Churchill wusste, wie rar freie Abende bei ihr waren, und so hoffte sie, dass der Abend sich nicht allzu sehr ausdehnen würde.

Zum Essen wurde Weißwein gereicht. Elizabeth nippte an ihrem Glas. Vom leisen Klappern des Bestecks begleitet, aßen sie. Nach dem Hauptgang nahmen sie in schweren Sesseln Platz.

In einem Aschenbecher auf dem Tisch neben Churchills Sessel lag eine unberührte Zigarre, nach der er, zu Elizabeth' Freude, jedoch nicht griff.

Nach einer Minute des Schweigens begann Churchill das offizielle Gespräch, dessentwegen er Elizabeth zu sich gebeten hatte.

»Ich werde keine offizielle Empfehlung für einen Nachfolger aussprechen, Ma'am«, kündigte er an. Er nahm einen Schluck Wein und stellte das Glas mit zitternder Hand zurück auf den Holztisch.

Elizabeth folgte seinem sehnsüchtigen Blick auf die Zigarre.

»Allerdings würde ich Sie bitten«, fuhr er fort, »mit der Berufung meines Nachfolgers noch zu warten. Dann wird die Tatsache, dass es Ihr Vorrecht ist, den Premierminister zu bestimmen, hervorgehoben. Ich hoffe, Sie gönnen mir das kleine Vergnügen, Ihnen diesen Ratschlag geben zu dürfen.«

»Nun … wenn es Ihnen wichtig ist, Premierminister.«

»Das ist es, Ma'am.«

Elizabeth suchte in Churchills von Alter, Krankheit und ungesunden Lebensgewohnheiten gezeichneter Miene nach einer Antwort auf die Frage, ob er ohne die Herausforderung, die Würde und das Ansehen, die das Amt des Premierministers mit sich brachten, zurechtkäme. Zu ihrer Verwunderung verspürte sie selbst einen Anflug von Wehmut. Das Hin und Her seines Rücktritts hatte sie auf Trab gehalten und wäre morgen offiziell vom Tisch. Churchills Abgang markierte auch für sie das Ende einer Ära.

Nicht nur der scheidende Premierminister, auch Elizabeth hielt gern an Strukturen fest. Feste Abläufe beruhigten sie: die erste Tasse Tee, die Bobo ihr morgens zusammen mit der privaten Post ans Bett brachte; die erste Zeitungslektüre noch im Bett und die Vorfreude auf das Kreuzworträtsel des *Daily Telegraph*; Macdonald auf dem Dudelsack vor ihrem Fenster, dem sie lauschte – ein Ritual, das auf Königin Victoria zurückging, die 1843 Gefallen daran gefunden hatte, einen Dudelsackspieler zu beschäftigen –, und Philips Kommentare zu den BBC-Nachrichten. Um zehn am Vormittag brachten Michael Adeane oder Martin Charteris ihr die Post. Briefe mit politischem oder administrativem Inhalt leitete sie an die zuständigen Regierungsstellen weiter; Briefe von Kindern, die sie ebenfalls häufig erreichten, übernahmen die Hofdamen. Es war schade, dass sie keine Zeit hatte, sich selbst darum zu kümmern.

Abends ein Gin Tonic und die *Red Box*. Wenn Parlamentssitzungen stattfanden, erhielt sie vor dem Dinner einen zusammenfassenden Bericht über die Debatten. Waren sie in Sandringham oder Balmoral, wurde der Text telefonisch an einen ihrer Sekretäre weitergeleitet. Kleine Auszeiten, während der sie mit Anne und Charles spielte, ausritt oder mit den Hunden ins Gelände ging. Abends der angeschaltete Fernseher und die Zeitschriften mit Berichten auch über sich selbst. Ein Leben ohne Struktur kannte sie nicht und konnte es sich auch nicht vorstellen.

Und nun saß sie in der Downing Street, Churchill im Gehrock ihr gegenüber. Selbst an seinem letzten Tag als Premierminister schonte er sich nicht.

Egal, wie es ihm gesundheitlich ergangen war, nichts hatte ihn je davon abgehalten, zu ihr nach Balmoral zu kommen und sich die Zeit zu nehmen, die Ponys der Kinder zu begutachten. Und mehr als einmal hatte Elizabeth sich davon überzeugen können, wie sehr er es genoss, anwesend zu sein, wenn Philip mit Gästen von der Jagd in den Hochmooren zurückkam.

Selbst während ihrer zweiten Reise nach Australien und Neuseeland war Churchill *präsent* gewesen. In den sechs Monaten, die sie fern von England verbracht hatte, hatte er seinem Sekretär Jock Colville Briefe an sie diktiert.

Auf jeden dieser Briefe hatte Elizabeth ihm, ganz in der Tradition ihres Vaters, handschriftlich geantwortet. Später hatte man ihr zugetragen, es habe Churchill zu schaffen gemacht, ihr nicht ebenfalls etwas Handschriftliches zukommen lassen zu können.

Elizabeth sah in Churchills wässrige Augen. Die Augen eines Mannes, der Unglaubliches erlebt, erlitten und erfahren hatte und immer noch nicht genug vom Leben hatte.

»Was Ihren Nachfolger anbelangt, ist der Fall nicht besonders kompliziert.«

»Die Tories, das Establishment und die Presse sehen in Mr Eden den einzigen Kandidaten für das Amt, ich weiß«, polterte Churchill. »Und mir ist klar, dass er sich als ewiger Kronprinz schon eine ganze Weile nicht mehr wohl in seiner Haut fühlt.«

»Wer kann es Mr Eden verdenken? Wie die Dinge stehen, bleibt nicht viel für mich zu tun.«

Mitfühlend blickte Elizabeth auf Churchill. Er hatte die Schultern nach vorn über den korpulenten Körper geschoben und grummelte vor sich hin.

Als junge Königin war sie in eine Ära alter Männer eingebrochen, und nun schied einer aus diesem Bund aus.

»Ihre Nachfolge ist die eine Sache, Premierminister«, sagte Elizabeth.

Churchill zog die Schultern etwas nach hinten.

»Mich beschäftigt allerdings ein weiteres Thema, über das ich gern mit Ihnen sprechen möchte.« Sie hob die Stimme, um zu verdeutlichen, wie wichtig ihr war, was nun folgte. »Für Ihre langjährigen Dienste würde ich Ihnen gern den Titel eines Herzogs verleihen. Großbritannien hat Ihnen viel zu verdanken. Sie haben den Menschen mit Kraft, Ausdauer und Klugheit, nicht zu vergessen mit Besonnenheit gedient.«

Churchills Augen weiteten sich. Er richtete sich an dem Lob auf, und so fuhr Elizabeth fort und berichtete von der geplanten Titelvergabe. »*Duke of London*«, schloss sie ihre Überlegungen, »ein Titel, dessen Sie sich würdig erwiesen haben.«

Churchill hustete krächzend. »Sie waren bereits so großzügig mich zum Ritter des Hosenbandordens zu schlagen. Das haben Sie nicht vergessen, Ma'am, nicht wahr?«

»Wie könnte ich? Mein Vater hat Ihnen den Orden schon Jahre zuvor angetragen. Umso glücklicher war ich, als ich seinen Wunsch endlich umsetzen konnte. Es hätte meinen Vater gefreut, wenn er es hätte erleben können.«

»Zu freundlich von Ihnen, Ma'am. Ich nehme an, es wundert Sie nicht, zu hören, dass ich weiterhin Mitglied des Unterhauses bleiben möchte. Auf den hinteren Rängen des *House of Commons* werde ich hoffentlich niemanden stören. Ein alter Mann, der nicht mehr als Zeuge der Geschehnisse sein möchte.«

Der neue Titel würde nicht nur Churchill selbst, sondern auch seinen Sohn betreffen. Der Gesetzeslage nach war der Herzogtitel eine erbliche Peerswürde und würde nach dem Tod seines Vaters auf Randolph Churchill übertragen. Doch Randolph hatte sich ebenfalls der Politik verschrieben und wäre demnach dann gezwungen, in das Oberhaus, das *House of Lords*, zu wechseln.

»Nun, ich bin mir sicher, dass Sie sogar, ohne ein Wort zu sagen, einen gewissen Einfluss geltend machen werden. Sicher freut man sich, Sie dort in Zukunft zu sehen.«

Churchill hob die Hand und kratzte sich am Hals. Mit einem Mal wirkte er müde und erschöpft. »Zumindest einige wird es nicht stören, mich dort zu sehen«, schränkte er ein. »Und was den Titel anbelangt, muss ich ihn leider ausschlagen. Es war mir eine Ehre, dem Land und der Krone zu dienen, Ma'am. Das Einzige, was mich betrübt, ist die Tatsache, dass ich meinem Nachfolger das ungelöste Problem mit Prinzessin Margaret hinterlasse.«

Churchills düsterer Gesichtsausdruck verdeutlichte, dass sich seine Meinung zu einer eventuellen Heirat Prinzessin Margarets mit Group Captain Townsend nicht geändert hatte. »Ich habe nicht vergessen, wie das Land durch den Rücktritt König Eduards VIII., um Mrs Simpson zu heiraten, verunsichert wurde. Es hat vielen das Herz gebrochen und auch mich zutiefst erschüttert, Zeuge dieser Periode der Instabilität zu sein.«

»Auch ich habe dieses schmerzliche Ereignis noch deutlich vor Augen«, sagte Elizabeth kummervoll. Dieses Thema berührte sie, würde es immer tun. »Der Rücktritt des Königs hat den Alltag meiner Familie von Grund auf verändert. Ohne ihn sähe mein Leben heute gewiss anders aus. Prinzessin Margaret ist jedoch lediglich die vierte in der Thronfolge.«

»Dessen bin ich mir durchaus bewusst, Ma'am. Dennoch halte ich an den Werten der Kirche fest«, beharrte Churchill. »Wie Sie wissen, wird jede Ehe vor Gott geschlossen und hat vor ihm Bestand. Group Captain Townsend ist vor Gott noch immer verheiratet. Daran ändert auch seine Scheidung nichts. Deshalb bin ich entschieden dagegen, dass Prinzessin Margaret eine Verbindung mit ihm eingeht.«

Elizabeth maß Churchill mit einem ernsten Blick. Nein, es wäre nicht leicht für Margaret, eine Entscheidung über ihre Zukunft zu treffen. Die Riege der alten Männer war entschieden gegen sie.

Als sie nach Hause kam, war Philip in seinem Arbeitszimmer und sah auf, als sie eintrat.

»Wie war es?«, erkundigte er sich. »Nimmt der gute alte Churchill die *Beförderung* an?«

Elizabeth kam näher und gab Philip einen flüchtigen Kuss. »Du lagst richtig mit deiner Vermutung. Er will den Titel nicht. Davon abgesehen lief alles ohne besondere Vorkommnisse ab. Das Ende einer Ära ist so gut wie besiegelt.« Elizabeth deutete auf die Berge von Papieren auf Philips Schreibtisch. »Womit beschäftigst du dich zu so später Stunde? Was hält dich so lange wach?«

»Lastkraftwagen.« Philip griff nach einer Zeichnung, auf der eine Konstruktion zu sehen war, aus der Abgase entwichen.

»Sie gehören dringend umgebaut. Die Abgase sollten oberhalb der Fahrerkabine abgeleitet statt wie bisher horizontal in die Gesichter der Fußgänger und Kinder geblasen werden. Als Präsident des Automobilclubs sehe ich es als meine Pflicht an, Abhilfe zu schaffen.«

»Und das hier?« Elizabeth tippte auf einen Zettel mit Notizen. Rasch überflog sie einige Sätze. »Du willst zukünftige Chefs von Unternehmen und Gewerkschaften auf der ganzen Welt in gemischten Gruppen zusammenbringen, um Erfahrungen auszutauschen?«

Philip strahlte vor Enthusiasmus. »Warum nicht?! Anstatt langweiligen Reden beizuwohnen, die niemanden interessieren, könnten sie sich vernetzen und zusammenarbeiten – und so etwas bewirken, wovon die ganze Welt profitieren würde.«

»*Duke of Edinburgh's Study Conference*«, las Elizabeth auf dem vollgeschriebenen Papier. »Klingt innovativ. Wieso hat sich bisher niemand darum gekümmert?«

Philip zuckte mit den Schultern. »Weil es anscheinend keine Menschenseele interessiert. Vermutlich wird man mir vorwerfen, ein Freund der Labour-Partei zu sein. So links wie Onkel Dickie.«

Elizabeth rieb sich über den Knöchel. »Davon lässt du dich bestimmt nicht abschrecken. Du liebst es doch, deine Gegner aus dem Feld zu schlagen. Entweder mit stoischer Ruhe oder mit direktem Angriff.«

»Habe ich denn eine Wahl? Wenn ich etwas verbessern will, muss ich mich notfalls sogar einen linken Sympathisanten schimpfen lassen.«

»Siehst du. Genau das meine ich.«

Nicht wenige innerhalb des Hofs begegneten Philip immer noch mit Misstrauen. Andere reagierten mit Gleichgültigkeit auf ihn. Beides war nicht gerade ein Kompliment, doch an beides hatte Philip sich gewöhnt. Egal, was man ihm unterstellte, er verfolgte Themen, die ihn interessierten, hartnäckig, biss sich mitunter daran fest. Und von den Projekten, über die er gerade sprach, war er offenbar überzeugt.

»Ich bin müde und gehe zu Bett. Kommst du mit?«

Philip legte den Stift beiseite und deutete auf das Blatt, auf dem eine Liste zu sehen war. »Geh schon mal vor. Ich möchte das hier noch fertig machen. Ich komme später nach.«

Elizabeth strich Philip übers Haar, küsste ihn aufs Haupt und verließ sein Arbeitszimmer.

Im Schlafzimmer ließ sie sich in den Sessel vor dem Fenster sinken. Dort saß sie morgens manchmal, um kurz innezuhalten, bevor der Tag begann.

Dieses Jahr feierte Margaret einen ganz entscheidenden Geburtstag – ihren fünfundzwanzigsten. Bis dahin waren es nur noch vier Monate. Es gab kaum einen Tag, an dem Elizabeth nicht daran dachte, was dieses Datum für ihre Schwester und auch für sie selbst bedeutete. Sie dachte nach. Plötzlich war die Müdigkeit wie weggeblasen, sie war hellwach.

DER SCHWERSTE JOB DER WELT

◆

Die Queen hat unbestritten den schwersten Job der Welt und führt diesen mit absolut beachtlicher Fähigkeit und Gelassenheit aus, abgemildert durch einen großartigen Sinn für Humor.

Bob Hawke, als er 1986 während seiner Zeit als Premierminister, im Rahmen eines Commonwealth-Besuchs, Elizabeth II. traf

21. KAPITEL

Das Geräusch der Türklinke holte Elizabeth zurück in die Realität. Paul Whybrew stand in der offenen Tür und kündigte an: »Eure Majestät, Mrs Kelly ist da.«

Hinter Paul der vertraute Anblick Angela Kellys. In einem schwarzen Kleid kam sie, voller Vorfreude auf das gemeinsame Mittagessen, auf Elizabeth zu. Elizabeth schob die Tagebücher beiseite. Vom Frühstück abgesehen, war sie seit Stunden mit ihren Aufzeichnungen beschäftigt. Sie erhob sich und strich das schlichte schwarze Kleid glatt, das sie heute angezogen hatte.

Das Erscheinen ihrer Stylistin zauberte ein zaghaftes Lächeln in ihr Gesicht. »Angela, Sie bringen hoffentlich nicht nur Appetit, sondern auch die ein oder andere Anekdote zu unserer Unterhaltung mit«, begrüßte sie sie.

Angela ging auf den privaten Ton der Königin ein. »Ma'am, in der Pandemie gönne ich mir, wie Sie wissen, jedes Vergnügen, das uns erlaubt ist. Ein angenehmes Gespräch mit Ihnen gehört selbstverständlich dazu.«

»Mir geht es genauso«, erwiderte Elizabeth.

Angela Kelly war die Tochter eines irischstämmigen Kranführers in den Docks von Liverpool und hatte in den Neunzigern als Assistentin der damaligen Garderobiere im Königshaus angefangen. Bei ihrem ersten Gespräch hatte Elizabeth erfahren, dass Angela geschieden und alleinerziehend war. Später war ihr zu Ohren gekommen, Angela habe sogar ihre Waschmaschine verkauft, um sich für das Vorstellungsgespräch im Palast ein angemessenes Outfit leisten zu können.

Inzwischen lautete Angelas offizieller Titel: Persönliche Assistentin, Beraterin und Kuratorin Ihrer Majestät der Königin … im Stillen setzte Elizabeth gern noch *Freundin* und *AK47* hinzu. Von ihren Kolleginnen und Kollegen war Angela angeblich eine Zeitlang nach dem russischen Sturmgewehr Kalaschnikow benannt worden. Wahrheit oder nicht, es amüsierte Elizabeth.

Seit Beginn der Pandemie lebte Angela, die Bobo nachgefolgt war, als diese 1993 mit 89 Jahren verstorben war, mit Elizabeth in der *Royalen Isolationsblase*. Darin befanden sich außerdem noch ihr Stallmeister Terry Pendry, ihr Privatsekretär Sir Edward Young und ihr Butler Paul Whybrew. Ein kleiner Kreis, der ihr in dieser besonderen Zeit nahekommen durfte.

Angela war mit ihrem siebenköpfigen Team für Schmuck, Insignien und Garderobe zuständig und inspizierte zudem vor königlichen Besuchen die Veranstaltungsorte. Selbstverständlich achtete sie stets auf die symbolische Bedeutung der Farben von Elizabeth' Garderobe.

Kaum jemand war derart akribisch und perfekt organisiert wie sie. Elizabeth wusste zu schätzen, dass Angela stets den Überblick behielt. Ihrer Kompetenz war es zu verdanken, dass nach neun Monaten Arbeit eine Replik des brüchigen viktorianischen Taufkleids von 1841, in dem ehemals Elizabeth selbst, ihr Sohn Charles und ihr Enkel William getauft worden waren, zur Ansicht fertig gewesen war. Die Nachbildung sah tatsächlich ähnlich vergilbt aus wie das Original, denn Angela hatte das Taufkleid in Yorkshire-Tee gelegt, bis die Farbe ihrer Vorstellung entsprach. Das Ergebnis hatte für sich gesprochen.

Längst hatte Elizabeth Angela zum Mitglied des Königlichen Viktorianischen Ordens ernannt.

Die beiden Frauen nahmen im Speisezimmer Platz. Elizabeth sah auf Angelas schwarze Schuhe.

»Sind sie schon eingelaufen?«, erkundigte sie sich.

»So gut wie, Ma'am. Das Leder ist bald weich genug. Keine Gefahr für Druckstellen oder Blasen.«

»Wunderbar«, seufzte Elizabeth. »Meine Füße wissen es zu schätzen.«

Angela lief nicht nur die neuen Schuhe der Königin ein, neuerdings schnitt sie ihr auch die Haare, weil das übliche Protokoll wegen der Pandemie nicht eingehalten werden konnte. Vor allem jedoch war Angela in Zeiten wie diesen als Gesprächspartnerin unentbehrlich.

Während sie sich unterhielten, wurde die Suppe aufgetragen. Sie kosteten von der Brühe und nippten am Wasser. Elizabeth verzichtete seit einer Weile auf Alkohol.

»Erinnern Sie sich, Angela? 2006? Australien?«, warf Elizabeth nach dem ersten Gang in die Unterhaltung.

Angela ließ ein glucksendes Lachen hören. »Oh, ja.« Sie verzog das Gesicht zu einem Schmunzeln. »Sie haben Kookaburras, aus der Gattung der Eisvögel, erwähnt. ›Der Vogel macht ein Geräusch, das man nie wieder vergisst. Wahrscheinlich sehen wir auf unserer Reise viele von ihnen‹, das waren Ihre Worte, Ma'am.«

»Und dann haben wir nicht einen einzigen gehört oder gesehen.« Elizabeth lächelte bei dem Gedanken daran, was Angela sich deshalb hatte einfallen lassen.

»Was mich dazu verleitet hat, in Sydney einen Spielzeug-Kookaburra zu kaufen und ihn in einem kleinen Käfig auf Ihren Balkon zu stellen. Meine Güte, wie bin ich nur darauf gekommen?« Angela schüttelte amüsiert den Kopf.

»Das habe ich mich auch gefragt, als ich die Käfigtür öffnen wollte und Sie mich warnten: ›Tun Sie das nicht, Ma'am. Er wird wegfliegen.‹ Es hat einen Moment gedauert, bis ich begriffen hatte, dass es nur ein Plüschvogel war.«

»Woraufhin ich ›Aprilscherz‹ gerufen habe, und Sie sagten … ›Sie sind entlassen‹.«

Die Frauen lachten und teilten den Moment fröhlicher Ausgelassenheit. Es tat gut, die Trauer um Philip kurz in den Hintergrund treten zu fühlen. In diesen Momenten erholte sich Elizabeth. Den Rest ihres Mahls nahmen sie plaudernd ein.

Kurz nachdem Angela gegangen war, rief Andrews Exfrau an. Sarah hatte sich in den letzten Monaten immer wieder nach Elizabeth erkundigt, und obwohl die Scheidung schon viele Jahre zurücklag, waren ihr Sohn und Sarah Freunde geblieben, was es für Elizabeth leichter machte, mit der ehemaligen Schwiegertochter Kontakt zu halten.

»Wie geht es Beatrice und Eugenie?« Elizabeth fragte immer zuerst nach den Enkeln und Urenkeln. »Und dem kleinen August?«

August Philip war das erste Kind von Prinzessin Eugenie und ihrem Mann Jack Brooksbank und Elizabeth' neunter Urenkel. Ihre Schwester Beatrice würde, wenn alles glattlief, im September niederkommen.

»Du kennst Eugenie. Sie wird ihrer Rolle als Übermutter jede Sekunde gerecht. Was mich nicht einen Augenblick verwundert«, berichtete Sarah.

Sie tauschten sich über Elizabeth' Enkelinnen und deren Männer aus und sprachen über Sarahs Pläne für die nächste Zeit, und bald kam die Rede auf Harry und Meghan. Sarah war wie alle in der Familie bestürzt, dass die beiden sich fast nur über die Medien meldeten, anstatt mit ihnen zu sprechen, gleichzeitig war sie erleichtert, dass Eugenie noch in Verbindung zu ihnen stand.

Nach dem Telefonat fand Elizabeth sich, wie von unsichtbaren Händen geführt, an ihrem Schreibtisch wieder. Erneut schlug sie eins ihrer Tagebücher auf und überflog einige Einträge über Margaret und Peter Townsend und über Margarets spätere Hochzeit.

Sie blätterte zum Jahr 1972.

Warmer Empfang in Paris durch Präsident Pompidou und seine Frau Claude. Später Wallis und David getroffen. Erschüttert über seinen Zustand … und auch über ihren.

»Meine Güte … eine Reise, die es in sich hatte«, murmelte Elizabeth.

Sie las den Eintrag über ihren Besuch in Paris. Es war das letzte Mal gewesen, dass sie ihren Onkel lebend gesehen hatte.

22. KAPITEL

Oktober/November 1955
England, London,
Buckingham-Palast

Elizabeth blickte in den Spiegel. Wenn sie an die letzten Wochen zurückdachte, wunderte es sie nicht, dass Schatten unter ihren Augen lagen. Margarets Anruf vor fünf Minuten machte die Situation nicht leichter. Immerhin würde sie morgen bei ihr vorbeikommen.

Vor zwei Wochen hatten Margaret und Peter sich – nachdem er aus Frankreich und sie aus Balmoral angereist war – nach langer Trennung in Clarence House getroffen. Diesem Treffen waren weitere gefolgt, inklusive Belagerung durch die Medien. Wie hartnäckig die Medien sein konnten, hatte Peter sogar in Brüssel deutlich zu spüren bekommen. Für zusätzliche Verwirrung hatte gesorgt, dass an Margarets Geburtstag vom Hof kein Statement abgegeben worden war.

In Gedanken versunken, machte sich Elizabeth auf den Weg in den Salon, wo sie Philip anzutreffen hoffte. Der Großteil der Briten gönnte Margaret ihr Glück, doch das politische Establishment und die Kirche ließen weiterhin nicht mit sich reden. Und darauf kam es nun, da Margaret endlich fünfundzwanzig war, an.

Höhepunkt dieser Stimmung war ein Artikel in der *Times*, in dem Margaret gewarnt wurde, eine Verbindung einzugehen, die

Menschen, die sich um ihr lebenslanges Glück sorgten, nicht mit gutem Gewissen als Ehe betrachten konnten. Außerdem würde eine Ehe mit einem geschiedenen Mann sie unwiderruflich disqualifizieren, was bedeute, dass sie keiner königlichen Funktion mehr nachgehen könne. Auch von Seiten des Erzbischofs hagelte es Kritik.

Als Margaret und Peter sich im vergangenen Jahr nach langer Trennung im Juli zum ersten Mal wiedersahen, hatte Margaret die Freude in einem Wort zusammengefasst: *unbeschreiblich.*

In heller Aufregung hatte sie Elizabeth davon erzählt. »Peter und ich sind so erleichtert, dass unsere Gefühle füreinander noch genauso intensiv sind, dass wir über unsere Zukunft gar nicht gesprochen haben.«

Die Flut an Gefühlen, die das Paar bei diesem Treffen überrollt hatte, hatte Elizabeth sich in manchen Momenten vorzustellen versucht.

Als Peter nach seiner »Verbannung« in Brüssel angekommen war, waren vor der englischen Botschaft zwanzig statt der üblichen zwei Polizisten im Dienst gewesen. In Belgien war er im Schnelldurchlauf zum Experten geworden, wie man Interviewfragen höflich abwies. Als er an Margarets Geburtstag an einem Pferderennen teilnahm, zog sein Auftritt Menschenmassen an. Leider zeigte Peters Bekanntheit auch, mit welchen Schattenseiten »Berühmtheit« einherging. Es gab sogar Morddrohungen von der IRA. Die belgischen Behörden mussten ihm einen Mann namens Etienne de Spot als Bodyguard zur Verfügung stellen.

Im Salon fand Elizabeth Philip auf der Couch vor, auf seinen Beinen ein aufgeschlagenes Buch. Weitere Bücher nahmen beinahe das gesamte Sofa in Beschlag. Das Buch in seinem Schoß war ein Nachschlagewerk über Ornithologie – Philips Steckenpferd.

»Ich hatte gerade Margaret am Telefon. Sie kommt morgen vorbei.« Elizabeth spürte die innere Anspannung angesichts des bevorstehenden Besuchs.

»Dann ist es so weit?« Philip schob den Großteil der Bücher zur Seite und klopfte mit der Hand auf das Sitzkissen neben sich.

Elizabeth setzte sich. Obwohl es schon spät war, wirkte Philip frisch und voller Energie. Keine Spur von Müdigkeit in seinem Gesicht.

»Vermutlich«, hoffte sie.

Sie verfolgten beide aufmerksam die Entwicklungen, seit Peter wieder in London war, immer darauf wartend, wann sich der finale Entscheid zwischen den beiden abzeichnete.

»Was in den letzten Wochen in Margaret und Peter vorgegangen ist, mag ich mir nicht mal vorstellen. Ständig diese Belagerung durch Reporter, dann der Druck, sich zu entscheiden …«

»Hat sie irgendetwas durchklingen lassen?«

Elizabeth seufzte, als sie aus den Schuhen schlüpfte und die Füße unter das Sitzkissen schob.

»Nein.« Sie schüttelte enttäuscht den Kopf.

Anfang des Monats hatte Elizabeth sich mit Premierminister Eden getroffen, um sich mit ihm darüber auszutauschen, dass sich im Falle einer Heirat nichts an Margarets königlichem Status ändern sollte. Auch die Zuwendungen aus der *Civil List* würden ihr nicht entzogen. Allerdings wären etwaige Kinder aus der Ehe mit Peter von der Thronfolge ausgeschlossen.

Wie oft hatte sie versucht, sich darüber klarzuwerden, was ihrer Meinung nach das Beste für Margaret und Peter war. Doch sie wusste es beim besten Willen nicht.

Am nächsten Tag fuhr ein dunkler Rolls-Royce am Garteneingang vor. Elizabeth hatte sich während ihrer Morgentermine mehrmals ermahnt, sich auf die Arbeit zu konzentrieren – es war ihr schwergefallen, nicht darüber nachzudenken, in welcher Stimmung Margaret im Buckingham-Palast einträfe. Und nun stieg ihre Schwester in einem atemberaubenden Mantel aus dem Wagen.

Nach dem obligatorischen Knicks legte Elizabeth den Arm um Margaret und deutete auf ihren Mantel.

»Der steht dir ausgezeichnet«, schwärmte sie.

Margarets zustimmendes Nicken wirkte halbherzig. Kein gutes Zeichen, ahnte Elizabeth. Immerhin nannte sie den Namen einer Designerin aus Brighton.

»Sie hat mir eine Auswahl ihrer Kollektion geschickt. Vorhin hat ein Reporter Fotos gemacht. Der Mantel schafft es morgen vermutlich auf eine der Titelseiten.«

»Unbezahlbare Werbung«, lobte Elizabeth. »Du bist und bleibst das beste Aushängeschild englischer Mode. Was du trägst, wollen alle haben.«

Elizabeth interessierte sich nicht besonders für Mode. Lediglich Magentarot gefiel ihr nicht, ansonsten verließ sie sich voll und ganz auf Bobo. Schon so mancher Designer war daran verzweifelt, dass sie sogar die Auswahl der Accessoires übernahm.

Margaret stellte die Tasche auf der Kommode im Salon ab, um den Corgis, die freudig um sie herumsprangen, die Köpfe zu tätscheln.

»Jetzt ist es aber gut, hört ihr«, beruhigte Elizabeth die Hunde.

»Ach, lass sie doch.« Margaret fuhr unbeirrt in ihrem Tun fort.

Als die Begrüßungszeremonie vorbei war, nahmen sie in der Sitzlandschaft vor dem Kamin Platz. Elizabeth liebte das heimelige Licht der Lampen auf den Beistelltischen, es verbreitete eine angenehme Atmosphäre, als wären sie zu einem netten Plausch verabredet. Doch sie waren hier, um die vielleicht wichtigste Entscheidung über Margarets Zukunft zu treffen.

»Sicher waren die letzten Wochen nicht leicht für dich und Peter«, sagte Elizabeth.

Margaret stieß einen spitzen Ton aus. »Was für eine Untertreibung, wenn man die Hetzjagd auf uns bedenkt, nicht zu vergessen die Anspielungen des Erzbischofs.«

Die Hunde hatten sich zwischen die Schwestern gelegt. Wie

Schiedsrichter, die die Aufgabe hatten, das Schlimmste zu verhindern.

»Möchtest du Tee oder etwas anderes?«, fragte Elizabeth.

»Nein, nichts. Danke«, winkte Margaret ab.

Elizabeth legte die Hände in den Schoß und nahm die kleinen Anzeichen wahr, die Fremde niemals sähen. Unter anderem die zarten Linien, die so gar nicht in das junge Gesicht ihrer Schwester passten.

Margaret fuhr über ihren Rock und glättete eine kaum sichtbare Falte. Als sie aufsah, gab der resignierte Ausdruck ihrer Augen Elizabeth einen Stich.

»Der Bund der Ehe darf niemals gelöst werden, sagt die Kirche.« Margaret sprach schleppend weiter. »So etwas hinterfragt man nicht, wenn man der königlichen Familie angehört und eine Vorbildfunktion ausübt … Findest du nicht, dass das heutzutage veraltet ist?«

Margaret klang nicht kämpferisch wie sonst, wenn sie etwas durchsetzen oder jemanden von ihren Ansichten überzeugen wollte, sondern als hätte sie sich mit dem, was demnächst geschähe, längst abgefunden.

»Mag sein. Viel wichtiger finde ich allerdings, dass es die Möglichkeit eines Kompromisses gibt, falls du Peter heiraten willst«, relativierte Elizabeth. »Es war eine entbehrungsreiche Zeit für euch. Aber nun sind wir hier, um eine Lösung zu finden. Deine Zuwendungen werden im Falle eurer Heirat auf 15 000 Pfund jährlich verdoppelt. Damit könntest du deinen Haushalt bestreiten. Und da Charles und Anne ohnehin die nächsten in der Thronfolge sind, verlierst du nicht viel, wenn du auf deinen Platz verzichtest.«

Elizabeth wusste, dass Margaret kurz vor ihrem fünfundzwanzigsten Geburtstag einen Brief an Anthony Eden geschrieben hatte, in dem sie ihm mitteilte, sie werde sich erst nach einem Treffen mit Peter Townsend im Oktober entscheiden können, ob sie ihn heiraten werde, woraufhin Eden seinerseits einen Brief an die Premierminister der Commonwealth-Staaten entworfen hatte, der allerdings erst zum Tragen käme, wenn Margaret sich definitiv entschieden hätte.

Elizabeth wartete vergeblich auf eine Reaktion, schließlich stand Margaret auf, holte ihre Tasche und entnahm ihr einen Umschlag.

Elizabeth nahm das Papier entgegen. »Was ist das?«

»Peters Statement.« Margarets Stimme wurde beinahe zu einem Flüstern. »Ich kann es auswendig: ›Unsere Gefühle füreinander sind unverändert, aber sie haben uns eine so große Last auferlegt, dass wir gemeinsam entschieden haben, diese abzulegen.‹«

Elizabeth sah verwundert auf. »Wann hat Peter dir das gegeben?«, fragte sie mitfühlend.

»Am 24.«, sagte Margaret.

»An dem Tag, als die *Times* den Artikel über euch gebracht hat.«

»Mit dem Artikel hat das nichts zu tun. Wir haben uns zwei Tage zuvor in Clarence House gesehen, da stand es für uns beide bereits fest, dass wir uns trennen werden.«

Elizabeth dachte daran, wie Reporter Margaret und Peter mit Teleobjektiven aufgelauert und Bediensteten Geld für Informationen geboten hatten.

»Und ich fühle wie er. Die ewigen Debatten über uns sind kaum noch zu ertragen, Lilibet. Das ganze Land, ja das gesamte Commonwealth sind in Aufruhr, weil wir heiraten wollen … Wir lieben uns wirklich, aber wir sind völlig erschöpft. Nicht nur mental, auch körperlich. Vor allem aber geistig.« Margaret sah Elizabeth traurig an. »Peter möchte diese Verlautbarung gern herausgeben.« Plötzlich flüsterte sie: »… Mrs Townsend …«, und ein wehmütiges Lächeln stand in ihrem Gesicht. »Wie oft habe ich mir das vorgestellt.«

Der Zauber verflog so schnell, wie er gekommen war. Margaret deutete mit der Hand in den Raum mit all seiner Pracht: dem Lüster, den Ölbildern und dicken Teppichen, den Tapisserien und glänzenden Stoffen und den Fotos der Familie – ein nicht enden wollender Stammbaum königlichen Geblüts.

»Weißt du, dass ich überhaupt nicht weiß, wer ich abseits der königlichen Familie bin?!«

Elizabeth spürte Margarets Schmerz, als wäre es ihr eigener. »Es macht mich traurig, das zu hören.« Sie griff nach Margarets Hand, spürte deren zarte Finger zwischen ihren. »Als deine Schwester wünsche ich mir nichts sehnlicher als dein Glück. Wir alle brauchen jemanden, der den Weg des Lebens mit uns geht. Sonst kann es mitunter furchtbar einsam sein.«

»Du bist die Königin, Lilibet. Selbst in ganz privaten Momenten ist ein Teil von dir dieser Rolle verpflichtet ... Manchmal wünschte ich, du wärst einfach nur Lilibet.«

In Margarets Augen schimmerten Tränen, als sie Elizabeth die Hand entzog. Die Hunde sprangen auf. Elizabeth versuchte die Traurigkeit, die sie empfand, hinunterzuschlucken, doch sie schaffte es nicht.

»Bitte wartet mit der Bekanntgabe, bis der Hof seine Zustimmung gibt«, sagte sie.

Worte des Trostes lagen ihr auf der Zunge, doch Margaret erhob sich abrupt und verabschiedete sich rasch.

Am 31. Oktober unterbrach die BBC ihr Programm, um die Erklärung von Prinzessin Margaret zu verlesen: »Ich gebe hiermit bekannt, dass ich mich entschlossen habe, Group Captain Peter Townsend nicht zu heiraten. Es ist mir bewusst, dass ich nach Verzicht auf meine Rechte in der Thronfolge eine Zivilehe hätte eingehen können. Aber eingedenk der kirchlichen Lehre, dass die Ehe unauflösbar sei, und eingedenk meiner Pflichten gegenüber dem Commonwealth, habe ich diese Rücksichten an die erste Stelle gesetzt ... Ich danke aus tiefstem Herzen all denjenigen, die mein Glück in ihre Gebete eingeschlossen haben ...«

In einem Interview sagte der Erzbischof, Prinzessin Margaret habe ihre Entscheidung aus freien Stücken getroffen, sich aber von ihm beraten lassen. »Wir kämpfen gegen eine große populäre Welle dummer Emotionalität. Wir kämpfen dagegen an und gewinnen.«

Der Tenor der Leitartikel am 1. November war größtenteils, dass Prinzessin Margaret ein großes, persönliches Opfer gebracht habe.

Alle Völker des Commonwealth werden ihr dafür dankbar sein, erklärte die *Times*.

Elizabeth faltete die Zeitung zusammen und legte sie auf den Stapel auf ihrem Schreibtisch. Je mehr sie las, umso ratloser und trauriger fühlte sie sich. Die Hoffnung auf ein gutes Ende für Margaret und Peter begraben zu müssen, fühlte sich an, als habe man von ihr verlangt, auf Philip zu verzichten.

Das nächste Treffen mit Margaret verlief in gedrückter Stimmung.

»Wie geht es dir?«, erkundigte sich Elizabeth. Ihr Blick ruhte auf Margarets tieftraurigem Gesicht.

Margaret zuckte die Schultern. »Ich kann es dir nicht mal sagen. Ich fühle nichts. Peter ist nach Brüssel zurückgekehrt. Es ist vorbei.«

23. KAPITEL

8. Mai 1960
England, London,
Buckingham-Palast

Bobo setzte Elizabeth den Hut auf, den sie zu Margarets Hochzeit tragen würde.

»Mummy …« Anne schoss um die Ecke und blieb abrupt stehen.

»Komm ruhig her. Du störst nicht, Anne«, winkte Elizabeth ihre Tochter zu sich.

Anne grüßte Bobo und deutete gleichzeitig auf den Schleier, der rund um Elizabeth' Hut verlief.

»Kratzt der Schleier nicht?«, fragte sie und strich dabei zaghaft über den Bolero aus türkisfarbenem Stoff, den Elizabeth zu dem bodenlangen Kleid trug.

»Nein, mein Schatz. Das soll er auch nicht. Sonst kann ich Tante Margarets Hochzeit morgen doch gar nicht genießen.« Elizabeth strich Anne liebevoll übers Haar. Mit ihren neun Jahren war ihre Tochter hauptsächlich an Pferden interessiert und immer in Bewegung.

»Rutscht dir der Hut nicht vom Kopf?« Anne schien sich mit dem Hut nicht anfreunden zu können.

»Dass das nicht passiert, liegt in der Verantwortung des Hutmachers – und natürlich in meiner«, klärte Bobo Anne auf.

Elizabeth unterdrückte ein Gähnen. Am vergangenen Abend hatte sie einen Ball für Margaret gegeben. Es war spät geworden, sie war müde. Doch sie konnte sich keine Pause gönnen. »Mach dir keine Sorgen, Anne. Alles wird gutgehen.«

Zu Bobo gewandt sagte sie: »Das Kleid sitzt perfekt. Ich dachte schon, es wäre vielleicht eine Spur zu eng.«

»Keineswegs, Lilibet«, beruhigte Bobo sie. »So kurz nach der Geburt von Andrew bist du wunderbar in Form.«

»Wenn ich mich nur auch so fühlen würde«, erwiderte Elizabeth.

Vor elf Wochen hatte sie zum dritten Mal entbunden und sich von ihrem Leibarzt in einen Dämmerschlaf versetzen lassen, als die Wehen stärker wurden, eine gängige Geburtsmethode, die deutsche Mediziner um 1914 entwickelt und in Großbritannien populär gemacht hatten. Doch seit der Geburt fühlte sie sich zunehmend erschöpft.

Anne musterte das Kleid, das sie als Brautjungfer tragen würde. Es hing auf einem Bügel, war lang und weiß. Anne zupfte an den Puffärmeln, dann sah sie ihre Mutter fragend an.

»Muss ich morgen auch den Haarschmuck tragen, von dem du mir erzählt hast … und muss ich den Blumenstrauß mit mir herumschleppen?«

Elizabeth fing den wenig begeisterten Blick ihrer Tochter auf. Schon jetzt zeichnete sich ab, dass Anne einmal auf Konventionen pfeifen würde. Vermutlich würde sie im Erwachsenenalter einen praktischen Stil bevorzugen.

»Alle Brautjungfern tragen Haarschmuck und natürlich ihr Sträußchen. Du wirst doch keine Ausnahme sein wollen?«

»Doch, ich glaube schon … Und wenn ich später heirate, dann in Hosen. Das ist bequemer.« Anne sah auf ihre Reithose hinunter und das schlichte Oberteil, das sie trug.

»Weißt du was, darüber machen wir uns Gedanken, wenn es so weit ist«, schlug Elizabeth vor.

»Ich wäre so gern Schülerin der Spanischen Hofreitschule in Wien, Mummy.« Anne klopfte mit der linken Hand gegen den Oberschenkel.

»Darüber reden wir ausführlich mit Papa, wenn es so weit ist. Das verspreche ich dir.«

»Tante Margaret muss morgen ganz schön viele Sachen tragen. Das lange Kleid und die hohen Schuhe, den Schleier und die Tiara«, zählte Anne auf.

»Das Kleid deiner Tante wird dir gefallen. Es ist schlicht. Ohne viel Pomp.«

Wie ihr eigenes stammte auch Margarets Hochzeitskleid aus der Feder von Norman Hartnell. Doch hätten die beiden Kleider kaum unterschiedlicher sein können. Margarets war aus cremefarbenem, schimmerndem Stoff, mit langen Ärmeln, einem V-Ausschnitt und einem ausgestellten, dreißig Meter langen Rock, der ohne dekorative Details auskam. Dazu würde sie einen Schleier tragen, dessen Ränder mit weißem Seidenband eingefasst waren, und die Poltimore Tiara, die ursprünglich Lady Poltimore, der Ehefrau des zweiten Baron Poltimore, gehört hatte. Lady Poltimore hatte die fantastische Kreation, deren Gerüst aus Silber- und Goldmetallen bestand, 1911 zur Krönung von Elizabeth' Großvater getragen. Und als die Familie die Tiara im Januar 1959 versteigerte, hatte Margaret sie für 5500 Pfund erworben.

Als Elizabeth von dem Kauf erfuhr, wunderte sie sich, dass Margaret keine Kronjuwelen, sondern diese Tiara zu ihrer Hochzeit tragen wollte, doch Margaret erklärte ihr, sie bevorzuge die Tiara, weil sie sie ihr Eigen nennen konnte.

»Außerdem ist die Tiara gut tragbar«, hatte sie ihr vorgeschwärmt. Margaret übertrieb nicht. Auf dem Kopf schien die Tiara fast, als würde sie schweben.

»Dieser Effekt ist dem Gerüst zu verdanken.« Margaret hatte es ihr gezeigt. »Siehst du, es ist mit einer braunen Schleife umwickelt, die perfekt zu meinem Haar passt.«

Elizabeth hatte erstaunt genickt, als sie begriff, dass nur der Stoff in Margarets Haar versank, während die spektakulären Juwelen vollständig sichtbar blieben.

»Wenn Tante Margaret die Tiara vom Kopf fällt, fange ich sie und setze sie ihr wieder auf. Ich gehe hinter ihr, da kann ich helfen.«

Bobo kam aus dem Schmunzeln nicht mehr heraus.

»Ich werde es ihr ausrichten, Anne. Sicher beruhigt sie das«, versprach Elizabeth.

Anne erzählte von Charles, der mit Rüschenhemd und dem seltsamen Gürtel über dem Quilt, den er morgen tragen würde, ihrer Meinung nach ziemlich komisch aussähe. Es gab kaum etwas, das Anne nicht auffiel und wozu sie keine Meinung hatte.

»Lass das deinen Bruder nicht hören, sonst weigert er sich morgen, sich anzukleiden.«

»Ach was«, winkte Anne ab. »Er will Tante Margaret bestimmt nicht verärgern. Und ich glaube, ihm ist egal, was er trägt.«

»Im Gegensatz zu dir, junge Dame«, neckte Elizabeth sie. Im

August würde Anne zehn werden. Und mit jedem Tag, den sie älter wurde, trat ihr Charakter mehr zutage. Anne stellte auch unbequeme Fragen und setzte sich gern für etwas ein. Vorausgesetzt, es ging um Pferde oder um ihren Vater oder ihren Bruder. Am auffälligsten jedoch war ihr Humor, den sie von Philip geerbt hatte.

»Warum müssen Mädchen sich eigentlich herausputzen, wenn es anders bequemer ist?«, wollte Anne wissen.

Bobo kicherte.

»Die Frage kannst du später deinem Freund stellen, wenn du jemanden gefunden hast, der dir gefällt«, sagte Elizabeth. »Aber wenn du meine Meinung hören willst«, nun flüsterte sie, »… ich weiß es manchmal selbst nicht.«

Anne lachte vergnügt. Die Antwort gefiel ihr. »Ich verliebe mich nur in einen Mann, der besser reitet als ich, sonst gibt es Probleme. Tante Margaret hat letztens gesagt, Männer können nur schlecht verlieren.«

Elizabeth verkniff sich einen Kommentar.

Anne sah auf ihre Armbanduhr. »Uii, schon so spät. Papa will noch mal den Einzug in die Kirche üben. Ich soll Tante Margaret sein. Bestimmt ist er nervös, weil die Hochzeit im Fernsehen gezeigt wird.«

Ehe Elizabeth etwas erwidern konnte, flitzte Anne davon und rief ihr noch zu, in welchem der Staatsräume sie üben würden. Elizabeth freute sich, dass Philip den Platz ihres verstorbenen Vaters bei Margarets Hochzeit einnahm. Es war eine gefühlvolle Geste, die ihrer Schwester viel bedeutete und ihr zumindest ein wenig das Gefühl von väterlichem Schutz gab.

Bobo nahm Elizabeth den Hut ab und legte ihn zurück in die Schachtel. »Wie kann ein Mädchen seinem Vater nur so ähnlich sein?«

»Das frage ich mich manchmal auch.« Elizabeth ließ sich aus dem Bolero und dem eleganten bodenlangen Kleid helfen und schlüpfte in ihre Tageskleidung.

»Ich schaue mal nach, wie die Probe läuft. Anne als Margret sollte ich mir nicht entgehen lassen.«

Der *White Drawing Room* mit seinem riesigen Kristallkronleuchter war einer der Staatsräume im Schloss, die mit Marmorsäulen, prächtigen Teppichen, Damasttapeten, edlen Möbeln, Skulpturen und Kunstwerken ausgestattet waren – die perfekte Kulisse, um den Einzug in die Westminster Abbey zu simulieren, wo Margarets Hochzeit mit Tony Armstrong-Jones zelebriert werden würde.

Schon von weitem sah Elizabeth Anne am Arm ihres Vaters durch den Raum schreiten. Sie hielt den Kopf gerade und summte den Hochzeitsmarsch.

Plötzlich knickte sie um – oder tat zumindest so. »Verflixt, das sind die hohen Schuhe«, wandte sie sich an Philip. »Ich habe ja gleich gesagt, dass man darin nicht anständig laufen kann, Hochzeit hin oder her.«

Philip ging auf das Spiel ein und versuchte, Anne zu beruhigen. »Aber Margaret, meine Liebe, denk daran, wie elegant die Schuhe sind. Und wie unvergesslich deine Hochzeit sein wird, wenn wir den Einzug in die Kirche perfekt hinbekommen. Komm, wir probieren es noch mal. Beim nächsten Versuch klappt es.«

»Also gut. Dann noch mal von vorn«, kicherte Anne.

Elizabeth sah zu, wie das Ganze erneut begann. Plötzlich sprang die Tür auf, und Charles kam herein. Er deutete auf seine Schwester und seinen Vater. »Was tun die beiden?«

»Wonach sieht es denn aus?«, fragte Elizabeth.

Charles sah einen Moment zu und grinste. »Nach einem ziemlich schlechten Theaterstück rund um Tante Margarets Hochzeit, würde ich sagen. Wenn es morgen so abläuft, hat die Nation ihren Spaß vorm Fernseher.«

Anne hatte Charles gehört und machte sich von ihrem Vater los.

»Hey«, rief sie und warf sich in die Arme ihres Bruders. »Willst du morgen wirklich diesen dummen Quilt tragen und die Tasche dazu? Damit siehst du wie ein Mädchen aus«, zog sie ihn auf.

Charles ließ sich nicht aus der Reserve locken. »Es geht nicht ums Wollen, Anne, sondern ums Sollen. Ein himmelweiter Unterschied.«

»Ach, du immer mit deinen Ausreden …«, stichelte Anne.

Philip kam zu Elizabeth. »Ich hoffe, morgen läuft es besser als heute.«

»Margaret hat sicher keine Probleme mit hohen Schuhen. Sie trägt ständig welche.«

Die bevorstehende Hochzeit ließ Elizabeth wieder an Peters Brief denken.

Nach der Trennung von Margaret hatte er sich um einen Neustart bemüht, und im März 1956 war ihm während einer NATO-Mission die Idee gekommen, eine Weltreise zu machen, über die er ein Buch schreiben würde. Er hatte dann im September einen Nachmittag in Clarence House verbracht, um sich von Margaret zu verabschieden.

Nach Brüssel war er erst zwei Jahre später zurückgekehrt und hatte Margaret ein weiteres Mal in London getroffen. Natürlich blieb dies nicht geheim, und die Medien hatten spekuliert, Margaret und Peter seien wieder ein Paar. Peter hatte daraufhin durch seinen Anwalt eine Pressemitteilung herausgeben lassen, dass sich zwischen Prinzessin Margaret und ihm nichts verändert habe.

Nach einem weiteren Treffen verkündeten die Medien, die Verlobung werde bald bekanntgegeben. Elizabeth hatte handeln müssen und ihren Pressesekretär beauftragt, ein Dementi zu veröffentlichen.

Nachdem Margaret und Peter endgültig übereingekommen waren, sich nicht mehr zu sehen, war Peter schließlich nach Brüssel zurückgekehrt. Entschlossen, sich abzulenken, hatte Margaret in der Zeit danach in Gesellschaft von Peter Sellers, David Niven,

Mick Jagger und anderen Prominenten Nächte durchgefeiert. Bis sie eines Tages Peters Brief erreichte, mit der Nachricht, dass er wieder heiraten wolle.

Im Oktober 1959 verlobte er sich mit der Springreiterin Marie-Luce Jamagne, die Hochzeit fand im Dezember statt.

Diese Heirat war ein Bruch des Liebespaktes, den Margaret und Peter geschlossen hatten, der besagte, dass niemand von ihnen je heiraten würde. Diese Art ewigen Andenkens an eine Liebe, die nur wegen der unglücklichen Umstände nie zu ihrer Erfüllung gekommen war, entsprach Margarets gefühlsbetontem Charakter. Peters Heirat traf sie hart.

Obwohl sie eigentlich nicht vorhatte, Antony Armstrong-Jones zu heiraten, stimmte sie nun doch zu, vielleicht auch in der Hoffnung, mit ihm den Schmerz zu überwinden.

»Tony liebt mich. Er ist gegen Rückständigkeit, Konformismus und verstaubte Ansichten, genau wie ich. Wir sind ein gutes Team, also können wir auch heiraten.«

Tatsächlich hatten die beiden sich zwei Jahre getroffen, ohne dass die Presse Wind davon bekommen hatte.

Elizabeth mochte den angesehenen Fotografen und Designer, auch wenn er nicht unbedingt ein Wunschkandidat für die königliche Familie war. Seine Umgangsformen waren angenehm und gepflegt, und er gehörte der walisischen Gentry an. Sein Vater war Kronanwalt, seine Mutter stammte von der deutsch-jüdischen Bankiersfamilie Messel ab.

Die Vermählung würde als erste königliche Hochzeit live im Fernsehen übertragen werden. Und Millionen von Menschen sähen zu, wie Margaret endlich ihr Glück fand.

Und noch am Tag der Hochzeit würde die *Britannia* auf ihre erste Hochzeitsreise in die Karibik gehen. Sechs Wochen waren lang, doch Elizabeth hatte Margaret den Wunsch nicht abschlagen wollen. Nach dem traurigen Ende mit Peter wollte sie alles tun, damit das Glück ihrer Schwester mit Tony den besten Start erfuhr.

24. KAPITEL

November 1961
England, London,
Ghana

»Die Statue von Präsident Nkrumah wurde von einer Bombe getroffen, Ma'am. Und der Präsident wird Ziel weiterer Gewaltakte sein. Der *Duke* und Sie, Ma'am, wären also höchst gefährdet, wenn Sie mit ihm in einem offenen Wagen fahren.«

Elizabeth hielt den Telefonhörer fest umklammert, als Premierminister Macmillan sie über die aktuelle Situation in Ghana informierte.

Es war knapp fünf Jahre her, dass die britischen Kronkolonien Goldküste und Britisch-Togoland unter dem Namen Ghana als erste ehemalige Kolonie Afrikas ihre Unabhängigkeit erklärt hatten. Wenige Jahre später war Ghana schließlich zu einer Republik innerhalb des Commonwealth geworden. Seitdem kam es zu zivilen Unruhen, denn das Staatsoberhaupt Kwame Nkrumah war ein Despot.

Aus Sorge um das autoritäre Regime des Präsidenten hatte der Premierminister bereits Anfang Oktober den für die Angelegenheiten des Commonwealth zuständigen Minister, Duncan Sandys, nach Ghana entsandt, um über die Beziehung der beiden Länder zu sprechen.

Auch Churchill hatte Vorbehalte. Er hatte sich schriftlich an Macmillan gewandt und ihm seinen Eindruck des *allgemeinen Unbehagens* geschildert. Er war in Sorge um Elizabeth' Sicherheit, aber auch, dass die Reise der Königin als Unterstützung des autoritären Regimes aufgefasst werden könnte.

»Sie wissen so gut wie ich, Premierminister, dass ich dem Präsidenten kein zweites Mal absagen kann, sonst laufen wir Gefahr, Ghana bloßzustellen und womöglich einen Austritt aus dem

Commonwealth zu begünstigen. Hinzu kommt, dass Präsident Nkrumah mit seinem Besuch in Moskau der Sowjetunion in die Hände gespielt hat, die nichts lieber sähe, als in Afrika Fuß zu fassen, was weitreichende Folgen für das Commonwealth hätte.«

Um Nkrumah nicht zu brüskieren, hatte Elizabeth im Jahr zuvor Martin Charteris nach Ghana geschickt, um die Absage persönlich zu überbringen und dem Präsidenten zu erklären, dass sie die Reise lediglich wegen ihrer unerwarteten dritten Schwangerschaft verschieben musste. Was ihn nicht davon abgehalten hatte, Elizabeth im selben Jahr in Balmoral zu besuchen, bevor Philip an ihrer statt nach Ghana reiste.

»Also gut. Dann schicke ich Sandys erneut nach Ghana, damit er sich vor Ort ein Bild über die Situation machen kann«, lenkte Macmillan ein.

»Einverstanden, warten wir auf seinen Bericht«, antwortete Elizabeth und beendete das Gespräch.

Die Reise nach Ghana verfolgte auch den Zweck, die Finanzierung für den Volta-Damm, dessen Bau die billigere Stromversorgung der Aluminiumindustrie sicherstellen sollte und der ein Kernstück von Nkrumahs Wirtschaftsplänen war, voranzutreiben. Im Falle der finanziellen Unterstützung durch die Amerikaner würde Ghana von den Sowjets abrücken. Folglich hätten sie zwei Fliegen mit einer Klappe geschlagen.

»Macmillan wird Kennedy, falls wir reisen, damit ködern, du hättest deinen Beitrag in Ghana geleistet, und nun seien die Amerikaner an der Reihe«, hatte Philip gemutmaßt. »Selbst als Monarchin mit begrenzten Befugnissen spielst du eine wichtige Rolle auf der Weltbühne.«

Wenige Tage später informierte Macmillan Elizabeth über Sandys' Bericht. »Ich habe gute Neuigkeiten. Das Kabinett hat Ihrer Reise nach einem neuerlichen Report Duncan Sandys' endlich zugestimmt.«

»Das ist wunderbar. Dann kann es also morgen losgehen«, freute sich Elizabeth.

»Ma'am, ich darf erneut darauf hinweisen, dass immer noch ein Restrisiko für Ihre Sicherheit besteht.«

»Die Gewaltausbrüche in Ghana sind bedauerlich, sogar abscheulich«, bekräftigte Elizabeth. »Aber als Oberhaupt des Commonwealth muss ich auch solche Risiken auf mich nehmen. Ich sage das nicht leichtfertig, schließlich habe ich drei Kinder. Und vergessen Sie nicht«, fügte Elizabeth in bewusst leichtem Ton an, »Königin Victoria hat acht Mordanschläge überlebt und nie mehr als ein paar Kratzer davongetragen.«

»Ihren Humor müsste man haben, Ma'am.«

»Ebendeshalb habe ich ihn, um durch solche Situationen zu kommen. Wie würde es aussehen, wenn ich Ghana aus Angst nicht besuche, Chruschtschow jedoch schon. Sie wissen so gut wie ich, Premierminister, dass man die Arme nach Nkrumah ausstrecken muss. Der Staatenbund darf nicht noch mehr auseinanderbrechen. Darin sind wir uns doch einig.«

Ein Ruck ging durch das Flugzeug, als die Reifen aufsetzten. Elizabeth sah aus dem Fenster. Draußen donnerte zu ihren Ehren ein Salut aus einundzwanzig Kanonenschüssen.

Philip reichte ihr die Hand. »Auf geht's. Dann geben wir mal wieder unser Bestes.«

»Wie wir es immer tun«, ging Elizabeth auf seinen Ton ein.

Vor ihrem Mann trat sie aus der Maschine in die flirrende Hitze. Der Anblick, der sich ihr bot, war überwältigend. Auf dem Rollfeld des Flughafens saßen Stammeshäuptlinge, deren Lakaien riesige, bunte Samtschirme über sie hielten. Rasch überflog sie die Menschenmenge und lenkte den Blick auf den langen roten Teppich. Aber vor allem sah sie Farben. Alle, die es gab. Und sie sah den Pavillon, der für ihren Empfang bereitstand.

Elizabeth schritt die in der Sonne glitzernde Gangway hinab.

Präsident Nkrumah, im weißen Anzug und mit roter Krawatte, lächelte ihr entgegen und nahm sie am Ende der Treppe in Empfang.

Philip begrüßte nach ihr den Präsidenten und dessen Frau.

Ein weißgekleideter Fetischpriester goss als Trankopfer Gin auf den Boden, um Elizabeth einen sicheren Besuch zu gewährleisten.

Unter Trommelwirbel schritt Elizabeth neben Nkrumah über den roten Teppich, Philip mit dessen ägyptischer Frau Fathia Halim Ritzk hinter ihnen.

Wohin Elizabeth auch sah, überall wimmelte es von Frauen in bunten Gewändern mit Goldschmuck an Hals und Armen, auch die Männer trugen Schmuck und üppig bunte, teils mit Gold verzierte Kopfbedeckungen. Manche bliesen in Hörner. Es war eine einzige Abfolge von Tönen, Lauten und Farben.

Am Ende des Teppichs stellte Präsident Nkrumah sie namhaften Persönlichkeiten Ghanas vor. Alle hatten sich in Reih und Glied aufgestellt, unter ihnen Stammeshäuptlinge.

Während des Flugs hatte Elizabeth von Philip erfahren, dass manche Stammeshäuptlinge mit ihren vielen Frauen fünfzig Kinder und mehr hatten.

»Jeder Häuptling hat außerdem einen sogenannten Linguisten, der die Nachrichten aus seinem Mund hört und sie überbringt. Häuptlinge sprechen nicht direkt mit jemandem. Und dann gibt es noch den kleinen Jungen, der als Seele des Häuptlings fungiert. In der Vergangenheit wurden die Jungen getötet, wenn der Häuptling starb. Eine barbarische Sitte.«

Elizabeth versuchte, das Gehörte über frühere Sitten auszublenden.

Nach den Darbietungen zum Empfang fuhren sie nach Schloss Christiansborg. Die Straße war gesäumt von jubelnden und winkenden Menschen. Das Schloss lag an der Küste des Golfs von Guinea auf einem Kliff und war 1659 von den Dänen als steinerne

Festung errichtet und nach König Christian von Dänemark und Norwegen benannt worden. Die Ghanaesen nannten es *Osu Castle*.

Für den folgenden Tag waren die Fahrt im offenen Wagen auf dem Black Stare Square und am Abend das Staatsdinner geplant.

Der Wagen fuhr auf das Schloss zu und gönnte Elizabeth einen Blick auf das weiße Gebäude, das ehemals der Sitz der britisch-kolonialen Administration und nunmehr der ghanaischen Regierung war.

Am nächsten Tag bestieg Elizabeth den offenen Wagen mit gemischten Gefühlen. Präsident Nkrumah hatte ein Lächeln aufgesetzt, scheinbar sorglos wegen eines eventuellen Anschlags, als der schwarze Wagen sich in Bewegung setzte und sie langsam an der Militärparade vorbeifuhren. Elizabeth konzentrierte sich auf die unzähligen Menschen und winkte ebenfalls lächelnd.

»Nehmen wir es als ersten Triumph, dass es gut gegangen ist«, sagte Philip erleichtert, als sie später unter sich waren. »In England hat Churchill sicher laut aufgeatmet.«

»Macmillan und etliche andere auch«, fügte Elizabeth hinzu. »Jetzt müssen wir nur noch den Makola-Markt hinter uns bringen. Dort fahren wir wieder in einem offenen Wagen.«

Philip gähnte hinter vorgehaltener Hand. »Wirst du heute Abend beim Ball mit dem Präsidenten tanzen? Obwohl es vielen sauer aufstoßen wird, dich mit einem Despoten auf der Tanzfläche zu sehen.«

Elizabeth nickte. »Wie wir es zu Hause besprochen haben. Damit bringe ich Nkrumah hoffentlich von seinem prosowjetischen Kurs ab ... Wir dürfen Ghana nicht nur als Entwicklungsland sehen. Selbstgefälligkeit können wir uns nicht leisten, abgesehen davon, dass sie dumm wäre. *Würde* ist das Schlüsselwort, damit lassen sich viele Gräben überwinden.«

Sie hatte sich gedanklich längst darauf vorbereitet, mit Ghanas Staatschef am vorletzten Abend aufs Tanzparkett zu gehen. Auch ein Despot hatte seine Interessen, Präsident Nkrumah im Besonderen. Wenn sie mit ihm tanzte, hätte er das Gefühl, ganz oben angekommen zu sein. Die Presse würde mitspielen und die Bilder um die Welt schicken.

Das Staatsdinner fand im Ambassador Hotel in Accra statt.

Elizabeth bekam die blaue Schärpe übergelegt und schob die langen weißen Handschuhe zurecht. Darüber streifte sie ein diamantbesetztes Armband.

»Bist du so weit?«

Sie sah geradewegs in Philips blitzende Augen und nickte, worauf er kurz ihre Wange streichelte.

»Du siehst zauberhaft aus und wirst Nkrumah nicht nur mit deiner Rede beeindrucken, sondern auch mit deiner Weitsicht.«

»Danke, Liebling.« Elizabeth rückte die Schärpe zurecht und gab Philip einen Kuss.

Gemeinsam verließen sie ihre Gemächer in Christiansborg und erreichten das Hotel in Accra. Während des Dinners saß Elizabeth zwischen dem Präsidenten, der Landestracht trug, und ihrem Mann. Philip saß neben Nkrumahs Frau.

Nkrumah erhob sich. Nach einem kurzen Blick zu Elizabeth wandte er sich an die versammelten Gäste:

»Vor einiger Zeit habe ich in einem anderen Zusammenhang angemerkt, dass der Wind der Veränderung, der durch Afrika weht, zu einem Hurrikan geworden ist. Niemand weiß, was womöglich von diesem Sturm fortgeweht wird …«, proklamierte er.

Elizabeth lauschte Nkrumahs Worten, bis er zum Ende kam.

»… die persönliche Wertschätzung und Zuneigung, die wir in Ghana für Ihre Majestät und Ihre Königliche Hoheit haben, wird bestehen bleiben. Unberührt von diesem Hurrikan.«

Nun war es Zeit für Elizabeth' Rede. Sie spürte die Augen aller Anwesenden auf sich, als sie begann: »Viele Leute haben viele Dinge über unser Commonwealth gesagt. … Das Commonwealth ist eine Gruppe von Ebenbürtigen, eine Familie gleichgesinnter

Völker, unabhängig von den Unterschieden in Religion, politischen Systemen, Umständen und Rassen.« Sie sprach flüssig und suchte immer wieder Blickkontakt mit den aufmerksam Zuhörenden. »Ein Familienverband erlangt seine Stärke von dem Respekt und der Zuneigung, die die Mitglieder füreinander haben. Dies ermöglicht ein breites Maß an Meinungsverschiedenheiten und sachlichen Diskussionen. Ich denke, es ist von größter Wichtigkeit, dass wir uns innerhalb der Commonwealth-Familie immer wieder daran erinnern.« Applaus brandete auf. Elizabeth sah zustimmendes Nicken.

Bis jetzt war alles gutgegangen. Sie konnte zufrieden sein.

Der vorletzte Abend führte sie ins State House. Diesmal trug der Präsident einen dunklen Anzug. Auf der Tanzfläche legte Elizabeth die Hände in Nkrumahs. Als die Musik erklang, setzten sie erste Schritte. Elizabeth war eine gute Tänzerin und schwebte förmlich über das Parkett. Das Diadem in ihren Haaren funkelte.

Sie tanzte im Dienste Großbritanniens und für eine hoffentlich bessere Zukunft Ghanas. Daran erinnerte sie sich bei jedem Schritt.

Als der Präsident an Elizabeth' Seite in die Kameras lächelte, erinnerte ihn offenbar nichts an den unangenehmen Vorfall im Kumasi Central Hospital. Elizabeth jedoch steckte der Besuch noch in den Knochen.

Sie hatte im Hospital einen Jungen begrüßt, und als sie das Zimmer gerade verlassen wollte, war Philip noch einmal zu dem Jungen zurückgegangen.

»Als ich das letzte Mal in Ghana war, habe ich deine Mutter kennengelernt«, hatte er gesagt, nachdem er abermals einen Blick auf die Fotos auf dem Nachttisch des Jungen geworfen hatte. »Würdest du sie bitte von mir grüßen?«

Der Junge hatte genickt. Und Elizabeth war aufgefallen, dass

Präsident Nkrumah, seit sie das Zimmer betreten hatten, den Siebenjährigen ignorierte, als wäre er Luft.

Am Abend hatte Philip sie über die Situation im Krankenhaus aufgeklärt.

»Kwame Appiahs Mutter Peggy ist die Tochter des verstorbenen britischen Juristen und Politiker Sir Stafford. Ich habe sie letztes Jahr bei meinem Besuch hier kennengelernt. Sie wohnt in Kumasi und ist mit Joe Appiah, einem ghanaischen Juristen und Politiker, verheiratet. Einem ehemaligen Freund Nkrumahs, der vor kurzem grundlos verhaftet wurde, weil er Mitglied der Oppositionspartei ist.«

»Dass Nkrumah drastische Maßnahmen nicht scheut, war mir klar, aber dass er sogar einen ehemaligen Freund inhaftiert, hätte ich nicht für möglich gehalten«, hatte Elizabeth erschüttert erwidert. »Er hat Gesetze geschaffen, die es ihm ermöglichen, jeden wegzusperren, wenn ihm danach ist. Ich hoffe, der kleine Kwame ist bald wieder mit seinem Vater vereint.«

»Immerhin hat der Fall von Kwames Vater durch Peggys britische Herkunft in England mediale Aufmerksamkeit bekommen. Das ist zumindest ein kleiner Schritt nach vorn«, hatte Philip hinzugefügt.

Der Präsident hatte dieses für ihn unangenehme Ereignis offenbar hinter sich gelassen oder wollte es zumindest. Er tanzte völlig unbeeindruckt mit Elizabeth durch den Saal.

Erschöpft, aber zufrieden, kehrte Elizabeth Stunden später mit Philip ins Schloss zurück und sank auf das aus dunklem Holz gefertigte Himmelbett. Philip hatte sein weißes Jackett ausgezogen und trat im Hemd an das halbrunde Fenster.

»Mein Gott, bin ich müde.« Elizabeth unterdrückte ein Gähnen.

»Das darfst du nach diesem Tag auch sein. Du hast Nkrumah mit deinem Charme und deiner Eleganz ganz schön um den Finger gewickelt.«

»Und er hat mich leider davon überzeugt, dass er Despot durch und durch ist. Dieser Junge im Krankenhaus geht mir nicht aus dem Kopf. Ich werde mich nach ihm erkundigen, wenn wir zurück in London sind.«

»Ja, tu das.« Philip zog Elizabeth noch einmal vom Bett. »Leider konnten wir heute Abend nicht miteinander tanzen. Wollen wir es jetzt nachholen!?« Und während er leise eine Melodie summte, tanzte er ein paar Schritte mit ihr, drehte sie um sich selbst und ließ sie lächelnd wieder los.

Am nächsten Morgen erwachte Elizabeth in aller Frühe und trat hinaus auf die gemauerte Terrasse. Vor ihr lag der Atlantische Ozean. Wie friedlich das auf den ersten Blick alles schien.

Den Geruch salziger Meeresluft in der Nase und die Schreie der Vögel im Ohr, dachte sie an die unbewaffneten schwarzen Demonstranten in Südafrika, die gegen die Apartheid kämpften und damit rechnen mussten, erschossen zu werden, weil sie für ihre Rechte einstanden. Erst vergangenes Jahr war ein *Whites-Only*-Referendum abgehalten worden, in dem nur Weiße wahlberechtigt gewesen waren. Mit einer hauchdünnen Mehrheit hatte das Land sich damit von Elizabeth als Staatsoberhaupt losgesagt und war nicht mehr Teil des Commonwealth. Nun würde man sie mit einem Schwarzen Staatsführer tanzend auf den Titelseiten der Zeitungen sehen. Vermutlich würde Kennedy nun die Bauarbeiten des Volta-Staudamms unterstützen.

Auch in Karatschi, wo sie Anfang des Jahres vom Nawab von Kalabagh, dem Gouverneur Westpakistans, begrüßt worden waren, war Elizabeth in einem offenen Wagen gefahren, um dem Land ihre Reverenz zu erweisen. Damals hatte sie ein auffälliges goldenes Kleid getragen.

Die Reise nach Indien und Pakistan war wichtig gewesen, um die beiden Länder, die seit 1947 unabhängig waren, als gleichberechtigte Partner zu ehren und ihren wirtschaftlichen und wissenschaftlichen Fortschritt zu würdigen.

In Delhi hatten sie Mitglieder der alten indischen Königsfamilie, die Elizabeth' Großvater und ihrem Vater gegenüber immer loyal gewesen waren, getroffen.

Zu einem Abendessen mit dem Maharadscha von Jaipur war Elizabeth, wie einst Grandpa England, auf einem Elefanten geritten. Die Frauen am Hof des Maharadschas hatten sie nur durch kleine Gucklöcher betrachten dürfen.

Elizabeth blickte die Treppe hinunter, die zur Terrasse führte. Eine Frau mit einem Stapel Handtücher kam herauf und riss sie aus ihrer Erinnerung an Pakistan.

Als die Frau fort war, liefen die vergangenen Jahre wie ein Film vor Elizabeth ab. Negativer Höhepunkt war die Suezkrise gewesen, die das Ende von Premierminister Anthony Eden heraufbeschworen hatte. Erst durch Dickie Mountbatten war ihr zu Ohren gekommen, dass Großbritannien, Frankreich und Israel einen geheimen Plan zur Rückeroberung des Suezkanals schmiedeten, dessen sich der ägyptische Präsident General Nasser bemächtigt hatte. Israel sollte die Sinai-Halbinsel einnehmen, Großbritannien und Frankreich würden zu Hilfe eilen, um das Gebiet rund um den Kanal zu besetzen und zu sichern.

Niemand hatte mit Protesten gerechnet, denen sich auch einige der Commonwealth-Staaten anschlossen. Die USA hatten sogar damit gedroht, Sterling-Anleihen zu verkaufen, was eine Währungskrise zur Folge gehabt hätte. Die Aktion musste abgebrochen werden, und Großbritannien stand gedemütigt da. Anthony Eden hätte sie über diese geheime Absprache unterrichten müssen.

Wieder einmal hatte sich bewahrheitet, dass Unaufrichtigkeit und Heimlichkeiten keine gute Mischung ergaben. Ganz abgesehen davon, dass Geheimpläne meist nicht geheim blieben.

In der Folge war Eden zurückgetreten, und es war an Elizabeth gewesen, einen neuen Premierminister aus einer zerstrittenen Partei zu benennen, die keinen einzigen vernünftigen Kandidaten stellen konnte.

Philip war zu dieser Zeit bereits auf der *Britannia* unterwegs. Als Königin von Australien hätte Elizabeth die Olympischen Spiele in Melbourne eröffnen sollen, doch sie hatte ihre junge Familie nicht schon wieder so lange verlassen wollen. Aus diesem Grund hatte sie Philip gebeten, sie zu vertreten und außerdem die königliche Jacht in Teile des Commonwealth zu steuern, die noch nie königlichen Besuch erhalten hatten. Ihr war klar gewesen, dass Philip mehrere Monate unterwegs wäre und sie sich lediglich per Brief, Telegramm oder gelegentlich über das Telefon miteinander verständigen konnten.

Pünktlich zu Weihnachten erreichte er den Rand der Antarktis und schickte ihr eine Nachricht, die im gesamten Land übertragen wurde.

Elizabeth nutzte ihre eigene Radioansprache, um Philip zu zeigen, wie sehr er ihr und den Kindern fehlte: »Von allen Stimmen, die wir an diesem Nachmittag gehört haben, hat keine meinen Kindern und mir größere Freude bereitet als die meines Ehemannes.«

In Ceylon wurde seine Reise schließlich infrage gestellt. Das Unternehmen Suezkanal lag schon drei Monate zurück, doch inzwischen verurteilte die Presse die Reise als *Philips Torheit*. Es wurde gemunkelt, es wäre vielleicht gar nicht zu dem Desaster rund um den Suezkanal gekommen, wenn der *Duke of Edinburgh* in London gewesen wäre, denn sicher hätte er sie – Elizabeth – darin bestärkt, Eden die Sache auszureden.

Und als die *Britannia* Gibraltar erreichte, war die Presse so weit, Philips Abwesenheit während einer nationalen Krise zu rügen. Zu allem Überfluss sah sein Adjutant und Freund Mike Parker sich mit Scheidungsplänen seiner Frau konfrontiert. Ein Thema, auf das die Presse sich genüsslich stürzte; alles, was im Dunstkreis der königlichen Familie passierte, war ein gefundenes Fressen. Zu Parkers Scheidungsproblemen passten die Gerüchte über eine Bekanntschaft Philips mit der Schauspielerin Pat Kirkwood.

Elizabeth hatte sich nach Konsultation ihres Privatsekretärs und ihrer Mutter zu einer außerordentlichen Erklärung durch Commander Colville genötigt gesehen.

Sie glaubte die Gerüchte über Philip und die Schauspielerin nicht, dennoch war sie gekränkt. Schließlich war sie nicht nur Königin, sie war auch Philips Frau.

Und so erfuhr das ganze Land, dass es nicht der Wahrheit entsprach, dass es in der Ehe der Königin kriselte.

Nach hundertvierundzwanzig Tagen war die Trennung endlich vorbei. Elizabeth traf Philip am Montijo Airport, einen Tag, nachdem die *Britannia* in Lissabon angelegt hatte. In der Kabine war Philip von der königlichen Delegation mit angeklebten roten Bärten empfangen worden. Das gesamte Flugzeug war in Gelächter ausgebrochen. Philip hatte seinen Bart, den er während der monatelangen Reise getragen hatte, bereits abrasiert. Doch man wollte es sich nicht nehmen lassen, auf seine Zeit als bärtiger Seebär anzuspielen.

Elizabeth hatte gelacht, als Philip ihr den angeklebten Bart abnahm. »Ich hoffe, du glaubst diesen Unsinn mit Pat Kirkwood nicht. Du weißt, ich hasse Gerüchte um meine Person«, hatte er ihr zugeraunt.

»Fakt ist, kaum jemand tanzt so gut Samba wie du. Das hast du mir auf Malta oft genug bewiesen. Und du schätzt die Gesellschaft von Frauen.«

»Ich habe dir auch versprochen, dich und die Kinder nie zu verletzen. Das liegt mir so fern wie nichts sonst auf der Welt.« Philip hatte ihr Kinn angehoben und sie forschend angesehen. »Du glaubst mir doch?«, hatte er nachgehakt. »Wir haben versprochen, einander zu unterstützen und zu vertrauen. Daran habe ich mich auch auf dieser Reise gehalten. Aber das ist eben keine Titelstory wert. Da passt es besser, dass Mike Probleme mit seiner Frau hat und ich offenbar eine Affäre.«

»Machen wir keine große Sache daraus.« Es hatte sich gut angefühlt, einzulenken. »Übrigens stand dir der Bart hervorragend. Trotzdem bin ich froh, dass du frisch rasiert bist. So küsst es sich besser.«

Kurz darauf war Elizabeth mit Philip aus der Kabine auf die regennasse Gangway getreten. Das Klicken der Kameras war diesmal ein erfreuliches Geräusch gewesen.

Nicht mal ein Regenschirm kann ihr Lächeln vertreiben, hatte die *Daily Mail* getitelt.

Den Vorschlag des Premierministers, Philip nach der Rückkehr für seine Dienste für Großbritannien und das Commonwealth zum *Prince of the United Kingdom* zu ernennen, hatte Elizabeth dankbar angenommen. Das britische Commonwealth lag nicht nur ihr am Herzen, sondern auch ihrem Mann, deshalb freute sie sich, dass Philip, ehemals Prinz von Griechenland und Dänemark, nun Prinz Philip, *Duke of Edinburgh* war.

Die Vögel stießen weiter ihre Schreie aus. Unter das Geräusch mischten sich Schritte. Elizabeth drehte sich um. Es war Philip, der barfuß auf die Terrasse heraustrat.

»Guten Morgen, Liebling. Es ist herrlich in Ghana, nicht wahr? Trotz dieses Despoten, der sogar seine besten Freunde inhaftiert«, begrüßte er sie.

»Wenn du bei mir bist, bin ich zufrieden. Da vergesse ich sogar Männer wie Nkrumah.«

Philip legte Elizabeth den Finger auf die Lippen. »Noch ein Kompliment, und ich werde rot.«

Elizabeth nahm den Finger weg. »Weißt du was«, sie lächelte schelmisch, »ich glaube, insgeheim freust du dich über Lob. Du willst es nur nicht zugeben. Der Meinung ist übrigens auch Margaret.«

Erst letzten Monat hatte sie ihren Schwager Tony zum *Earl*

of Snowdon ernannt. Und am 3. November, kurz vor der Abreise nach Ghana, hatte Margaret ihr erstes Kind, einen gesunden Sohn namens David, zur Welt gebracht.

»Ich bin so glücklich, dass in Margarets Leben alles ein gutes Ende genommen hat«, sagte Elizabeth.

»Ich sagte dir damals doch, dass sie ihre Traumhochzeit erleben wird. Und nun ist David da. Hoffentlich erstickt sie ihn nicht mit ihrer Fürsorge.«

»Das hoffe ich auch. Du weißt ja, wie Margaret sein kann, wenn die Gefühle mit ihr durchgehen.«

Auch in Elizabeth war während der dritten Schwangerschaft der Wunsch nach mehr Zeit mit ihren Kindern immer stärker geworden. Doch es verging kein Monat, in dem sie sich nicht irgendeiner neuen Herausforderung gegenübersah.

Sie ließen den vergangenen Abend noch einmal Revue passieren, erleichtert, dass in Ghana bisher alles so gut gelaufen war. Plötzlich sagte Elizabeth: »Vielleicht ist das das Geheimnis einer guten Ehe? Vorbehaltlos miteinander reden und genauso gut miteinander schweigen zu können. Einander zu verstehen, ohne die Dinge groß erklären zu müssen.«

»Ja, vielleicht«, gab Philip zurück.

Sie sahen noch eine Weile schweigend aufs Wasser und lauschten den Geräuschen des erwachenden Tages. Diese Stunde ohne Termine war ein Geschenk, das sie dankbar annahmen.

25. KAPITEL

November 1961
England, London,
Buckingham-Palast

»Nein. Ich bin nicht der Meinung, dass deine Alma Mater der passende Ort für Charles ist.«

Die Königinmutter positionierte sich in einem pastellblauen Kleid vor ihrem Schwiegersohn. Und obwohl sie wesentlich kleiner als Philip war und demonstrativ lächelte, wusste Elizabeth, dass es ihrer Mutter ernst war. Sie gab ungern nach, und noch weniger gern ging sie als Verliererin vom Feld.

»Ich finde, Charles ist in Eton besser aufgehoben. Dort wäre er von Jungen seines Standes umgeben.« Die Königinmutter wandte sich an ihre Tochter. »Dein Vater, Gott hab ihn selig, wäre derselben Meinung, daran besteht ja wohl kein Zweifel. Nicht wahr, Lilibet!?«

Elizabeth hatte der Diskussion bisher schweigend zugehört, nun musste sie Stellung beziehen.

»Ich würde Papa gern zu Rate ziehen«, sagte sie ausweichend, »aber das ist leider nicht mehr möglich.«

»Die Zeit in Gordonstoun hat mich positiv geprägt«, sprach Philip weiter. »Es schadet jungen Menschen nicht, wenn ihre Ecken und Kanten geglättet werden und ihr Charakter geformt wird. In Gordonstoun wurde ich auf vieles, was später für mich wichtig war, vorbereitet. Ich bin mir sicher, dass der Aufenthalt dort einen ähnlichen Effekt auf Charles hätte. Er ist ein nachdenklich veranlagter Junge. Für ihn ist es besonders wichtig, aus dem elitären Zirkel, in dem er sich bewegt, herauszukommen. In Gordonstoun wird man ihn nicht als zukünftigen König sehen, sondern einfach als Charles. Und gerade, weil er eines Tages König sein wird, sollte er lernen zurückzustehen, im Team zu arbeiten und gemeinsam mit anderen Konflikte zu lösen. Er braucht Strukturen. Sport morgens nach dem Aufstehen, Lernen in Gruppen und gemeinnützige Arbeit. Meiner Meinung nach wäre es grob fahrlässig, ihn zu sehr zu verweichlichen, indem man ihn unter seinesgleichen belässt.«

Philip ließ sich nicht beirren und zählte einen Vorzug nach dem anderen auf, doch es gelang ihm nicht, die Königinmutter zu überzeugen. Sie blieb skeptisch, das las Elizabeth aus ihrer Miene.

Sie war dankbar, dass Philip sich, Charles betreffend, derart einbrachte und ihr das Argumentieren abnahm.

Ebenso dankbar war sie, dass er die Presseleute auf seine Seite brachte. Sie mochten seinen Schwung, seine Energie und seinen Humor. Er lieferte ab – so nannten sie es –, das ermöglichte ihnen gute Fotos. Auf diese Weise hielt er die Presse in Schach, so gut es ging.

Unlängst hatte er zudem angekündigt, ein Expertenteam in den Palast holen zu wollen, um die Wirtschaftlichkeit der Hofhaltung zu überprüfen. Im Grunde war Philip ein Top-Manager. Konnte sie ihm vorwerfen, dass er auch beim Thema Familie und Kinder das Beste herausholen wollte?

»Was immer du sagst, Charles wird nie ein Junge wie andere sein. Bei Anne stehen die Dinge anders. Ein Mädcheninternat in Kent ist sicher das Richtige für sie. Aber beim Thronfolger …« Die Königinmutter schüttelte den Kopf. »Nein, Charles braucht das passende Umfeld, um auf seine zukünftige Aufgabe vorbereitet zu werden. Und nirgends wird man ihn besser empfangen als in Eton. Lilibet hat es nicht geschadet, unter ihresgleichen zu sein.«

»Ich war während des Krieges mit Frauen aus unterschiedlichen sozialen Schichten zusammen«, erinnerte Elizabeth ihre Mutter.

Die Königinmutter hob die Hand, um ihre Tochter zu unterbrechen.

»Es war Krieg, selbstverständlich wolltest du helfen, mein Kind.

Deswegen hast du mit schmutzigen Fingern unter einem Auto gelegen, um es zu reparieren, und nur deshalb hast du fahren gelernt. Das war ein Ausnahmezustand. Von dieser Zeit abgesehen, bist du mit deiner Schwester behütet aufgewachsen. Und es hat euch nicht geschadet.«

Philip hatte die Hände gegeneinandergepresst. Seine Schlagfertigkeit half ihm in so mancher Situation, allerdings hütete er sich davor, seiner Schwiegermutter zu nahe zu treten. Er schätzte und mochte sie. Doch bei Charles' Erziehung und seiner Schulbildung ließ er sich nicht reinreden. Alles, was die Kinder betraf, unterstand ihm. Elizabeth repräsentierte die Krone, und anders als Königin Victoria, deren Ehemann Albert sich ehemals am Aktenstudium beteiligt hat, kam sie dieser Arbeit allein nach. Philip war das Oberhaupt der Familie. Diese Trennung erschien ihnen fair, und daran hielten sie sich.

»Mummy, ich finde, wir sollten Philips Rat folgen«, warf Elizabeth ein.

Philip half, wo er konnte. Bevor sie ihre dritte Schwangerschaft öffentlich gemacht hatte, waren sie nach Nordamerika gereist, um den Sankt-Lorenz-Seeweg zu eröffnen. Als sie mit der königlichen Jacht durch den Fluss gesegelt waren, waren die Ufer von so vielen Menschen gesäumt gewesen, dass sie »Winkteams« innerhalb der Crew zur Entlastung von Elizabeth gebildet hatten. Auch da hatte sie auf Philip zählen können. Er hatte ununterbrochen gelächelt, abends hatte sein Kiefer geschmerzt, und er hatte seinen Arm kaum noch gespürt. Doch statt sich zu beklagen, hatte er nur gesagt, wie sehr die Freude der Menschen spürbar gewesen war.

Während Philip und ihre Mutter weiterdiskutierten, schweiften Elizabeth' Gedanken ab. Sie erinnerte sich, wie sie kurz vor ihrer Niederkunft Rab Butler, damals stellvertretender Premierminister, zu sich in den Buckingham-Palast gerufen hatte.

Butler wusste um ihr Interesse am Parlament. Er wusste auch, dass sie beobachtete, ob jemand seinen eigenen Vorteil auf Kosten anderer wahrnahm, wann die Regierung Rückschläge erlitt oder wieder Boden gutmachte. Manchmal fragte sie nach den Lebensmittelpreisen, damit sie auf dem Laufenden war.

Doch dieses Treffen war persönlicher Natur gewesen. Es ging um eine Entscheidung hinsichtlich des Familiennamens, die sie revidieren wollte. Sie hatte Rab Butler mitgeteilt, dass sie selbst und ihre Kinder weiterhin als das Haus und die Familie von Windsor gelten, ihre Nachfahren jedoch den Namen Mountbatten-Windsor tragen sollten.

»Es geht um eine Änderung des Familiennamens, nicht des Hausnamens«, hatte sie erläutert. »Der Familienname Mountbatten-Windsor soll von allen meinen Nachkommen getragen werden, ausgenommen diejenigen, die den Titel *His Royal Highness Prince* oder *Her Royal Highness Princess* haben. In diesem Fall kann Mountbatten-Windsor verwendet werden, muss aber nicht.«

Elizabeth hatte die Bitte entschlossen vorgetragen, damit kein Zweifel daran bestand, wie wichtig ihr diese Angelegenheit war.

Zu Beginn ihrer Regentschaft hatte sie auf ihre Berater, ihren Stab und ihre Minister gehört, mitunter auch auf ihre Mutter. Ihr engstes Umfeld entstammte noch der Generation ihres Vaters. Doch mit jedem weiteren Jahr auf dem Thron war es Elizabeth leichter gefallen, ihren eigenen Weg zu finden. Nicht nur als Königin, sondern auch als Ehefrau und Mutter. Die täglichen Telefonate mit ihrer Mutter und mit Margaret schenkten ihr Momente normalen Lebens, doch wenn die *Queen Mum* anderer Auffassung als Elizabeth war, wurde das Gespräch mitunter schwierig. Für ihre Mutter blieb sie eben immer Kind.

Philip und ihre Mutter diskutierten noch immer über Charles' zukünftigen Weg – wie zwei Kampfhähne, von denen keiner aufgeben wollte.

Das Gespräch mit Rab Butler war ihr nahegegangen, denn es war der Abschluss nicht enden wollender Gespräche im Familienkreis gewesen. Ihre Mutter hatte versucht, auf sie einzuwirken, Philips Wünsche einer Namensänderung zurückzustellen.

»Philip wusste, worauf er sich einlässt, als er um deine Hand anhielt, Lilibet. Mountbatten-Windsor als Nachname, nur damit Philip sich profiliert … das ist völlig unnötig.«

»Ich glaube, damit liegst du falsch, Mummy. Ich kann Philip den Wunsch nicht abschlagen, seinen Namen an unsere Kinder weiterzugeben. Er hat seine berufliche Karriere und seine Freiheit aufgegeben. Er hat auf seine Titel verzichtet, um mich heiraten zu können, und sogar seine Schwestern nicht zu unserer Hochzeit eingeladen. Er hat alles getan, um es mir so leicht wie möglich zu machen.«

»Findest du das so bemerkenswert? Persönliche Bedürfnisse sind nun mal zweitrangig, es sei denn, sie kommen der Krone zugute. Philip wusste, dass du die nächste Königin sein würdest, Lilibet. Deine Verpflichtungen darfst weder du noch er je vergessen.«

»Ich wüsste nicht, wie ich das vergessen könnte, Mummy. Jeden Morgen, wenn ich aufwache, zeigen mir alle um mich herum, wer ich bin. Ich kann die Momente, in denen ich nur Lilibet sein darf, an einer Hand abzählen.«

Es war schwer, ihre Rolle abzulegen. Und sosehr sie sich auch dafür interessierte, was sich in der *Red Box* befand, die glücklichsten Momente waren die, wenn Mabel frei hatte und sie die Kinder selbst zu Bett bringen konnte. Es bereitete ihr Freude, ihnen das Alphabet beizubringen; sie erfreute sich an ihrem Strahlen, wenn sie sich den nächsten Buchstaben erarbeiteten.

Elizabeth wusste, welchen Stellenwert die Geborgenheit einer Familie hatte, doch die Forderungen ihrer Mutter, stets mit weicher Stimme und einem Lächeln vorgetragen, brachten sie bei Themen, die Philip wichtig waren, in Bedrängnis.

Dickie Mountbatten hatte ihn verständlicherweise darin bestärkt, die Änderung des Familiennamens vorzuschlagen. Und nachdem Philip ihr seine Beweggründe dargelegt hatte, war ihr klar gewesen, wie wichtig diese Änderung für ihn wäre.

»Unsere Kinder sind mehr als nur die Mitglieder einer Dynastie«, hatte Philip argumentiert. »Natürlich sind sie der Krone verpflichtet, vor allem Charles, doch in erster Linie sind sie ein Teil von uns, sie existieren durch unsere Liebe. Meinen Namen an sie weiterzugeben, hat große Bedeutung für mich, Lilibet. Das verstehst du doch?«

»Mir ist klar, wie wichtig dir das ist, Philip. Allerdings wird man den Vorschlag zur Namensänderung kontrovers im Kabinett diskutieren. Mit ungewissem Ausgang«, hatte sie zu bedenken gegeben.

»Dessen bin ich mir bewusst. Lassen wir es darauf ankommen. Das reicht mir schon.«

Wie zu erwarten, hatte es Vorbehalte gegeben, doch die Sache war entgegenkommender ausgefallen, als es noch zu Churchills Zeiten der Fall gewesen wäre. Schlussendlich hatte Elizabeth die Zustimmung zur Namensänderung erhalten, woraufhin sie an Macmillan geschrieben hatte, ihr sei eine große Last von den Schultern genommen.

Nach der Einwilligung für die Namensänderung hatte sie sich gefühlt, als hätte sie ein Stück Autorität hinzugewonnen. Sie hatte unmissverständlich klargemacht, wo ihre Prioritäten lagen, und so den Weg für die Namensänderung geebnet. Philip war dankbar für ihren Einsatz gewesen.

Mit den Jahren hatte sie immer besser verstanden, wie schwer es ihm selbst nach langer Zeit noch fiel, auf seine Karriere, die er so früh hatte abbrechen müssen, zurückzublicken. Die Marine war der Mittelpunkt seines Lebens gewesen, eine Familie, der er sich mit Leib und Seele verschrieben hatte. Und auch wenn er im Dienst der Krone unermüdlich tätig war, konnte das niemals diesen Platz einnehmen.

Dies war ein Grund, weshalb sie beschlossen hatte, ihr drittes

Kind, falls es ein Junge wäre, nach Philips Vater Prinz Andreas zu nennen. Durch diese Geste wollte sie Philip zeigen, welchen Stellenwert er in ihrem Leben und in der Familie hatte. Ohne ihn konnte sie den Bedürfnissen der Kinder nicht gerecht werden.

Besonders Anne liebte es, mit ihm herumzutollen. Sie hing wie eine Klette an Philip. Charles war zurückhaltender. Er schmiss sich oft auf die Couch, schob die Füße unter ein Sitzkissen und las in einem Buch.

Selbst wenn ihre Mutter sie zu der Einsicht bringen wollte, ihre Meinung stärker zu gewichten als Philips, würde sie es nicht tun. Es wäre unfair, sich auf die Seite ihrer Mutter zu stellen.

»Was Charles' schulischen Weg anbelangt, trifft Philip sicher die richtige Entscheidung, Mummy. Er bedenkt alle Eventualitäten und nimmt die Sache nicht auf die leichte Schulter. Die Welt ändert sich. Die Medienlandschaft spiegelt das wider. Autoritäten wird heute weit weniger Respekt entgegengebracht als in früheren Jahren.«

Der Ton wurde rauer, auch gegenüber der Monarchie. Zwar wurde sie nicht infrage gestellt, jedenfalls nicht öffentlich, doch immer öfter las Elizabeth, die Monarchie sei nicht mehr auf der Höhe der Zeit. Es lag im Wesen des repräsentativen Königtums begründet, dass man Gegensätzliches von ihr erwartete. Einerseits sollte sie modern sein und mit der Zeit gehen, andererseits erwartete man Mütterlichkeit von ihr, damit sie Trost spenden konnte. Zeitungen schrieben, Charles werde altmodisch erzogen, doch einen Hippie würden die Menschen ebenso wenig mögen. Elizabeth ahnte, dass sie in den nächsten Jahren gefordert wäre, der Monarchie mehr Popularität zu verleihen. Wie sie das anstellen sollte, wusste sie allerdings nicht. Sie hörte den Menschen aufmerksam zu und arbeitete gewissenhaft, aber das genügte offenbar nicht mehr.

Philips natürliche Gelassenheit beeindruckte die Menschen mehr als ihr Pflichtbewusstsein. Oft war er der Garant für eine positive

Presse, obwohl er eine Berichterstattung über ihr Privatleben ablehnte. Er schätzte es nicht, wenn Unternehmen und Organisationen nur um des Profits oder des Ansehens willen arbeiteten, gegen das Wohl der Menschen. Er scheute keine Konfrontation und nahm sich die Zeit, Probleme zu Ende zu denken. Die Menschen mochten ihn, eben weil er Ecken und Kanten hatte.

Als etwa sein Vorschlag, historisch bedeutsame Schiffe zu konservieren, mit dem Hinweis abgelehnt worden war, man könne durchaus Schiffsmodelle verwenden, hatte er geantwortet: *Dann kann man also die Unterhaltungskosten eines Zoos senken, indem man nur ausgestopfte Tiere ausstellt?*

Philip rief zu ungewohnten Zeiten Freunde an, um mit ihnen philosophische Themen zu erörtern, und trieb die theologischen Auseinandersetzungen mit den Geistlichen, die im Palast zu Gast waren, mitunter auf die Spitze, doch er brachte sich immer voll und ganz ein.

Das Wichtigste war für ihn, Charles bestmöglich auf seine künftige Rolle vorzubereiten. Er wusste, was dereinst von seinem Sohn erwartet werden würde.

Ihre Mutter wollte ebenfalls das Beste für ihren Enkel, doch ihre Ansichten waren bisweilen etwas antiquiert. Als sie schlussendlich nachgab, klang sie wenig überzeugt.

»Also gut, dann geht er eben nach Gordonstoun«, sagte sie schnippisch.

Philip reichte seiner Schwiegermutter ein Glas ihres Lieblingsgetränks, eine Geste der Versöhnung.

»Dubonnet mit Gin? Sind wir denn schon in der Zauberstunde?«

Zauberstunde war die Zeit, in der sich die *Queen Mum* in Clarence House einen Drink genehmigte. Oder auch zwei.

»Es spricht absolut nichts dagegen, uns jetzt einen Drink zu gönnen.« Philip reichte auch Elizabeth ein Glas und goss sich selbst einen Brandy ein.

»Auf wen wettest du diese Woche?«, fragte er seine Schwiegermutter, um sie auf andere Gedanken zu bringen.

Elizabeth nippte an ihrem Drink und lächelte still vor sich hin. Philip griff gern auf die Themen Pferde und Wetten zurück, wenn er die Wogen glätten wollte. Damit war ihre Mutter leicht abzulenken.

»Wenn du mich so fragst, gebe ich dir gern Auskunft. Aber ich warne dich, das kann dauern …«

Wie nicht anders zu erwarten, war der Disput zwischen ihnen bald verflogen. Elizabeth klinkte sich in das Gespräch ein. Pferde gehörten nicht nur zu den Lieblingsthemen ihrer Mutter, sondern auch zu ihren. Philip hingegen langweilten Pferderennen. Er segelte lieber, widmete sich technischen Problemen oder schrieb Reden, von denen er jedes Jahr weit über hundert hielt.

Als sie sich abends mit Charles zusammensetzte, empfand Elizabeth tiefe Zufriedenheit. Der Besuch von Philips ehemaliger Schule würden Vater und Sohn einander näherbringen. Philip war in Gordonstoun glücklich gewesen. Weshalb sollte Charles es nicht sein?

Mit dem Gefühl, die richtige Entscheidung getroffen zu haben, verließ sie schließlich Charles' Zimmer. Ihr Ältester war in sich gekehrt und wirkte oft nachdenklich. Sicher würde er in Gordonstoun offener und zugänglicher werden.

26. KAPITEL

Juni/Juli 1969
England, London,
Buckingham-Palast,
Wales, Caernarfon

Der Titel flimmerte in gelber Schrift über den Bildschirm. *Royal Family.* Elizabeth war nervös, die Hände zwischen die Knie gesteckt, rutschte sie zur Kante des Sessels. Sie hatte immer noch Zweifel, ob der Film über ihre Familie wirklich eine gute Idee gewesen war.

»Kannst du mal mit der Turnerei aufhören?« Prinzessin Anne blickte genervt auf Edward.

»Nein … ich will nicht … ich will weitermachen«, rief der Fünfjährige.

Anne streckte die Arme aus, um ihren Bruder zu sich zu locken und ihn zu beruhigen, doch ehe sie sich's versah, glitt er vom Sofa und begann, auf Knien über den Teppich zu rutschen und dabei die Geräusche einer Lokomotive nachzuahmen.

Charles ließ sich von den Querelen nicht ablenken. Ein Bein über das andere geschlagen, starrte er auf den Bildschirm, aus dem nun die Stimme seiner Mutter zu hören war.

»Ich hätte ruhig freundlicher dreinschauen können.« Elizabeth sah in die Runde. »Warum hat mich niemand darauf aufmerksam gemacht, als wir die Szene gedreht haben?«

»Also *ich* habe dich gewarnt. Zwar nicht davor, ein unfreundliches Gesicht aufzusetzen, aber davor, die Dokumentation überhaupt zu drehen«, erinnerte Anne sie. »Seit unserer Geburt schaut man auf uns. Mehr muss wirklich nicht sein.«

Elizabeth sah zu ihrer achtzehnjährigen Tochter hinüber, deren dunkelblondes Haar ihr über die Schultern fiel.

»Ich weiß, du hast mich gewarnt. Ich habe es nicht vergessen.«

Anne vertrat die Meinung, niemand sollte ihr zu nahe kommen, um sie zu *sezieren*. Sie ließ sich generell nicht gern filmen, und schon gar nicht für eine Dokumentation, die die gesamte Nation zu sehen bekäme. Doch am Ende hatte sie sich dem Optimismus ihres Vaters gebeugt, der die Meinung vertrat, man solle das Experiment wagen.

Die Monarchie lebte vom rechten Maß zwischen Nähe und Distanz, das wusste Elizabeth. Doch dieses Maß hatten sie mit dem Film ohne Zweifel durcheinandergebracht.

»Kriege ich ein Eis? Wie in dem Laden, in dem wir welches gekauft haben, als wir drehen mussten?«, fragte Edward.

»Später, Edward. Jetzt schauen wir uns erst mal den Film an.« Elizabeth kam die eigene Stimme fremd vor. Kritisch beäugte sie jede Szene im Fernsehen.

Ihr Jüngster hatte sich beim Drehen ganz natürlich verhalten. Er war auf das Dach ihres Autos geklettert, das neben dem Grill stand, wo Philip gerade die Würstchen wendete, und hatte ihr mit einem breiten Grinsen zugerufen: »Mummy, ich bin auf dem Dach.« Dann hatte er sich auf den Bauch gelegt und freudig mit den Beinen gewippt.

Die Zuschauerinnen würden Edward sofort ins Herz schließen. Mit dem hellblonden Haar sah er wie ein Engel aus, und von seiner Stimme war jeder angetan.

Mit Charles' bevorstehendem einundzwanzigsten Geburtstag und der damit verbundenen Investitur zum *Prince of Wales* waren unzählige Anfragen seitens der Medien eingetroffen.

»Wie wäre es mit einer Dokumentation über das Familienleben?«, hatte ihr Pressesprecher Heseltine vorgetragen. »Es ist ein riskanter Plan, dessen bin ich mir bewusst, aber wenn wir Glück haben, punkten wir damit.«

»Ein Film über unser tägliches Leben?«, hatte Elizabeth ungläubig nachgefragt.

»Ja, warum nicht? Auf diese Weise würden wir den Menschen

einen noch nie dagewesenen Einblick in den Alltag der königlichen Familie gewähren«, hatte Heseltine sie zu überzeugen versucht. »Außerdem wäre es eine gute Gelegenheit, der Öffentlichkeit die Aufgaben vorzustellen, die den Prinzen in Zukunft erwarten. Auch Prinzessin Anne könnten wir den Menschen näherbringen. Es wäre eine Überlegung wert.«

»Das ist gar keine schlechte Idee«, hatte Philip nach kurzem Überlegen eingeworfen. »Mit einer Dokumentation unterbinden wir das Gerede, die Monarchie sei langweilig und habe nichts mehr mit dem Volk zu tun, und zeigen uns endlich mal als die, die wir wirklich sind.«

Elizabeth hatte zunächst abgewunken. »Ich tauge nicht zum Filmstar, Philip. Die Idee ist absurd.«

»Wieso? Wir drehen doch auch privat. Wo ist der Unterschied, außer dass nicht ich hinter der Kamera stehe, sondern ein Profi?«

»Martin Luther King und Robert Kennedy sind ermordet worden. De Gaulle ist aus seinem Land geflohen. Und du willst den Menschen zeigen, wie es bei uns hinter verschlossenen Türen zugeht? Überall ist die Welt im Um- und Aufbruch, strebt nach Erneuerung – darüber sollten wir uns Gedanken machen«, hatte Elizabeth eingewandt.

»Wer sagt, dass das eine nichts mit dem anderen zu tun hat? Auch das Königshaus muss mit der Zeit gehen. Wir müssen etwas ändern und es entstauben.«

Heseltines Vorschlag waren lange Gespräche gefolgt. Und nachdem Lord Brabourne, Dickie Mountbattens Schwiegersohn, der als Produzent mit dem Metier bestens vertraut war, auf sie eingewirkt und die Idee befürwortet hatte, hatte Elizabeth eingelenkt.

»Also gut, wir machen es«, hatte sie nachgegeben, »allerdings bestehe ich darauf, dass die Dokumentation nur eine begrenzte Zeit zu sehen ist. Und alle Rechte an der Produktion bleiben mir.«

Philip hatte sie beruhigt: »Der Zugriff und die Nutzung des Materials werden von deinem Privatsekretär kontrolliert. Diesbezüglich gehst du kein Risiko ein.«

Und so war unter Philips Leitung ein Komitee zusammengestellt worden, das über die Drehorte entschied.

Am ersten Drehtag trug Elizabeth einen karierten Rock, eine Seidenbluse und eine taillierte Jacke. Ihr Haar lag perfekt und schimmerte im Licht. Sie tat, was man ihr sagte.

Doch am Abend des Drehtags war sie überzeugt davon, dass die Zustimmung zum Dreh ein Fehler war. Das hatte sie Philip gegenüber unmissverständlich geäußert.

»Lilibet, *Royal Family* wird ein bedeutender Moment in der Fernsehgeschichte. Der bedeutendste seit deiner Krönung. Danach wissen die Menschen, wie gewissenhaft Charles, ihr zukünftiger König, seinen Aufgaben nachgeht. Und nicht nur das. Sie werden auch daran erinnert, wie wichtig die Monarchie für Großbritannien ist«, hatte Philip versucht, sie zu beruhigen.

Elizabeth sollte an ihrem Schreibtisch zu sehen sein, wie sie in einen Zug einstieg und an Bord eines Flugzeugs ging und wie die Familie im Urlaub auf Balmoral picknickte. Dafür hatten sie am Ufer des Loch Muick gedreht. Philip im Pullover vor dem Grill kostete vom Salatdressing, während Charles eine Sauce umrührte und Anne hin und her lief.

»Ich will ein Eis, Mummy. Wie im Film«, quengelte Edward erneut.

»Wir essen später Eis. Jetzt schauen wir uns die Dokumentation an. Magst du nicht mitschauen?«, wandte Elizabeth sich an ihren Jüngsten.

»Ich kenne doch schon alles. Gleich dreht Papa das Fleisch um«, rief Edward. Er lief zu Charles und hangelte sich neben ihn in den Sessel.

Elizabeth sah auf die Uhr. »Wo bleibt Margaret? Sie wollte doch mitschauen.«

In diesem Augenblick meldete der Diener die Ankunft Prinzessin Margarets. Elizabeth sprang auf, um ihre Schwester zu begrüßen. »Margaret. Endlich«, sie küsste sie auf die Wange.

»Entschuldige.« Margaret ließ die Handschuhe in die Handtasche gleiten. »Es war ein Höllenverkehr in der Stadt, und ich hatte noch ein Telefonat.«

Elizabeth ahnte, dass das Telefonat vermutlich nur vorgeschoben war. Sicher ging es wieder um Tony.

»Kommt dein Mann noch?«, fragte sie. »Und was machen die Kinder?«

»Tony hat zu tun«, sagte Margaret knapp. »Und David und Sarah geht es gut.«

Nach der Geburt der Kinder hatte Margaret ihr ausschweifendes Leben beibehalten. Sie war froh, Hilfe bei der Betreuung der Kinder in Anspruch nehmen zu können, doch Tonys moderne Ansichten widersprachen denen der Kindermädchen.

Auch Elizabeth genoss es, Zeit mit ihrem Neffen und ihrer Nichte zu verbringen. Den Tag, an dem sie von Davids erstem Sprechversuch erfahren hatte, würde sie nie vergessen. Sein erstes Wort war weder Mummy noch Papa gewesen, sondern *Kronleuchter*. Wie es dazu gekommen war, wusste Margaret nicht, aber es hatte nicht die Freude gemindert, ihren Sohn sprechen zu hören. Elizabeth hatte spekuliert, ob es eventuell mit dem Kensington-Palast zusammenhinge, dass David ausgerechnet dieses Wort in Erinnerung geblieben war. Schließlich befanden sich dort unzählige Kronleuchter.

Elizabeth versuchte im Gesicht ihrer Schwester zu lesen, wie diese sich fühlte. Margaret gestand sich ihre Verletzlichkeit nicht gern ein, doch nun ließ sie die Fassade fallen.

»Also gut. Tony und ich haben uns gestritten. Deshalb bin ich zu spät.« Sie reckte das Kinn. »Was soll's. Davon lasse ich mir den Abend nicht verderben. Das hätte gerade noch gefehlt.«

Wenn es Krach mit Tony gab, fiel Margaret immer in ein tiefes Loch. Es folgten durchtanzte Nächte, viele Zigaretten und Drinks, doch dadurch wurde es nicht besser. Im Gegenteil. Auch jetzt ging sie zu der kleinen Bar und schenkte sich einen Whisky ein. Elizabeth unterdrückte den Drang, etwas zu sagen, als Margaret nach dem gut gefüllten Glas griff und einen Schluck nahm. Sie hatte die Marke *Famous Grouse*, die ihre Schwester bevorzugte, stets vorrätig.

»Wir sollten Tony für heute vergessen«, schlug Margaret vor.

Elizabeth bezweifelte, ob das gelingen würde. Ihre Schwester vergaß keinen Streit und orientierte sich insgeheim an der glücklichen Ehe ihrer Eltern und an Philip und ihr. Doch Tonys Antrieb war seine Arbeit, nicht seine Ehe. Nachts zog er weiter um die Häuser, oft ohne Margaret. Er war ein Freigeist, unfähig, treu zu sein, und er trank zu viel.

Elizabeth sah die dunklen Ringe unter Margarets Augen. Was den Alkoholkonsum anging, stand sie ihrem Mann inzwischen in nichts nach. Vermutlich war sie wieder hinter eine seiner Affären gekommen. Auch Margaret war eine Liebschaft mit dem Pianisten Robin Douglas-Home eingegangen. Ihre Antwort auf das verlorene Gefühl, begehrt zu sein, das Tony ihr nicht mehr gab.

Elizabeth verdrängte den Gedanken an eine Scheidung, die vielleicht irgendwann zur Debatte stünde, wenn die Kluft zwischen Margaret und Tony nicht mehr zu kitten wäre.

Margaret hatte ihren Whisky ausgetrunken und schenkte sich nach. Sie zeigte nur den engsten Vertrauten ihre verletzliche Seite, unter anderem ihrer Cousine Margaret Rhodes. Elizabeth nahm sich vor, gleich morgen mit ihr zu telefonieren, um zu besprechen, wie man ihrer Schwester helfen konnte. Margaret fehlte eine Aufgabe, die ihrem Leben Sinn verlieh.

Wenn sie morgens anrief, befand Elizabeth sich meist schon in einer Besprechung mit ihrem Sekretär oder sah Staatspapiere durch. Ihre Zeit war knapp bemessen. Margaret hingegen verfügte über viel freie Zeit und wusste oft nicht, wie sie sie sinnvoll nutzen sollte. Sie brauchte das tägliche Telefonat mit Elizabeth. Es ließ sie die Verbundenheit, die sie als Mädchen empfunden hatten, weiterhin spüren.

»Gibt es irgendetwas, das ich für euch tun kann?«, wagte Elizabeth zu fragen, als Margaret ihren zweiten Whisky trank. »Es gibt Mittel und Wege, wie Tony und du euch wieder annähern könnt.«

»Redest du etwa von einer Paartherapie?«

Margaret lachte gequält auf. Sie war nicht der Mensch, der deeskalierte. Mitunter goss sie sogar Öl ins Feuer. Haltung oder Harmonie um jeden Preis fand sie entsetzlich, dabei sehnte sie sich nach nichts mehr als nach häuslichem Frieden.

»Falls du darauf spekulierst, irgendjemand bekäme Tony zu so etwas, irrst du dich. Psychische Probleme gibt es für ihn nicht, und falls er je ein Problem zugeben würde, dann höchstens als Marotte, die er sich erlauben darf.«

»Und du? Wie siehst du es?«, wollte Elizabeth wissen. »Ich finde, sich beizeiten Hilfe zu suchen, spricht von Weitblick. Auch wenn manche es stigmatisieren, man sollte etwas tun, wenn es einem psychisch nicht gut geht.«

»Ich brauche nur mehr hiervon.« Margaret sah auf ihr Glas. »Ein Drink verschafft mir eine Pause vom Denken. Das brauche ich. Nur eine Pause. Denken macht so müde.«

Elizabeth ließ es dabei bewenden. Margaret würde in den nächsten Tagen auf Tony zugehen oder er auf sie. Vielleicht sollte sie selbst mit ihm sprechen oder Philip bitten, sich mit ihm zu treffen. Margarets und Tonys Kinder waren noch klein. Die Ehe durfte nicht scheitern. Nicht nach allem, was Margaret mit Peter Townsend durchgestanden hatte.

Margaret nahm Elizabeth' Hand und zog sie mit sich. »Anne … Charles«, rief sie in Richtung der Kinder, »wie findet ihr die Windsors für jedermann?« Zu Elizabeth gewandt sagte sie: »Was die Zeitungen wohl darüber schreiben werden, dass ihr nun TV-Stars seid?«

Elizabeth blickte aus dem Fenster des Sonderzugs. Draußen zog die Julilandschaft von Nordwales an ihr vorbei. Sie liebte das Grün der Landschaft genauso wie die zerklüftete Küste. Caernarfon, am südlichen Ende der Menaistraße, zwischen Nordwales und der Insel Anglesey, bildete den perfekten Rahmen für Charles' Investitur.

Seit dem 13. Jahrhundert wurde der Titel *Prince of Wales* an die Nummer eins der Thronfolge verliehen. Kein Erbtitel qua Geburt, der Titel würde Charles in einer Zeremonie von Elizabeth verliehen werden. Als er den Titel im Juli 1958 zuerkannt bekommen hatte, war Charles erst neun gewesen, weshalb die Ernennungszeremonie nun am 1. Juli im Innenhof von Schloss Caernarfon stattfand.

Caernarfon, eine der bekanntesten historischen Festungen Großbritanniens – mit Mauerwerk aus hellgrauem Kalkstein und Streifen aus rotem Sandstein –, war ein herausragendes Beispiel für die europäische Militärarchitektur des späten 13. und frühen 14. Jahrhunderts. Es gab sieben große und zwei kleinere achteckige Türme und eine Ringmauer an der Südseite mit zwei übereinanderliegenden Wehrgängen mit Bogenschießscharten. Eine wunderbare Kulisse.

Elizabeth löste den Blick vom Fenster und sah zu ihrer Mutter, die schlummerte.

Tony hatte die Feier mit viertausend geladenen Gästen organisiert. Der Minister von Wales würde das *Letters Patent*, das offizielle Dokument zur Übertragung des Titels, auf Walisisch verlesen und Elizabeth fünf Insignien an Charles verleihen: ein Schwert, eine Krone, einen Ring, einen Goldstab und den königlichen Mantel. Danach würde er den Schwur leisten, mit dem er sich ihr auf Lebenszeit als *Lehnsmann* verpflichtete.

Philip löste die vor der Brust verschränkten Arme. Auch er war eingenickt, wachte nun aber auf.

Die letzten Tage war er ziemlich angespannt gewesen. In Wales hatte sich der ultra-nationalistische Flügel dem Terrorismus zugewandt; in Nordirland schwelten Konflikte. Frieden war in diesen Zeiten ein vielstrapaziertes Wort. Doch der Brennpunkt lag eindeutig in Wales.

Philip gähnte hinter vorgehaltener Hand und sah zu seiner Frau hinüber.

»Machst du dir Sorgen?«, fragte er.

Elizabeth erwiderte seinen Blick. »Nicht mehr als sonst.« Sie versuchte, ihn und sich selbst zu beruhigen.

»Ich bin mir sicher, das brauchst du nicht.«

»Das hoffe ich«, erwiderte Elizabeth.

Am nächsten Morgen stand Elizabeth noch der vergangene Tag vor Augen. Während sie am Vortag durch Wales fuhren, kamen in Abergele zwei Nationalisten durch ihre eigene Bombe ums Leben. Das Drama hatte sich nur vierzig Meilen von Caernarfon entfernt abgespielt. Eine zweite Bombe, glücklicherweise eine Attrappe, hatte man an einer Brücke über der Zugstrecke gefunden. Nicht auszumalen, wenn es eine echte gewesen wäre.

Die Königinmutter wirkte überraschend robust, als sie sich an den Frühstückstisch setzte und ihren Tee servieren ließ.

»Was ist denn?« Sie sah Elizabeth nach einigen betont lockeren Sätzen fragend an. »Ich versuche lediglich, die Stimmung aufzuhellen. Sonst werden wir noch alle trübsinnig. Wenn Terroristen danach trachten, unsere Familie auszulöschen, sage ich: Ich habe mich vom Zweiten Weltkrieg nicht unterkriegen lassen und werde selbstverständlich auch mit euch fertig ... Terroristen darf man keinen Raum geben. Nicht mal in Gedanken. Deshalb erzähle ich Witze ... Wir sind noch nicht auf die Anzahl an Anschlägen gekommen, die Königin Victoria überlebt hat. Das nenne ich Glück.«

»Sag das nicht zu oft. Wir wollen unser Glück nicht beschwören«, griff Philip den Ton seiner Schwiegermutter auf.

»Wisst ihr, in diesen Tagen denke ich wieder häufiger an die Bombennächte im Krieg. An die Zerstörung rundum. Wenn ich mich damals nicht bei Laune gehalten hätte, hätte ich es nicht durchgestanden. Und so halte ich es weiterhin«, vermerkte Elizabeth' Mutter unbeeindruckt. »Möchtet ihr noch einen Witz hören? Mir fällt gerade einer ein.« Ohne auf eine Antwort zu warten, erzählte sie ihn und lachte selbst am lautesten.

Elizabeth rührte in ihrer Tasse und biss in ihren Toast.

Die bevorstehende Zeremonie erinnerte sie an die eigene Krönung.

»Es wird alles gutgehen«, beschwor Bobo Elizabeth, als sie ihr später beim Ankleiden half.

Für diesen besonderen Tag hatte sie Elizabeth ein helles Kleid und einen passenden Mantel mit halblangen Ärmeln samt einem Hut von außergewöhnlicher Form ausgesucht. Dazu cremefarbene lange Handschuhe und eine helle Tasche.

»Hier, ich habe für heute diesen hellen Schirm ausgewählt … falls es regnet«, sagte Bobo.

»Was wäre ich nur ohne dich?«, murmelte Elizabeth. Bobo um sich zu haben, gab ihr ein Gefühl von Sicherheit.

»Sich darüber Gedanken zu machen, ist nicht nötig. Ich bin ja da.«

Draußen warteten die Kutschen, bereit, sie zum Schloss zu bringen. Als die Pferde lostrabten, spürte Elizabeth einen leichten Ruck.

Sie fuhren schon eine Weile, als plötzlich lautes Donnern zu hören war.

»Mein Gott, was ist das?«, rief Elizabeth erschrocken. »Es hört sich an, als wäre eine Bombe detoniert.«

Auch Philip war in heller Aufregung, versuchte aber, es sich nicht anmerken zu lassen, doch Elizabeth kannte ihn gut genug, um zu wissen, dass er sich sorgte.

Später erfuhren sie, dass nur fünfhundert Meter von ihnen entfernt eine Bombe explodiert war. Dagegen waren das Ei, das sie auf der Fahrt verfehlt hatte, und die Bananenschale, auf der die Kavallerie hätte ausrutschen können, kaum erwähnenswerte Kleinigkeiten.

Bei der Zeremonie ging zu ihrer Erleichterung alles glatt. Die Last der Geschichte schien sich auf die Schultern ihres knienden Sohnes zu legen, als Elizabeth ihm die Krone aufs Haupt setzte.

Doch noch einmal gab es an diesem Tag schlechte Nachrichten. Sie erfuhren, dass an der A5 bei Caergeiliog eine weitere Bombe entdeckt und entschärft worden war. Fünf Minuten, bevor die Autokolonne mit Charles sich auf den Weg zum Abendessen auf der königlichen Jacht machte. Und in Caernarfon wurde ein Soldat von einer Autobombe getötet, die unter seinem Wagen angebracht war.

Zurück in London, zog Elizabeth sich geistig erschöpft in ihre Gemächer zurück.

»Du siehst blass aus«, sagte Philip, als er zu ihr kam. »Es war keine leichte Reise. Aber du hast sie gut gemeistert.« Er massierte ihren Nacken.

Elizabeth sah ihn an. »Ich weiß nicht, was mit mir los ist. Ich glaube, ich werde alle Termine für diese Woche absagen. Ich sehne mich nach ein paar Tagen Ruhe.« Elizabeth wusste, was Philip als Nächstes fragen würde, und kam ihm zuvor. »Davon ist auch Wimbledon betroffen ... Und ja, ich weiß, dieses Turnier habe ich nicht mal während meiner Schwangerschaften ausgelassen.«

Philip zog seine Frau in eine tröstende Umarmung. »Lilibet und erschöpft, das sind ganz neue Töne. Muss ich mir ernsthaft Gedanken machen?«

Elizabeth löste sich von ihrem Mann und fing seinen sorgenvollen Blick auf.

»Nein ... nein, nicht wirklich«, versprach sie. »Weißt du was«, fing sie plötzlich von etwas Erfreulicherem an, »was hältst du von einer Nordsee-Kreuzfahrt und einem Besuch bei Olaf von Norwegen?«

Philip steckte sich eine Traube vom Obstteller in den Mund und überdachte Elizabeth' Vorschlag. »Prima Idee«, sagte er kauend.

»Und hinterher reisen wir nach Balmoral«, plante Elizabeth. »Du wirst sehen, danach bin ich wieder wie neu.«

Philips ernstes Gesicht entspannte sich sichtlich. »Das klingt schon eher nach dir. Bloß keine ruhige Kugel schieben. Das ist die Lilibet, die ich kenne.«

27. KAPITEL

Mai 1972
Frankreich, Paris,
England, London,
Buckingham-Palast,
Windsor

Geistesgegenwärtig legte Elizabeth die Hand auf den Hut, während sie die Gangway der Air-Force-Maschine hinunterschritt. Es gabe kein gutes Bild ab, wenn ein Windstoß ihre Kopfbedeckung fortwehte.

Präsident Georges Pompidou und seine Frau Claude warteten samt Empfangskomitee am Fuß der Treppe, um sie und Philip in Paris willkommen zu heißen.

Madame Pompidou trug helle Farben. Elizabeth hingegen hatte sich für einen dunklen Mantel entschieden, der mit einer gemusterten Bordüre abgesetzt war. Darunter trug sie ein Kleid im gleichen Muster.

Sie nahm die letzte Stufe, ließ von dem Hut ab und ging entschlossen auf Pompidou zu. Philip folgte ihr im kamelhaarfarbenen Mantel, mit dem für ihn typischen erwartungsvollen Lächeln. Auch Pompidou strahlte übers ganze Gesicht. Er senkte den Kopf und deutete, ganz Gentleman, einen charmanten Handkuss an.

»Es ist mir eine große Ehre, Eure Majestät und den *Duke of Edinburgh* in Paris begrüßen zu dürfen.«

Seine Frau Claude knickste vor Elizabeth.

»Herzlichen Dank für den freundlichen Empfang«, sagte Elizabeth in fließendem Französisch.

Ihrem zweiten offiziellen Besuch in Frankreich lag ein straffes Programm zugrunde. Noch am selben Abend würde es im Grand Trianon in Versailles ein Staatsbankett mit über hundert Gästen geben. Außerdem würden sie das Ballett *Giselle* sehen. Besonderes Augenmerk lag auf ihrer Rede an diesem Tag. Für die Live-Übertragung würde sie in einem weißen, reich verzierten Abendkleid vor die grellen Lichter der Fernsehkameras treten.

Sie würde in ihrer Rede hervorheben, dass die Menschen in Westeuropa mit ihrem Talent und ihrem Wissen, ihren Ressourcen und ihren Technologien ein unvergleichliches Kapital besaßen, das sie auf unglaubliche Weise nutzen könnten, wenn sie sich zusammentäten. Um diese Gedanken auszusprechen, hatte Premierminister Edward Heath sie nach Paris geschickt. Er war fest entschlossen, den kontrovers diskutierten Plan, Großbritannien mit Pompidous Hilfe endlich einen Platz in der Europäischen Wirtschaftsgemeinschaft zu sichern, noch während seiner Amtszeit erfolgreich umzusetzen.

Heath hatte nur noch de Gaulles Ablösung abgewartet, der – anders als Pompidou – nicht pro-europäisch eingestellt war.

Elizabeth kam mit Edward Heath weniger gut zurecht als mit Harold Wilson. Heath hatte keine Familie und kein Interesse an Smalltalk, dafür eine Leidenschaft für klassische Musik und fürs

Segeln, womit Elizabeth nur wenig anfangen konnte. Hinzu kam seine Skepsis gegenüber dem Commonwealth. Er erkannte nicht, wie wichtig diese Vereinigung war. Für Heath war das Commonwealth nur eine lästige Ablenkung von seinem großen Ziel.

Als die Mitglieder des Commonwealth ihre Versammlungen nicht länger in London, sondern an wechselnden Orten auf der Welt abhalten wollten und Singapur als erster Gastgeber auftrat, hatte Heath Elizabeth die formale Aufforderung zukommen lassen, daheim zu bleiben, weil seine Entscheidung, Waffenlieferungen an Südafrika aufzunehmen, bei anderen Commonwealth-Staaten auf erbitterten Widerstand stoßen würde.

»Ich fürchte, das Risiko etwaiger Kritik und Beschämung wird sich nicht allein auf die Minister Ihrer Majestät begrenzen, sondern womöglich auch Ihre Majestät selbst betreffen«, hatte er ihr geschrieben.

Elizabeth hatte es als herbe Enttäuschung und Respektlosigkeit für das Commonwealth und seine Vertreter empfunden, nicht nach Singapur reisen zu können, und ihren ältesten Berater, Privatsekretär Michale Adeane, angewiesen, Heath zu antworten.

»Verfassen Sie die Antwort bitte unter Beachtung aller korrekten Formen der Höflichkeit, aber machen Sie auf jeden Fall deutlich, dass es sich diesmal um eine absolute Ausnahme handelt«, hatte sie ihm aufgetragen.

Adeane hatte geholfen, den Königshof von viktorianischen Relikten zu entstauben, stand damals aber kurz vor der Pensionierung. Ihr neuer Privatsekretär übernahm die undankbare Aufgabe, ihr bei dem Seiltanz zu helfen zwischen den Befürwortern, die die Europäische Wirtschaftsgemeinschaft anstrebten, und den Gegnern, die glaubten, Großbritannien verrate dadurch seine Freunde im Commonwealth. Heath hatte deshalb bereits Besuche aus den verschiedenen Nationen angedeutet.

Tatsächlich herrschte auf der Konferenz in Singapur ein roher Ton, erfuhr Elizabeth später. Eine harte Zerreißprobe, die Generalsekretär Arnold Smith reumütig erklären ließ, in Anwesenheit der Königin wäre die Stimmung womöglich weniger schlecht gewesen.

Unter Berücksichtigung ihrer unterschiedlichen Auffassungen waren die wöchentlichen Treffen mit Edward Heath nicht mehr als reine Arbeitstreffen. Elizabeth hatte sich außerdem den emotionalen Anschuldigungen des Anti-Monarchisten Willie Hamilton ausgesetzt gesehen. Mit größter Genugtuung hatte er die königlichen Finanzen unter die Lupe und dabei genüsslich ihre Mutter und Margaret ins Visier genommen.

Die Süffisanz in seiner Stimme und den lodernden Blick vor Augen, ließ Elizabeth die Erinnerung an die turbulenten Monate los und stieg in den offenen Wagen. Wichtig war jetzt ihre Rede im Élysée-Palast. Sie ging im Geist rasch noch einmal die wichtigsten Daten ihrer Reise durch, einschließlich ihres Besuchs beim *Duke of Windsor*, ihrem Onkel, in der Villa Windsor in Bois de Boulogne.

Seit einiger Zeit bereitete ihr der gesundheitliche Zustand des ehemaligen Königs große Sorgen. Es schien ernst zu sein. Ob sie Onkel David noch einmal lebend zu Gesicht bekäme?

Vermutlich würde er nicht wollen, dass sie ihn im Bett liegend sah, und alles tun, um ihr auf beiden Beinen gegenüberzutreten. Er war schon früher eitel gewesen, daran hatte sich nichts geändert.

Es war ein anstrengender Tag, vollgepackt mit Terminen, und als sie vom Dinner in Versailles ins Hotel zurückkehrten, gähnte Philip.

»Ich bin hundemüde und trotzdem hellwach … bestimmt kann ich nicht einschlafen«, klagte er.

»Sollen wir uns noch kurz zusammensetzen?«, schlug Elizabeth vor. »Mir geht es ähnlich.«

Philip kam kurz darauf mit einem Handtuch, das er sich um den Unterkörper geschlungen hatte, aus dem Bad.

»Dass es noch Menschen gibt, die Großbritannien für nicht pro-europäisch genug halten, ist verwunderlich«, sprach er laut vor sich hin, während er in einen Bademantel schlüpfte. »Die Positionen verhärten sich. Die Landwirte in Neuseeland und in Australien befürchten wegen Großbritanniens Eintritt in die Europäische Wirtschaftsgemeinschaft den Verlust ihres größten Überseemarktes.«

»Es ist ein Dilemma, ja.« Elizabeth steckte die Füße in die Pantoffeln und ließ sich erschöpft in die Couch fallen. »Wie ich Heath einschätze, wird er mich offiziell anweisen, eine Seite zu wählen«, vermutete sie.

Der Januar 1973 war das geplante Eintrittsdatum, und Heath war entschlossen, die königliche Familie ins Zentrum der geplanten Feierlichkeiten zu stellen.

»Wenigstens haben wir in diesem Jahr noch einen angenehmen Termin vor uns. Unsere Silberhochzeit.« Philip ließ sich neben Elizabeth nieder und sah sie an. »Ist es zu fassen, dass wir unseren Weg schon fünfundzwanzig Jahre gemeinsam gehen?«

»Verbuchen wir es als Erfolg, Liebster.« Elizabeth küsste Philip.

»Ich bin froh, dass ich meine Schüchternheit damals ignoriert und dir den Antrag gemacht habe.«

»Schüchternheit? Interessant. Wann willst du mir diese Seite endlich zeigen?«

Es tat gut, auf Philips leichten Ton einzugehen.

Elizabeth hatte vor, dieses wichtige private Ereignis im November als zentrales Motiv ihrer Weihnachtsansprache zu nutzen. Die kommende Rede sollte eine der bedeutendsten werden. Selbstverständlich würde sie auf die schlimmen Gewaltausbrüche in Nordirland hinweisen und an das Bemühen um Toleranz und Verständnis erinnern. Verständnis war ein vielbemühtes Wort, doch es war wichtig, immer wieder daran zu erinnern, wie unumgänglich es zwischen Menschen und Völkern war.

Die Weihnachtsansprache war die einzige Gelegenheit, bei der sie dem ministerialen Rat nicht folgen musste; sie konnte zum Ausdruck bringen, was ihr wirklich am Herzen lag. Doch dieses Mal spielte sie angesichts der Auswirkungen, den der Eintritt Großbritanniens in die Europäische Wirtschaftsgemeinschaft hätte, mit dem Gedanken, Heath' Rat einzuholen. Es wäre klug, an prominenter Stelle der Rede hervorzuheben, dass die neuen Verbindungen die alten nicht ersetzen würden, sondern sie vielmehr die Verbindungen zum Commonwealth mit nach Europa nähmen – eine Win-win-Situation.

Elizabeth und Philip plauderten über die Silberhochzeit und kamen dann erneut auf Politisches zu sprechen. Der ehemalige Kriegspartisane Tito hatte Jugoslawien zu einem kommunistischen Staat abseits der Sowjetunion geformt und erwartete den Besuch der Königin.

»Wir müssen ihm schnellstmöglich unsere Aufwartung machen. Nixon und Breschnew waren schon bei ihm«, machte Elizabeth Druck.

»Ein blockfreier Staat, der weder Europa noch dem Commonwealth angehört. Außergewöhnlich«, sinnierte Philip, »fehlst nur noch du als Sahnehäubchen seiner Anerkennung.«

»Fehlen nur noch *wir*«, korrigierte Elizabeth. »Falls du jetzt noch eine Lösung für unseren Besuch bei David und Wallis hast, bist du wieder mal mein Held. Ich habe Angst, dass wir es nicht mehr rechtzeitig zu ihm schaffen.«

»Wir können nicht mehr, als darauf hoffen, dass die Zeit für uns arbeitet.«

Elizabeth blickte nachdenklich ins Leere. »Weißt du, was ich mich immer wieder frage? Ob die Abdankung David wirklich glücklich gemacht hat oder ob er sich all die Jahre nur eingeredet hat, das Richtige getan zu haben.«

Philip zuckte die Schultern. »Wenn ich Davids Leben bis jetzt Revue passieren lasse, glaube ich, dass er nie aus ganzem Herzen glücklich war. Er hat immer getan, wonach ihm gerade war, ohne die Konsequenzen zu bedenken. Ich verstehe bis heute nicht, wie er Hitler und Mussolini treffen konnte. Wie es wirklich in ihm aussieht, wirst du vermutlich nie erfahren.«

Elizabeth blickte nachdenklich in den Raum. »Vielleicht ja doch. Vielleicht lese ich die Antwort aus seinen Augen?«

Der Wagen folgte der Route du Champs d'Entraînement.

Das herrschaftliche Grundstück des *Duke of Windsor* lag inmitten des Bois de Boulogne.

David und Wallis waren aus ihrem Privathaus am Boulevard Suchet 1953 in die prunkvolle Villa gezogen. Elizabeth hatte von großen Empfängen gehört, die dort gegeben worden waren. Rauschende Feste.

»Danke, dass ihr mich begleitet«, hatte Elizabeth zu Philip und Charles gesagt, als beide diesem Besuch zugestimmt hatten.

Charles wollte unbedingt bei dem Treffen dabei sein. Er hatte David vor eineinhalb Jahren besucht, ihr erstes und einziges Treffen, außerdem hatten sie sich geschrieben. Worüber sie sich austauschten, wusste Elizabeth nicht. Sie wusste nur, dass Dickie Mountbatten den Kontakt zwischen den beiden hergestellt hatte, sodass Charles seinen Großonkel zumindest ein wenig kennenlernen konnte.

»Ich würde es mir vorwerfen, nicht die Gelegenheit zu ergreifen, ihn noch einmal zu sehen«, sagte Charles, während sie auf dem Weg zu David waren.

»Das verstehe ich, Charles. Ich bin froh, dass du mitkommst.«

Bald darauf wurde der Wagen langsamer und hielt an. Die Türen öffneten sich. Wallis erwartete sie bereits an der Haustür. Die Frau ihres Onkels war immer schlank gewesen, doch nun wirkte sie ausgezehrt. Ihr pechschwarzes, in der Mitte gescheiteltes, toupiertes Haar, der verhärmte Gesichtsausdruck und die schwarze Kleidung verstärkten den Eindruck, sie wäre die Kranke und nicht ihr Mann.

Langsam kam sie die Treppe herunter. Als sie Elizabeth erreichte, knickste sie und reichte ihr die Hand.

»David lässt sich entschuldigen«, begann sie. »Er ist furchtbar enttäuscht, er hätte euch so gern hier begrüßt, aber der Arzt hat ihm strikt untersagt, herunterzukommen.«

Wallis wandte sich Philip und Charles zu. Ihr Besuch war vom Buckingham-Palast bekanntgegeben worden, und einige Pressevertreter waren anwesend. Nachdem sie sich den Fotografen gestellt hatten, betraten sie gemeinsam mit Wallis das Haus. Elizabeth' Blick huschte über die Rokoko-Balustraden, schmiedeeisernen Ehrentreppen und exotischen Deckengemälde. Wo sie auch hinsah, überall glänzte Marmor und waren kunstvolle Holzvertäfelungen zu sehen.

Philips interessierter Blick galt vor allem den Fahnen, die überall hingen, und dem königlichen Wappen. *Wie ein Ableger des Buckingham-Palasts*, so kam es ihm fast vor.

Ein Diener in königlicher Livree nahm ihnen die Mäntel ab.

Sie nahmen im Salon Platz. Charles war noch immer im Gespräch mit Wallis.

»Nach dem Tee gehen wir hinauf. David freut sich so über euren Besuch«, sagte Wallis und wischte sich etwas von der Wange.

»Ich freue mich ebenfalls, ihn wiederzusehen«, erwiderte Elizabeth.

Während des Tees sprangen die Möpse, Wallis' Lieblinge, um den Tisch herum, bis sie heftig schnaufend aufgaben und sich auf den eleganten Teppich zu ihren Füßen legten.

Elizabeth war froh, als sie endlich nach oben gingen, denn das Gespräch mit Wallis war ins Stocken geraten.

»David verlässt das Krankenzimmer nur noch selten«, erzählte Wallis mit gedämpfter Stimme. Die Worte kamen ihr nur schwer über die Lippen.

Vor Davids Zimmer blieben sie stehen und warteten nach Wallis' zögerlichem Klopfen auf ein Zeichen.

Als ein leises »Ja, bitte«, erklang, öffnete Wallis die Tür.

Elizabeth sah, dass David sich augenblicklich aus dem Sessel erhob, in dem er gesessen hatte. Er trug ein Hemd, eine Flanellhose und einen Blazer und schaffte es nur mit letzter Kraft auf die Beine, um sich vor ihr zu verbeugen. Elizabeth trat näher, sodass sie einander küssen konnten. David war inzwischen siebenundsiebzig, doch er wirkte älter und war erschreckend dünn. Es strengte ihn sichtlich an, sich gerade zu halten.

Nachdem er Philip begrüßt hatte, wandte er sich an Charles. »Du bist zu einem gestandenen jungen Mann herangewachsen, Charles.«

Charles nahm das Lob an. »Danke, dass du uns empfängst. Ich weiß, du musst dich ausruhen, aber ich wollte dich zumindest begrüßen.«

David wandte sich Elizabeth zu. »Dein Sohn ist sehr aufmerksam.« Dann legte er die Hand auf Charles' Schulter. »Ich würde gern ein paar Minuten mit deiner Mutter unter vier Augen sprechen.«

»Hast du alles, was du brauchst?«, erkundigte sich Wallis ängstlich.

»Mach dir keine Sorgen«, beruhigte David sie.

Wallis warf ihm einen zögerlichen Blick zu, als wäre sie nicht sicher, ob sie seiner Bitte Folge leisten sollte. Dann verabschiedeten sich Philip und Charles von David und verließen mit ihr das Zimmer.

David wartete, bis er mit Elizabeth allein war, dann huschte ein Lächeln über sein schmales Gesicht. »Dass du hier bist, Lilibet … welch eine Freude. Dein Besuch bedeutet mir viel. Ich weiß, wie begrenzt deine Zeit in Paris ist.«

»Es war mir ein Bedürfnis, bei dir vorbeizuschauen«, sagte Elizabeth. Sie nahm Davids Hand, die Hand eines todkranken Mannes, und drückte sie vorsichtig.

Sie setzten sich, was angesichts von Davids Zustand dringend nötig war. »Ich erinnere mich gern an unser Treffen vor einigen

Jahren«, sagte er. »Als ich mit Wallis nach London kam, um mich der Augenoperation zu unterziehen … Es war wundervoll, dass du uns besucht hast.«

Ungeachtet der unerbittlichen Haltung ihrer verstorbenen Großmutter, Königin Mary, und ihrer Mutter hatte Elizabeth sich zu einem Besuch bei David und Wallis entschieden. Seine Reise nach London hatte Elizabeth als eine gute Gelegenheit gesehen, die alte Fehde zu begraben. Und als David einige Jahren zuvor seinen siebzigsten Geburtstag gefeiert hatte, hatte sie ihm telegrafisch Glück gewünscht und einige Mitglieder der Familie gebeten, David zu besuchen, wenn sie in Paris waren. Es waren kleine, persönliche Gesten, die die Unstimmigkeiten und den Groll der Vergangenheit beenden sollten.

»Ich werde nie vergessen, dass du dafür gesorgt hat, dass die Jüngeren der Familie bei uns vorbeischauten, wenn sie in Paris waren. Und erst recht vergesse ich nicht, dass du uns zur Einweihung der Erinnerungstafel zu Ehren meiner verstorbenen Mutter eingeladen hast.«

»Sie war *deine* Mutter, David.«

»*Meine* Mutter, die mich bis zu ihrem letzten Tag nicht rehabilitiert hat«, sagte David bitter.

»Es ist ihr schwergefallen, mit deinem Rücktritt umzugehen. Sie hat es nie verwunden.«

Es war richtig gewesen, David und seine Frau in der offiziellen Wagenkolonne mitfahren zu lassen. Hinterher waren sie im Gespräch mit Elizabeth und der *Queen Mum* gesehen worden, die erste offizielle Anerkennung Wallis', eine Geste, die David alles bedeutet hatte.

»Lassen wir das«, murmelte David. »Die Vergangenheit ändert sich nicht. Sie ist … zementiert.«

Elizabeth lenkte das Gespräch auf Erfreulicheres, sodass sie miteinander plaudern und sich gemeinsam an früher erinnern konnten.

Ihr Gespräch ließ Bilder aus einer längst vergangenen Zeit wach werden. Elizabeth glaubte die Stimme ihres geliebten Vaters und die ihres jungen Onkels zu hören. Im Garten von Windsor Lodge hatten sie allerlei Schabernack getrieben. David hatte ihr aus *Winnie Pooh* vorgelesen und sich mit ihr die Comicfigur *Rupert Bear* angeschaut. Selbst während des Zweiten Weltkriegs hatten Margaret und Elizabeth auf den Trost der jährlich erscheinenden Bücher von Alfred Bestall, der Mary Tourtel abgelöst hatte, zurückgreifen können. Wie sehr hatten sie sich damals daran erfreut. Und wie nahe hatten sie ihrem Onkel gestanden.

Nach einer Viertelstunde war David sichtlich erschöpft. Elizabeth drückte ein letztes Mal seine Hand. Als sie das Zimmer verließ, traf sie auf Davids Arzt. Er hatte sich dezent im Hintergrund gehalten, bereit, jederzeit einzugreifen.

Bei der Verabschiedung sah Elizabeth Tränen in Wallis' Augen. Sie fuhr ihr tröstend über die Schulter. Sie wusste, wenn sie sich das nächste Mal sähen, wäre David nicht mehr unter ihnen.

Neun Tage nach der Rückkehr aus Paris erreichte Elizabeth die Nachricht seines Todes. Sie hatte damit gerechnet, dass der *Duke of Windsor* nicht mehr lange leben würde, trotzdem versetzte die Nachricht ihr einen Schock.

»Ich lasse seinen Leichnam von der Royal Air Force nach Hause überführen«, sagte sie, froh, bereits entschieden zu haben, wie sie vorgehen würde, und wandte sich an ihre Mutter, die herbeigeeilt war, nachdem sie vom Tod ihres Schwagers erfahren hatte.

»Wir werden David ein königliches Begräbnis mit einer Aufbahrung in der St. George's Chapel bereiten und dieses traurige Kapitel würdevoll abschließen, Mummy. Nicht nur für die Familie und für Davids Witwe, auch für Großbritannien. Vergessen wir für diesen Moment seine Schwächen und Fehler. Er war einstmals König ...«

»... Eduard VIII.«, murmelte ihre Mutter. »Mein Gott, haben

ihn die Menschen geliebt. Das alles hat er einfach weggeworfen … Aber gut … Trotz des Fehlers, sein Land wegen dieser Frau im Stich gelassen zu haben, steht ihm dieses Begräbnis vermutlich zu.« Mit diesen Worten gab sie ihre Einwilligung zu Elizabeth' Plänen. Dann seufzte sie und sah ihre Tochter fragend an. »Wo soll Wallis eigentlich wohnen? Hast du dir darüber Gedanken gemacht?«

»Selbstverständlich bei uns, als mein persönlicher Gast. Und was ihr Ableben eines Tages anbelangt, lasse ich einen Platz neben David für sie frei.«

»Diese Frau wird auf königlichem Grund liegen?« Die Stimme der Königinmutter wurde mit einem Mal eisig. Bei diesem Thema fiel es ihr schwer, Haltung zu bewahren und ihr großes Herz zu zeigen.

»Ich weiß, dich verbindet eine lange, unangenehme Geschichte mit Wallis. Aber lass uns damit abschließen«, bat Elizabeth noch einmal.

Die *Queen Mum* senkte den Kopf. »Entschuldige. Bei Wallis denke ich immer an deinen Vater. Wäre er nicht König geworden …«

Elizabeth' Mutter zwang sich, nicht weiterzusprechen. Für sie stand fest, dass ihr Mann länger gelebt hätte, wenn sein Bruder nicht Wallis' wegen abgedankt hätte. Diese Wunde riss immer wieder auf.

Als Davids Witwe schließlich in London ankam, aßen sie gemeinsam zu Mittag. Elizabeth sah immer wieder zu Wallis hinüber. Sie sah noch schlechter aus als in Paris, wirkte niedergeschlagen, beinahe apathisch. Nur ihre Juwelen funkelten.

Ihr Zustand rührte unerwarteterweise auch die Königinmutter.

»Mit ihren verschreckten Augen wirkt sie wie ein Kind, das sich verlaufen hat und seine Mutter sucht«, nuschelte sie.

Sie wirkte gefasster als zuletzt und gab sich größte Mühe, der Frau ihres verstorbenen Schwagers beizustehen. Die Rolle schien ihr im Laufe des Essens immer mehr zuzusagen. Sie redete unablässig auf Wallis ein.

»Meine Liebe, Sie werden sich in London einrichten. Sie kehren heim. In Davids Heimat. Sehen Sie es mal so.«

Wallis bedankte sich, ohne das Gesicht zu verziehen.

Elizabeth aß kaum etwas, sie war damit beschäftigt, Wallis zu beobachten. Margaret, die sie zu dem Essen dazugebeten hatte, gab ihr immer wieder durch Blicke zu verstehen, wie entsetzt sie über Wallis' schlechten Zustand war. Anne, die gewöhnlich so schnell nichts aus der Ruhe brachte, war ebenfalls schockiert.

»Findet ihr nicht, sie wirkt verwirrt?«, raunte sie, als sie kurz allein waren.

»Leider muss ich dir recht geben. Wenn ihr Zustand nicht besser wird, ziehen wir einen Arzt hinzu«, stimmte Elizabeth ihrer Tochter zu.

Am folgenden Tag sah Wallis sich außerstande, an der Flaggenparade teilzunehmen, die auf Elizabeth' Wunsch zu Ehren des Verstorbenen abgehalten werden sollte.

»Ich fühle mich unwohl. Es ist mir nicht möglich, dabei zu sein«, sprach sie mit kraftloser Stimme und sank mit jedem Wort mehr in sich zusammen. Schließlich zog sie sich in die Gemächer zurück, die man ihr zugewiesen hatte.

Später erfuhr Elizabeth, Wallis habe ihr aus dem Fenster nachgesehen, als sie an der Spitze der Household Cavalry zur Parade auf die Mall hinausgeritten war.

Am Abend ging es Wallis immerhin so gut, dass sie mit nach Windsor kommen konnte, wo ihr verstorbener Mann aufgebahrt war. Zehntausende Trauergäste zogen an dem Sarg des ehemaligen Königs vorbei. Schritte hallten in der Kapelle wider, ab und zu räusperte sich jemand, ansonsten herrschte Stille.

David fand auf dem königlichen Friedhof von Frogmore House

in direkter Nachbarschaft von Königin Victorias Mausoleum seine letzte Ruhe, in der Nähe des Gartens, in dem er und sein Bruder Bertie als Kinder gespielt hatten.

Während der Trauerfeier hielt Elizabeth Wallis' Hand – sie hatte ihr einen Ehrenplatz neben sich zugestanden –, und immer, wenn es emotional wurde, beugte sie sich zu ihr hinüber und flüsterte ihr beruhigende Worte zu.

»Sie wirkt, als hätte sie jeden Lebensmut verloren. Ich weiß nicht, wie lange sie noch durchhalten wird«, attestierte die Königinmutter und ließ sich nach der Trauerfeier einen Drink servieren.

»Ich denke, sie braucht nur etwas Zeit«, hoffte Elizabeth. »Nach allem, was sie mit David durchgestanden hat, gibt sie nicht so schnell auf. Das sähe ihr nicht ähnlich.«

28. KAPITEL

1981
Schottland, Aberdeenshire,
Schloss Balmoral

Elizabeth deutete auf das Sofa. »Nimm Platz, Diana. Ich habe uns einen Imbiss bringen lassen.«

Diana schaute auf die Gurken-Sandwiches und die Butterkekse, die auf einer Platte neben der Teekanne angerichtet waren.

Elizabeth setzte sich ihrer Schwiegertochter gegenüber. »Ich habe dir noch gar nicht gesagt, wie glücklich ich über eure Hochzeit bin. Nicht unter vier Augen«, konkretisierte sie.

Diana entkam ein leise gehauchtes »Oh …«. Dann sagte sie: »Danke! Ich bin ebenfalls sehr glücklich. Charles ist ein wundervoller Mann.«

Es hatte Elizabeth eine Last von den Schultern genommen, als feststand, dass Charles mit zweiunddreißig endlich den Bund der Ehe eingehen würde. Dass seine Frau zwölf Jahre jünger war als er, musste kein Nachteil sein. Diana konnte von seiner Erfahrung profitieren.

Nach dem schrecklichen Tod seines Großonkels Dickie lagen schwere Zeiten hinter ihrem Sohn. Lord Mountbatten war eine seiner wichtigsten Bezugspersonen gewesen, eine Art zweiter Vater. Es lag nun schon zwei Jahre zurück, dass er in der irischen Grafschaft Sligo, wo er Schloss Classiebawn bewohnte, einem Bombenattentat zum Opfer gefallen war.

An jenem Augusttag war er mit seiner Tochter Patricia und deren Mann Lord Brabourne, den Zwillingssöhnen Timothy und Nicholas, Brabournes 83-jähriger Mutter und dem Schiffsjungen Paul Maxwell an Bord seines Fischerbootes in der Hafenbucht von Mullaghmore gegangen, um Hummer zu fangen. Dass eine Bombe mit Funkfernzünder an diesem Boot angebracht war, konnten sie nicht ahnen.

Als die Bombe explodierte, waren Nicholas und Paul sofort tot, Dickie und die anderen wurden ins Wasser geschleudert. Er konnte schwer verletzt geborgen werden, starb jedoch unmittelbar darauf. Baroness Brabourne erlag ihren Verletzungen am darauffolgenden Tag.

Die IRA bekannte sich zu dem Attentat: Mit der Hinrichtung von Lord Louis Mountbatten solle das englische Volk auf die anhaltende Besetzung ihres Landes aufmerksam gemacht werden.

Die gesamte königliche Familie stand unter Schock, nachdem sie von dem Attentat erfahren hatte, besonders Charles. Umso erleichterter war Elizabeth, als sich zwischen ihm und der damals neunzehnjährigen Diana zarte Gefühle entwickelten.

Die Herausforderung, eine passende Frau zu finden, die sowohl dem britischen Hochadel angehörte, Protestantin und Jungfrau war und in die er sich tatsächlich verliebte, hatte Charles manchmal zu schaffen gemacht.

In seinen Zwanzigern hatte er hier und da Beziehungen gehabt, allerdings nie von Dauer. Auch mit Dianas Schwester Sarah war er eine Zeit lang ausgegangen. Unglücklicherweise hatte sie während eines Ski-Aufenthalts in der Schweiz zwei Journalistinnen ein Interview gegeben und mit ihnen über ihr Alkoholproblem, ihre Magersucht und ihre früheren Liebschaften gesprochen. Außerdem hatte sie den Journalistinnen anvertraut, dass Charles zwar ein wunderbarer Mensch, sie aber nicht in ihn verliebt sei. So war auch diese Beziehung in die Brüche gegangen.

Bei einer Jagdgesellschaft auf dem Familiensitz der Spencers war Diana Charles aufgefallen. Er wusste, dass er als Thronfolger nicht ewig Junggeselle bleiben konnte. Irgendwann – besser früher als später – musste er heiraten und Kinder zeugen, damit die Erbfolge gesichert war.

»Du musst sie heiraten oder sie gehen lassen«, hatte Philip seinem Sohn unmissverständlich mitgeteilt, als die Zeitungen sich bereits über die Treffen des Thronfolgers mit Lady Diana Spencer ausließen.

Die Hochzeit am 29. Juli mit dreitausendfünfhundert Gästen war von den Medien als wichtige Weichenstellung für die Krone frenetisch kommentiert worden. Lediglich Spaniens König Juan Carlos hatte sein Kommen wegen Streitigkeiten zwischen Großbritannien und Spanien über die Halbinsel Gibraltar abgesagt.

Für Elizabeth war die Mischung aus Unbedarftheit und Nahbarkeit Dianas größtes Kapital. Sie strahlte etwas Reines, Unbescholtenes aus, und wenn sie schüchtern lächelte, fühlte jeder sich berührt. Zugleich schlummerte eine Kraft in ihr, die sie selbst überhaupt nicht wahrzunehmen schien. Als Winston Churchills Urenkelin Clementine Hambro, eine der Brautjungfern, bei der Hochzeit über ihren Taftrüschentraum stolperte, war es Diana, die zu ihr eilte, um sie zu trösten.

Elizabeth lächelte bei dem Gedanken an die Zeremonie in der St.-Paul's-Kathedrale und schenkte Diana und sich Tee ein. Als sie die Kanne zurückstellte, deutete sie auf die Sandwiches.

»Bitte, greif zu.« Sie trank einen Schluck Tee und stellte die Tasse auf den Unterteller.

Diana legte sich ein Sandwich auf und biss ab.

»Hast du dich gut im Kensington-Palast eingelebt?«, fragte Elizabeth.

Diana schluckte den Bissen hinunter. »Hmm«, murmelte sie. »Ich fühle mich dort schon zu Hause.«

»Wunderbar. Gibt es irgendwelche Änderungswünsche? Sicher hast du Vorstellungen, wie du eure Räume gestalten möchtest.«

Bei dem Thema kam Leben in Diana. »Ja. Ich habe auch schon einen Designer ins Auge gefasst, den ich bitten würde, sich der drei Stockwerke anzunehmen.« Sie nippte an ihrem Tee und behielt die Tasse in der Hand.

»Freut mich zu hören. An wen denkst du?«, fragte Elizabeth interessiert.

»An Dudley Poplak.« Diana stellte die Tasse zurück. »Mir würde eine moderne Interpretation des Landhausstils gefallen. Elegant, aber nicht spießig, mit sanften Farbtönen und zarten Mustern.« Erneut biss sie von ihrem Sandwich ab und kaute.

»Das klingt zauberhaft«, freute sich Elizabeth. »Dudley Poplak arbeitet schon seit Jahren für uns. Bei ihm bist du in den besten Händen.«

In ihren und in Philips Augen war Diana die perfekte Frau für Charles. Sie entstammte einer der ältesten Adelsfamilien des Landes und hatte nicht nur eine protestantische Erziehung genossen, sondern war in ihrer jugendlichen Schönheit auch ein unbeschriebenes Blatt, was Erfahrungen mit Männern anging.

Dianas Vater, Earl Spencer, hatte Elizabeth während ihrer großen Reise nach der Krönung als persönlicher Kammerdiener begleitet. Als er kurz darauf heiratete, nahm Elizabeth an der Feier teil. Leider hatte die Ehe nicht gehalten, deshalb hatte Dianas Vater, bis er später den Stammsitz Althorp übernahm, viele Jahre mit seiner Familie auf Sandringham gelebt, wo seine Kinder mit Andrew und Edward gespielt hatten. Damit nicht genug, war Dianas Großmutter mütterlicherseits, Lady Fermoy, eine Hofdame von Elizabeth' Mutter gewesen.

Auch wegen dieser Verflechtungen schien Diana wie geschaffen für die Rolle der Frau des Thronfolgers. Mit dieser Hochzeit und den Kindern, die sicher bald zur Welt kämen, wäre die Zukunft der Krone gesichert.

Mit einem Rumpeln machte sich Philip bemerkbar. Unerwartet stand er, voll bepackt, in der Tür.

»Ich möchte meine Schwiegertochter wenigstens kurz begrüßen, bevor ich im Garten den Pinsel schwinge.«

Er legte die Leinwand, Pinsel und Farben ab und begrüßte Diana herzlich.

»Man hört, du bist ein wahrer Künstler an der Leinwand«, sagte Diana.

»Fall bloß nicht auf solches Gerede herein. Ich male und habe Freude daran. Ob es jemandem gefällt, ist nicht so wichtig«, entgegnete Philip.

»Dein Schwiegervater steht mit Lob auf Kriegsfuß«, mischte Elizabeth sich ein. »Als Präsident des *Royal Mint Advisory Committee* war er seinerzeit maßgeblich an der Neugestaltung der Münzen anlässlich meiner Regentschaft beteiligt. Er hat also definitiv kreatives Talent.«

»Als Nächstes erwähnst du vermutlich, dass auch die Designs von Medaillen und Siegeln nicht vor mir sicher sind«, sprach Philip in Elizabeth' Richtung. »Bevor mir weitere Komplimente um die Ohren fliegen, verlasse ich euch lieber.«

Er griff nach seinen Sachen und ging zur Tür. Dort drehte er sich noch einmal um, als habe er es sich anders überlegt, und sagte mit gespielt ernstem Gesichtsausdruck: »Ich hoffe, eure Kinder folgen später nicht deinem Beispiel und sperren ihr Kindermädchen in die Toilette oder verteilen ihre Kleidung auf dem Dach des Hauses.«

Dianas Blick erstarrte für einen Moment, bis Philips typisches Lachen erklang.

»Keine Sorge. Ich liebe wenig schmeichelhafte Anekdoten aus der Kindheit. Demnächst erzähle ich dir eine von mir. Habt noch einen schönen Nachmittag.«

Ein schüchternes Lächeln erschien auf Dianas Gesicht.

Nachdem die Tür hinter Philip zugefallen war, legte Elizabeth die Hand auf Dianas Unterarm. »Philip lässt sich selten eine Gelegenheit zum Scherzen entgehen. Daran wirst du dich gewöhnen.«

Diana nickte. »Solange er hinterher lacht, kann mir nichts passieren, oder?«

»Auch wenn er es nicht tut, kannst du unbesorgt sein«, beruhigte Elizabeth sie. »Philips Direktheit ist für sensible Menschen mitunter erschreckend, aber er meint es nicht böse.«

Charles hatte als Kind unter dieser Direktheit gelitten. Seine weiche Art ließ ihn in Philips Augen verletzlich und charakterschwach erscheinen. Um gegenzusteuern und seinen Sohn abzuhärten, hatte Philip deshalb auf eine strikte Erziehung gepocht. Doch gerade das hatte Charles zu schaffen gemacht. Glücklicherweise hatte er sich, wie auch sein Vater, als hervorragender Polo-Spieler hervorgetan. Das hatte das Band der beiden gestärkt. Doch in anderen Sportarten, die Philip seinem Sohn näherzubringen versuchte, hatte Charles wenig geglänzt.

Eine Situation würde Elizabeth nie vergessen; sie hatte ihr gezeigt, wie sehr Charles sich Kritik zu Herzen nahm. Er war damals gerade mal acht Jahre alt. Bei einem Mittagessen auf dem Mountbatten-Anwesen hatte er die Stiele von wilden Erdbeeren entfernt, woraufhin Dickie sich zu ihm gedreht und gesagt hatte: »Nicht so, Charles. Du hältst sie am Stiel, um sie in Zucker zu tauchen.«

Daraufhin war Charles verzweifelt bemüht gewesen, die Stiele wieder an den Erdbeeren zu befestigen.

Mit Diana an seiner Seite wirkte Charles' nachdenkliche Art wie eine wundervolle Ergänzung zu ihrer jugendlichen Frische. Mit einem Mal wurde er als reflektierter Partner einer strahlenden jungen Frau wahrgenommen. Dianas Begeisterung für das Landleben, die sie teilten, war ein zusätzlicher Pluspunkt.

Als sie ihren Tee getrunken hatten, fragte Diana: »Wollen wir mit den Hunden hinausgehen?«

»Damit hast du den Schlüssel zu meinem Herzen schon gefunden«, erwiderte Elizabeth erfreut und erhob sich. Sie deutete auf Dianas elegante Schuhe. »Fehlt nur noch das passende Schuhwerk. Hast du welches im Wagen? Sonst schauen wir mal nach, ob wir etwas für dich finden.«

»Ich habe alles dabei. Wenn ich auf Balmoral bin, weiß ich, worauf ich mich einlasse.«

Elizabeth hob anerkennend die Augenbrauen.

»Charles könnte nicht mehr Glück haben. Mit dir hat er eine Frau gefunden, mit der er seinem Weg folgen kann. Ich hoffe, das trifft auch auf dich zu.«

Diana wurde rot vor Verlegenheit. »Charles und ich möchten eine Familie gründen. Was könnte ich mir mehr vom Leben wünschen.«

Auf dem Gang nahm Elizabeth Dianas Hand, drückte sie freudig und rief nach den Hunden.

29. KAPITEL

1981-1983
Schottland, Aberdeenshire,
Schloss Balmoral,
England, London,
Buckingham-Palast

Elizabeth trug zwei Schüsseln unterm Arm, stapfte über den Vorplatz von Balmoral und gab dem Ball am Wiesenrand einen Stoß.

Gestern hatte sich Diana, trotz des unwirtlichen Wetters, zu ihren beiden Jüngsten gesellt, die draußen Fußball spielten, und als sie beim Zurückschießen auf der feuchten Wiese ausgerutscht und mitten im Matsch gelandet war, hatte sie nur gelacht. Keine Spur von Ärger, nur Ausgelassenheit.

Elizabeth hatte die Szene vom Fenster aus beobachtet und ebenfalls herzlich gelacht, Dianas uneitle Seite gefiel ihr.

Bei ihrem Range-Rover angekommen, öffnete sie die Tür, platzierte die Schüsseln mit den Salaten für den Grillabend auf der Rückbank, hievte sich auf den Fahrersitz und startete die Zündung.

Philip war schon zum Moor hinaufgefahren, um alles vorzubereiten. Er kümmerte sich gern um das Abendessen auf seinem selbst gebauten Grill und hatte Edward und Annes Sohn Peter mitgenommen.

Der Himmel war heute nicht grau wie in den vergangenen Tagen. Seit dem frühen Morgen blinzelte die Sonne durch die ziehenden Wolken und gab dem Tag etwas Fröhliches.

Elizabeth folgte der Straße hügelaufwärts und beschleunigte. Sie war für ihren unerschrockenen Fahrstil bekannt und fuhr gern zügig, sehr zum Unwillen der Premierministerin, die mit zusammengepressten Lippen auf der Rückbank saß, wenn sie mitfuhr.

Wie unterschiedlich die beiden Frauen waren, war bereits im Vorfeld der Gipfelkonferenz der Commonwealth-Staaten in der sambischen Hauptstadt vor zwei Jahren sichtbar geworden, als es zu einem Kräftemessen zwischen ihnen kam.

In Sambia, ehemals Rhodesien, herrschte seit Jahren ein blutiger Krieg, bei dem zwei Guerillaarmeen die Regierung bekämpften. Die eine mit der Unterstützung der Chinesen, die andere mit der der Sowjets. Nachdem durch die Gräueltaten beider Seiten tausende Zivilisten getötet worden waren, hatte die Smith-Regierung sich zumindest auf eine symbolische Beteiligung der schwarzen Bevölkerungsmehrheit an der Staatsführung eingelassen.

Für Elizabeth war klar gewesen, dass die kommende Konferenz die wichtigste Zusammenkunft in der Geschichte des Commonwealth wäre. Was es brauchte, waren kühle, verständige Köpfe, keine Emotionen. Doch Kabinettssekretär John Hunt hatte Mrs Thatcher ein Memo zur aktuellen Situation geschickt, in dem es hieß, es bestünden ernste Bedenken, das Flugzeug der Königin könne angegriffen werden.

Elizabeth wusste, wie negativ es für die jüngeren Mitgliedsstaaten, vor allem der schwarzafrikanischen Nationen aussähe, wenn sie als Oberhaupt des Commonwealth der ersten Versammlung auf afrikanischem Boden fernbliebe. Deshalb hatte sie Mrs Thatcher mitgeteilt:

»Ich und der *Duke of Edinburgh* haben keinerlei Bedenken, nach Sambia zu fliegen. Tatsächlich planen wir, unseren Sohn, Prinz Andrew, mitzunehmen. Er hat dann die Schule beendet und würde sich freuen, zum ersten Mal eine größere Reise mitzuerleben.«

Doch so leicht hatte die Premierministerin sich nicht geschlagen gegeben. Kurz darauf hatte sie den Medien gegenüber erneut die fragile Sicherheitslage angesprochen. Elizabeth hatte mit dergleichen gerechnet und ihren Pressesprecher, Michael Shea, gebeten, den Journalisten zu erklären, die Königin und der *Duke of*

Edinburgh seien fest entschlossen, nach Lusaka zu reisen. Nach Michael Sheas Erklärung hatte Mrs Thatcher schließlich kleinlaut eingelenkt.

Bei ihrer Ankunft in Sambia hatte man Elizabeth einen freundlichen Empfang bereitet. Ganz anders der Premierministerin, die sich in aussichtsloser Position gegen die Feinde des Regierungschefs Muzorewa sah und noch am Flughafen von schwarzafrikanischen Journalisten in die Enge getrieben wurde.

Nach ihrem Wahltriumph dreizehn Wochen zuvor und erfolgreichen Auftritten in Straßburg und Tokio drohte ihr in Lusaka, beim Thema Sambia eine Niederlage.

Trotzdem hielt sie entschlossen daran fest, dass durch die vergleichsweise freien Wahlen im April des Jahres eine neue Situation entstanden sei. Die meisten afrikanischen Staaten jedoch sahen im ersten schwarzen Regierungschef Muzorewa einen Verräter, dem es um eine Fortsetzung der »weißen Herrschaft in schwarzen Kleidern« gehe, wie Sambias Präsident Kenneth Kaunda am Tag vor der Konferenzeröffnung erklärte.

Die Regierungschefs von Tansania, Botswana, Sambia, Angola und Mosambik stellten Margaret Thatcher vor jene Alternative, die zu umgehen sie hoffte: bedingungslose Unterstützung der Patriotischen Front oder Ausweitung des Kriegs gegen das Muzorewa-Regime. Die Sambia-Frage war aus afrikanischer Sicht endgültig ein rein militärisches Problem geworden.

Die Nachbarstaaten Sambias verlangten mit Hinweis auf das britische Protektorat Unmögliches von der britischen Regierungschefin. Doch Thatcher konnte die Regierung Muzorewa nicht absetzen, dies wäre nur durch eine militärische Intervention möglich gewesen, für die es in England keine Mehrheit gegeben hätte, außerdem fehlten den britischen Streitkräften dafür die Mittel.

Am Ende drohte ein Ausschluss Großbritanniens aus dem Commonwealth, was geradezu absurd gewesen wäre, schließlich hielt die britische Kolonialtradition die 41 Staaten zusammen.

Elizabeth würde nie vergessen, wie sie im Auto besänftigend auf Präsident Kaunda eingeredet hatte, damit dieser von seinen unangenehmen Bemerkungen über Sambia und Mrs Thatcher während des Staatsbanketts abließe. Täte er es nicht, wäre der Commonwealth-Gipfel schon vor seinem Beginn gescheitert. Angesichts der Gefahr, das Commonwealth zusammenbrechen zu sehen, hatte Elizabeth immense Kräfte in sich gefühlt. Für das, was ihr wirklich am Herzen lag, wäre sie bereit, alles einzusetzen.

Das Staatsbankett verstrich tatsächlich ohne Präsident Kaundas vergiftete Anklage. Selten hatte Elizabeth so tief durchgeatmet.

Während sie jetzt dem Weg hügelaufwärts folgte, spürte sie erneut das Gefühl der Erleichterung, das sie in Sambia empfunden hatte.

Manchmal hatte sie den Eindruck, Mrs Thatcher fühlte sich in Balmoral ähnlich unter Druck wie dort. Morgens rührte sie in ihrem Porridge, ohne kaum davon zu essen. Sie dachte nicht nur in London ständig an die Arbeit, sondern auch in Balmoral.

Die Premierminister vor ihr hatten sich alle darauf gefreut, die 500 Meilen von London nach Balmoral zurückzulegen, um der Königin in den schottischen Highlands Gesellschaft zu leisten. Am Ufer des Dee zu angeln und die Landschaft zu genießen – der Lochnagar hinter dem Schloss war wie ein Schutzwall vor den Widrigkeiten des Lebens –, hatten sie als entspannend empfunden. Die Hügel und Wiesen, Felsen und Gewässer wirkten beruhigend – ein Flecken Erde, den niemand vergaß, der je dort war.

Harold Wilson hatte täglich Holz für den Kamin gesammelt. Stolz wie ein Junge war er einmal in die Halle gekommen, um das Holz dort dem Erstbesten zu übergeben. Ohne zu registrieren, wem er gegenüberstand, hatte er die Holzscheite der Königinmutter entgegengehalten, was diese mit lautem Lachen zur Kenntnis genommen hatte.

Balmoral war der Ort, an dem Philip Elizabeth im Herbst 1946 einen Heiratsantrag gemacht hatte. Und wegen dieses besonderen und weiterer kostbarer Momente gab es nichts Schöneres für Elizabeth, als abends mit einem *Zaza* aus Dubonnet und Gin auf den Tag zurückzublicken.

Mrs Thatcher tat sich noch immer schwer damit, Elizabeth in Balmoral inmitten eines gewöhnlichen Lebens anzutreffen. Es kam ihr falsch vor, dass die Königin das Geschirr nach dem Essen selbst abwusch. Elizabeth vor der Spüle, die Hände ins seifige Wasser getaucht – dieser Anblick hatte Mrs Thatcher beim ersten Mal die Sprache verschlagen. Zu Weihnachten hatte sie ihr prompt Gummihandschuhe geschenkt.

Gewöhnliche Dinge im Kreis der Familie zu tun, empfand Elizabeth als Entspannung. Kein Gesellschaftsspiel erschien ihr oder Philip zu unbedeutend, um es nicht auszuprobieren. Nirgendwo war sie weniger Königin und mehr sie selbst als in Balmoral.

Elizabeth bremste, nahm die Kurve und sah das Cottage bereits in einiger Entfernung auftauchen.

Mrs Thatcher war tatsächlich ein schwieriger Fall. Sie zeigte weder Interesse an Pferden noch an Hunden oder Country-Sportarten. Spaziergänge und Picknicks bei fast jedem Wetter empfand sie als Herausforderung. Und über das Protokoll, das häufiges Wechseln der Kleidung vorsah und eine Reihe an Aktivitäten, auf die die Familie sich jeden Morgen freute, rümpfte sie vermutlich die Nase.

Von Beginn an hatte Elizabeth die Premierministerin mit Respekt behandelt. Sie hatte rasch begriffen, dass Mrs Thatcher ihren Willen hartnäckig, bisweilen sogar starrsinnig und dogmatisch durchzusetzen pflegte. Große Unternehmen hatten es ihr angetan, sie sah sie als Motor des Landes, um Wohlstand und Arbeitsplätze zu schaffen.

»Das Glück der Tüchtigen hat in meinen Augen stets Vorrang«, bekräftigte sie gern.

Seit der Nachkriegszeit hatten Arbeiterschaft und besitzende

Stände einen gemeinsamen Konsens entwickelt, der den Wohlfahrtsstaat und die Gewerkschaften stärkte, die Klassenunterschiede jedoch nicht antastete.

Die Nachteile dieses Paternalismus der Oberschicht, gepaart mit dem Einfluss mächtiger Einzelgewerkschaften, zeigte sich inzwischen leider mit aller Wucht. Großbritannien war international längst nicht mehr wettbewerbsfähig. Auf die Ölkrisen ab 1973 waren Verteilungskämpfe und Massenstreiks gefolgt. Man sprach von der *Englischen Krankheit*: der Ineffizienz in Wirtschaft und Politik und der Dauerlähmung durch streikende Gewerkschaften. Das alles hatte zum Sturz der Labour-Regierung unter James Callaghan geführt und die Konservativen wieder an der Macht gebracht.

Als Siegerin pochte Mrs Thatcher auf ihren unbedingten Marktglauben.

»Wir müssen den Gesundheitsdienst und die Renten finanzieren und der Bekämpfung der Inflation Vorrang einräumen. Deshalb werde ich Unternehmenssteuern senken, um Leistungsanreize zu schaffen, und Subventionen für Staatsbetriebe streichen.«

Ihrer Ansicht nach gab es keine Gesellschaft, nur Individuen und Familien. Die Institution der Monarchie hieß Mrs Thatcher allerdings gut. Ihr Vater, ein beliebter Lokalpolitiker, Kolonialwarenhändler und strenger Methodist, hatte ihr die viktorianischen Tugenden beigebracht. Sie bezeichnete sich als Verfechterin von Traditionen und trat an, um die Schwächen der Wirtschaft wie Unkraut zu entfernen.

Die Bezeichnung *Krämerstochter* empfand sie nicht als Beleidigung, sondern als Auszeichnung. Niemand war weniger intellektuell oder introspektiv als sie. Sie war pragmatisch.

»Kleinbürgerliche Herkunft ist nichts Schlechtes«, hatte sie Elizabeth gleich zu Beginn ihrer Gespräche anvertraut. »Eine auf Arbeit ausgerichtete Erziehung ruft den Ehrgeiz im Menschen wach. Je mehr Bürgerinnen und Bürger mit Werten wie Fleiß, Sparsamkeit, Disziplin und Pflichterfüllung aufwachsen, umso besser für Großbritannien.«

Sie hatte Chemie und Jura studiert, später den Industriellen Dennis Thatcher geheiratet und Zwillinge bekommen. Ihren Mann hatte sie bei einer Parteiveranstaltung in seinem Wahlkreis kennengelernt. Damals war sie vierundzwanzig gewesen, blond und konservativ, er frisch geschieden und Spross einer Londoner Unternehmerfamilie. Zehn Jahre später zog sie mit vierunddreißig ins Unterhaus ein und übernahm unter Premierminister Heath das Erziehungsministerium und strich die kostenlos ausgegebene Schulmilch, was ihr den wenig rühmlichen Spitznamen *Die Milchdiebin* einbrachte.

Manche hielten Mrs Thatcher auch nach zwei Jahren Amtszeit noch für ein überdrehtes Frauenzimmer aus dem Kleinbürgertum. Elizabeth machte nicht den Fehler, die Premierministerin zu unterschätzen. Sicher, Mrs Thatcher redete zu viel und blieb zu lange, wenn sie sich trafen, aber das lag vielleicht daran, dass sie ansonsten nur mit Männern zu tun hatte. Gegenüber Elizabeth' Engagement für das Commonwealth war sie zwiegespalten, was Elizabeth zu äußerster Wachsamkeit aufrief.

Bei dem ersten Aufeinandertreffen hatte sie Sorge gehabt, die Premierministerin würde sich bei der Begrüßung einen Rückenschaden zuziehen. »Niemand knickst so tief wie sie«, hatte sie Philip hinterher anvertraut.

»Und wie ist sie sonst so?«, hatte er wissen wollen, »von den tiefen Knicksen abgesehen?«

»Ziemlich gesprächig. Und die Konversation mit ihr verläuft ... sagen wir ... eher einseitig.«

»Keine Ermutigung, Gesagtes zu kommentieren?«, hatte Philip mit hochgezogenen Augenbrauen nachgebohrt.

»Da muss ich dich enttäuschen. Selbst wenn ich zu Wort käme, würde sie Fragen geschickt ausweichen. Sie ist Profi durch und durch.«

Mrs Thatcher hatte ihre Sprachgewalt gleich nach der Ernennung zur Premierministerin zum Besten gegeben, als sie in der Downing Street vor der Presse das Gebet des heiligen Franziskus zitierte.

»Wollen wir hoffen, dass sie keinen Feldzug gegen die Gewerkschaften entfacht und die Bevölkerung entzweit. Eine neue Unterschicht ohne eine Teilhabe am gesellschaftlich-ökonomischen Wohlstand wäre eine Katastrophe. Außenpolitisch ist mit ihr sicher auch nicht zu spaßen.«

»Ich hoffe, dass sie keinen Keil zwischen uns und das Commonwealth treibt. Falls es je um den Fortbestand geht, fahre ich schwere Geschütze auf«, hatte Elizabeth sich kämpferisch gegeben.

»Keine Sorge, Lilibet. Darauf wird Mrs Thatcher es nicht ankommen lassen.«

»Da wäre ich mir nicht so sicher. Was ich an ihr schätze, ist ihre Arbeitsmoral. Die leistungsbereite, bildungshungrige Mittelschicht wird vom frischen Wind, den die Premierministerin einzubringen verspricht, profitieren. Allerdings darf kein allzu großer Teil der Bevölkerung den Anschluss an die neue Leistungsgesellschaft verlieren.«

»Und wie steht es mit Humor? Hat sie welchen?«

»In gewissem Sinne durchaus. Weißt du, was sie heute zu mir gesagt hat?«

»Klär mich auf.«

»Sie sagte, sie sei keine lahme Ente, deshalb sitze sie heute im Buckingham-Palast und treffe mich, die Königin …«

Philip war in Lachen ausgebrochen. »Diese Schlussfolgerung ist dir sicher noch nicht untergekommen.«

»Allerdings. Ich hoffe, sie zückt in Balmoral keine Fragezettel. Sie sammelt sie in ihrer Handtasche, bereit, jederzeit einen hervorzuholen und loszulegen. Würde mich nicht wundern, wenn sie sogar dort arbeitet.«

»Das wird der *First Gentleman* hoffentlich zu verhindern wissen. Denis Thatcher ist sicher keine Pflanze, die im Verborgenen blüht.«

»Angeblich nennt er sie *Der Boss*.«

»Mich würde interessieren, wie sie *ihn* nennt.«

Als die Thatchers das erste Mal auf Balmoral waren, lernte Elizabeth Denis Thatcher als ironischen, schlagfertigen Zeitgenossen kennen. Er bezeichnete Journalisten als »Reptilien«, was Philip übers ganze Gesicht grinsen ließ, liebte Gin und Sport und war stets für eine Anekdote gut.

»Die Ehe der beiden scheint intakt zu sein, trotz Mrs Thatchers Arbeitseifer«, wunderte sich Philip.

Elizabeth hatte ihr Ziel erreicht, zog den Schlüssel aus der Zündung und stieg aus dem Wagen.

Philip hatte den riesigen Grill vor dem kleinen Cottage aufgebaut.

»Sind das die Salate?«, fragte er, als sie die Schüsseln auf den Tisch stellte.

»Hmm«, nickte Elizabeth. »Margaret kümmert sich um den Rest.« Sie gab ihrem Mann einen flüchtigen Kuss. Er trug einen grünen Pullover, karierte Hosen und Schnürschuhe.

Zwei der Hunde, die Philip mitgenommen hatte, kamen bellend angerannt. Freudig wedelnd balgten sie darum, von Elizabeth begrüßt zu werden.

»Na, ihr zwei.« Elizabeth ging in die Knie und streichelte die Tiere, dabei redete sie leise auf sie ein.

Philip legte die Grillzange zurecht. »Von meiner Seite aus können wir pünktlich anfangen«, sagte er. »Wie steht es an der Thatcher-Front?«

»Er schaut sich eine Sportsendung an. Wo sie ist, weiß ich nicht. Sicher ist allerdings, dass sie kurz vorm Verhungern sein muss. Niemand kann ewig wie ein Vögelchen essen. Auch Mrs Thatcher nicht.«

Elizabeth' Blick suchte nach Peter, Annes vierjährigem Sohn. Er stand einige Schritte entfernt, schwenkte einen Stock und sprach in seiner kindlichen Stimme.

»Vielleicht fällt sie in ein Mauseloch?« Er sprach zu Edward, Elizabeth' Jüngstem, und vertrieb mit seinem Stock imaginäre Feinde. »Falls das passiert, müssen wir sie rausholen«, versicherte Peter. »Sie ist ja die Premierministerin. Aber ich habe vielleicht nicht genug Kraft«, fiel ihm plötzlich ein. »Du musst mir helfen, sie herauszuziehen. Du bist größer als ich.«

Vor einigen Wochen hatte Anne ihre Tochter Zara zur Welt gebracht. Seitdem kam Peter sich zu wenig beachtet vor und war kaum von Edward, Andrew, Philip oder Charles wegzubekommen.

»Brauchst du noch etwas?«, erkundigte sich Elizabeth.

Philip schüttelte den Kopf. »Das Essen ist keine große Sache. Bloß ein gemütlicher Grillabend.«

Elizabeth ging zu den Kindern, plauderte mit ihnen und fuhr dann noch einmal zum Schloss, um ihre Mutter und die Thatchers abzuholen. Margaret fuhr in einem eigenen Wagen hinter ihr her, in einem weiteren folgten Charles und Diana zusammen mit Margarets Kindern.

»Sie würden den ersten Platz belegen, wenn es um den Grillmeister Englands ginge, Königliche Hoheit. Das Huhn sieht köstlich aus«, lobte Denis, als er von Philip einen Teller in Empfang nahm.

Philip legte die Grillzange zur Seite und legte sich selbst auf. »Wenn Sie es sagen … Allerdings wird man mich nicht vorschlagen, nehme ich an.«

»Lassen Sie sich nicht entmutigen«, witzelte Denis. »Man weiß nie, was kommt.«

»Da haben Sie recht. Es gab in den letzten Jahren einige Situationen, mit denen ich nie im Leben gerechnet hätte. Sie würden sich wundern.«

»Ich hoffe, Sie gönnen mir dereinst das Vergnügen einiger dieser besonderen Momente«, erwiderte Denis.

Elizabeth blickte zu Mrs Thatcher, die Diana in ein Gespräch verwickelt hatte. Dies war kein rein privater Abend, auch wenn es den Anschein hatte. Sie hatten immerhin die Premierministerin zu Gast.

»Charles, würdest du mir bitte einen Drink organisieren?« Die Königinmutter lächelte zufrieden, als sie kurz darauf ein Glas entgegennahm. »Ist es nicht ein herrlicher Abend? Die Zeit hier dürfte nie enden«, schwärmte sie und stieß mit Margaret an.

Anne kostete vom Huhn. Ihr Mann Mark kümmerte sich um Peter, der sich müde die Augen rieb und trotzdem darauf beharrte, heute ganz lange aufbleiben zu wollen.

Denis setzte zu einem seiner Witze an – und hielt sich den Bauch vor Lachen. Philip revanchierte sich mit einem weiteren Witz.

Nach einer Weile konnte Peter kaum noch die Augen aufhalten. »Ich bin müde«, quengelte er.

Anne schob ihren Teller zur Seite und erhob sich. »Wir brechen auf, Peter. Ich bringe dich ins Bett und lese dir und Zara noch etwas vor.«

»Zara ist viel zu klein. Sie versteht kein Wort, Mummy«, erklärte Peter und rieb sich weiter die Augen.

Mark brachte Anne und Peter zum Wagen. »Gute Nacht, Peter. Schlaf dich aus. Morgen haben wir viel vor.« Dann wandte er sich an Anne. »Wir sehen uns später zu *Scharade*.«

Nach dem Essen räumte Elizabeth den Tisch ab.

Später trafen sich alle im Salon des Schlosses zum Filmeraten.

Philip zog als Erster einen Zettel aus dem Champagnerkühler.

»Siehst du seine Stirnfalte? Es muss was Schwieriges sein«, raunte Charles Diana zu.

»Er schafft das schon«, mischte die Königinmutter sich ein. Sie schlürfte ihren Drink und stellte das halbleere Glas auf den Tisch neben sich.

Nachdem Philip erfasst hatte, was er pantomimisch darstellen sollte, begann er leichtfüßig durchs Zimmer zu tänzeln, warf dabei den Kopf zurück und fuhr sich mit der Hand durchs Haar. Alle lachten, als er weitere Tanzschritte setzte, sich ausgelassen bewegte und dabei sein Gesicht verzog.

»Meine Güte, du gibst ja ordentlich Gas«, rief Mark.

»Was könnte das sein?«, rief Elizabeth ratlos.

»Ein Außerirdischer?«, witzelte Andrew und hob die Hände.

Denis Thatcher beobachtete den tanzenden Philip. »Außerirdische tanzen nicht so gut. Nehme ich mal an.«

Margaret zog an ihrer Zigarette. »Fragt mich nicht. Ich habe keinen Schimmer«, rief sie.

»Geht es um einen Film, in dem Elvis Presley mitspielt?«, kam es von der Königinmutter.

»Hast du eine Idee?«, fragte Charles Anne, die neben ihm saß.

»Ich passe. Ich habe absolut keine Ahnung.«

»Premierministerin?« Margaret warf Mrs Thatcher, aus deren Frisur sich nie auch nur ein Haar löste, einen auffordernden Blick zu.

»Ich gehe selten ins Kino, Königliche Hoheit. Dazu fehlt mir beim besten Willen die Zeit.« Es klang, als gestehe Mrs Thatcher eine Sünde.

»Im Kino ist politisch nichts zu holen«, stellte Denis Thatcher die Sache richtig.

Der *Queen Mum* entkam ein glucksendes Lachen, als Philip sich imaginären Schweiß von der Stirn wischte.

»Wie lange soll ich noch herumturnen? Strengt euch gefälligst ein bisschen an«, tadelte er.

»Sprechen gibt Abzug, Philip.« Margaret hob mahnend den Finger.

Plötzlich überzog ein Grinsen Dianas Gesicht. »Ich glaube, ich weiß, um welchen Film es sich handelt. *Grease*, mit John Travolta und Olivia Newton-John.«

Philip tat, als sei er von einer Klippe gerettet worden, kam zu Diana und dankte ihr überschwänglich. »Endlich jemand mit fundierten Filmkenntnissen. Viel länger hätte ich die Verrenkungen nicht durchgestanden. Ich hätte morgen den Arzt konsultieren müssen.«

Als Nächste war Elizabeth an der Reihe. Sie legte sich auf den Boden und begann sich mit seltsamen Bewegungen nach vorn zu schieben. Dabei reckte sie den Kopf und riss den Mund auf. Es sah ausgesprochen irritierend aus.

»*Flipper*?« rief Anne in die Runde, nicht davon überzeugt, was sie sagte.

Ihr Mann Mark schüttelte den Kopf. »Das ist unmöglich *Flipper*.« Er erntete zustimmendes Nicken.

Weitere falsche Vermutungen folgten, bis Andrew schließlich die Lösung hatte.

»*Der weiße Hai?*«, rief er zweifelnd.

Denis Thatcher klopfte sich mit einem Stift auf den Oberschenkel. »Den Film habe ich nie gesehen.«

»Ich auch nicht«, stimmte Philip ihm zu. »Wir sind noch mal davongekommen.«

Kurz darauf war die Premierministerin an der Reihe. Sie knüllte den Zettel zusammen und stand sichtlich nervös auf.

Elizabeth ließ sie nicht aus den Augen. Das Innenleben mancher Menschen war spannender als so mancher Roman. Mrs Thatchers Gesicht war nichts anzusehen, doch ihr Körper zeigte, wie unwohl sie sich fühlte.

»Nun …«, begann Mrs Thatcher. »Oh, Entschuldigung. Ich darf nichts sagen.«

Sie strich sich über den Rock, breitete die Arme aus und flatterte durch den Salon.

Elizabeth sah zu Philip, der ein Lachen unterdrückte. Auch sie selbst war kurz davor loszuprusten. Es sah zu komisch aus, wie die Premierministerin durchs Zimmer hetzte, als sei jemand hinter ihr her.

»*Ein Herz und eine Krone* ... eins von beiden ist immer auf der Flucht«, scherzte Philip.

»Lass das Audrey Hepburn und Gregory Peck nicht hören. Die drehen dir den Hals um«, meinte Charles.

Einige Filmtitel brachten die Runde zum Lachen.

Als die Auflösung kam, ging ein Raunen durch die Gruppe.

»*Superman*. Oder in Ihrem Fall *Superwoman*. Sie haben Talent für die Rolle, Premierministerin«, gab Margaret ihr Urteil ab.

Mrs Thatcher als Superman, das war eine Kombination, die sich niemand passender hätte einfallen lassen können.

»Danke, Königliche Hoheit. Mir fehlt leider jegliches Talent zum Schauspielern. Umso froher bin ich, dass Sie den Film erraten haben«, sagte die Premierministerin.

Sie fuhr sich mit der Hand ordnend übers Haar und nahm im Sessel Platz, sichtlich erleichtert, vorläufig aus dem Rennen zu sein, denn nun war Diana an der Reihe.

Sie machte ihre Sache hervorragend, schoss aus der Hüfte und ritt auf einem Pferd.

»*Lucky Luke*. Zweifelsohne«, schrie Denis Thatcher und klopfte sich auf die Schenkel.

Es war schon spät, als alle zu Bett gingen.

»Nach ihrer Glanzleistung als *Superman* bin ich geneigt zu hoffen, dass Mrs Thatcher uns in Zukunft weder politisch noch in Balmoral zu viel abverlangen wird. Superman hat schließlich alles unter Kontrolle«, sagte Philip, als Elizabeth abgeschminkt und im Morgenmantel seine Gemächer betrat.

»Ich mag es, wenn du den Optimisten herauskehrst.« Elizabeth schüttelte amüsiert den Kopf. »Vor allem, wenn es um die Premierministerin geht. Glaub mir, mit ihr werden wir noch einiges erleben.«

Elizabeth lag richtig mit ihrer Prognose. Im Jahr darauf erreichte Margaret Thatchers Beliebtheit einen Tiefpunkt, doch dann besetzte die argentinische Militärjunta im April die Falklandinseln im Südatlantik. Es ging um territoriale Ansprüche auf die Falklandinseln, Südgeorgien und die Südlichen Sandwichinseln, die sowohl Großbritannien als auch Argentinien seit 1833 für sich beanspruchten. Stabschef David Wolfson riet der Premierministerin, die Inseln aufzugeben.

»Kommt überhaupt nicht infrage. Es ist eine Sache nationaler Identität. Die Inseln sind ein Symbol britischer Macht, und das Vereinigte Königreich wird sich militärisch zurückholen, was ihm weggenommen wurde. Daran ist nicht zu rütteln«, wetterte Mrs Thatcher.

Sie stellte die größte Flotte seit der Suez-Krise zusammen, unter anderem wurde die zum Truppentransporter umgebaute *Queen Elizabeth II* entsandt, und auf der Insel Ascension wurden Bomber, Jagd- und Transportflugzeuge stationiert. Am Boden sollten drei Bataillone der Royal Marines die Speerspitze des Angriffs bilden, verstärkt durch Fallschirmjäger, Flugabwehr und Spezialkräfte des Special Air Service.

»Die *Sun* schreibt den Krieg regelrecht herbei«, las Philip am Frühstückstisch eines Morgens Ende April, als die erste Angriffswelle rollte. Er hielt Elizabeth die reißerische Schlagzeile entgegen.

»Harsche Töne, wie zu erwarten«, sagte sie entsetzt und nahm sich einen Stapel Zeitungen vor. »Ein Konkurrenzblatt ist noch auf Friedenskurs.« Hastig blätterte sie weiter.

»Fragt sich nur, wie lange noch«, rekapitulierte Philip nüchtern.

Andere Zeitungen schrieben, die Argentinier seien den Briten vor allem in der Luft überlegen, hätten jedoch Probleme mit dem kühlen Klima auf den Inseln.

Doch es ging recht schnell. Schon Ende Mai wurde der strategisch wichtige Punkt Goose Green erobert und am 14. Juni der Hauptort Stanley. Abends ergaben sich die Argentinier.

Die Jubelstimmung trug die Premierministerin und das ganze Land.

Margaret Thatcher verbucht den Sieg für sich, lautete die einhellige Meinung.

»Das tut sie, zweifellos. Es ist ihr Sieg«, gestand Elizabeth Margaret Thatcher zu.

Sie war auch aus privaten Gründen froh, dass der Krieg vorbei war, denn Andrew war wohlbehalten zurück in England. Vor seinen Einsätzen im Falkland-Krieg hatte er als Hubschrauberpilot Schiffbrüchige im Nordatlantik gerettet, doch als Mitglied der Royal Navy war klar gewesen, dass er seinen Beitrag im Krieg leisten würde. Elizabeth hatte jeden Abend für ihn gebetet. Mit zweiundzwanzig hatte er sein Leben noch vor sich. Nicht auszudenken, wenn ihm etwas zugestoßen wäre.

Er erzählte ihnen von jenem Maitag, als die argentinischen Streitkräfte den Flugzeugträger *HMS Invincible*, auf dem sie Prinz Andrew vermuteten, angegriffen hatten.

Elizabeth sah, wie ihr Zweitjüngster mit sich rang.

»Die *Invincible* wehrte den Raketenangriff ab. Allerdings traf das tödliche Geschoss den Transporter *Atlantic Conveyor*.« Andrew versagte die Stimme.

Tröstend legte Elizabeth die Hand auf seine. Andrew würde nie vergessen, was er gesehen und empfunden hatte. Leid, Verletzte und Tote.

Schließlich sprach er weiter. »Ich war während der gesamten Tragödie in der Luft … ich hatte keine Chance, den schrecklichen Verlust von Leben zu verhindern … Es war beängstigend. Der furchterregendste Moment während des Kriegs. Ich sehe es vor mir, als wäre es gerade erst passiert.«

»Ich bin so froh, dass Andrew wohlbehalten zurück ist und ich nicht um ihn trauern muss«, sagte Elizabeth, als sie mit Margaret telefonierte.

Am 14. Juni 1982 verkündete die Premierministerin den Erfolg der Militäroperation im Unterhaus.

Wie zu erwarten, führte dieser Sieg im Jahr darauf zu ihrer Wiederwahl. Außerdem wurde die Wirtschaft durch die Förderung von Erdöl rund um die Falklandinseln angekurbelt. In Argentinien sah es anders aus. Dort führte die Niederlage zur Absetzung der Militärregierung zugunsten einer Demokratie.

MIT RUHE UND ENTSCHLOSSENHEIT

◆

Es ist nicht so schwer, wie es aussieht. Wissen Sie, ich muss mich nicht vorstellen. Sie scheinen alle zu wissen, wer ich bin.

Elizabeth II. zu einem Parlamentarier, als dieser anmerkte,
dass es sicher anstrengend sei, ständig so viele Fremde zu treffen

30. KAPITEL

England, Schloss Windsor

Draußen dämmerte es. In wenigen Augenblicken wäre die Sonne untergegangen.

Elizabeth richtete den Blick noch einmal auf die Tagebücher vor sich auf dem Tisch. Jedes Buch erzählte von einem wichtigen Teil ihres Lebens.

Langsam zog sie eine der Schreibtischschubladen auf und nahm die Notizen heraus, die sie sich zum G7-Gipfel in Cornwall gemacht hatte.

Nach Philips Tod und noch vor seiner Beerdigung war erneut das Gerede losgegangen, man könne ihr mit fünfundneunzig nicht mehr so viel aufbürden. Manche der Mitarbeiter des Premierministers glaubten gar, man könne Elizabeth unmöglich in die große Veranstaltung rund um den Gipfel miteinbeziehen.

»Ein Grußwort oder eine halbe Stunde Tee mit einem Regierungschef ... falls er einen Zwischenstopp in Windsor einlegt, wäre schön, Ma'am.«

Dass man ihr diesen Vorschlag tatsächlich unterbreitet hatte, ließ Elizabeth erneut den Kopf schütteln. Sicher, es war gut gemeint, ging jedoch völlig an dem vorbei, was sie selbst vorhatte.

Ihre Antwort war entsprechend eindeutig gewesen.

»Tee bekommen die Regierungschefs an jeder Ecke serviert. In meinem Fall geht es eher um einen Austausch. Aus diesem Grund habe ich vor, einen Empfang für die Regierungschefs zu geben.«

Sie hatte den Biosphärenpark des *Eden Project* in der Nähe von St. Austell dafür ausgewählt und dies auch unmissverständlich geäußert. Die großen, fragenden Augen, die ihr entgegenschauten, hatten sie beinahe amüsiert. Sie hatte sich in ihrem Leben schon einiges anhören müssen. Wortmeldungen zu ihrer Person gab es täglich.

Der frühere Außenminister Douglas Hurt hatte einmal verlautbart, Elizabeth habe innerhalb der konstitutionellen Monarchie wunderbar *funktioniert*, allerdings habe sie Gefühle aus sich heraustrainiert. Weder hatte Hurt gewusst, wie sie mit Empfindungen umging, noch wie erfindungsreich sie unter gewissen Umständen sein konnte.

Hurt war nicht dabei gewesen, als ihr Wagen 1986 in Neuseeland mit Eiern beworfen wurde und Elizabeth, nachdem eins auf ihrem pinkfarbenen Mantel gelandet war und sie den ersten Schock überwunden hatte, scherzte: »Ich mag meine Eier lieber zum Frühstück.«

Er hatte unter den Tisch fallen lassen, wie oft sie in ihrer Regentschaft fragwürdigen Gästen zugelächelt hatte, weil das nun mal ihre Aufgabe war.

So dem rumänischen Diktator Nicolae Ceaușescu, dem »schrecklichen kleinen Mann«, und auch anderen. Bevor sie Ceaușescu 1978 mit seiner Frau zu einem offiziellen Staatsbesuch empfangen hatte, war sie von Frankreichs Präsident Giscard d'Estaing hinter vorgehaltener Hand vor dem Diktator gewarnt worden. Ceaușescus Sicherheitsleute hatten in Paris auf der Suche nach Wanzen Löcher in die Wände geschlagen. Sie hatten ganze Zimmer verwüstet, sodass Lampen und Vasen und sogar Badarmaturen sich in Nichts aufgelöst hatten. Es war, als sei eine Diebesbande durch das Hotel gezogen.

Die englische Regierung bedauerte die Einladung bereits, bevor der Besuch überhaupt stattfand, doch Elizabeth hatte gewusst, dass sie es hinter sich bringen musste.

Als die Ceaușescus am Buckingham-Palast eintrafen, war sie gerade mit den Hunden im Park unterwegs gewesen. Sie hatten den Wagen kommen hören, und eingedenk ihrer Devise, so wenig Zeit wie möglich mit den Ceaușescus zu verbringen, war sie, ohne lange nachzudenken, mit den Corgis hinter einen Strauch gesprungen und hatte dort ausgeharrt – in Sicherheit.

Befremdlich erschien ihr damals, dass die Anzüge des Diktators einzeln in Plastik verpackt waren. Offenbar aus Angst, er könnte vergiftet werden. Man hatte ihr mitgeteilt, er öffne jeden Tag einen Plastiksack und hole einen frischen Anzug heraus. Und das war noch nicht alles. Aus Sorge, Angestellte könnten sie belauschen, hatte Ceaușescu darauf bestanden, selbst kurze Unterhaltungen im Garten zu führen.

Es war ausgesprochen skurril gewesen.

Elizabeth hätte Douglas Hurt eine Menge über permanente Selbstkontrolle erzählen können. Es war schwierig, wichtige Aufgaben zu erfüllen, wenn man vor Emotionen verging.

Auch das Treffen mit Martin McGuinness stand Elizabeth noch lebendig vor Augen. Ende der siebziger, Anfang der achtziger Jahre war McGuinness Stabschef der IRA, die mit einem bürgerkriegsähnlichen Aufstand die Abspaltung Nordirlands von Großbritannien hatte durchsetzen wollen. Und obwohl Elizabeth wusste, dass er für die Ermordung Dickie Mountbattens mitverantwortlich war, hatte sie dem Mann mit den schmalen Lippen, der von den britischen Medien als »Staatsfeind Nummer eins« bezeichnet wurde, die Hand gereicht, um den nordirischen Friedensprozess zu unterstützen. Für etwas Größeres lohnte es sich ihrer Ansicht nach immer, die inneren Befindlichkeiten zurückzustellen.

Während einer Reise in den Iran in den sechziger Jahren war Elizabeth' Selbstkontrolle geradezu übermächtig geworden. Sie hatte mit Farah Diba ein Blindenheim besucht, und als sie den Raum mit den Kindern betraten, ging die Kaiserin, als wäre es das Selbstverständlichste der Welt, auf die Knie, um einem der Mädchen liebevoll über die Wange zu streicheln.

Elizabeth war so überrascht von der schlichten Geste gewesen, dass sie zu keiner Reaktion fähig war. Diskretion und Zurückhaltung übertrugen sich bei ihr seit je auf die Körpersprache. Rückblickend wusste sie, dass sie es Farah Diba hätte gleichtun müssen, doch sie hatte den Kindern lediglich zugehört und ein paar Worte an sie gerichtet.

Inzwischen war sie weit älter und gefühlsbetonter. Doch Beurteilungen war sie nach wie vor ausgesetzt. Nun maßte man sich an, abschätzen zu können, was sie noch leisten konnte und was nicht.

Doch Elizabeth war entschlossen weiterzumachen, und zwar mit aller Kraft, die ihr zur Verfügung stand. Auf ihre Unerschrockenheit hatte sie sich stets verlassen können und würde es weiterhin tun.

Wie zum Beispiel 1998, als König Abdullah von Saudi-Arabien sie auf Balmoral besuchte und sie sich kurzentschlossen hinters Steuer ihres Land Rovers setzte und mit ihm als Beifahrer eine Runde drehte. Im Rückspiegel hatte sie gesehen, wie unwohl der König sich fühlte, und schon kurz darauf hatte er sie über seinen Dolmetscher gebeten, langsamer zu fahren. Das Bild saudischer Frauen vor Augen, denen das Autofahren untersagt war, war Elizabeth kommentarlos im selben Tempo weitergefahren.

Es gab vieles, worüber sie nicht sprechen durfte, doch sie fand andere Wege, sich »Gehör« zu verschaffen.

Wortmeldungen, etwa über ihren Mut, motivierten sie am meisten, den Weg des Dienstes an den Menschen in gewohnter Weise weiterzugehen. Mit ihr wäre zu rechnen, solange ihre Gesundheit es zuließ, das hatte sie inzwischen hoffentlich klargestellt.

Einige Stunden Privatleben mit der Familie, den Pferden und den Hunden waren entspannend, doch die Arbeit war der Anker, der ihr Leben stabilisierte. Und so würde es bleiben, vorausgesetzt, sie erkrankte nicht oder erlitte einen Schlaganfall.

Elizabeth notierte rasch einige Anweisungen an ihre Mitarbeiter, dann legte sie den Stift beiseite.

Vermutlich würde es auch beim G7-Gipfel in Cornwall wieder mal an ihr liegen, dafür zu sorgen, dass die Fotos, die gemacht wurden, nicht allzu steif wirkten. Wenn alle in Reih und Glied nebeneinandersaßen, lockerte Elizabeth die Stimmung gern durch einen Scherz auf.

»Vergessen Sie nicht, es sollte auf den Fotos zumindest so aussehen, als hätten wir ein bisschen Spaß.«

Wenn sie etwas in der Art sagte, entlockte sie den Politikerinnen und Politikern häufig ein spontanes Lächeln. Nähe entstehen zu lassen, war ihre Art, einen Beitrag zu leisten. Kleinigkeiten zeigten oft große Wirkung.

Elizabeth schob ihre Notizen beiseite. Charles, Camilla, William und Kate würden sie nach Cornwall begleiten. Eine gemeinsame Anreise im Zug war von ihrem Büro organisiert worden. Beim Gipfel bekäme Charles die Gelegenheit, über seine Initiative gegen den Klimawandel zu informieren, was ihm sehr am Herzen lag.

Sie selbst würde am Abend mit dem Zug nach Windsor zurückfahren, um am nächsten Tag eine kleine Geburtstagsparade zu ihren Ehren abzunehmen. Und am Sonntag stand eine Privataudienz mit Joe Biden und seiner Frau Jill an.

Als im Januar das Kapitol in Washington gestürmt wurde, hatte Elizabeth vor dem Fernseher die verstörenden Bilder verfolgt.

Auch wenn man allgemein annahm, die Monarchie in Großbritannien sei über Derartiges erhaben, kam es doch darauf an, immer wieder deutlich zu machen, wie wichtig Kontinuität, Verlässlichkeit und Zusammenhalt waren.

Auch die Regierung wusste das und nutzte die Monarchie, um die Einheit zu stärken. Gordon Brown, James Camerons Vorgänger, hatte ein reformiertes Oberhaus in Form eines Senats gefordert, der für alle Regionen Großbritanniens sprechen sollte. Ihm schwebte ein Kabinett der Nationen vor, um der Vereinigung der vier Länder – England, Wales, Schottland und Nordirland – mehr Bedeutung zu verleihen. In einem Telefonat hatte er Elizabeth versichert, wie wichtig die *Union of the Crowns* gerade in diesen Zeiten war. Ihre Rolle in Schottland unterstrich dies.

Die Monarchie war das wichtigste anglo-schottische Bindeglied. Die *Union of the Crowns* war zustande gekommen, weil Königin Elizabeth I. 1603 kinderlos starb. Die englische Krone ging an ihren Cousin James VI., König von Schottland. Wenige Jahre später, 1606, gab der König eine frühe Version der Nationalflagge des Vereinigten Königsreichs, des Union Jack, in Auftrag, mit dem Wunsch, das Georgskreuz und das Andreaskreuz darauf zu vereinen.

Doch wenn Schottland auf republikanischem Kurs blieb, wäre der Ausgang ungewiss. Wenn es zum Schlimmsten käme, müsste man nicht nur die Staatsgewalt trennen, sondern auch den Zusammenschluss der zwei Kronen brechen. Während ihrer Regentschaft würde es vermutlich nicht zu einer Abspaltung kommen, doch nach ihrem Ableben könnte das anders aussehen.

Sie musste mit Charles ausloten, was dann zu tun wäre.

Die Stärke der Monarchie lag nicht in der Macht, die die Krone früher einmal innegehabt hatte. Entscheidend war die Stärke, die man im Miteinander entwickelte. Elizabeth wurde nie müde, auf die Wichtigkeit der kleinen Schritte hinzuweisen. In ihrer Weihnachtsansprache 2016 hatte sie das deutlich gemacht.

»Nicht alle von uns können große Dinge tun. Aber wir können kleine Dinge mit großer Liebe tun.«

Die Worte stammten nicht von ihr, sondern von Mutter Teresa; doch Elizabeth liebte sie, denn sie sagten so viel aus.

Niemand konnte allein Kriege beenden oder Ungerechtigkeit vergessen machen, doch die Wirkung vieler kleiner guter Taten konnte größer und mächtiger sein, als man gemeinhin annahm. Kleine Schritte waren machbar, sie überforderten die Menschen nicht und gaben ihnen das Gefühl, nicht untätig sein zu müssen, sondern das Leben aus eigener Kraft zu gestalten.

Auch Michelle Obama war sich der Wirkung kleiner Schritte bewusst und bemühte sich darum, anderen davon zu erzählen, was jeder tun konnte. Was für einen Aufschrei hatte es gegeben, als Mrs Obama, gegen das Protokoll, beim Staatsbesuch den Arm um sie gelegt hatte. Es hatte ausgesehen, als seien sie Freundinnen, die sich privat zu einer Plauderei trafen. Elizabeth hatte die mediale Ausschlachtung dieses Fauxpas amüsiert verfolgt.

Sie hatte schon immer großes Interesse an den Präsidenten und ihren Partnerinnen gezeigt. Ausgenommen Donald Trump. Er war der Einzige, der beim Abschreiten der Ehrengarde vorangestapft war und ihr den Rücken zugekehrt hatte. Sie war förmlich hinter ihm verschwunden, und als er seinen Fehler endlich bemerkt hatte, war er abrupt stehen geblieben, so dass sie fast auf ihn aufgelaufen wäre und einen großen Bogen um ihn hatte machen müssen. Sie hatte Ruhe bewahrt und ihm zugelächelt, als sie wieder auf gleicher Höhe waren. Das Feld der Diplomatie bespielte sie gekonnt. Ausgleichen, das war ihre Aufgabe.

Ganz anders Ronald Reagan, der die Liebe zu Pferden mit ihr geteilt hatte. Ihm und seiner Frau Nancy hatte sie näher als vielen anderen gestanden. Philip und sie hatten die Reagans sogar privat in Amerika besucht und waren mit ihnen ausgeritten.

Nach dem Treffen mit dem aktuellen US-Präsidenten Joe Biden warteten weitere offizielle Termine auf sie, unter anderem in Edinburgh. Danach kam die Sommerpause auf Balmoral, und dann begann bereits das Herbstprogramm mit der Eröffnung des schottischen und walisischen Parlaments und mit Veranstaltungen im ganzen Land.

Elizabeth streckte die Beine aus und dachte einen Moment an nichts. Dann rief sie sich noch einmal das letzte Treffen zwischen William und Harry ins Gedächtnis. Sie sorgte sich um die beiden, auch um Charles. Er litt mehr unter dem Zerwürfnis seiner Söhne, als er sich anmerken ließ.

Candy und Muick bellten, als es leise klopfte. Elizabeth wandte den Blick zur Tür.

Der Kopf ihres Butlers, Paul Whybrew, erschien im Türrahmen. »Eure Majestät. Der *Prince of Wales* möchte Sie sprechen … am Telefon.«

Elizabeth hörte die Stimme ihres Sohnes. »Mummy. Wie geht es dir heute? Konntest du in der Nacht schlafen?«

Während des Telefonats warf sie Sandy, die mit Lissy um ihre Aufmerksamkeit buhlte, mahnende Blicke zu.

»Dein Geburtstag dieses Jahr …«, sagte Charles schließlich, »… ist gleich in zweifacher Hinsicht schwierig. Aber ein Zusammentreffen im kleinsten Kreis wäre möglich. Was meinst du dazu?«

»Natürlich werden wir feiern«, stimmte Elizabeth zu.

Bei jedem Kontakt mit Charles spürte sie seine Erleichterung, sein Privatleben nach Jahren der Konfrontation und der Ungewissheit geregelt zu haben. Diese Zufriedenheit würde ihm dereinst als König dienlich sein.

Um von ihrem Geburtstag am einundzwanzigsten – ihrem ersten ohne Philip – wegzukommen, lenkte Elizabeth das Gespräch auf David, den *Earl of Snowdon*, und Lady Sarah Chatto. Seit William und Harry eigene Familien gegründet hatten, hatte Charles engeren Kontakt zu Margarets Kindern.

»Die Frage, wie viele Mitglieder der Familie die Monarchie in Zukunft unterstützen sollen, wird langsam drängend, Mummy«, fuhr Charles fort. »Du kennst die kritischen Stimmen, wenn an deinem Geburtstag auf dem Balkon die ganze Familie zu sehen ist.«

»Ehrlich gesagt, habe ich noch immer das Gefühl, dass die Menschen sich freuen, wenn sie uns alle zusammen sehen.« Solange sie lebte, würde niemand diese Frage ernsthaft erörtern, doch Charles würde sich nach ihrem Tod damit auseinandersetzen müssen.

»Und bedenke, dass es vielleicht auch zum Problem werden könnte, wenn du dich von der Idee der Verkleinerung zu sehr vereinnahmen lässt. Den Menschen bedeutet es etwas, wenn wir ihnen Aufmerksamkeit schenken. Durch Schirmherrschaften bringen wir Themen an die Öffentlichkeit. Denk nur an deinen Vater.

Fast bis zu seinem letzten Tag hatte er über achthundert Schirmherrschaften inne.«

»Ich weiß, Mummy, aber die Zeiten ändern sich. Dass William und Kate sich auf ausgewählte Wohltätigkeitsorganisationen konzentrieren, um genügend Zeit für die Kinder zu haben, verdeutlicht das.«

»Darin stimme ich dir zu. Ich möchte nur, dass du alles berücksichtigst. Mitunter ist das, was einem gut und richtig erschien, dann doch das Falsche … Niemand wüsste das besser als ich.«

Nach dem Telefonat legte sie die Notizen zurück in die Schublade.

Eins der Tagebücher hatte sie noch nicht durchgeblättert. Sie langte danach und schlug es an einer beliebigen Stelle auf:

Annus Horribiles … Was für ein schreckliches Jahr.

31. KAPITEL

August 1992
England, Schloss Windsor,
London,
Buckingham-Palast

Nicht weit von ihr entfernt hüpften zwei Amseln Seite an Seite durch das saftige Gras.

Elizabeth ließ die Vögel nicht aus den Augen. Sie kamen ihr wie ein Sinnbild für Zusammenhalt vor, den sie sich seit je für ihre Kinder wünschte. Doch leider ging dieser Wunsch nicht für alle auf.

Welche Freude hatte sie empfunden, als Andrew ihr Sarah Ferguson als seinen Lebensmenschen beschrieben hatte. Und Sarah hatte kurz nach der Hochzeit geschwärmt: »In Andrew habe ich den perfekten Mann und Seelenverwandten gefunden. Er ist locker und unendlich charmant, ein Witzbold wie ich und trotzdem zuverlässig und freundlich.«

Doch vor wenigen Monaten hatte das junge Glück sein Ende gefunden. Einen sechsten Hochzeitstag würde es für sie nicht mehr geben, hatten sie Elizabeth berichtet.

Dieser traurige Schritt hing, wie sie inzwischen wusste, unter anderem mit Andrews Marinekarriere zusammen, derentwegen Sarah die meiste Zeit getrennt von ihrem Mann verbracht hatte. Selbst während ihrer ersten Schwangerschaft hatten sie nur telefonischen Kontakt gehabt, und als Beatrice auf der Welt gewesen war, hatte Andrew nicht mehr als zehn Tage mit seiner Tochter verbracht.

Mittlerweile hatten sie zwei Töchter, die unterschiedlicher nicht sein konnten. Für ein fast vierjähriges Mädchen war Beatrice unglaublich höflich und fürsorglich, ihre zweijährige Schwester Eugenie hingegen zeigte gern ihre temperamentvolle Seite. Sarah und Andrew hatten ihren Töchtern eine private und sorgenfreie Kindheit in der Royal Lodge in der Nähe von Schloss Windsor bieten wollen, doch das Familienglück war längst zerbrochen.

Elizabeth' Blick folgte den Vögeln, die davonflogen – ein kurzer Augenblick ohne Vergangenheit und Zukunft, die Welt für ein paar Atemzüge in Ordnung.

Auch Anne hatte sich von ihrem Mann getrennt. Bei der Hochzeit ihrer Tochter mit Mark Phillips am 14. November 1973 – Charles' Geburtstag – hatte Elizabeth sich die wunderschöne Zukunft der beiden ausgemalt. Doch nun war das Paar seit April offiziell geschieden.

Am schlimmsten erschienen Elizabeth jedoch die Streitigkeiten zwischen Charles und Diana. Das Unglück der beiden ließ sie um das Wohl ihrer kleinen Enkelsöhne fürchten.

»William hat so viel Freude und Zufriedenheit in unser Leben gebracht. Ich kann es kaum erwarten, noch mehr davon zu erfahren.« So hatte Diana nach der Geburt ihres ersten Sohnes gesprochen.

Doch inzwischen wusste Elizabeth, wie unglücklich die beiden waren. Seit Monaten hatten sie sich in eine aussichtslose Situation hineinmanövriert und standen sich gegenseitig im Weg. Und seit Andrew Mortons Buch, *Diana: Ihre wahre Geschichte*, glaubte ganz England, wenn nicht sogar die gesamte Welt, dass Dianas Ehe ein Martyrium und Charles ein gefühlloser Ehemann war, der seine Frau in eine Ehe zu dritt gedrängt hatte. Es war allerhöchste Zeit, einen Weg für das Paar zu finden, wie immer dieser auch aussehen mochte.

Von fern erklangen Schritte. Philip.

»Träumst du von besseren Zeiten?« In seiner Stimme lag der Hauch eines Lächelns, als er sich neben Elizabeth auf die Teakholzbank im Garten setzte. »Du denkst an Charles und Diana, nicht wahr?«

Elizabeth nickte und rutschte mit dem Rücken weiter nach unten. »Wir müssen uns dringend mit ihnen zusammensetzen. Sie brauchen jemanden, der vermittelt. Wenn das überhaupt noch möglich ist.«

Sie las aus Philips Blick, dass er die Situation als weit ernster empfand, als sein leichthin gesagter Satz vermuten ließ.

»Das sollten wir tun, ja.« Es klang dringlich. »Hoffentlich sehen sie in uns die Profis in Sachen funktionierende Ehe, die wir durchaus sind.« Philip lehnte sich zurück und schüttelte gedankenverloren den Kopf. »Was denkt Charles sich nur bei der Affäre mit Camilla? Warum zum Teufel kommt er nicht von ihr los?«

»Diese Frage stellst nicht nur du dir.« Elizabeth löste den Blick von einer Drossel, die einen Wurm aus der Erde gezogen hatte.

Man bekam die unterschiedlichsten Dinge über Camilla Parker Bowles zu hören. Manche sagten, sie rede lieber mit dem Personal als mit Aristokraten und erinnere sich an jedes Gesicht, das sie einmal gesehen hatte.

»Wusstest du, dass Camilla nicht gern fliegt?« Philip deutete auf seinen Unterarm. »Blut lässt sie sich auch nicht gern abnehmen. Angst vor Injektionsnadeln.«

»Dafür besitzt sie Witz«, warf Elizabeth ein. »Eine Charaktereigenschaft, die du schätzt. Auch ihre Herzenswärme wird immer wieder von Freunden hervorgehoben.«

»Was ihre eigene Ehe angeht, scheint sie diese vielgerühmte Herzenswärme nicht gerade hervorzukehren. Ihr Mann ist bestimmt nicht erfreut über die Affäre. Inzwischen weiß jeder davon … Ich hoffe, wir müssen nicht noch mehr über sie erfahren. Ich weigere mich jedenfalls, für jemand anderes als Diana an Charles' Seite Gefühle aufzubringen«, stellte er klar.

»Das musst du hoffentlich auch nicht. Wir werden alles tun, um den beiden zu helfen. Es ist ein unhaltbarer Zustand, vor allem für William und Harry.«

»… und für die Monarchie«, ergänzte Philip nüchtern.

Am nächsten Tag erwarteten sie Charles und Diana draußen vor dem Eingang. Beide hatten einem Treffen in Windsor zugestimmt. Die Begrüßung fiel etwas steif aus. Unter ein paar unverfänglichen Sätzen, mit denen Philip die Stimmung etwas entspannen wollte, begaben sie sich gemeinsam in den Salon.

Elizabeth scheute weder unangenehme Situationen noch schwierige Gespräche, was aber nicht hieß, dass sie nicht am liebsten mit angemessener Zurückhaltung glänzte. Aus diesem Grund war sie mit Philip übereingekommen, ihm die Eröffnung zu überlassen.

»So, wie die Situation derzeit ist, kann es nicht weitergehen«, sagte er. Sein Blick wanderte von Charles zu Diana, dann zu Elizabeth. »Deshalb sitzen wir heute zusammen. Um gemeinsam einen Ausweg zu finden.«

Diana und Charles blickten stumm zu Boden.

»Was ist das Hauptproblem? Wie können wir helfen?«, erkundigte sich Philip. »Scheut euch nicht, freiheraus zu sagen, was euch auf der Seele liegt.«

Diana zögerte, dann sprach sie. »In meinen Augen ist Charles lieblos und hat kaum Interesse daran, mit mir Zeit zu verbringen«, berichtete sie. »So ging es im Grunde von Anfang an.«

»Ich bin niemand, der sich gern einmischt«, ergriff Elizabeth das Wort. »Ich hoffe, ihr seid euch bewusst, dass ich grundsätzlich auf Geduld und einen guten Ausgang setze. Doch wenn Probleme schwerwiegend sind und länger anhalten, ist Geduld nicht mehr das Mittel der Wahl. Deshalb bin ich froh, dass ihr gekommen seid und wir miteinander reden. Der entscheidende Punkt ist, dass man in jeder Ehe Kompromisse eingehen muss, um Differenzen aus dem Weg zu räumen – auch wenn dies vielleicht eine schmerzliche Erkenntnis ist. Kompromisse machen uns mitunter Angst. Wir haben das Gefühl, einen Teil unserer selbst zu verlieren, doch im Grunde gewinnen wir auch etwas: Ruhe, Einsicht und hoffentlich Nähe, die verloren gegangen ist. Uns geht es in erster Linie um euer Wohl und das eurer Kinder, aber es geht eben auch um das Wohl des Landes, das ihr repräsentiert.«

Elizabeth ließ Charles und Diana nicht aus den Augen, während sie weitersprach. »Philip und ich sind nicht damit einverstanden, dass ihr außereheliche Affären habt.« Sie vergewisserte sich Philips Unterstützung, der kaum merklich nickte. »Vielleicht ist es euch nicht bewusst, aber ihr begebt euch auf dünnes Eis. Denkt an eure Söhne. Sie haben Eltern verdient, die nicht sofort aufgeben und ihre Beziehung beenden«, mahnte Elizabeth.

»Was du sagst, ändert nichts daran, dass Charles' Verhalten rücksichtslos und ungerecht ist.« Diana sah unter ihrem blonden Haar hervor, das ihr in die Stirn fiel.

»Glaub mir, Diana, es bricht mir das Herz, dich und Charles so unglücklich zu sehen.« Elizabeth bemühte sich um Empathie und

Besonnenheit. »Charles ist … nun ja, fremdgegangen, das ist wahr. Aber bitte lass nicht außer Acht, dass du es ihm gleichgetan hast. Im Moment steht ihr beide euch in nichts nach.«

Charles hatte geschwiegen, doch nun hielt es ihn nicht mehr auf seinem Platz. Er stand auf, ging zum Fenster und sah nach draußen, als ginge ihn das Ganze nichts an.

Schließlich sagte er: »Ich habe unser Eheversprechen ernst genommen und versucht, die richtigen Schritte zu setzen. Ich übertreibe nicht, wenn ich sage, dass ich es allen recht machen wollte.«

Elizabeth sah, wie seine Schultern sich hoben.

»Erst als unsere Ehe zerrüttet war, habe ich zu zweifeln begonnen.« Als er weitersprach, klang er tieftraurig. »Mummy, sowohl Diana als auch ich haben unser Bestes gegeben. Aber eine Beziehung ist kein Schachspiel, wo man mit der richtigen Strategie einen falschen Zug vielleicht noch ausgleichen kann.«

Charles kehrte zurück zu seinem Platz neben Diana. Er schien irgendwie erleichtert.

»Charles … ich denke, wir sollten es mit einer Trennung auf Probe versuchen.«

Elizabeth und Philip tauschten erneut Blicke.

Die Veröffentlichung von Andrew Mortons Buch hatte Charles sehr zugesetzt. Morton hatte Personen, die Diana nahestanden, als Informanten genannt. Doch es gab den nicht unbegründeten Verdacht, dass die eigentliche Quelle Diana selbst war. Zu viel Intimes, das nur sie wissen konnte, wurde berichtet. Charles traute ihr zu, diesen versteckten Schritt in die Öffentlichkeit getan zu haben, er vertraute ihr nicht mehr, genauso wenig wie Diana ihm. Der Zustand der Ehe der beiden war weit schlimmer, als Elizabeth vermutet hatte.

»Wenn du meinst, dass das die beste Lösung ist, will ich dem nicht im Weg stehen«, stimmte Charles Dianas Vorschlag zu.

Philip räusperte sich. »Solltet ihr euch tatsächlich auf eine befristete Trennung einigen, würden wir euch bitten, diese nicht öffentlich werden zu lassen.«

Elizabeth schloss sich ihm an. »Überstürzt nichts. Lasst euch das heutige Gespräch in Ruhe durch den Kopf gehen. Nehmt euch die Zeit, die ihr braucht, um eine Entscheidung zu treffen. Was haltet ihr davon, wenn wir uns morgen noch einmal zusammensetzen? Bis dahin könnt ihr alles auf euch wirken lassen.«

Diana nickte halbherzig. »Ja, gut«, willigte sie. Ebenso Charles.

»Dann hätten wir das geklärt. Wir sehen uns morgen zur selben Zeit.« Elizabeth erhob sich. »Es gibt im Leben immer einen Weg nach vorn.« Sie versuchte zu lächeln. »Ich bin mir sicher, dass ihr euren Weg finden werdet.« Sie bezweifelte zwar, ob es ein gemeinsamer Weg wäre, doch sie wollte den beiden Mut machen.

Draußen stiegen Charles und Diana in getrennte Wagen. Als sie losfuhren, las Elizabeth in Philips Blick, was auch sie dachte, aber einfach nicht wahrhaben wollte. *Es ist vorbei. Wir können daran nichts mehr ändern.*

Elizabeth spürte die erfrischende Kühle des Wassers auf den Händen. Sie drehte den Wasserhahn zu und griff nach dem Handtuch.

Der Bund der Ehe war ein Versprechen, das auf tiefer Liebe gründete, doch war diese Liebe zwischen Charles und Diana endgültig zerbrochen.

Zu ihrer und Philips Überraschung war Diana nicht zum vereinbarten zweiten Treffen in Windsor erschienen. Stattdessen hatte sie erneut die Aufmerksamkeit der Medien auf sich gezogen. Diesmal durch private Tonbandaufnahmen eines Gesprächs mit einem Vertrauten. Die ganze Welt hatte ihre intimsten Gedanken, aber auch ihre Wut zu hören bekommen. Hinzu kamen die Kosenamen, die ihr der Gesprächspartner immer wieder gab.

In letzter Zeit fragte Elizabeth sich immer häufiger, ob Diana und Charles sich je wirklich geliebt hatten. Vermutlich war es nur oberflächliche Verliebtheit zwischen ihnen gewesen.

Inzwischen sah sie auch ihre eigene Rolle kritisch. Sicher, sie hatte das Beste für Charles gewollt, doch vermutlich war es falsch gewesen, ihn damals indirekt zu drängen, sich für Diana zu entscheiden.

Elizabeth' Überlegungen wanderten zu ihrem heutigen Hochzeitstag. Fünfundvierzig Jahre! Und kein Tag war wie der andere gewesen. Sie hatte es nie bereut, Philip ihr Jawort gegeben zu haben. Warum fiel es ihren Kindern nur so schwer, eine stabile Partnerschaft zu führen?

Zumindest Anne hatte ein neues Glück gefunden. Schon bald würde sie Timothy Laurence heiraten. Dass Mark während der Ehe ein Kind mit einer anderen Frau gezeugt und Anne eine Affäre mit Timothy begonnen hatte, hatte Elizabeth hinnehmen müssen.

Der Marineoffizier war von 1986 bis 1989 ihr Stallmeister gewesen, und irgendwann war aus Annes Freundschaft zu ihm Liebe geworden.

»Er ist immer für mich da, wenn ich eine Schulter zum Anlehnen brauche und auch sonst.«

Anne hatte ihr gestanden, dass sie in ihrer Ehe jahrelang eine Lücke wahrgenommen hatte, die ihr Mann Mark aufgrund seines Wesens nicht hatte schließen können.

»Ich weiß, in meinem Fall ist die Liebe im unpassendsten Moment gekommen, Mummy. Aber sie ist ein Geschenk, zu dem ich ja sagen will.«

Elizabeth hatte ihre Zustimmung zu Annes zweitem Eheanlauf gegeben. Was die Zukunft für ihre Tochter und Timothy tatsächlich bereithielte, würde sich zeigen, das Fundament ihrer Beziehung schien jedenfalls stark zu sein.

Elizabeth schloss die Badezimmertür hinter sich und ging in den Salon, wo das Telefon läutete und sie aus ihren Gedanken riss.

Am anderen Ende erklang Andrews Stimme, im Hintergrund war die Sirene eines Feuerwehrautos zu hören.

»Mummy«, Andrew schrie beinahe, »in Windsor ist ein Feuer ausgebrochen.«

Elizabeth erstarrte, dann versuchte sie, Andrews Worten Sinn zu verleihen. Es brannte in Windsor? Ihr Herz raste. »Bist du in Sicherheit?« Das war alles, was sie im Moment wissen wollte.

»Ja. Der Alarm hat mich rechtzeitig gewarnt. Mach dir meinetwegen keine Sorgen. Als ich die Tür zu meinen Büros öffnete, kam mir bereits Rauch entgegen … ziemlich beängstigend … schrecklich. Ich habe alles stehen und liegen lassen und bin nach draußen gerannt.«

»Wie schlimm ist es?«, fragte Elizabeth.

»Ehrlich gesagt sieht es nicht gut aus. Das Feuer hat bereits auf weitere Teile des Schlosses übergegriffen. Soweit ich es verstanden habe, werden gerade Feuerschneisen im Clock Tower und im Chester Tower geschaffen, um die Ausbreitung zu stoppen.«

Elizabeth hielt die Luft an. Schloss Windsor hatte eine eigene Feuerwehr für den Ernstfall, allerdings verfügte das Schloss über keine Sprinkleranlage, aus Sorge, schon eine unbedeutende Rauchentwicklung könnte sie auslösen und die wertvollen Gemälde zerstören. Und die Bauweise des über neunhundert Jahre alten Schlosses trug dazu bei, dass ein Feuer leichtes Spiel hatte.

»Ich habe veranlasst, die Gemälde in der St. George's Hall abzunehmen.«

Elizabeth stieß die Luft aus, die sie zurückgehalten hatte.

»Leider wird der Rauch immer dichter«, sprach Andrew weiter. »Keine Ahnung, wie lange die Männer sich dort noch aufhalten können.«

»Ich komme, so schnell ich kann«, versprach Elizabeth. Sie hoffte, ihr Zuhause würde nicht zu einer schlichten Erinnerung werden.

Es war 3 Uhr am Nachmittag. Schon aus der Ferne waren dicke Rauchschwaden am Himmel zu sehen.

Als Elizabeth aus dem Wagen stieg, drang beißender Brandgeruch in ihre Nase, und aus dem Dach des Schlosses stieg orangefarbener Rauch auf. Sie zog ihren Mantel an und sah sich um.

Ein Feuerwehrauto parkte an der Steinmauer des Schlosses. Der knallrote Wagen und die Feuerwehrmänner mit ihren gelben Helmen bildeten einen eigenwilligen Kontrast zu dem grauen Gestein des Schlosses. Gerade wurde die Leiter ausgefahren, um das Dach zu erreichen. Ein Bild wie aus einem Katastrophenfilm.

Ihr Zuhause in Flammen stehen zu sehen, war grauenhaft. Und das ausgerechnet an ihrem fünfundvierzigsten Hochzeitstag. Wichtig war jetzt, sich möglichst rasch einen Überblick über die Lage verschaffen.

Elizabeth zog sich die Kapuze ihres graubraunen Mantels über den Kopf und hielt nach Andrew Ausschau. Sie entdeckte ihn im Gespräch mit einem Feuerwehrmann.

»Mummy.« Andrew begrüßte seine Mutter und stellte ihr den Hauptbrandmeister vor. Der Mann sah erschöpft und müde aus.

»Sparen Sie nichts aus«, kam Elizabeth augenblicklich auf das Wesentliche zu sprechen. »Ich möchte über alles Bescheid wissen.«

»Wir sind gerade dabei, das Feuer im Brunswick Tower zu bekämpfen.« Der Mann deutete auf das Dach des Schlosses. »Wir lassen das Feuer über das Dach entweichen, um eine weitere horizontale Ausbreitung zu verhindern.« Nach einer kurzen Pause sprach er weiter. »Ma'am, Sie können sich darauf verlassen, dass wir alles in unserer Macht Stehende tun, um das Schloss zu retten. Meine Männer sind bestens ausgebildet.«

Elizabeth erfuhr, dass bereits über zweihundert Feuerwehrleute aus sieben Landkreisen im Einsatz waren. Egal in welche Richtung sie sich drehte, überall waren Menschen, die mitanpackten. Ein Mann lief gerade mit einer Leiter ins Schloss, ein anderer folgte ihm mit einer Axt.

Elizabeth wandte sich wieder dem Hauptbrandmeister zu. »Ich danke Ihnen schon jetzt für Ihren Einsatz. Bitte richten Sie auch Ihren Männern später meinen tiefen Dank aus. Es ist keine Selbstverständlichkeit, dass sie ihr Leben aufs Spiel setzen, um hier zu helfen. Und was mich anbelangt … Ich möchte nicht nur herumstehen und zusehen. Was kann ich tun?«

Kurz darauf stand Elizabeth an vorderster Front. Gemeinsam mit Andrew, einigen Feuerwehrmännern, Soldaten und Mitarbeitern des Schlosses bildete sie eine Menschenkette, die Gegenstände und Möbelstücke aus dem vom Feuer betroffenen Teil des Schlosses in Sicherheit brachten. Uhren, Bilder, Tische und andere Antiquitäten wurden von Hand zu Hand gereicht.

Elizabeth bekam nur schwer Luft.

»Hier, nimm mal«, rief sie Andrew zu und hielt ihm eine Vase entgegen. Andrew nahm sie und gab sie an jemanden vom Personal weiter. Er drehte sich erneut zu seiner Mutter und schenkte ihr ein aufmunterndes Lächeln. »Wir schaffen das, Mummy. Wir halten durch.«

Am nächsten Tag traf Elizabeth sich mit dem Hauptbrandmeister, um den immensen Schaden zu begutachten, den das Feuer, das in der Privatkapelle seinen Anfang genommen hatte und erst nach fünfzehn Stunden vollkommen gelöscht worden war, verursacht hatte.

»Vermutlich hat es bereits längere Zeit gebrannt, bis das Feuer entdeckt wurde«, erklärte der Hauptbrandmeister. »Als die ersten Männer ankamen, war es leider schon außer Kontrolle. Glücklicherweise hat die Feuerschneise am anderen Ende der St. George's Hall die Flammen aufgehalten. Die Bibliothek ist zumindest verschont geblieben.«

Elizabeth hörte schweigend zu. Es hätte noch viel schlimmer kommen können. In dem vom Brand am stärksten betroffenen Bereich waren in den letzten Wochen Neuverkabelungen durchgeführt worden, nur deshalb hatten sich einige wertvolle Gemälde und Möbelstücke nicht im Schloss befunden. Bis auf zwei Stücke war die Kunstsammlung mehr oder weniger unversehrt geblieben.

»Ich habe heute Morgen erfahren, dass einige Ihrer Männer ins Krankenhaus gebracht werden mussten. Wissen Sie schon, ob es ihnen wieder besser geht?«, erkundigte sich Elizabeth.

»Danke der Nachfrage, Ma'am. Ein Einsatz wie dieser ist immer mit Risiken verbunden, aber ich kann Ihnen garantieren, dass es nicht lange dauern wird, bis die Männer wieder einsatzbereit sind.«

Elizabeth nickte erleichtert. »Das sind gute Nachrichten.«

Der Mann deutete auf das Schloss. »Gehen wir hinein? … Was Sie erwartet, ist allerdings nicht schön.« Er sah sie stirnrunzelnd an. »Die Dächer der Staatsgemächer und der St. George's Hall sind komplett eingestürzt, ebenso der Boden des Brunswick Towers.«

»Ich komme schon zurecht«, sagte Elizabeth, obwohl sie sich da gar nicht so sicher war. »Aber danke, dass Sie mich vorwarnen.«

Sie betrat das Schloss mit einem mulmigen Gefühl und folgte dem Hauptbrandmeister von Raum zu Raum. Was sie sah, war kaum zu verkraften. Das Schloss war teilweise eine Ruine.

Überall waren Zeichen des Feuers erkennbar: rußgeschwärzte Wände, leere Fenster, herabgestürzte Bauteile. Sie stand wie erstarrt da. Diesen Anblick hatte sie nicht erwartet.

Sie erfuhr, dass neben den Feuerwehrleuten über dreihundert Menschen an der Rettungsaktion beteiligt gewesen waren.

»Das Feuer ist am späten Nachmittag erneut aufgeflammt. Am frühen Abend hatten die Flammen eine Höhe von fünfzehn Metern erreicht. Jeder Helfer hat alles gegeben. Sie haben alle unermüdlich gearbeitet, doch trotz aller Mühe wurde der Nordostflügel leider komplett zerstört. In Summe sind neun der Staatsgemächer zerstört und weitere hundert Räume beschädigt«, fasste der Hauptbrandmeister zusammen. »Die gute Nachricht ist, wir konnten vier Fünftel, sprich achtzig Prozent retten.«

Elizabeth drehte sich einmal um die eigene Achse. Überall lagen verbrannte Holztrümmer und Überbleibsel von Dingen herum, die bis zur Unkenntlichkeit verbrannt waren. Die Wände, die einst in hellen Farben gestrahlt hatten, waren unter schwarzem Ruß begraben. Sie richtete den Blick nach oben. Bis auf einzelne verbrannte Teile war vom Dach nichts mehr übrig. Man hatte freien Blick auf den Himmel mit seinen vorbeiziehenden Wolken.

Dass der Schaden groß wäre, war Elizabeth klar gewesen, doch das Ausmaß der Verwüstung mit eigenen Augen zu sehen, war etwas ganz anderes.

»Eine surreale Situation«, murmelte Elizabeth. »Danke für den Einblick. Es ist viel schlimmer, als ich mir vorgestellt habe.«

Beim Verlassen des Schlosses realisierte sie, wie dankbar sie für die Hilfe war. Sie zwang sich zu einem zuversichtlichen Lächeln.

»Ich finde es beeindruckend, mit wie viel Eifer und Selbstlosigkeit Sie und Ihre Männer bis in die frühen Morgenstunden im Einsatz waren«, lobte sie den Hauptbrandmeister. »Ohne Ihr schnelles Handeln und Ihren Mut wäre es noch viel schlimmer gekommen. Schloss Windsor mag zwar nicht mehr das sein, was es einmal war, aber Mauern lassen sich neu errichten und Dächer neu decken. Das Wichtigste ist, dass niemand ernsthaft zu Schaden gekommen ist.«

Der Hauptbrandmeister hörte stumm zu, als Elizabeth erzählte, dass ein Zuhause so viel mehr war als Mauern, Tische und Stühle, mehr als Gemälde und die Bücher in einer Bibliothek.

»Zuhause … dieses Wort verbinde ich mit den Menschen, die hier leben.«

Und die wir über alles lieben, fügte sie im Stillen hinzu.

»Dass Sie darüber gewacht haben, dafür danke ich Ihnen im Namen meiner ganzen Familie.«

32. KAPITEL

Um sie herum war alles in nächtliches Schwarz gehüllt, als das Telefon klingelte. Elizabeth tastete nach der Nachttischlampe. Augenblicklich wurde der Raum in warmes Gelb getaucht.

»2 Uhr ...«, murmelte sie.

Nach einem kurzen Räuspern setzte sie sich auf und griff nach dem Hörer des Telefons, das noch immer unerbittlich schrillte.

»Eure Majestät«, erklang die Stimme von Sir Robin Janvrin, Stellvertreter ihres Privatsekretärs. »Entschuldigen Sie die nächtliche Störung.«

»Schon gut. Es scheint ja wichtig zu sein.«

»Das ist es, Ma'am. Es geht um ... um die *Princess of Wales*.«

Elizabeth horchte auf. Robins Stimme klang besorgt.

»Was ist passiert?«

Robin räusperte sich. »Die Prinzessin wurde in einen Autounfall verwickelt.« Er legte eine kurze Pause ein, dann fügte er hinzu: »In Paris. Gemeinsam mit Herrn Al Fayed.«

»Ein Autounfall? Um Himmels willen. Weiß man Näheres?«

»Leider nicht, Ma'am. Ich melde mich selbstverständlich sofort, wenn es Neuigkeiten gibt.«

»Danke, Robin. Bitte rufen Sie umgehend an, wenn Sie etwas erfahren.«

Elizabeth legte den Hörer auf – an Schlafen war nicht mehr zu denken –, schob die Bettdecke zur Seite und schlüpfte in ihre Pantoffeln.

Vermutlich ging es Diana den Umständen entsprechend gut, überlegte sie, als sie ihren Morgenmantel überzog. Ihre Gedanken gingen in alle möglichen Richtungen und endeten bei den Medien. Garantiert sorgte der Unfall morgen früh für einen Riesenwirbel. Wo Diana war, war die Presse nie weit.

Seit dieser neue Mann in ihr Leben getreten war, überschlugen sich die Zeitungen; die Meinungen über die Liaison änderten sich von Ausgabe zu Ausgabe. Die überwiegende Mehrheit gönnte Diana ihr neues Glück. Allerdings konnten manche sich dieses Glück nicht an der Seite des ägyptischen Filmproduzenten Dodi Al Fayed, Sohn eines Milliardärs, vorstellen.

Elizabeth schob die Vorhänge zur Seite und schloss das Fenster. Für einen kurzen Augenblick betrachtete sie den Mond. Das Zusammenspiel des Lichts und der Wolken erweckte den Eindruck, als wäre der Nachthimmel ein überdimensionales Gemälde. Sie knotete den Gürtel ihres Morgenmantels und betrat den nach Lavendel duftenden Korridor des ersten Stocks. Dort stand mit dem Rücken zu ihr Charles, dessen Schlafzimmer sich drei Türen weiter befand. Als er ihre Schritte hörte, drehte er sich um.

Er umklammerte sein Handy, und die Anspannung war ihm ins Gesicht geschrieben, ebenso Sorge und Nervosität. Wusste Charles womöglich bereits mehr als sie? In diesem Moment klingelte das Handy penetrant laut.

So schnell hatte Elizabeth Charles noch nie zuvor einen Anruf annehmen sehen. Er hörte angestrengt zu, was am anderen Ende gesagt wurde.

»Mhm .... ja ...«, murmelte er. Während er telefonierte, marschierte er den Gang auf und ab und wirkte von Sekunde zu Sekunde beunruhigter. »Verstehe«, sagte er und nickte. Er wechselte noch ein paar Worte, dann legte er auf. Sein Gesichtsausdruck war noch immer ernst, doch Elizabeth glaubte darin nun auch einen Funken Erleichterung zu erkennen.

»Nachricht aus Paris«, erklärte Charles nervös. Er schluckte, dann sprach er es aus. »Dodi Al Fayed hat den Unfall nicht überlebt.« Er atmete laut aus. »Er ist tot.«

»Das ist doch nicht dein Ernst?!« Elizabeth konnte es nicht glauben.

»Ich fürchte doch.«

Sie schlug die Hand vor den Mund. Mit einem Todesfall hatte sie nicht gerechnet. Wie von fern tauchte die wichtigste Frage vor ihr auf. »Und Diana? Weißt du, wie es ihr geht? Ich hatte vorhin Robin Janvrin am Telefon. Allerdings wusste er nichts Näheres.«

»Sie scheint durchaus ein paar Kratzer abbekommen zu haben.« Charles fuhr sich mit der Hand übers Kinn. »Aber sie lebt«, sagte er erleichtert.

Elizabeth' Herz beruhigte sich, schlug endlich wieder langsamer. »Das sind gute Neuigkeiten«, sprach sie ihrem Sohn Mut zu. »Aber es ist tragisch, dass ihr Begleiter seinen Verletzungen erlegen ist. Ich mag mir nicht vorstellen, wie sehr seinen Vater diese Nachricht trifft. Er wird am Boden zerstört sein.«

»Das ist er sicher. Vermutlich weiß er es schon.« Charles steckte das Handy in die Hosentasche. Er war vollständig angezogen, als stünde der Tag bereits in den Startlöchern. »Näheres über Diana konnte ich noch nicht erfahren«, sprach er weiter. »Ich hoffe, dass wir in den nächsten Minuten endgültig Entwarnung bekommen.«

»Das hoffe ich auch. Inständig«, fügte Elizabeth hinzu. »Diana lebt. Das ist im Augenblick das Wichtigste.«

Der letzte Rest Ungewissheit war wie eine Fessel. Elizabeth fühlte sich beklommen und nervös. Abzuwarten, wenn es um schlimme Nachrichten ging, fiel ihr schwer.

Als Charles Diana vor über sechzehn Jahren das Jawort gegeben hatte, wäre ihr nie in den Sinn gekommen, dass die Liebe dieses strahlenden Paars, das von Millionen von Menschen bejubelt wurde, so schnell verblassen würde. Eine Ehe hinter den Mauern des Palastes erforderte weit mehr, als es nach außen erschien. Diana hatte immer versucht, ihr Bestes zu gegeben, doch sie konnte emotionalen Unwettern nur begrenzt standhalten und stand sich manchmal selbst im Weg.

Schon vor dem Kennenlernen mit Charles hatte sie sich ungeliebt und ungewollt gefühlt, und während der Ehe hatte sie unter starken Stimmungsschwankungen gelitten. Leider hatten sie sich damit konfrontiert gesehen, dass Diana es mit der Wahrheit nicht immer allzu genau nahm. Die Außenwelt bekam diese Seite, abgesehen von ihrer Bulimie und den Depressionen, jedoch nicht zu sehen, denn Diana war geschickt darin, die Medien für sich zu nutzen.

Charles hatte sein Leben lang gelernt, seine Emotionen zu zügeln, doch in diesem Moment ließ er ihnen freien Lauf.

»Ich fühle mich schrecklich«, klagte er. »Nicht auszumalen, wenn ihr doch etwas Schlimmes zugestoßen ist. Wir wissen beide, was das bedeutet. Für die Jungen … und das Königshaus.«

»Wir müssen Ruhe bewahren und auf das Gute hoffen.«

Ganz unerwartet schlang Charles die Arme um seine Mutter und sie ihre um ihn. Eine für beide ungewöhnliche Geste. So standen sie auf dem Korridor, umgeben von Tapeten in gebrochenem Weiß, die die Royal Cypher von Königin Victoria zierten.

»Weißt du was«, schlug Elizabeth vor, als sie sich aus der Umarmung lösten. »Lass uns eine Tasse Tee trinken, während wir auf den Rückruf warten. Sicher dauert es nicht lange, bis wir Bescheid wissen, wie die Dinge stehen.« Elizabeth' Blick war voller Verständnis und Mitgefühl.

Mittlerweile war das gesamte Schloss wach. Die Telefonzentrale in Balmoral, über die alle Anrufe getätigt wurden, war voll besetzt. Robin Janvrin stand in engem Kontakt mit der Botschaft in Paris und hielt im Erdgeschoss die Stellung. Nur William und Harry schliefen tief und fest. Sie bekamen von dem, was sich in diesem Moment abspielte, von der Sorge um ihre Mutter, nichts mit.

Während Elizabeth jemanden vom Küchenpersonal beauftragte, ihnen Tee zu bringen, ging Charles ins Wohnzimmer, das sich neben Elizabeth' Ankleidezimmer befand. Dort würde er die Anrufe entgegennehmen. Manche kämen durch die Telefonzentrale, andere direkt auf sein Handy.

Elizabeth kam sich wie ferngesteuert vor und ging noch einmal hinaus. Sie war sichtlich in Gedanken versunken, als Philip auf sie zueilte.

»Irgendwelche Neuigkeiten? Warum hast du mich nicht geweckt? Ich habe gerade erst erfahren, was los ist.« Philip, sonst die Ruhe in Person, wirkte aufgelöst.

»Entschuldige«, Elizabeth wurde erst in diesem Moment klar, dass sie in der Aufregung vergessen hatte, ihn zu wecken. »Es ging alles so schnell. Ich bin noch nicht dazu gekommen.«

Aus dem Wohnzimmer war plötzlich Charles' Stimme zu hören. Was er sagte und mit wem er sprach, war nicht zu verstehen.

»Dianas Freund hat den Unfall nicht überlebt«, informierte Elizabeth ihren Mann.

»Oh, mein Gott.« Philip erstarrte.

»Ob wir die Kinder wecken sollen?«, murmelte sie. »Nein, es ist besser, wir lassen sie schlafen«, gab sie sich selbst die Antwort.

»Das sehe ich auch so. Ich möchte sie nicht unnötig beunruhigen«, mischte sich Charles ein, als er aus dem Wohnzimmer kam. Sein Gesicht wirkte gelöster, weniger angespannt. »Ich habe gerade den aktuellen Stand übermittelt bekommen. Diana scheint den Unfall relativ unbeschadet überstanden zu haben. Ich kann euch gar nicht sagen, wie erleichtert ich bin.«

Philip griff sich mit der flachen Hand an die Brust und atmete auf. »Wenn das nicht gute Neuigkeiten sind.«

Elizabeth' Schultern senkten sich wieder.

»Ich muss noch mal telefonieren.« Charles verschwand erneut im Wohnzimmer, um Mark Bolland, den Stellvertreter seines Privatsekretärs, der sich in London befand, anzurufen.

»Wie ist es eigentlich zu dem Unfall gekommen? Wer saß am Steuer?«, schossen die Fragen nur so aus Charles heraus. Er hatte die Tür einen Spalt offen gelassen, sodass Elizabeth und Philip mithören konnten. »Und was um Himmels willen hat Diana überhaupt in Paris gemacht?« Für einen Moment trat Stille ein. Dann sprach Charles weiter. »Ja, das sollte ich. Ich fliege noch heute hin. So kann ich mich vor Ort um ihr Wohlergehen kümmern.«

Charles' Beschluss, an der Seite seiner Exfrau zu sein, schien festzustehen. Doch so einfach war die Sache nicht. Es war an Elizabeth, den Flug in einer Maschine des königlichen Haushalts zu genehmigen.

»Möchtest du eine Tasse?«, fragte sie Philip und deutete auf den Tee, den bisher weder sie noch Charles angerührt hatten.

Philip schüttelte den Kopf.

Elizabeth nahm seine Hand. »Kaum vorzustellen, wenn Diana etwas Ernsthaftes passiert wäre.«

»Sie hatte offenbar Glück im Unglück. Seien wir froh.« Philip küsste Elizabeth auf die Stirn.

Erneut läutete Charles' Telefon. »Was kann denn jetzt noch sein?«, überlegte Philip.

»Bestimmt geht es um Details wegen seines Flugs nach Paris«, vermutete Elizabeth. Wie sie Charles kannte, würde er sich vor Ort aller Anliegen annehmen. Er war gern informiert und kümmerte sich stets um alles.

Philip deutete auf die Tür, die halb offen stand. »Was hat er nur?«

Elizabeth lugte ins Zimmer. Ihr Sohn war in sich zusammengesunken, seine Wangen waren tränenüberströmt.

Plötzlich läutete auch Elizabeth' Handy. »Ihre Majestät, ich hatte soeben den Botschafter am Apparat. Es tut mir leid, Ihnen mitteilen zu müssen, dass die Prinzessin vor wenigen Minuten verstorben ist«, sagte Robin Janvrin.

»Verstorben?« Elizabeth brachte das Wort kaum heraus und suchte Philips Blick. Ihre Lippen formten Worte: »Diana … ist tot!« Als hätte er das nicht längst begriffen.

Ansonsten gab es nicht viel, was Robin ihr sagen konnte.

Als sie auflegte, schüttelte Elizabeth entsetzt den Kopf. »Sie ist ihren Verletzungen erlegten. Das kann doch nicht sein …«

Philip war wie erstarrt.

»Ich muss nach Charles sehen«, sagte Elizabeth und eilte zu ihrem Sohn.

»Sie lebt nicht mehr. Mein Gott …« Charles weinte bitterlich.

Es dauerte eine Weile, bis er sich so weit gefasst hatte, dass er ruhig sprechen konnte. Robin war aus dem Erdgeschoss nach oben gekommen, um mit Elizabeth und Charles an einer Konferenzschaltung mit Sir Robert Fellowes, Elizabeth' Privatsekretär und Ehemann von Lady Jane Fellowes, Dianas Schwester, der sich in dieser Nacht in seinem Zuhause in Norfolk aufhielt, teilzunehmen.

»Ich hole Diana nach Hause«, verkündete Charles, als er sich halbwegs beruhigt hatte. An seinem Entschluss war nicht zu rütteln, das machte er unmissverständlich klar.

»Sir, entschuldigen Sie, aber das ist keine gute Idee. Die Prinzessin ist eine Privatperson und nicht mehr Teil der königlichen Familie«, erklärte Fellowes.

»Es tut mir leid, Charles. Robert hat recht. So gerne ich dir diesen Wunsch erfüllen würde, es ist meine Pflicht, dem Protokoll Folge zu leisten.« Elizabeth sah Charles um Verständnis bittend an. »Selbstverständlich stelle ich dir ein Flugzeug nach Paris zur Verfügung. Aber was Dianas Sarg betrifft, müssen wir eine andere Lösung finden.«

Robin nahm Elizabeth zur Seite. Er schien anderer Meinung zu sein. »Was wäre Ihnen lieber, Ma'am, dass die Prinzessin in einem Van von Harrods nach Hause gebracht wird?« Seine Worte waren eine Anspielung auf Dodis Vater, dem das bekannte Kaufhaus gehörte.

Elizabeth wandte sich wieder Charles zu. »Also gut.« Sie hatte sich entschlossen. »Hol Diana nach Hause.« Sie nahm ihn noch einmal in die Arme, dann fragte sie ihn traurig: »Wirst *du* es den Jungen sagen?«

Charles fuhr sich mit der Hand über die Augen. »Natürlich. Ich bin ihr Vater.« Seine Stimme klang dünn. »Nur habe ich absolut keine Ahnung, wie ich es ihnen beibringen soll.«

Elizabeth legte die Hände behutsam aufeinander. Sie stand mit ihrer Schwester Margaret, ihrer Mutter und dem Rest der Familie vor den Toren des Buckingham-Palasts.

Philip, Charles, William und Harry folgten dem Sarg, der vom Kensington-Palast durch London bis hin zur Westminster Abbey geführt wurde. Und nun warteten sie geduldig auf das Vorbeiziehen der Prozession.

Mittlerweile war fast eine Woche seit der Schreckensnachricht vergangen. Der Tod Dianas hatte nicht nur die Familie erschüttert, sondern die Menschen weltweit, vor allem jedoch die Briten.

Charles hatte dem fünfzehnjährigen William und dem zwölfjährigen Harry schweren Herzens die Nachricht vom Ableben ihrer Mutter überbracht. Er sprach die beiden gern mit *Darling-Boys* an, das rührte Elizabeth jedes Mal.

Entgegen allen Erwartungen waren die Jungen seltsam gefasst geblieben. Sie standen unter Schock und konnten die Wahrheit noch nicht begreifen. Es würde einige Zeit dauern, bis die beiden ihre Gedanken geordnet und das Geschehene in seiner ganzen Tragweite erfasst hätten.

Harry schien sich an manchen Tagen schlichtweg zu weigern, den Tod seiner Mutter zu akzeptieren. Auch wenn er es nicht offen aussprach, konnte Elizabeth es aus seinen Augen lesen.

Die geliebte Mutter war plötzlich verschwunden. Die Jungen konnten die Arme nicht mehr um sie schlingen, wenn sie sich nach Dianas Geborgenheit sehnten. Sie konnten ihr nicht mehr sagen, wie lieb sie sie hatten und wie sehr sie sie brauchten. Irgendwann würden William und Harry vermutlich vergessen, wie es sich anfühlte, wenn Diana ihnen liebevoll übers Haar strich und ihnen einen Gutenachtkuss gab. Und doch würde die Liebe ihrer Mutter in ihren Herzen weiterleben.

Wenn Elizabeth in den Tagen nach Dianas Unfall aus dem Fenster von Balmoral geblickt hatte, hatte sie die Jungen häufig auf dem Anwesen spazieren gehen sehen. Manchmal allein, manchmal zu zweit, andere Male mit ihrem Cousin Peter Phillips. Er war nach Balmoral gereist, um William und Harry zur Seite zu stehen, wofür Elizabeth ihm unendlich dankbar war. Auf Anne war Verlass, auf ihre Kinder ebenfalls.

Charles war noch am Tag von Dianas Tod nach Paris geflogen. Elizabeth und Philip waren bei den Kindern geblieben. Im Gegensatz zu William und Harry hatte Charles keinen Hehl aus seinen Gefühlen gemacht. Er war voller Kummer gewesen, seine Augen vom Weinen gerötet.

Auch er war viel herumgegangen. Hinaus an die frische Luft, um in Bewegung zu bleiben. Meist war er in den umliegenden Hügeln unterwegs gewesen. An manchen Tagen hatte er schweigend in einem Sessel gesessen und ins Leere gestarrt. Er hatte sich im Jahr zuvor mit Diana ausgesprochen und ihr seine Freundschaft angeboten, danach hatte sich ihr Verhältnis entspannt. Charles war dieses Aufeinanderzugehen sehr wichtig gewesen. Diana, wie es den Anschein gehabt hatte, ebenso.

Hinter Elizabeth war ein Transparent auf dem schwarz-goldenen Zaun des Palasts angebracht. Auf dem weißen Stück Stoff standen in schwarzen Buchstaben die Worte *Diana of Love*. Elizabeth richtete ihren Blick nach vorn und sah in die Menschenmenge auf der anderen Straßenseite. Heute war nicht nur einer der schwersten Tage für William und Harry, sondern auch für die Menschen Englands, für ihr Volk.

Als die Nachricht von Dianas Unfall publik geworden war, waren die Menschen in Scharen in Trauer ausgebrochen. Ganz Großbritannien hatte auf eine Weise getrauert, wie Elizabeth es nie zuvor erlebt hatte. Besonders junge Menschen hatten sich mit der *Königin der Herzen* verbunden gefühlt. Diana hatte Menschen das Gefühl gegeben, für sie da zu sein und jeden Moment mit ihnen zu schätzen. Sie hatte stets aus vollem Herzen gehandelt, hatte Nähe zugelassen und Mitgefühl auf eine Weise gezeigt, wie es kaum je ein Mitglied der königlichen Familie zuvor getan hatte.

Es gab natürlich auch die andere Seite. Diana hatte immer wieder Wege gewählt, die keineswegs gerade verliefen und die sie ebenso mit der Öffentlichkeit teilte. Doch genau das, Dianas Unvollkommenheit, machte es den Menschen offenbar möglich, sich mit ihr zu identifizieren.

Die Straßen rund um den Buckingham-Palast hatten sich in ein einziges unüberschaubares Blumenmeer verwandelt. Menschen waren von weit her angereist, um gemeinsam zu trauern und Blumen niederzulegen.

Elizabeth hatte sich mit ihren Enkelsöhnen in den letzten Tagen regelrecht auf Balmoral verschanzt. Sie wollte nur eins, sich voll und ganz auf die beiden Halbwaisen konzentrieren.

Zum ersten Mal hatte sie ihre Funktion als Königin ohne zu zögern an zweite Stelle gestellt, um für ihre Enkel die Großmutter zu sein, die sie in dieser schweren Zeit dringend brauchten. Eine Großmutter, die auf ihre Bedürfnisse einging und Tag und Nacht für sie erreichbar war. Niemals hätte sie gedacht, dass diese Entscheidung zu solchen Unruhen in England führen würde. Dass die Menschen nicht verstanden, wie wichtig es war, William und Harry Zeit zum Trauern zu geben. Viele innerhalb der Bevölkerung waren offenbar der Meinung, dass sich niemand für ihre Gefühle interessierte. Während Premierminister Tony Blair und Dianas Bruder, Charles Spencer, öffentliche Statements abgaben, hatten die Menschen vergebens auf wärmende Worte ihrer Königin und auf deren Rückkehr nach London gewartet.

Elizabeth versuchte die Aufregungen der letzten Zeit in den Hintergrund zu schieben und beobachtete, wie die Prozession sich allmählich näherte. Aus der Menschenmenge war bitterliches Weinen zu hören. Ein kleines Mädchen beugte sich nach vorn und warf eine rote Rose auf die Fahrbahn.

Sie hatten lange als Familie überlegt, wann der rechte Zeitpunkt wäre, zu dem William und Harry ihren öffentlichen Aufgaben nachkämen und ihre Mutter in aller Öffentlichkeit betrauerten. Elizabeth, Charles und Philip hatten sich behutsam an die Situation herangetastet, hatten immer wieder Rücksprache mit den Jungen gehalten. Einen Tag, bevor sie nach London zurückgekehrt waren – zwei Tage vor Dianas Begräbnis –, hatten sie vor dem Tor von Balmoral die vielen Blumensträuße und Nachrichten, die an Diana adressiert waren, betrachtet. Es war der erste Schritt gewesen, sich der Öffentlichkeit zu stellen.

Elizabeth hatte hier und da gelesen, was auf den Karten stand, zwischendurch hatte sie immer wieder William und Harry beobachtet, die unzweifelhaft den Eindruck gemacht hatten, als ginge das alles über ihre Kräfte. Charles hatte Harry an die Hand genommen; Harry war tapfer wieder und wieder in die Hocke gegangen, um einen Blumenstrauß nach dem nächsten zu begutachten. Seine ausdruckslose Miene war herzzerreißend gewesen.

William war es nicht besser ergangen. Er wandte alle Kraft auf, um nicht von Gefühlen überflutet zu werden, las Karten mit Beileidsbekundungen, schaute sich die Fotos und Collagen an.

Als Philip, Elizabeth und die Jungen schließlich London erreichten, waren die Straßen von Menschenmassen gesäumt. Sie waren vor den Toren des Buckingham-Palasts ausgestiegen und hatten sich auch dort das Meer an Blumen, Stofftieren, Fotos und Briefen angesehen, die die Trauernden hinterlassen hatten. Elizabeth hatte Blumen entgegengenommen, hatte zahlreiche Hände geschüttelt und mit Frauen, Kindern und Männern gesprochen. Sie hatte ihnen zugehört und sogar gelächelt, weil das von ihr erwartet wurde. Die Menschen lechzten danach, von ihr getröstet zu werden, und wäre es nur durch ein erzwungenes Lächeln.

Wenig später hatte sie den Balkon des Buckingham-Palasts betreten und die Ansprache gehalten, auf die alle so sehnsüchtig warteten. Die Rede war live im Fernsehen und Radio übertragen worden.

»Seit der schrecklichen Nachricht von letztem Sonntag haben wir in Großbritannien und auf der ganzen Welt einen überwältigenden Ausdruck der Trauer über Dianas Tod gesehen. Wir alle haben auf unterschiedliche Weise versucht, damit umzugehen. Es ist nicht einfach, ein Gefühl des Verlusts auszudrücken, da auf den ersten Schock eine Mischung aus anderen Gefühlen folgt: Unglauben, Unverständnis, Wut – und Sorge um die, die bleiben. Wir alle haben diese Emotionen in den letzten Tagen gespürt. Was ich Ihnen jetzt als Ihre Königin und als Großmutter sage, sage ich aus tiefstem Herzen. Zuallererst möchte ich Diana selbst Tribut zollen. Sie war eine außergewöhnliche und begabte Frau. In guten wie in schlechten Zeiten verlor sie nie ihre Fähigkeit, zu lächeln und zu lachen oder andere mit ihrer Wärme und Freundlichkeit zu inspirieren. Ich habe sie bewundert und respektiert – für ihre Energie und ihr Engagement für andere und besonders für ihre Hingabe an ihre beiden Jungen …«

Sie erzählte den Menschen, dass sie auf Balmoral versucht hatte, Dianas Söhnen zu helfen, mit dem verheerenden Verlust der Mutter umzugehen, und bekräftigte, dass niemand, der Diana kannte, sie jemals vergessen würde.

»Ich für meinen Teil glaube, dass man aus ihrem Leben und aus der außergewöhnlichen und bewegenden Reaktion auf ihren Tod Lehren ziehen kann. Ich teile Ihre Entschlossenheit, ihr Andenken zu bewahren. Dies ist auch eine Gelegenheit für mich, im Namen meiner Familie und insbesondere von Prinz Charles und William und Harry allen zu danken, die Blumen gebracht, Nachrichten gesendet und einer bemerkenswerten Person auf so viele Arten Respekt erwiesen haben … Unsere Gedanken sind auch bei Dianas Familie und den Familien derer, die mit ihr gestorben sind … Ich hoffe, dass wir morgen alle, wo immer wir auch sind, unsere Trauer über Dianas Verlust und unsere Dankbarkeit für ihr allzu kurzes Leben zum Ausdruck bringen können. Es ist eine Chance, der ganzen Welt die in Trauer und Respekt vereinte britische Nation zu zeigen. Mögen die Verstorbenen in Frieden ruhen, und mögen wir alle Gott für jemanden danken, der viele, viele Menschen glücklich gemacht hat.«

Sie alle hatten sich an jenem Tag der Menschenmenge gestellt, hatten Trauernde begrüßt und waren von Händen umgeben gewesen, die sich nach ihnen ausstreckten und die noch nass von den Tränen waren. Einige waren zusammengebrochen. Und auch William und Harry hatten den Menschen an diesem Tag gegeben, was von ihnen erwartet wurde. Sie waren vor dem Kensington-Palast auf und ab gegangen, hatten gelächelt und unzählige Hände geschüttelt – und waren so dem Vorbild ihrer Mutter gefolgt.

Elizabeth schüttelte die beklemmenden Erinnerungen ab. Sie, die Situationen stets pragmatisch sah, drohte diesmal von Gefühlen überwältigt zu werden. Pferdehufe auf Asphalt waren zu hören. Der Sarg war nicht mehr weit entfernt.

Als die Prozession sie erreichte, tat Elizabeth etwas, womit niemand gerechnet hatte. Sie senkte den Kopf und verneigte sich vor Dianas Sarg. Es war eine außergewöhnliche Geste des Respekts und ein bemerkenswerter, emotionaler Moment, der in die Geschichte eingehen würde.

33. KAPITEL

2000-2002
England, London,
Clarence House,
Buckingham-Palast,
Schloss Windsor

Es war ein milder Tag, als Elizabeth bei ihrer Mutter vorfuhr.

Clarence House lag an der Mall, nur knapp fünfhundert Meter vom Buckingham-Palast entfernt. Schon nach einer kurzen Fahrt hatte sie ihr Ziel erreicht und ließ den Blick an der weißen Stuckfassade hinaufwandern.

Über einen Seitenflügel war Clarence House mit dem angrenzenden St.-James's-Palast, der aus der Tudor-Zeit stammte und über dreihundert Jahre der Sitz der britischen Monarchen gewesen war, verbunden.

Hier hatten Philip und Elizabeth nach der Hochzeit ihr erstes Zuhause gefunden. Charles und Anne hatten in Clarence House ihre ersten Schritte gemacht und im Garten gespielt, bevor sie alle nach dem Tod Georges V. 1953 in den Buckingham-Palast zogen.

Inzwischen war die neoklassizistische Residenz mit der weißen Stuckfassade seit Jahrzehnten der Wohnort ihrer Mutter. Hier empfing sie Wegbegleiter, von denen es jedoch nur noch wenige gab, wettete auf Pferde und genoss ihren Gin mit Dubonnet und das Leben.

Elizabeth betrat das Haus und umarmte ihre Mutter. »Du siehst wunderbar aus, Mummy. Wie das blühende Leben.«

Sie gingen gemeinsam in den Salon, der mit antiken Möbeln, Gemälden, Couchen und Lampen üppig dekoriert war. »Und das soll ich dir glauben? Niemand wird gefragt, ob er gern älter wird. Auch ich nicht.« Die Königinmutter deutete auf ihr gepflegtes, mit feinen Fältchen durchzogenes Gesicht. »Wie man sieht, geschieht es einfach«, fuhr sie fort. Sie wandte sich den Fenstern zu. Durch die schweren roten Vorhänge blinzelte vorsichtig die Sonne. »Lass uns hinausgehen. Das Wetter könnte nicht besser sein.«

»Wie heißt es klugerweise«, sagte Elizabeth, als sie ihrer Mutter folgte, »Dinge, auf die wir keinen Einfluss haben, sollten wir akzeptieren. Alles andere wäre eine Vergeudung von Lebensenergie.«

Sie traten hinaus in den Garten und ließen sich im *salon verte* nieder.

»Wo wir schon dabei sind. Das ganze Land freut sich auf deinen hundertsten Geburtstag … Hundert«, wiederholte Elizabeth, »das ist keine Kleinigkeit. Ich hoffe, ich kann eines Tages auch diesen besonderen Geburtstag bei guter Gesundheit feiern.«

Die Königinmutter zupfte an ihrem kanarienvogelgelben Kleid und spielte mit der Perlenkette, die ihr fast bis zum Nabel reichte.

»Vergiss nicht, ab einem gewissen Alter vorrangig jüngere Menschen um dich zu scharen. Zwischen achtzig und neunzig kommen einem gleichaltrige Freunde leider abhanden … Wie war dein Tag bisher, Lilibet? Hat das Regieren Spaß gemacht?«

Die Frage war eine liebgewordene Tradition. Ohne eine Antwort darauf beendete Elizabeth kein Gespräch mit ihrer Mutter. »Es verlief alles nach Plan«, antwortete sie wie meistens.

»Freut mich zu hören. Solange keine Despoten nach deiner Aufmerksamkeit verlangen oder Referenden über die Monarchie abgehalten werden, können wir zufrieden sein.«

»Das sehe ich auch so.«

Trotz ihres hohen Alters wollte die Königinmutter immer über alles informiert werden. Sie sprachen über Australien, wo erst vor kurzem ein Referendum über die Monarchie organisiert worden war. John Howard hatte Elizabeth' Besuch dort für die Zeit nach der Abstimmung vorgesehen, unabhängig davon, wie das Ergebnis ausfiele.

Elizabeth hatte es als wichtig empfunden, die Atmosphäre zu

bereinigen; wenn ihr Besuch vor dem Ergebnis vereinbart würde, könnte hinterher niemand behaupten, dass sie nur auf das Ereignis reagiert hätte. Insgeheim hatte sie damit gerechnet, bei ihrem Besuch nicht länger Staatsoberhaupt von Australien zu sein. Doch es war anders gekommen. Viele hatten für die Monarchie gestimmt, allerdings hauptsächlich, weil sie gegen das republikanische Modell waren.

»Denkst du ab und an noch an Ted?«, wechselte Elizabeth das Thema.

Ted Hughes war ein enger Freund ihrer Mutter gewesen. Wenige Monate vor seinem Tod vor zwei Jahren hatte er noch eine Sammlung von Gedichten veröffentlicht, die seine komplexe Beziehung zu der Schriftstellerin Sylvia Plath dokumentierten. Ihre Mutter tat stets, als sei ihre Lebenslust über jeden Zweifel erhaben. Auch dieser Einstellung wegen wurde sie so gemocht. Aufgeben kam für sie unter keinen Umständen infrage.

»Ich bemühe mich, es nicht zu tun, aber hin und wieder schleicht er sich in mein Gedächtnis, dann vermisse ich ihn. Vielleicht nehme ich ihm auch nur übel, dass er kneift. Ted hat immer lautstark getönt, sich meinen nächsten runden Geburtstag keinesfalls entgehen zu lassen ...«

Elizabeth schüttelte den Kopf. »Ted und kneifen. Lass ihn das nicht hören.« Die Antworten ihrer Mutter waren mitunter speziell, sie hatte nun mal eine eigene Art, sich auszudrücken.

»Keine Sorge.« Die Königinmutter deutete auf ihre Ohren. »So gut war Teds Gehör in letzter Zeit nicht ... Ich habe jedenfalls nicht vor, *ein Stockwerk höher zu gehen*. Ted muss vorerst ohne mich auskommen. Ich eile ihm bestimmt nicht Hals über Kopf hinterher.«

»Damit rechne ich auch nicht, Mummy«, bekräftigte Elizabeth. »Wie heißt es so schön: Wer sich seinen Humor bewahrt, um den muss man sich nicht sorgen. Und dein Humor ist nicht nur legendär, sondern auch höchst lebendig.«

Sie erinnerte sich, wie ihrer Mutter beim Essen eine Fischgräte im Hals stecken geblieben war. Anstatt darüber in Sorge zu geraten, hatte sie im Krankenwagen zur Klinik behauptet, nach all den Jahren des Angelns nähmen die Fische jetzt Rache. Mit dem Sportangeln war es inzwischen vorbei, doch der Humor war ihrer Mutter geblieben.

Als der Butler Gin mit Dubonnet servierte, unterbrachen sie ihr Gespräch. Dann ergriff Elizabeth' Mutter wieder das Wort: »Was runde Geburtstage anbelangt, ist es ein besonderes Jahr für die Familie: Andrews vierzigster im Februar, Annes fünfzigster ...«

»Das ist es tatsächlich. Ich habe Major Parker damit betraut, ein Historienspiel für dich zu organisieren. Ich hoffe, dir gefällt die Idee.«

Die Königinmutter lachte amüsiert. »Und wer steht Schlange, um seine Teilnahme anzubieten?«

Elizabeth nippte an ihrem Drink. »Wenn die *Queen Mum*, die Legende der Nation, feiert, kneift niemand. Das ist ausgeschlossen.«

Die Königinmutter stellte ihr leeres Glas auf den Tisch. »Aus deinem Mund klingt es, als sei ich auf einer Stufe mit Paddington, dem Bär.«

»Ich für meinen Teil würde gern mit diesem Sympathieträger verglichen werden«, sagte Elizabeth. »Du wirst sehen, es wird eine tolle Feier.«

Ganz so einfach war die Sache dann aber doch nicht. Dem Zeremonienmeister blieben nur wenige Wochen für die Vorbereitungen.

»Die Sache mit Mummys Geburtstag ist weniger einfach zu organisieren als gedacht«, berichtete Elizabeth morgens beim Frühstück.

Philip nahm einen Schluck Tee und verzog das Gesicht, weil er noch zu heiß war. »Ach so? Wer streitet diesmal mit wem?«, wollte er wissen.

Elizabeth griff nach der Dose mit dem Müsli und öffnete sie, um sich zu bedienen. »Die Modernisten mit den Traditionalisten. Hast du Lust zu wetten, wer gewinnt?«

Philip schüttelte den Kopf. »Lieber nicht. Sag mir beizeiten, wie die Sache ausgegangen ist.«

Bereits am Nachmittag erfuhr Elizabeth Näheres. Major Parker wünschte sie zu sprechen, was bedeutete, dass es wichtige Neuigkeiten gab.

»Entschuldigen Sie, Eure Majestät«, begann Parker. »Uns wurde leider mitgeteilt, dass die BBC die Pläne zur Übertragung des Historienspiels verworfen hat.«

Elizabeth glaubte, sich verhört zu haben. Mit allem hatte sie gerechnet, aber nicht damit, dass die BBC der Witwe des ehemaligen Königs keinen Respekt zollte. »Was heißt verworfen? Wollen sie nicht übertragen?«

Major Parker räusperte sich. Elizabeth sah ihm an, dass er die Tatsachen kaum aussprechen wollte. »So ist es, Ma'am.«

»Weshalb?«, fragte Elizabeth verärgert.

»Nun … Ursprünglich ging es um die Abendnachrichten, die man nicht verschieben wollte. Das dachte ich zumindest. Aber dem war nicht so.«

»Und was war es dann? Worum geht es wirklich?«, hakte Elizabeth nach.

»Um *Neighbours*. Die beliebte australische Seifenoper«, erklärte Parker. »Man möchte sie nicht aus dem Programm nehmen.« Der Major beeilte sich weiterzusprechen. »Ich habe natürlich interveniert und vorgeschlagen, das Event vorzuverlegen. Ich dachte, so könnte die Sache gerettet werden.«

Elizabeth zog die Augenbrauen hoch. »Und wie war die Reaktion darauf?«

»Ma'am, man hat mir unmissverständlich klargemacht, dass in dieser Angelegenheit nichts zu machen ist.«

Elizabeth ließ die Nachricht auf sich wirken. »Wenn das so ist, lassen wir es dabei«, sagte sie verstimmt. »Wir werden uns keinesfalls öffentlich beschweren.«

»Selbstverständlich, Ma'am«, sagte Major Parker und zog sich zurück.

Am Abend machte Elizabeth Philip gegenüber keinen Hehl daraus, wie sie diese Entscheidung einordnete. »Die Reaktion der BBC ist ein deutlicher Hinweis darauf, wo die Monarchie in der Rangordnung steht.«

»Tja, die neuen Meister der Popkultur haben gewonnen.« Philip klang ernüchtert.

»Fürs Erste haben sie uns aus dem Feld geschlagen. Aber wir geben nicht auf«, verkündete Elizabeth kämpferisch. »Vielleicht ergibt sich noch etwas anderes?«

Sie wusste nicht, was dieses *Andere* wäre, doch ihr Gespür trog sie nicht. David Cameron, Kandidat für ein Abgeordnetenamt bei den Konservativen und beim Londoner ITV-Franchiseunternehmen Carlton Television tätig, schaltete sich ein und drängte seine Chefs erfolgreich, die Sendung zu übernehmen.

Als Elizabeth davon erfuhr, überbrachte sie die Neuigkeit Philip.

Der grinste zufrieden. »Ein Hoch auf Cameron. Auf ihn ist Verlass«, stimmte er in die Freude seiner Frau mit ein.

Als der Tag gekommen war, gab es das nächste Problem.

»Wegen einer IRA-Bombendrohung bleibt keine Zeit für eine Probe, Ma'am. Pferde wie Menschen müssen sich in Sicherheit bringen«, wurde Elizabeth mitgeteilt.

»Das darf doch nicht wahr sein«, stöhnte Philip. Er vergrub den Kopf in den Händen. »Wer hätte geglaubt, dass es so kompliziert ist, den Geburtstag meiner Schwiegermutter öffentlich zu feiern.«

»Es geht auch ohne Probe. Ganz bestimmt«, hoffte Elizabeth. »Spontanität ist alles«, versuchte sie positiv zu bleiben.

Als es so weit war, stellte man auf Umzugswagen die Höhepunkte des zwanzigsten Jahrhunderts dar. So zog das gesamte Leben der *Queen Mum* an ihnen vorbei: die Suffragettenbewegung, Butlins *Redcoats*, die *Home Guards* und die Sängerin Vera Lynn in einem Militärjeep ... Zum Schluss folgten die Schirmherrschaften der Königinmutter.

Die Jubilarin nahm die ganze Parade stehend ab.

»Es war einmalig. Unvergesslich«, schwärmte sie. »Und jetzt werde ich etwas sagen. Das bin ich meinen hundert Jahren schuldig«, kündigte sie an. Sie sprach mit klarer, fester Stimme über die Ränge, auf denen sich über zwölftausend Gratulanten drängten. »... die Marschierer, die Kinder, meine Regimenter, vor allem die Musik ... es war ein wunderschöner Abend, und ich möchte nur sagen, Gott segne Sie alle ...«

Kurz darauf erfuhr Elizabeth von Philip, dass ITV am frühen Abend die höchsten Einschaltquoten seit sieben Jahren gehabt hatte.

»Greg Dyke und die Verantwortlichen bei der BBC haben sich mit der Annahme, Großbritannien interessiere sich nicht für den Geburtstag der *Queen Mum*, haushoch vertan. Zwölf Millionen Menschen haben bei der Liveübertragung und den später gezeigten Highlights zugeschaut, allerdings nur dreieinhalb Millionen bei *Neighbours*.« Er rieb sich die Hände vor Genugtuung.

»Deine gute Laune ist ansteckend.« Elizabeth strahlte. »Wir werden dennoch keinen Kommentar abgeben. Ich habe eine bessere Idee, wie wir auf elegante Weise Stellung beziehen können.«

Philip horchte auf. »Aha? Jetzt bin ich neugierig. Klär mich auf.«

Elizabeth nickte zufrieden. »Ich habe vor, Major Parker, der so für unsere Sache gekämpft hat, zum Ritter zu schlagen. Damit mache ich unmissverständlich klar, dass die Monarchie nicht auf dem Abstellgleis steht. Und glaub mir, das bekommen sie auch bei der BBC mit.«

»Bravo, *Cabbage*«, reagierte Philip begeistert. »Das nenne ich perfektes, unaufdringliches Marketing. Wenn wir nicht schon verheiratet wären, würde ich dich jetzt fragen, ob du meine Frau werden willst.«

»Aber auch nur, weil du weißt, dass ich nicht nein sagen würde. Wen gäbe es schon für mich außer dir?«, erwiderte Elizabeth lachend.

Das nächste Fiasko kündigte sich an, als Edwards Frau Sophie, *Countess of Wessex*, die eine PR-Firma führte, sich mit einem angeblichen Scheich traf.

Sophie und Elizabeth' jüngster Sohn hatten bei ihrer Heirat 1999 entschieden, trotz ihres königlichen Status weiterhin berufstätig zu sein. Doch so einfach, wie sie sich das vorgestellt hatten, war es nicht. Edwards Filmproduktionsgesellschaft bezog sich vorwiegend auf den Hintergrund seiner Familie und produzierte Dokumentationen über seinen Großonkel Edward VIII. und andere Ahnen.

Diese Vorgehensweise war dem Hof von Anfang an ein Dorn im Auge. Wie ablehnend sie Edwards und Sophies Tätigkeiten gegenüberstanden, musste Elizabeth sich während des Meetings mit ihren Beratern wieder einmal anhören.

»Dass die *Countess of Wessex* ohne Aufträge keine PR-Agentur leiten kann, war uns zu jeder Zeit klar. Doch dass sie in den Fängen der *News of the World* landet, ist nicht nur bedenklich, sondern schlichtweg nicht hinnehmbar.«

»Es darf uns nicht wundern, dass die *News of the World* herausfinden will, ob jemand aus der königlichen Familie seinen Titel missbraucht, um sich persönlich zu bereichern. Das entspricht nun mal dem immer aggressiver werdenden Vorgehen der Medien.«

»Wir müssen uns in Zukunft auf derart seltsame Fallen vorbereiten. Ich schlage vor ...«

Elizabeth lauschte den Meinungen und Vorschlägen, die auf sie niederprasselten. Auch sie selbst konnte kaum fassen, dass Sophie auf einen verkleideten Scheich hereingefallen war.

Um entsprechende Beweise zu sammeln, hatte sich ein Enthüllungsexperte des Boulevardblatts als Scheich ausgegeben und Sophie einen lukrativen PR-Auftrag für ein Freizeitzentrum in Dubai angeboten. Sophie Wessex, wie ihre Schwiegertochter sich im Berufsleben nannte, hatte das Angebot vermutlich als Riesenchance gesehen. Doch einen lukrativen Auftrag zu wittern oder aus dem Nähkästchen zu plaudern, war ein himmelweiter Unterschied.

Der »Vorfall«, wie Elizabeth das Geschehene nannte, hatte sie an das heimlich aufgezeichnete Telefonat zwischen Charles und Camilla, während seiner Ehe mit Diana zurückdenken lassen. Einer der peinlichsten Momente, den sie je erlebt hatte. Elizabeth hatte angenommen, etwas Derartiges käme nie wieder vor. Doch nun drohte die Sache mit Sophie ähnlich desaströse Ausmaße anzunehmen.

Bisher war ihre Schwiegertochter immer sehr zurückhaltend gewesen, umso überraschender, dass Sophie sich nun zu unangemessenen Geständnissen gegenüber Dritten hatte hinreißen lassen. Die Zeitung hatte ihre Aussagen heimlich mitgeschnitten und sogar gefilmt.

»*The old dear* … das alte Tantchen …«

Elizabeth schluckte, als sie den Satz noch einmal aus dem Mund einer ihrer Berater hörte. Was hatte Sophie sich nur dabei gedacht, sie so zu nennen? Sie sprach immerhin von der Königin.

»Was über Tony Blair und seine Frau gesagt wurde, ist ebenfalls nicht schmeichelhaft … Dieser vermeintliche Scheich ist im Vorfeld nicht mal durchleuchtet worden.«

»Es ist alles missachtet worden, worauf geachtet werden sollte … Es ist eine mediale Katastrophe … Eine Entschuldigung den Blairs gegenüber ist dringend nötig …« Die Kommentare nahmen kein Ende.

»Der schlimmste Kommentar ist der über den *Prince of Wales* und eine eventuelle nächste Hochzeit im Zusammenhang mit dem …«, leises Räuspern war zu hören, »… mit dem *Ableben* der Königinmutter.«

»Charles und Camilla werden selbstverständlich heiraten, aber erst, wenn *Queen Mum* nicht mehr lebt.« So locker-leicht hatte Sophie es formuliert. Als wäre sie nicht Teil der königlichen Familie und säße mit einer Freundin zusammen, um den neuesten Klatsch auszutauschen.

Meine Güte, was ist nur in sie gefahren, dachte Elizabeth auch jetzt wieder. Sophie war nicht befugt, derart Intimes zu kommentieren. Nicht umsonst hieß es: *Never complain, never explain.* Beschwere dich nie, erkläre dich nie.

Dass Charles Camilla nach drei Jahrzehnten, die er sie nun schon liebte, früher oder später heiraten wollte, ahnten die Menschen im Land, die meisten von ihnen hatten dafür bestimmt auch Verständnis. Camilla war lange als die böse Widersacherin angesehen worden. Man hatte sie verspottet und als Zerstörerin von Charles' und Dianas Ehe abgestempelt. Doch Tatsache war, Charles liebte sie, und sie liebte ihn. Sie ergänzten sich hervorragend und halfen einander.

Elizabeth sah in die Gesichter der Männer um sie herum. Sie würde wie immer Haltung bewahren, doch es fiel ihr schwer.

»Wichtig ist jetzt, festzulegen, was zu tun ist, um derartige Vorfälle in Zukunft zu verhindern«, brachte sie sich, nachdem sie lange geschwiegen hatte, in das Gespräch ein.

»Die Vereinbarkeit von Geschäft und königlicher Familie ist und bleibt ein Drahtseilakt. Die *Countess* sollte als Geschäftsführerin der Agentur zurücktreten. Darüber hinaus brauchen wir strengere Regeln für die geschäftlichen Aktivitäten der königlichen Familie.«

Elizabeth hörte sich verschiedene Vorschläge an, schließlich unterstützte sie die Entscheidung, eine Untersuchung einzuleiten, wie sich geschäftliche Interessen einzelner Mitglieder des Königshauses mit deren öffentlicher Rolle vereinbaren ließen.

»Wir müssen rasch handeln. Und das werden wir auch tun«, lautete ihr Schlusswort. »Vielen Dank, meine Herren.« Damit war das Meeting beendet.

Entschlossen, alles noch einmal in Ruhe zu reflektieren, ritt sie eine Stunde später aus. Sie musste nachdenken. Und zwar ohne Einwände von allen möglichen Seiten.

Als sie Philip abends von der morgendlichen Besprechung berichtete, sprach er sich gegen die Linie der Berater aus.

»Mein Gott, Lilibet, Edwards Firma hat finanzielle Probleme. Das weißt du so gut wie ich. Und Sophie möchte einfach nur ihr eigenes Geld verdienen. Willst du den beiden übelnehmen, dass sie dem Steuerzahler nicht auf der Tasche liegen wollen?«

»Nein, ganz bestimmt nicht. An der Idee der Selbstständigkeit ist nichts Verwerfliches, nur funktioniert sie nicht. Wenn wir jetzt nichts unternehmen, wird in ein paar Jahren der nächste Scheich oder sonst jemand auf der Bildfläche erscheinen. Und die Krone ist auch nicht dazu da, sich berufliche Vorteile zu verschaffen. Dagegen muss der Hof vorgehen. Wir haben keine andere Wahl. In diesem Fall bin ich nicht als Schwiegermutter gefragt, sondern als Königin.«

Sie hatten lange diskutiert, durchaus auch konfrontativ. Zum Schluss hatte Elizabeth darauf gepocht, die Beschlüsse durchzuziehen.

»Egal, wie uneinig wir uns in diesem Punkt sind, ich stehe hinter dir«, ging Philip ein paar Tage später auf Elizabeth zu, nachdem beide das heftige Gespräch verdaut hatten.

»Danke, Liebling.« Elizabeth sah Philips zerknirschten Gesichtsausdruck und strich ihm liebevoll über die Wange. »Deine Loyalität ist das größte Geschenk, das du mir machen kannst. Dafür kann ich dir nicht oft genug danken.«

An die Fragilität des Lebens wurde Elizabeth im darauffolgenden Jahr erneut auf schmerzliche Weise erinnert, als Margaret einen weiteren Schlaganfall erlitt, den sie nicht überlebte. Nur wenige Wochen später verstarb die Königinmutter.

Nach der Beerdigung zog Elizabeth sich in den Salon zurück. Sie war erschöpft und fühlte sich regelrecht benommen. Hitler hatte ihre Mutter, die im Zweiten Weltkrieg zum Symbol des Widerstands gegen den deutschen Nationalsozialismus geworden war, einst *die gefährlichste Frau Europas* genannt.

Elizabeth schloss die Augen. Sie hatte immer bewundert, mit welcher Energie und Entschlossenheit ihre Eltern die Nation während des Kriegs durch die schlimmsten Bedrohungen geführt hatten. Tagtäglich hatten sie den Menschen vorgelebt, wie wichtig es war und wie viel Kraft es einem gab, wenn man in den dunkelsten Stunden zusammenhielt.

Mit dem Ableben ihrer zierlichen Mutter, die manche ihrer Freunde liebevoll *Cake* genannt hatten, weil sie Kuchen so liebte, endete das letzte glorreiche Jahrhundert der britischen Monarchie.

Elizabeth ließ den Kopf gegen die Rücklehne der Couch sinken und sah an die Decke. Jahrzehntelang hatte sie täglich mit ihrer Schwester und ihrer Mutter telefoniert, hatte mit ihnen das Lieblingsgetränk ihrer Mutter aus einem Drittel London Dry Gin, zwei Drittel Dubonnet, zwei Eiswürfeln und einer halben Zitronenspalte getrunken ... das würde sie nie wieder tun.

Jener Wissenschaftler, mit dem sie sich unlängst ausgetauscht hatte, fiel ihr ein. An seinen Namen erinnerte sie sich nicht, doch sein Gesicht sah sie vor sich, vor allem aber hörte sie seine Stimme, während er über *eudämonistisches Glück* sprach.

»Hinter dem Begriff ›eudämonistisches Glück‹ verbirgt sich nichts Seltsames, Eure Majestät«, hatte er mit sprühender Energie erläutert. »Es bedeutet schlicht und einfach Glückseligkeit.«

»Glückseligkeit?«, hatte sie wiederholt.

»Ja«, hatte er bekräftigt, »dieser herrliche Zustand, der über kurzfristiges Glück hinausgeht, weil wir uns etwas kaufen oder uns einen Wunsch erfüllen können. Die Befriedigung von Wünschen kann uns auf Dauer nicht glücklich machen. Eudämonistisches Glück geht viel tiefer, sozusagen an unsere menschliche Substanz.«

Sie hatten sich darüber ausgetaucht, was es bedeutete, einen Beitrag zu etwas zu leisten, das größer war als man selbst.

Elizabeth' lebenslanger Dienst für die Krone fiel ihrer Ansicht nach darunter. Ihre Arbeit gab ihr jeden Tag aufs Neue das Gefühl, etwas Sinnvolles in Angriff zu nehmen.

Margaret hatte jenes Gefühl der Sinnhaftigkeit zeit ihres Lebens vermisst. Ihr Leben war nicht von Beständigkeit, Pflichterfüllung und Kontinuität geprägt gewesen, sondern von Rebellion, privaten Enttäuschungen und Verzicht. Über Jahrzehnte hatte sie zu viel getrunken und geraucht und ihre Gefühle nur schwer in den Griff bekommen. Nach der privaten Enttäuschung mit Tony hatte sie sich mit dem wesentlich jüngeren Roddy Llewellyn abgelenkt und auf der karibischen Insel Mustique ausschweifende Partys gefeiert.

Doch die Gesundheit hatte ihr in späteren Jahren immer mehr zu schaffen gemacht. Nach einem Krebsverdacht war ihr der linke Lungenflügel entfernt worden; sieben Jahre später folgten eine schwere Lungenentzündung und im Februar 1998 – Elizabeth würde das Datum nie vergessen – mit siebenundsechzig der erste Schlaganfall, im Jahr darauf hatte sie sich in zu heißem Badewasser die Füße verbrüht und konnte kaum noch laufen. Nach weiteren Schlaganfällen war sie dauerhaft auf einen Rollstuhl angewiesen gewesen.

»Regier du mal lieber dein Empire«, hatte Margaret ihr entgegengeschrien, als Elizabeth ihr Hilfe angeboten hatte.

Da waren längst Depressionen dazugekommen, Margaret war fast erblindet. Trotzdem waren die Schwestern bis zum Schluss eng miteinander verbunden.

Als Kind hätte Elizabeth nie gedacht, dass Margarets Leben einmal so anders verlaufen würde als ihres. Sie waren gleich angezogen gewesen und hatten jeden Tag miteinander geteilt. Doch das Leben erzählte seine eigenen Geschichten, dessen war Elizabeth sich inzwischen nur allzu bewusst.

Ihr Blick wanderte zu den Fotos auf der Kommode. Auf einer Schwarzweißaufnahme schlang Margaret die Arme um sie. Sie trugen die gleichen hellen Rüschenkleider und dreireihige Perlenketten. Margarets Lächeln wirkte unbekümmert, wohingegen Elizabeth nachdenklich dreinblickte. Anderssein und schwesterlicher Zusammenhalt hatten schon damals in friedlicher Koexistenz existiert. So war es bis zu Margarets Tod geblieben.

Der Hof hatte eine Erklärung herausgegeben, dass die Urne mit Margarets Asche in einer der Königsgrüfte in der St. George's Chapel von Schloss Windsor ruhte. Margaret hatte sich eine Feuerbestattung gewünscht, weil sie den königlichen Friedhof auf Windsor zu düster fand.

Elizabeth stand auf, ging zu dem Foto und strich mit der Hand darüber. Der Verlust eines Menschen hatte wie eine Münze zwei Seiten. Einerseits entstand eine schmerzhafte Leere, andererseits war da etwas, das sie nicht erklären konnte, etwas, das sich auftat und Raum für etwas Neues bot. Auf dieses Neue, Unbekannte musste sie sich konzentrieren, um irgendwie mit dem Schmerz klarzukommen.

34. KAPITEL

20. Oktober 2014
England, London,
Buckingham-Palast

Elizabeth und Philip betraten den Empfangsraum mit den imposanten Ölgemälden und üppigen Blumengestecken.

Augenblicklich verstummte das leise Getuschel, und alle Köpfe drehten sich in ihre Richtung. Elizabeth überflog die kleine Gruppe, die der heutigen Einladung zum Lunch gefolgt war, und blickte in lächelnde, erwartungsvolle Gesichter. Dabei ließ sie wie immer einen Moment verstreichen, um den Menschen etwas Zeit zu geben, sich an ihre Anwesenheit zu gewöhnen und ihre Gefühle unter Kontrolle zu bekommen. Dann formten ihre Lippen sich zu einem warmen, willkommen heißenden Lächeln für ihre Gäste. Sie sprach eine Frau an, die vor ihr knickste.

»Wie nett, dass Sie meiner Einladung gefolgt sind. Ich hoffe, es geht Ihnen gut?«, erkundigte sie sich.

»Vielen Dank, Eure Majestät. Ich fühle mich geehrt, hier zu sein«, antwortete die Frau nervös.

Nun wandte Elizabeth sich mit ein paar freundlichen Worten an einen Mann in derselben Reihe.

Philip tat es ihr gleich und begrüßte einen Gast nach dem anderen.

Dann öffneten sich die Türen zum Speisesaal. Überall war Gold und Stuck zu sehen, an den Wänden hingen großformatige Bilder, und es duftete wie in einem Garten. Blumenbouquets standen auf dem langen Tisch, der mit goldenem Besteck und königlichem Porzellan eingedeckt war.

Von hier aus hatte man einen wunderbaren Blick in den Park. Dort hatten die Bäume bereits ein buntes Blätterkleid angelegt. Grauhörnchen tollten durch das herabgefallene Laub und suchten nach Nüssen. Wenn Elizabeth einen Spaziergang machte, sah sie ihnen gern dabei zu.

Die Courtiers brachten die Gäste zu ihren Plätzen. Stühle wurden gerückt, nervöses Räuspern und Hüsteln war zu hören.

Elizabeth entdeckte David Nott unter den Anwesenden. Er war schlank, hatte graumeliertes Haar und trug eine randlose Brille, hinter der sich warmherzige Augen verbargen. David Nott war Arzt aus Berufung und einer der mutigen Freiwilligen, die mit *Ärzte ohne Grenzen* und dem *Roten Kreuz* in Krisengebiete reisten. Er hatte den syrischen Bürgerkrieg hautnah miterlebt, gesehen, wie Kinder und hochschwangere Frauen zur Zielscheibe von Scharfschützen wurden. Er hatte täglich Menschen mit Schussverletzungen operiert und war an den wohl schlimmsten Tagen ihres Lebens an ihrer Seite gewesen. Er hatte unzählige Hände gehalten und den Menschen Hoffnung gespendet.

Elizabeth lächelte noch einmal in die Runde, dann setzte auch sie sich. Diskret hängte sie die Handtasche an den Haken unter dem Tisch. Sie wandte sich, wie es die Etikette vorgab, ihrem rechten Tischnachbarn zu. Sie plauderten über Musik und darüber, wie sie ihre Wochenenden verbrachten. Ihr Gesprächspartner schien sich in ihrer Gegenwart rundum wohlzufühlen.

Von Gesprächen unterbrochen, nahm Elizabeth mit den Gästen die Vorspeise und die Hauptspeise ein. Sie war daran interessiert, etwas über das Leben der Menschen zu erfahren. Besonders an Tagen wie diesem, wenn die Atmosphäre einen informelleren Charakter annahm. Mitunter erfuhr sie Dinge, die ihr neu waren oder die sie nach einem Gespräch in einem anderen Licht sah.

Und dann hatte sie Philip, der dafür sorgte, dass es nicht zu steif zuging, und sich nicht scheute, auch mal ins Fettnäpfchen zu treten, was durch die Medien seit vielen Jahren bekannt war.

Bei einem Mittagessen mit David Suchet im Mai 1990 hatte er dem Schauspieler beigebracht, wie man eine Mango schälte, was zur allgemeinen Erheiterung beigetragen hatte. Es war ein kleiner, unscheinbarer Moment gewesen, doch die Gäste würden sich noch lange daran erinnern.

Als die Nachspeise serviert wurde, begann Elizabeth ein Gespräch mit ihrem linken Tischnachbarn.

»Dr. Nott, es ist eine Freude, Sie neben mir sitzen zu haben. Ich hoffe, Sie hatten keine allzu lange Anfahrt.«

Der Arzt sah sie an, als wäre er erstarrt. Er versuchte, etwas zu sagen, doch seine Stimme versagte.

»Möchten Sie mir verraten, woher Sie heute angereist sind?«, bemühte Elizabeth sich, ihm den Gesprächseinstieg zu erleichtern.

David Nott senkte den Blick, dann sagte er: »Ich bin vor kurzem aus Aleppo zurückgekommen.«

»Oh«, entgegnete Elizabeth. »Und wie ist es Ihnen dort ergangen?«

Elizabeth bemerkte, dass seine Unterlippe zitterte. Sie erkannte, dass David Nott bei seinem Einsatz in Syrien vermutlich selbst tiefgreifende Wunden davongetragen hatte. Es war ja keine Seltenheit, dass Menschen nach schlimmen Erlebnissen unter posttraumatischen Belastungsstörungen litten, die mit Gefühlen ständiger Bedrohung, Panikattacken, aber auch körperlichen Schmerzen einhergehen konnten.

Elizabeth legte die Hand sanft auf die des Arztes. »Lassen Sie uns etwas anderes machen, ja?!« Sie wandte sich von ihm ab und winkte den Courtier herbei. »Wären Sie so lieb, die Hunde hereinzulassen und mir *die silberne Dose* zu bringen?«, flüsterte sie ihm zu.

»Selbstverständlich, Eure Majestät.« Der Courtier ging davon. Kurz darauf kam er mit einer Dose zurück und überreichte sie ihr diskret.

Elizabeth behielt die Dose auf dem Schoß, hob den Deckel und schenkte David Nott einen aufmunternden Blick. »Die sind für die Hunde«, erklärte sie, griff nach einem Keks, brach ihn entzwei und reichte ihrem Tischnachbarn eine Hälfte. In diesem Moment stürmten die Hunde herein. Ein kurzes freudiges Bellen erfüllte den Raum.

Die Köpfe der Gäste drehten sich in Richtung des unerwarteten Geräuschs.

»Oh, was für eine Überraschung.«

»Wie entzückend. Die Hunde Ihrer Majestät.«

David Nott verstand, was die Königin vorhatte, und sah sie dankbar an. Vorsichtig beugte er sich zu den Hunden, die sich unter dem Tisch versammelt hatten, und hielt einem von ihnen den Keks entgegen. Der Corgi schnappte danach und ließ es sich schmecken.

Erst später erfuhr Elizabeth, dass Dr. Nott selbst vor wenigen Wochen fast Opfer eines Bombenanschlags geworden war. In unmittelbarer Nähe des Krankenhauses, wo er Mediziner der Rebellen trainiert und ihnen beigebracht hatte, unfallchirurgische Operationen durchzuführen, die normalerweise weit über ihre Möglichkeiten hinausgingen, war eine Bombe explodiert. Sein Gehör war in Mitleidenschaft gezogen worden, aber vor allem hatten sich die schrecklichen Bilder von zerstörten Klassenzimmern, verletzten Kindern, giftigem Staub und Gräueltaten, die man kaum in Worte fassen konnte, in sein Gedächtnis eingebrannt. Doch das war noch nicht alles. Als er einen Verletzten operierte, stürmten plötzlich sechs bewaffnete IS-Kämpfer in den Saal und richteten ihre Waffen auf seine Kollegen und ihn. Nott wusste, dass er sich keinesfalls als englischer Staatsbürger verraten durfte. Seine Beine hatten so heftig gezittert, dass sie ihn kaum noch trugen. Zwanzig Minuten lang bangte er um sein Leben.

Sich freiwillig in ein Kriegsgebiet zu begeben und in Extremsituationen leistungsfähig zu sein, erforderte ein außerordentliches Maß an Mut, das nur wenige Menschen aufbrachten. David Nott war einer davon. Er war selbstlos und stellte das Wohl anderer über sein eigenes.

Dafür empfand Elizabeth tiefen Respekt. Sie selbst hatte vieles erlebt, auch Krieg, doch was David Nott gesehen und erfahren hatte, war eine grausame Seite der Welt, die ihr glücklicherweise erspart geblieben war.

Sie deutete auf den Corgi, den David Nott gerade gefüttert hatte. »Das ist Willow. Und das hier«, sie deutete auf einen anderen Hund, »ist Holly. Willow und Holly sind in dem Video mit Daniel Craig zu sehen, das wir vor zwei Jahren für die Olympischen Spiele gedreht haben.« Sie wandte sich an die Hunde und lachte. »Ja, ihr zwei seid quasi echte James-Bond-Hunde.«

Dr. Nott war mittlerweile von Corgis umzingelt. Er nahm einen weiteren Hundekeks von Elizabeth entgegen, fütterte und kraulte die Hunde. Das leise, zufriedene Schmatzen der Tiere war zu hören, als sie die Kekse und Streicheleinheiten genossen.

»Wie Sie sich vorstellen können, hatte ich in meinem Leben schon eine Menge Vierbeiner. Den Tag, an dem Dookie bei uns eingezogen ist, werde ich nie vergessen. Das war … lassen Sie mich kurz überlegen … Ja, es war 1933. Mein Gott, wie die Zeit vergeht.« Elizabeth sah, wie gut die Ablenkung Dr. Nott tat, und sprach weiter. »Meine Mutter war ebenfalls ein großer Corgi-Fan. Ihr Hund Crackers hat sie über viele Jahre überallhin begleitet. Und das meine ich wortwörtlich.« Elizabeth lachte gelöst und nahm erneut einen Hundekeks aus der Dose. »Es gab klare Regeln, was die Hunde betraf. Jeder hatte sein eigenes Körbchen und seinen eigenen Futternapf. Hundekekse gab es ausschließlich am Vormittag oder zu besonderen Anlässen. Von Ausnahmen mal abgesehen, aber die waren selten …« Elizabeth zwinkerte David Nott zu. »Meinen ersten eigenen Corgi, Susan, bekam ich von meinen Eltern zu meinem achtzehnten Geburtstag geschenkt. Tatsächlich sind all meine Corgis Nachfahren von Susan. Und als ich selber Kinder hatte, habe ich ihnen ebenfalls Corgis geschenkt. So schließt sich der Kreis … Whisky und Sherry – das waren die beiden Vierbeiner von Charles und Anne. Im Lauf der Jahre hatten wir auch Dorgis, eine Mischung aus Dachshund und Corgi, und mehrere Cockerspaniels.«

Elizabeth streichelte liebevoll über Willows Kopf, dann sah sie Dr. Nott an: »Das ist so viel besser als reden, nicht wahr?«

35. KAPITEL

Mai 2015
England,
Windsor Home Park

Elizabeth' Bodyguard saß auf dem Beifahrersitz, während die Königin den Range Rover um die Kurve lenkte. Ihr Zeigefinger tippte im Takt auf das Lenkrad.

Heute stand das größte Reitsport-Outdoor-Event im Vereinigten Königreich an, die einzige Zeit im Jahr, in der private Bereiche von Schloss Windsor öffentlich zugänglich waren.

Der Home Park, unterhalb des Hügels des Schlosses, bot während der Royal Windsor Horse Show Platz für das Hauptstadion und weitere Sand- und Grünplätze, auf denen diverse Zucht- und Sportprüfungen stattfanden.

Als Rennstallbesitzerin und Pferdezüchterin war dieses Turnier ein ganz besonderer Termin für Elizabeth. Trotz ihres fortgeschrittenen Alters stieg sie noch regelmäßig in den Sattel und genoss auf dem Rücken der Pferde die Ruhe der Natur.

Auch die erwarteten fünfzigtausend Besucher freuten sich auf das Turnier und die Parade mit Elizabeth' Pferden und Highland Ponys.

Elizabeth steuerte eine Wiese an, auf der bereits etliche Autos parkten. Der Anblick der Pferde ließ sie lächeln. Unter einem Baum hielt sie an.

»Da wären wir«, sagte sie vergnügt.

Beim Aussteigen trafen sie die wärmenden Sonnenstrahlen. Sie zog ihre blaue Jacke zurecht. Ihre Füße steckten in bequemen Schnürschuhen, in denen man gut im Gelände laufen konnte.

»Das milde Wetter ist perfekt«, sagte Elizabeth. Sie war hochzufrieden und freute sich auf Camilla, mit der sie verabredet war.

»Ma'am, das Turnier wird sicher wieder ein großer Erfolg werden«, kam prompt die Antwort.

»Hoffentlich auch für eins meiner Pferde«, spekulierte Elizabeth.

Sie konnte es kaum erwarten, mit Camilla dabei zu sein, während eins ihrer Pferde in der Hunter-Klasse antrat.

Charles' Frau liebte Pferde. Das war auch der Grund, weshalb Elizabeth sich heute mit ihr traf.

Sie stapfte über die Wiese, vorbei an Reitern, Managern und Besuchern, wechselte hier und da ein paar Worte und erreichte schließlich die orangefarbene Absperrung.

Als sie den Kopf drehte, sah sie Camilla auch schon entschlossenen Schrittes auf sie zueilen. Das cremefarbene Mantelkleid, das sie trug, stand ihr hervorragend.

Elizabeth nahm die Brille ab. Bei Camillas Küssen störte sie nur. Nach den Wangenküssen knickste Camilla.

»Es ist ein herrlicher Tag für die Pferdeschau. Sogar das Wetter spielt mit.« Camilla war bester Laune.

Elizabeth setzte die Brille wieder auf und sah, wie ihre Schwiegertochter in Richtung des reich verzierten Karussells deutete.

»Ich war schon beim Kettenkarussell. Stell dir vor, wir würden eine Runde darauf drehen?« Camilla grinste.

Die Vorstellung ließ auch Elizabeth schmunzeln. »Die *Sun* wäre entzückt. Die perfekte Schlagzeile. Vielleicht sollten wir es tatsächlich wagen?« Sie lachten beide herzlich.

In Camillas Gegenwart fühlte Elizabeth sich rundum wohl. Charles' Frau machte es den Menschen leicht, sich in ihrer Gegenwart ungezwungen zu verhalten, weil sie so natürlich und bodenständig war.

Die ehemals unglückselige Beziehung zu Camilla Shand, der späteren Mrs Parker Bowles, hatte sich für Charles nach vielen Umwegen als großes Glück entpuppt. Elizabeth hatte die Augen lange vor der unerwünschten Affäre der beiden verschlossen, in der festen Überzeugung, dagegen ankämpfen zu müssen. Doch dann hatte sie eingesehen, dass Charles nur mit ihr glücklich werden würde.

Als er Camilla in seinen Zwanzigern kennengelernt hatte, war ihm schnell klar gewesen, wie viele Gemeinsamkeiten sie teilten. Und aus anfänglicher Freundschaft wurde irgendwann Liebe. Doch erst rückblickend war Elizabeth die ganze Tragweite dieser Liebe bewusst geworden. Nach der Scheidung von Diana hatte Charles sich seiner Mutter anvertraut.

»Natürlich habe ich damals in Erwägung gezogen, ihr einen Antrag zu machen. Camilla war meine beste Freundin. Sie kennt mich wie sonst niemand. Ich konnte und kann ihr alles anvertrauen und einfach ich selbst sein. Aber ich wusste, dass die strengen Regeln eine Verbindung zwischen uns nicht zugelassen hätten. Camilla den Rücken zu kehren, um mehrere Monate auf der *Minerva* zu dienen, ist mir verdammt schwergefallen. Und obwohl ich wusste, dass es für uns vermutlich keine Zukunft gibt, war ich zutiefst enttäuscht, als mich die Nachricht ihrer Verlobung erreichte.«

Noch bevor er wieder englischen Boden unter den Füßen hatte, war Camilla verheiratet gewesen.

Als er Jahre später Diana kennenlernte und eine mögliche Verlobung im Raum stand und Philip seinem Sohn das Messer auf die Brust setzte, hatte Charles Diana einen Antrag gemacht und damit das Gefühl der Unsicherheit, ob sie richtig füreinander waren, zugunsten der Krone und der Familie verdrängt.

»Das Versprechen, das ich Diana bei der Hochzeit gegeben habe, war ernst gemeint. Am Anfang gab es für mich nur sie. Nur hat es leider nicht lange gedauert, bis mir klar wurde, wie zerbrechlich unser Fundament war. Wir hatten kaum etwas gemeinsam. Es hätte nie funktioniert. Dabei habe ich mir sehnlichst gewünscht, mit Diana glücklich zu werden.«

Als Charles' Beziehung dann tatsächlich zerbrochen war, hatte Camilla ihn, auf die Bitte von Freunden, die sich um ihn sorgten, angerufen.

Doch bis zu seiner Scheidung dauerte es weitere Jahre – inzwischen war Camilla längst selbst geschieden.

Nach Dianas Tod hatte sich Charles' Vermutung, sie selbst sei die Quelle für Andrew Mortons Biografie, bestätigt. Mit Hilfe eines guten Freundes hatte Diana dem Autor Tonbandaufnahmen, die alle notwendigen und brisanten Informationen zu ihrer Ehe enthielten, zukommen lassen. Der waghalsige Schritt hatte kaum jemanden im Palast überrascht, denn diese Vorgehensweise entsprach durchaus Dianas Charakter. Zeit ihres Lebens war es ihr nicht gelungen, die Wunden ihrer Kindheit, die vermutlich tiefer waren, als sie sich jemals eingestanden hatte, hinter sich zu lassen und das Glück, das sie sich so sehr wünschte, zu finden.

Nach ihrem Tod hatte Charles zwei Jahre verstreichen lassen, ehe er sich das erste Mal mit Camilla in der Öffentlichkeit zeigte, anlässlich des Geburtstags ihrer Schwester.

Camilla war keineswegs mit offenen Armen empfangen worden, doch Charles und sie hatten immer wieder bewiesen, wie stark ihre Liebe war. Jede Hürde hatten sie Seite an Seite genommen und so letztendlich alle überzeugt, dass ihre Liebe etwas ganz Besonderes war.

Elizabeth bewunderte ihre Schwiegertochter für ihr Durchhaltevermögen und für das Kunststück, nach der Scheidung mit ihrem Exmann Andrew Parker Bowles befreundet zu bleiben. Charles und sie lebten Patchwork im besten Sinne.

Und Glück veränderte nun mal alles.

Menschen leisteten weit mehr, als sie sich gemeinhin zutrauten, wenn sie glücklich waren, denn eine intakte Partnerschaft half, seine Anlagen besser zu nutzen und über sich hinauszuwachsen.

Glück war eine Art Dünger, manchmal war es ein Magnet. Zudem ging etwas vom eigenen Glück auf andere über. Man kam leichter in Verbindung mit Menschen, wenn man lächelte, weil man zufrieden war.

Philip war es anfangs schwergefallen, Camilla an der Seite seines Sohnes zu akzeptieren, doch inzwischen war sie aus der Familie nicht mehr wegzudenken. Was die Presse anbelangte, war sie das Gegenteil von Diana. Ihre Warmherzigkeit brauchte keine Bühne, sie half, weil es ihrem Wesen entsprach, nicht, um dadurch zu glänzen. Diejenigen, die man leicht übersah, standen bei ihr an erster Stelle: Frauen, Kinder und Obdachlose. Und wenn es um das Thema Bücher ging, kam ohnehin niemand an Camilla vorbei.

Das Wiehern eines Pferdes holte Elizabeth zurück in die Gegenwart.

»Hast du den Ständen schon einen Besuch abgestattet?«, erkundigte sie sich bei ihrer Schwiegertochter.

»Allerdings. Mit dem Ergebnis, dass ich die buntesten Schlafanzüge für Gus und Louis gekauft habe, die man finden kann. So quietschbunt sind die beiden jedenfalls nicht zu übersehen.«

»Feiern deine Enkel dieses Jahr nicht ihren sechsten Geburtstag?«

»Das tun sie, ja.« Camillas Gesichtsausdruck wurde weich. »Ich kann mich daran erinnern, als ich die beiden das erste Mal halten durfte. Sie wirkten so unschuldig, und ich dachte: Hoffentlich geschieht ihnen nie etwas Schlimmes.«

Camilla war die Rührung deutlich anzusehen. Sie liebte ihre Rolle als Großmutter und war dankbar, dass Charles ihre Kinder und Enkel im selben Maß wie seine eigenen unterstützte.

Elizabeth legte kurz die Hand auf Camillas Rücken. In Augenblicken wie diesen tat es ihr unendlich leid, dass es über dreißig Jahre gedauert hatte, bis Charles seine Liebe zu ihr hatte besiegeln können.

»Und Philip? Wo hast du ihn gelassen? Bei den Kutschen?«, erkundigte sich Camilla.

Sie plauderten über Philips langjährige Polo-Karriere, die er wegen einer Arthritis im Handgelenk gegen den Kutschbock eingetauscht hatte.

»So schnell konnte ich gar nicht schauen, hatte er sich vier Pferde von den Stallungen ausgeliehen und zu üben begonnen. Dass ihm nicht alle unsere Kutschen zum Opfer gefallen sind, ist ein Wunder. Wobei ich manchmal das Gefühl hatte, er würde es doch noch schaffen. Eine hat er sogar in einem See versenkt.«

Wenn es um Sport ging, war Philip leidenschaftlich und genoss es, dass es keine Rolle spielte, wo jemand herkam oder wer jemand war.

»Glücklicherweise ist er irgendwann auf die Idee gekommen, eine unzerstörbare Kutsche in Auftrag zu geben. So fand das Ganze ein Ende.«

»Wenn man dir zuhört, würde man nicht glauben, dass er den Fahrsport zehn Jahre professionell ausgeübt hat und bei Europa- und Weltmeisterschaften an den Start gegangen ist«, warf Camilla ein.

Elizabeth stimmte ihr mit einem vergnügten Lachen zu. »Ich konnte selbst kaum glauben, dass er eines Tages eine Goldmedaille von der Weltmeisterschaft mitbringt.«

Elizabeth warf Camilla einen auffordernden Blick zu.

»Ich glaube, es geht gleich los. Das erste Pferd steht schon in den Startlöchern.«

In wenigen Augenblicken würde der Novice-Heavyweight-Hunter-Wettbewerb beginnen. Das Hunterreiten setzte Mut, Klugheit, Ausdauer und Kraft der Pferde voraus und definierte sich über bestimmte Merkmale von Pferden und Ponys, die ihrem Reiter ein sicheres Gefühl gaben und im Stande waren, harte Jagdtage zu meistern. Ruhiges Springen und flüssiges Tempo waren von höchster Wichtigkeit, ebenso das gepflegte Auftreten von Reiter und Pferd.

Elizabeth spürte, wie Erregung von ihr Besitz ergriff. Wenn es um Pferde und Wettbewerbe ging, vergaß sie, wer sie war. Auch Camilla war in Vorfreude.

»Ich werde nie vergessen, wie vor zwei Jahren deine Stute Estimate den *Royal Ascot Gold Cup* gewonnen hat«, erinnerte sie sich.

Elizabeth dachte hin und wieder an diesen Tag. Damals hatte es sie kaum auf ihrem Platz gehalten. Und als der Sieg in greifbare Nähe rückte, war sie vor Enthusiasmus aufgesprungen. Andrew hatte ihr später den Pokal überreicht.

Gewöhnlich war Elizabeth diejenige, die Pokale an die glücklichen Gewinnerinnen und Gewinner aushändigte. Doch sie hätte sich schlecht selbst gratulieren können.

»Der *Royal Ascot Gold Cup* war einer meiner größten Erfolge als Rennstallbesitzerin«, freute sie sich.

Um den Jockey Ryan Moore zu unterstützen, hatte sie damals wie er die Farbe Lavendel getragen.

Die Freude, die sie an jenem Tag empfunden hatte, war auch jetzt zu spüren. Damals hatte sie neben John Warren, ihrem Pferde- und Rennzuchtberater, gesessen. Mit ihm hatte sie, wie schon zu seinem Vorgänger Porchey, Johns Schwiegervater, eine enge Beziehung unterhalten. Porchey hatte sie direkt über ihr Telefon erreichen können. Nach seinem Tod hatte John dieses Privileg übernommen.

Als der Wettbewerb begann, verfolgten die Frauen das Geschehen voller Spannung. Elizabeth entging nichts. Aufgeregt beobachtete sie, wie die Pferde über jedes Hindernis sprangen und über den Platz galoppierten, und kommentierte jede Kleinigkeit.

»Jetzt ist Tower Bridge dran.« Sie deutete auf ihren fünfjährigen Liebling aus eigener Zucht. »Oh, mein Gott, ich hoffe, es geht alles gut.«

»Tower Bridge … zeig, was du kannst«, spornte Camilla das Pferd an.

Elizabeth putzte noch einmal ihre Brille und heftete den Blick auf ihr Pferd, das von Katie Jerram geritten wurde. Tower Bridge startete gut und nahm ein Hindernis nach dem nächsten.

»Das wird der dritte Platz. Du wirst schon sehen. Es klappt.« Elizabeth drückte Camillas Arm voller Übermut. Sie liebte es, Prognosen abzugeben. Ihre Stimme wurde lauter.

Als sich ihre Voraussage bestätigte, freute sie sich wie ein Kind. »Bravo! Das kann sich sehen lassen, nicht wahr? Dass ich das heute erleben darf.«

Nach ein paar Minuten hatte sie sich wieder beruhigt. »Was hältst du davon, wenn wir uns eine Kleinigkeit zu essen besorgen? Danach können wir uns den Senior-Horse-Wettbewerb anschauen. Nicht auszudenken, wenn mein George heute ebenfalls einen Sieg schafft.«

»Das wäre der krönende Abschluss dieses Tages«, unterstützte Camilla sie.

»Weißt du, Camilla, bei Beziehungen zwischen Menschen ist es, denke ich, wie beim Reiten. Man kann versuchen, allein die Richtung vorzugeben, doch letztlich tut man sich keinen Gefallen damit. Über kurz oder lang begreift jeder Reiter, dass der gemeinsame Weg der bessere ist … Ich bin froh, dass wir durch deine Geduld zu einem gemeinsamen Weg gefunden haben.«

Camilla schenkte Elizabeth einen dankbaren Blick und hakte sich bei ihr unter. Wie Freundinnen steuerten sie auf einen der Verkaufsstände zu – beide mit der Gewissheit, dass mancher Umweg doch ans Ziel führte.

36. KAPITEL

November 2019
England, London,
Buckingham-Palast

Philip spießte eine grüne Olive auf einen Holzstab und ließ ihn in das Martiniglas gleiten, als Elizabeth den Raum betrat.

»Bist du dir sicher, dass wir uns das Interview nicht im Kino ansehen sollen?« Während er die Frage formulierte, deutete er auf die Gläser vor sich. »Es ist alles vorbereitet. Martini für dich. Und ein kühles Bier für mich.« Er griff nach dem Bierglas und wischte sich nach einem großen Schluck den Schaumrest vom Mund.

Elizabeth trat zu ihm, nahm den Martini entgegen und kostete.

»Ich würde es mir lieber hier ansehen.«

Das hauseigene Palast-Kino befand sich im Südflügel, ein Service, den vor allem ihre Mitarbeiter schätzten. Ebenso wie die *Royal Mews Surgery*, in der sich Dr. Timothy Evans um die Gesundheit der Palastmitarbeiter kümmerte, und natürlich das Postamt im südöstlichen Teil des Palasts, von dem aus die über achthundert Bediensteten seit Jahrzehnten ihre Briefe und Postkarten abschickten.

»Dann überlassen wir das Kino den Filmbegeisterten dieses Hauses. Aber glaub bloß nicht, dass sich nicht alle das Interview anschauen werden.«

»Die Neugierde der Menschen ist grenzenlos. Ich weiß.«

»Kann man es den Menschen verdenken?« Philip streckte den Arm und prostete Elizabeth mit dem Bierglas zu. »Auf einen desaströsen Fernsehabend«, versuchte er das Bevorstehende mit einem Augenzwinkern zu nehmen.

Elizabeth erhob ihr Glas. »*Cheers.*« Diesmal trank sie einen großen Schluck, bevor sie ihr Glas abstellte. »Manchmal frage ich mich, ob je der Tag kommt, an dem du deinen Humor verlierst.«

Philip zuckte mit den Schultern. »Hoffentlich nie. Ohne Humor … in diesem Fall Galgenhumor, lässt sich manches kaum ertragen.« Er griff nach der Fernbedienung. »Wollen wir?«

Elizabeth nickte.

Die Journalistin Emily Maitlis und Andrew erschienen auf dem Bildschirm. Beide saßen auf den goldfarbenen Holzstühlen mit der roten Polsterung. Zwischen ihnen stand ein Holztisch mit zwei Gläsern und einer Flasche Wasser.

Elizabeth lenkte ihre Konzentration auf den Bildschirm und nahm eine stärker werdende Anspannung in ihrem Inneren wahr.

Wegen seiner Freundschaft zu dem amerikanischen Investmentbanker Jeffrey Epstein, dessen namhafter Freundes- und Bekanntenkreis aus Schauspielern, Regisseuren, Comedians, Politikern, Wissenschaftlern und Unternehmern bestanden hatte, sah Andrew sich gezwungen, das Interview zu geben, dessen Zeuge sie nun wären.

Epstein hatte sich 2008 in einer außergerichtlichen Einigung mit der Staatsanwaltschaft in Miami der erzwungenen Prostitution einer Minderjährigen schuldig bekannt, in deren Folge er zu einer Haftstrafe von achtzehn Monaten verurteilt, jedoch bereits dreizehn Monate später wegen guter Führung wieder entlassen worden war. Dieses Jahr war er erneut verhaftet worden, mit dem Vorwurf, in New York und Miami einen Ring zur sexuellen Ausbeutung von Kindern und Jugendlichen betrieben zu haben. Der Prozessauftakt war für das kommende Jahr angesetzt gewesen, doch das war nun hinfällig, denn Jeffrey Epstein war vor drei Monaten tot in seiner Zelle aufgefunden worden.

»Eure Königliche Hoheit, wir sind unter höchst ungewöhnlichen Umständen in den Buckingham-Palast gekommen. Warum haben Sie sich entschieden, jetzt zu sprechen?«, startete die Journalistin die Befragung.

Elizabeth spürte, wie angespannt sie schon nach Maitlis' ersten Worten war.

»Weil es keinen guten Zeitpunkt gibt, um über Mr Epstein und alle damit verbundenen Dinge zu sprechen«, antwortete Andrew.

Er erklärte, dass ein Interview mit *BBC Newsnight* schon seit Monaten in Planung gewesen sei, der Fokus jedoch ursprünglich auf seiner Arbeit gelegen hätte. Allerdings hatten es weder sein Zeitplan noch der der BBC zugelassen, einen früheren Termin wahrzunehmen.

»Ich freue mich aber, dass Sie heute hier sind«, beendete er seine Antwort.

Elizabeth hörte die Stimme ihres Sohnes und dachte an Andrew als kleinen Jungen. Er und Edward waren als Kinder immer die Gänge auf Schloss Windsor auf- und abgerannt, vor allem Andrew war nie müde geworden, sich dort zu verstecken oder sich ein Spiel auszudenken und die Korridore in seine Fantasiewelt einzubinden. Wie oft hatte Elizabeth ihre beiden Jüngsten unter Geschrei in ihre Spielzeugautos steigen und sie nach dem Spiel an der Seite des Gangs parken sehen. Es waren keine neumodischen Kinderautos gewesen, wie man sie heute besaß, und es war regelmäßig vorgekommen, dass die umstehenden Möbel in Mitleidenschaft gezogen wurden, wenn einer der beiden zu spät aufs Bremspedal getreten hatte oder wenn sie Rennen gefahren waren. Bis heute waren Spuren davon auf diversen Kommoden und anderen Möbelstücken zu finden. Für Elizabeth waren es wunderschöne Erinnerungen an eine längst vergangene Zeit.

Sie sah zu Philip. Er saß starr da und hörte Emily Maitlis zu, die Andrew gerade zu seiner Freundschaft mit Mr Epstein befragte und wissen wollte, ob und, wenn ja, wie nahe sie sich gestanden hatten. Auch Ghislaine Maxwell, Epsteins ehemalige Freundin und Geschäftspartnerin, die privat bis zum Schluss ein entscheidender Teil seines Lebens gewesen war, kam zur Sprache. Andrew und Ghislaine kannten sich seit den 1980er Jahren. Sie hatte die beiden Männer einander vorgestellt.

»Im Jahr 2000 war Mr Epstein Gast auf Schloss Windsor und in Sandringham. Er wurde auf Ihre Einladung direkt in das Herz der königlichen Familie gebracht«, fuhr die Journalistin fort.

»Sicherlich auf meine Einladung, aber nicht auf die der königlichen Familie ... Denken Sie daran, dass seine Freundin die Schlüsselfigur war. Er war in dieser Hinsicht ihre Begleitung«, klärte Andrew Emily Maitlis auf.

Andrew wurde mit den Vorwürfen der damals siebzehnjährigen Virginia Giuffre konfrontiert, sie sei von Mr Epstein missbraucht und drei Mal zum Geschlechtsverkehr mit Andrew gezwungen worden.

Elizabeth hatte die Deutlichkeit, in der das Interview geführt wurde, vorausgesehen. Sie hatte längst mit Andrew über dessen Beziehung zu Jeffrey Epstein gesprochen und ihn gebeten, alle Details auf den Tisch zu legen, doch nun in einem Interview mit dem Thema Missbrauch konfrontiert zu werden, empfand sie als weit schwieriger.

Philip schüttelte den Kopf und stellte das Bier eine Spur zu laut auf den Tisch. Elizabeth sah ihm die Empörung an. »Selbst wenn Andrew beteuert, mit diesem Debakel nichts zu tun zu haben, muss er sich vorwerfen lassen, eine grauenhafte Menschenkenntnis zu haben. Dieser Epstein hatte keine Skrupel und keinen moralischen Kompass.«

Elizabeth drehte ihr Glas in der Hand, ohne daran zu nippen.

»Es ist nicht immer leicht, hinter die Fassade eines Menschen zu blicken. Oder willst du etwa behaupten, du hättest dich noch nie in jemandem geirrt?«

Philip sah seine Frau verdutzt an. »Dass du mich das fragst, wundert mich. Selbstverständlich habe mich schon in Menschen geirrt. Wozu jemand wirklich fähig ist, bleibt oft lange im Verborgenen. Im Fall von diesem Epstein geht es aber nicht um Ecken und Kanten, sondern um tiefe Gräben, die er anscheinend gut vor anderen verstecken konnte. Oder vielleicht auch nicht. Ich kann mir nicht vorstellen, dass alle in seinem näheren Umfeld blind waren. Eins ist jedenfalls sicher, was dieser Mann getan hat, geht weit über meine Vorstellungskraft hinaus.«

Die Stimmen von Andrew und Emily Maitlis erfüllten den Raum. Weitere Fragen wurden gestellt, Antworten folgten. Elizabeth sah, wie konzentriert Andrew wirkte, und bemerkte, wie steif er dasaß. Sie ahnte jede seiner Reaktionen und registrierte sie doch wie die eines Fremden.

Sie sahen sich das Interview bis zum Schluss an, danach gingen beide bedrückt zu Bett.

Elizabeth ließ sich in die Matratze sinken. Die Decke über sich gebreitet, war sie unfähig, die Augen zu schließen und einzuschlafen. Sie konnte sich beim besten Willen nicht vorstellen, dass Andrew getan hatte, was ihm vorgeworfen wurde. Aber sie konnte die Tatsache nicht ignorieren, dass sie nur das wusste, was er ihr erzählt hatte.

In der Nacht schreckte sie aus einem Traum auf. Auch in der folgenden Nacht lag sie mehr wach, als dass sie schlief, und erwachte früh am Morgen. Gerädert rieb sie sich die Augen, doch die bleierne Müdigkeit ließ sich nicht vertreiben. Eine Weile grübelte sie, dann begriff sie, dass es keinen Sinn hatte, zu warten, bis man sie weckte.

Sie schlug die Bettdecke zur Seite und ging zum Fenster, zog die Vorhänge auf und sah in die Finsternis. Draußen war es stockdunkel. Alles schien ruhig.

Sie beschloss, schon mal ihr Bad einzulassen. Plätschernd lief das Wasser in die Wanne. Wie ungewohnt, sich um die Morgenroutine selbst zu kümmern! Gewöhnlich wurde ihr Bad vorbereitet und ihr eine Tasse Tee ans Bett gebracht. Später half die Kammerzofe ihr beim Ankleiden. Zuvor waren ihr stets die Stoffproben aus Seide, Baumwolle oder Wolle gebracht worden, damit sie entschied, was sie an diesem Tag tragen wollte.

Sie putzte sich die Zähne und spülte den Mund aus. Schon am Vortag hatte sie mit dem Gedanken gespielt, eine Runde mit den Hunden zu drehen, falls sie an diesem Morgen früher wach würde. Wenn sie sich um die Corgis kümmerte, lösten sich manche Probleme kurzfristig in Luft auf.

Elizabeth ging nach nebenan und sah auf dem *Daybed* passende Kleidung für einen Spaziergang liegen. Angela hatte bereits etwas Passendes herausgesucht.

Zurück im Bad, stieg sie in die Wanne. Die Temperatur des Wassers war eine Spur wärmer als sonst. Sie rutschte tiefer in die Emaillewanne und blieb eine Weile liegen, ohne sich wirklich zu entspannen. Schließlich trocknete sie sich ab, cremte sich ein und kleidete sich an. An ihrem Schminktisch trug sie Puder, Rouge und einen Hauch Lippenstift auf und öffnete die Tür zum Gang.

»Guten Morgen, Eure Majestät«, erschallte ein Gruß. Der Wachmann war sichtlich irritiert.

»Ich bin früh dran, ich weiß. Aber ich versichere Ihnen, es ist alles in Ordnung. Ich gehe nur eine Runde mit den Hunden.«

»Möchten Sie, dass jemand Sie begleitet, Ma'am? Es ist dunkel draußen. Und kalt, wenn Sie mir die Bemerkung erlauben.«

»Danke, nein. Ich wäre gern eine Weile allein. Und die Laternen spenden genug Licht.«

»Sehr wohl, Ma'am.«

Elizabeth überließ den Mann seinen Gedanken und folgte dem Gang zum Hundezimmer. Bis man im Buckingham-Palast von einem Punkt zum nächsten kam, dauerte es eine Weile. Das war der Nachteil, wenn man ein Schloss bewohnte, das zu repräsentativen Zwecken genutzt wurde. Als sie die Tür zum Hundezimmer öffnete, hüpfte die gesamte Schar aus ihren Körben, um sie zu begrüßen. Elizabeth streichelte ihre Lieblinge, dann lief sie mit den Hunden im Schlepptau zum Ausgang.

Draußen schlug ihr die kalte Luft entgegen. Es war noch dunkel und roch nach feuchter Erde und nassen Blättern. Elizabeth knotete das Seidentuch, das sie zum Schutz ihrer Frisur umgelegt hatte, fester unter dem Kinn und beobachtete, wie die Hunde über die Wiese tollten.

Es kam selten vor, dass sie allein unterwegs war, doch manchmal sehnte sie sich danach, eine Weile einfach nur mit sich zu sein. *Alles kommt in Ordnung. Du findest eine Lösung,* beruhigte sie sich, atmete die kühle Morgenluft ein und fühlte sich mit einem Mal, als wäre sie wieder jung. Im Kopf alterte man nicht, man war einfach präsent.

Sie erfreute sich am Spiel der Hunde und folgte dem beleuchteten Weg. Den blauschwarzen Himmel über sich, lief sie weiter. Es war unmöglich, Andrew aus ihren Gedanken zu verdrängen, doch der Spaziergang und die Hunde lenkten sie kurzzeitig ab. Sie warf Stöcke und wartete, bis die Hunde sie zurückbrachten. Mit den Corgis draußen zu sein, gab ihr die Gewissheit, früher oder später mit jedem Problem klarzukommen.

Elizabeth bückte sich gerade, um ein Blatt aus dem Fell eines ihrer Lieblinge zu zupfen, als eine Stimme nach ihr rief. Sie kam wieder hoch und drehte sich in Richtung der Stimme.

»Anne? Was tust du um diese Zeit hier draußen?«, fragte sie, als ihre Tochter näherkam.

»Dasselbe könnte ich dich fragen.« Anne war in einen grauen Mantel gehüllt und hatte ebenfalls ein Seidentuch umgebunden.

»Ich konnte nicht mehr schlafen und dachte, besser, ich gehe mit den Hunden hinaus, bevor ich wach im Bett liege und Schäfchen zähle.«

»So ging es mir auch ... Paul sagte, du seist draußen.«

Elizabeth spürte ein Gefühl zufriedener Erleichterung, während sie zusammen mit Anne dem Weg folgte. Dieses Gefühl hatte sie seit einer verhinderten Entführung im März 1974, deren Ziel Anne gewesen war.

Philip und sie waren zu jener Zeit in Indonesien, ein angenehm ereignisloser Besuch, wenn man von dem amüsanten Umstand absah, dass der Gouverneur von Jakarta die zehn bedeutendsten Schamanen engagiert hatte, um Regen fernzuhalten. Am dritten Tag ihrer Reise wurde Philip unerwartet um 5 Uhr morgens von einem Anruf geweckt. Er wurde informiert, dass Annes Wagen auf dem Rückweg von einer Wohltätigkeitsveranstaltung von einem bewaffneten Mann aufgehalten worden war.

Der königliche Rolls-Royce war gerade die Mall Richtung Buckingham-Palast hinuntergefahren, als ein Fanatiker mit einem Ford Escort die Limousine blockierte und das Feuer eröffnete. Annes Leibwächter war aus dem Wagen gesprungen, um zurückzuschießen, doch seine Pistole klemmte. Er wurde von drei Schüssen getroffen und schwer verletzt. Der Chauffeur und ein Polizist wurden ebenfalls angeschossen, ebenso ein herbeigeeilter Journalist, der in die Schusslinie geriet. Der mutmaßliche Entführer war dann auf Anne zugestürmt und hatte ihr, während ihr Mann Mark sie am Arm festhielt, befohlen, aus dem Wagen zu steigen, doch Anne hatte nur: »Ganz sicher nicht«, geschrien, wütend, weil der Mann den Ärmel ihres neuen Kleids zerrissen hatte, und war auf der anderen Seite aus dem Wagen gesprungen.

Zum Glück wurde der fliehende Entführer kurz darauf von einem Polizisten gefasst und dingfest gemacht.

Später hatte Anne gesagt: »Mit Pferden lernt man immer auf Unerwartetes vorbereitet zu sein.« Das habe ihr geholfen, mit der Situation klarzukommen.

In der Mietwohnung des Mannes namens Ian Ball fand man bei der Durchsuchung einen Brief, in dem er von der Königin zwei Millionen Pfund für die Freilassung von Anne forderte.

Nachdem ihre Tochter in Sicherheit war, hatten Elizabeth und Philip beschlossen, die Reise fortzusetzen. Sie wollten sich keinesfalls von dem Ereignis in die Knie zwingen lassen.

Später sagte Martin Charteris dem *Telegraph* gegenüber: »Die

Königin hat nicht eine Sekunde geschwankt, als sie es erfahren hat … Sie ist einfach großartig.«

Zurück in London, hatte Elizabeth Anne erleichtert in die Arme geschlossen und jeden belohnt, der an ihrer Rettung beteiligt gewesen war. Ihre Tochter hatte Courage und Entschlossenheit bewiesen.

Dieser Charakterzug half ihr nun bei den Anschuldigungen gegen Andrew.

»Das Interview schlägt hohe Wellen«, sagte Anne, nachdem sie umgedreht waren und den Palast erreichten.

Elizabeth nahm ihr Kopftuch ab und ließ sich aus dem Mantel helfen.

Anne redete erst weiter, als sie wieder allein waren. »Die negativen Reaktionen werden von Stunde zu Stunde massiver. Es ist von einem katastrophalen Interview die Rede – ein Gespräch wie ein Autounfall … es heißt, Andrew schaffe es nicht, Empathie für Epsteins Opfer zu zeigen.«

Die kurze Pause mit einem Gefühl angenehmer Leere im Kopf, dem sie sich während des Spaziergangs hingegeben hatte, war vorbei. Die Gedanken kehrten zurück.

»Es ist eine Katastrophe, ich weiß«, seufzte Elizabeth. »Papa ist der Meinung, Andrew hätte das Interview besser nicht gegeben. Er zermartert sich den Kopf, wie er sich in so etwas verstricken konnte.«

Die Hunde rannten den Gang hinunter. Ein fröhliches Bild, das nicht zu der angespannten Situation passte.

»Was geschehen ist, ist geschehen«, sagte Anne.

»Das stimmt wohl. Ich überlege die ganze Zeit, wie sich angesichts der momentanen Lage Andrews Zukunft gestalten lässt. Aufgrund des Interviews machen die Menschen sich ein völlig neues Bild von ihm. Eins, das nicht zu dem schneidigen jungen Mann passt, der im Falkland-Krieg sein Land verteidigt hat, oder zu dem geschiedenen Mann, der sich noch immer mit seiner Exfrau versteht und seinen Töchtern ein liebender Vater ist. Es liegt in der Natur des Menschen, sich eine Meinung zu bilden. Man ordnet Dinge und Gegebenheiten ein, um sich zu orientieren und mit der Realität, die oft komplex ist, zurechtzukommen.«

Anne sprach ohne Umschweife an, was vermutlich das ganze Land beschäftigte. »Hast du schon eine konkrete Idee, wie es mit Andrew weitergeht?«

Elizabeth seufzte erneut. »Zweifellos ist es das Beste, ihn von seinen öffentlichen Aufgaben zu entbinden. Ob ich ihm glaube oder nicht, tut nichts zur Sache. Solange weder seine Schuld noch seine Unschuld bewiesen ist, hängt ein Damoklesschwert über Andrew … und über der Krone. Die Unschuldsvermutung ist ein strafrechtliches Grundprinzip und eine der wichtigsten Errungenschaften des Rechtsstaats, doch so einfach dieses Prinzip in der Theorie klingt, so schwierig ist die Anwendung in diesem Fall in der Realität. Die Monarchie lebt von Glaubwürdigkeit. Von uns wird zu Recht erwartet, Vorbild zu sein. Wer, wenn nicht wir müssen zeigen, worauf es ankommt?«

Anne sah ihre Mutter mitfühlend an. »Da kann ich dir nur beipflichten. Bleibt allerdings abzuwarten, ob Andrew deine Einschätzung teilt.«

»Ich fürchte, ihm wird nichts anderes übrigbleiben. Entscheidungen haben Konsequenzen, denen man sich stellen muss. Das gilt für jeden von uns, auch für Andrew. Frauen sollten gehört werden, vor allem, wenn es um Anschuldigungen wie Missbrauch geht. Dem muss mit größter Sorgfalt und Sensibilität nachgegangen werden.«

Anne nickte nachdenklich. »Die Schattenseite ist allerdings, dass, sobald die Namen Beschuldigter im Vorfeld öffentlich gemacht werden, Menschen von ihren Emotionen übermannt werden und vergessen, dass die Schuld einer Person erst noch zu beweisen ist.«

»Die berühmten zwei Seiten einer Medaille.« Elizabeth löste sich von den düsteren Gedanken und streckte die Hand nach ihrer Tochter aus. »Schön, dich hier zu haben, Anne. Ich danke dir, dass du deinen Aufgaben immer mit so viel Engagement und Pflichtbewusstsein nachkommst. Dass du dein Leben in den Dienst von anderen stellst, macht dich zu einem wundervollen Vorbild.«

Anne rührten die Worte ihrer Mutter sichtlich.

»So, und jetzt lass uns eine Tasse Tee trinken. Danach habe ich ein wichtiges Gespräch mit deinem Bruder zu führen.«

37. KAPITEL

Februar 2020
England, Schloss Windsor

Kinderlachen erfüllte den Raum.

»Ich hab euch gleich.« Kate lief hinter George und Charlotte her.

»Neeeein«, schrie George.

Der Sechsjährige lachte lauthals, drehte sich um, griff nach der Hand seiner Schwester und stürmte mit ihr in Richtung Tür.

Louis, der in wenigen Wochen seinen zweiten Geburtstag feiern würde, schlief friedlich in seinem Kinderwagen. Das laute Lachen seiner Geschwister schien ihn nicht zu stören.

»Du darfst uns nicht mehr kitzeln. Wir sind schon im Aus«, kicherte die vierjährige Charlotte, als sie mit George über die Türschwelle rannte. Frech streckte sie ihrer Mutter die Zunge raus.

»Na gut, ihr habt gewonnen. Ich ergebe mich«, gab Kate klein bei.

»George. Wir sind wieder frei.« Charlotte blies erleichtert die Luft aus den Backen und hüpfte auf und ab.

Elizabeth, die mit Philip auf dem Sofa im Salon ihres Appartements in Schloss Windsor saß und das Spiel beobachtete, strahlte angesichts ihrer Urenkel.

Bei den eigenen Kindern hatte sie vieles verpasst. Damals war es ihr kaum möglich gewesen, ihnen in der Öffentlichkeit Zuneigung entgegenzubringen, weil es ihre Rolle als Thronfolgerin und später als Königin nicht zugelassen hatte. Gefühle und Emotionen waren damals in den Hintergrund gerückt worden. Heute ging man mit vielem anders um – offener und gefühlsbetonter.

Doch nun hatte sie das große Glück, die wichtigen ersten Jahre ihrer Urenkel mitzuerleben. Mittlerweile hatte sie acht Enkelkinder und genauso viele Urenkel. Am liebsten sah sie ihnen beim Herumtollen zu, hörte sie lachen und erfuhr bei jedem Treffen etwas Neues.

George hatte gerade angefangen, Gitarre zu lernen. Er war ein hilfsbereiter, selbstbewusster Junge, der genau wusste, was er wollte, und seine Rolle als großer Bruder sehr ernst nahm. Charlotte konnte von Gymnastik nicht genug bekommen. Sie war quirlig und für jeden Spaß zu haben, genau wie Philip, außerdem war sie abenteuerlustig und mutig. Louis war zwar noch zu klein, als dass man ihm irgendwelche Eigenschaften zuordnen konnte, aber es war nicht zu übersehen, dass er ein immerfort fröhlicher und aufgeweckter Junge war.

Elizabeth betrachtete das Foto von Harry und Meghan auf der Anrichte. Auch Williams jüngerer Bruder war mittlerweile Vater. Vor knapp einem Jahr hatten Elizabeth und Philip ihren jüngsten Urenkel offiziell in der Familie willkommen geheißen. Es war ein besonderer Moment gewesen, der für immer einen festen Platz in Elizabeth' Herz einnahm.

Meghan hatte Archie in ein weiches Tuch gewickelt und ihn wie einen kostbaren Schatz im Arm gehalten. Seinen kleinen Kopf hatte eine weiße Mütze geziert. Archie hatte tief und fest geschlafen und keinen Mucks von sich gegeben, als Elizabeth sich über ihn beugte, um vorsichtig die kleine Stirn zu berühren. Sie war sich sicher, dass es nicht lange dauern würde, bis Archie ein bisschen Chaos in das Leben seiner Eltern bringen würde. So wie Harry es einst getan hatte.

Harry ging vom ersten Tag an voll und ganz in seiner Vaterrolle auf. Solch besonderen Momenten beizuwohnen machte das Leben außergewöhnlich.

Aber Reisende konnte man nicht aufhalten, das wusste Elizabeth. Harry und Meghan hatten die vergangenen Weihnachtsfeiertage fernab der Familie in Kanada verbracht. Daran würde sich vermutlich auch in Zukunft nichts ändern, denn die beiden hatten kürzlich entschieden, von ihren royalen Pflichten als Mitglieder der königlichen Familie zurückzutreten und teilweise in Nordamerika zu leben.

Elizabeth spürte einen schmerzhaften Stich in ihrer Brust. Weder Philip noch sie wussten, wie oft sie noch die Möglichkeit hätten, mit Archie Zeit zu verbringen. Doch eins war gewiss, sie würden jedes Treffen genießen.

Charlotte tippte Elizabeth auf die Schulter und riss sie aus ihren Gedanken. »*Gan Gan*, schau mal.« Sie ging ein paar Schritte zurück, holte mit ihren Armen aus und schlug ein Rad.

»Gut gemacht, Charlotte«, lobte Elizabeth. »Dein Radschlag sieht perfekt aus.«

»Warte, ich kann auch einen Handstand.« Charlotte lief zu Philip, der sich gerade mit William unterhielt. »Grandpa, du musst auch zuschauen.«

»Selbstverständlich schaue ich dir zu, Charlotte. Deinen Handstand will ich auf keinen Fall verpassen«, versicherte ihr Philip.

Charlotte machte sich erneut bereit, legte die kleinen Hände auf den roten Teppichboden und schwang die Beine nach oben. Ihr Handstand erinnerte eher an den schiefen Turm von Pisa, doch das tat ihrem Eifer, es erneut zu versuchen und besser zu machen, keinen Abbruch.

»Toll machst du das, Charlotte«, freute sich Elizabeth und applaudierte, ebenso Philip.

Die Augen des Mädchens, das ein hellblaues Kleid trug, strahlten. »Wenn ich immer weiter übe, mache ich bald den allerschönsten Handstand.« Sie kam auf Elizabeth zu. »*Gan Gan*, kannst du auch einen Handstand?«

Elizabeth schüttelte sanft den Kopf. »Ich fürchte, die Zeiten, in denen ich den Kopf unten und die Füße oben hatte, sind vorbei.«

»Schade«, sagte Charlotte und wandte sich an Philip. »Und du, Grandpa? Kannst du denn einen Handstand?«

Philip tat, als grüble er. »Das mit dem Handstand überlasse ich lieber dir, Charlotte. Wenn man hochgewachsen ist wie ich, ist es nicht mehr so leicht.«

Charlotte schien über das Gesagte nachzudenken. »Grandpa, was kannst du denn alles?«, fragte sie schließlich. »Papa sagt, du kannst ganz viele Dinge gut.«

»Hmm, lass mich überlegen.«

»Dein Urgroßvater ist ein wahrer Grillmeister«, mischte sich Charles ein, der mit George puzzelte. »Ich würde sogar so weit gehen, ihn als Künstler des Grillens zu bezeichnen. So wie ein Maler. Nur eben am Grill.«

Philip machte eine abwehrende Handbewegung, doch sein Gesicht zeigte, dass er das Lob durchaus annahm. »Grillen ist eine ernst zu nehmende Angelegenheit, aber Grillmeister … ich weiß nicht.«

»Nur keine falsche Bescheidenheit. Wer von uns schaut denn gern *Hairy Bikers*? Kochshows sind ganz auf deiner Wellenlänge. Eben weil du so gern vorm Grill stehst.« William warf Philip einen amüsierten Blick zu, den dieser erwiderte.

»Ich sage nur eins. Man lernt nie aus, und es lohnt sich immer, an seinen Fähigkeiten zu feilen«, erklärte Philip.

Charles wandte sich Charlotte zu, die nicht weit von ihm entfernt stand und nun zu ihm kam. »Leider ist mir das Talent zum Grillen nicht in die Wiege gelegt worden. Ich bin meist schon daran gescheitert, den Grill anzuzünden.«

Charlotte und George hockten wie aneinandergeklebt da und kicherten.

»Ohne Feuer kann man auch nicht grillen, *Grandpa Wales*«, klärte George seinen Großvater auf.

Charles deutete vielsagend auf Philip. »Deshalb ist Grandpa auch immer der, der am Grill steht.«

»Ich traue mich sogar mit Sicherheit zu sagen, dass Grandpa noch nie für einen verdorbenen Magen verantwortlich war«, erzählte William. »Stimmt's, Granny?«

Elizabeth nickte. »Bauchschmerzen gab es nur, wenn man zu viel von Philips leckeren Grill-Kreationen gegessen hatte.«

»Was kann Grandpa noch gut?« George sah fragend in die Runde.

»Ich gebe euch einen Tipp«, sagte William. Er erhob sich und breitete seine Arme zur Seite aus.

»Raten macht Spaß«, freute sich Charlotte und sprang auf.

William lief mit ausgebreiteten Armen kreuz und quer durch den Raum.

Wenn Elizabeth William mit seinen Kindern beobachtete, sah sie immer den kleinen Jungen vor sich, der er einst war. Aufgeweckt und fröhlich, hatte er sie oft zum Lachen gebracht.

»Na, was bin ich?«, rief William fragend in die Runde.

»Ich glaube, ich weiß es, Papa«, schrie George.

»Ich weiß es aber auch.« Charlotte boxte George spielerisch und wollte ihm zuvorkommen.

»Ein Flugzeug«, prusteten beide Kinder gleichzeitig heraus.

»Richtig«, bestätigte William. Er hob Charlotte in die Höhe und ließ sie wie ein Flugzeug fliegen.

Georges Augen waren voller Ernsthaftigkeit auf Philip gerichtet. »Und so was erlaubt *Gan Gan*?«, fragte er erschrocken.

Der gesamte Raum, mit Ausnahme von Charlotte und George, brach in Gelächter aus.

»Dein Urgroßvater hat nun mal einen ausgeprägten Sinn für Abenteuer«, erklärte Elizabeth. »Und als ich gesehen habe, wie viel Freude er am Fliegen hat, wollte ich ihm nicht im Wege stehen.

Heute sieht das natürlich anders aus, schließlich ist Grandpa inzwischen Urgroßvater. Da ist es besser, wenn man am Boden bleibt.«

George nickte, als wären ihm die Zusammenhänge durchaus klar.

»Weißt du, jedes Mal, wenn Grandpa in einen Hubschrauber oder in ein Flugzeug gestiegen ist, war er glücklich. Und das wiederum hat mich glücklich gemacht«, fuhr Elizabeth fort.

»Wenn es nach Winston gegangen wäre, das war Churchill, der damalige Premierminister, wäre ich nie als Pilot in ein Flugzeug gestiegen. Seiner Ansicht nach war das für den Mann der Königin zu gefährlich. Was, wenn er abstürzte? Aber zum Glück war eure *Gan Gan* zur Stelle. Sie hat sich zwar Sorgen gemacht, aber mich trotzdem fliegen lassen.«

George kratzte sich an der Nasenspitze. »Wenn man fliegt, ist man frei wie ein Vogel. Ist es das, was dir so gefällt?«

Philip nickte. »Genauso ist es. Das macht das Fliegen so besonders.«

»Noch mal raten«, rief Charlotte. Aufgeregt spielte sie mit ihren Fingern.

»Jetzt ist *Grandpa Wales* dran.« William deutete auf Charles.

»Na gut. Eine Sache wüsste ich, glaube ich.« Charles setzte sich auf die Sofalehne. »Seid ihr bereit?«

Die Kinder nickten. Ihre Augen waren auf Charles gerichtet, der augenblicklich damit begann, verschiedene Gesten mit seinen Händen auszuführen.

»Grandpa kann zaubern«, riet George.

Charles lachte und schüttelte den Kopf. »Eiskalt, George.«

Charlotte überlegte angestrengt. »Hmmm … Fische angeln?«

»Gar nicht mal so schlecht, Charlotte, aber leider noch nicht ganz richtig«, tröstete Charles seine Enkelin.

Charlotte stupste ihren Bruder in die Seite. »Komm schon, George. Hilf mir. Streng dich ein bisschen an.«

»Ich glaube, ich weiß es«, rief George kurz darauf. »Kutsche fahren.«

»Richtig, George.« Charles verließ seinen Platz auf der Sofalehne.

Die Kinder hüpften aufgeregt auf und ab. Charlotte rannte zu Philip und sah ihn eindringlich an. »Grandpa, holst du uns bald mal wieder mit deiner Kutsche ab?«

Philip lachte. »Wenn es *Gan Gan* erlaubt, gern. Wie du weißt, darf ich nicht mehr Auto fahren. Aber Kutsche schon.«

»Juhu«, freuten sich George und Charlotte.

Charlotte setzte ihren süßesten Blick auf. »Können wir noch einmal raten? Bitte!« Sie hielt den Zeigefinger hoch und lächelte übers ganze Gesicht.

»Na gut.« Philip setzte sich gerade hin. »Wer kann diesem Lächeln widerstehen … Ich bin gespannt, ob ihr das hier erratet.« Er machte eine einfache Handbewegung, dann blickte er in die fragenden Gesichter der Kinder.

»Bist du Vorhangaufzieher?«, fragte Charlotte vorsichtig.

»Lauwarm«, antwortete Philip.

»Bist du Buchöffner?«, riet George.

»Ich lese zwar gerne, bin aber kein professioneller Buchöffner«, schmunzelte Philip.

»Dann weiß ich es nicht«, sagte George.

»Ich auch nicht«, sagte Charlotte und drehte sich zu ihrem Vater um. »Papa, rate du mal.« Sie sah ihre Mutter an. »Du auch, Mummy.«

Kate blickte zu William. »Ich glaube, wir brauchen einen Joker. Was meint ihr, Kinder?«

»*Gan Gan*, du bist unser Joker.« George legte seiner Urgroßmutter die Hand auf die Schulter.

»Also gut«, entschied Elizabeth. Sie sah zu Philip und waltete ihres Amtes als Joker. »Euer Urgroßvater ist der weltweit erfahrenste Gedenktafel-Enthüller.«

»Tadaaa«, rief Philip amüsiert und deutete auf sich.

Charlotte und George tauschten fragende Blicke.

»Und was ist das?«, wollte Charlotte wissen.

»Eine Gedenktafel ist eine kleine Tafel, die an ein bestimmtes Ereignis oder einen bestimmten Menschen erinnert. Und weil solche Tafeln etwas ganz Besonderes sind, werden sie zuerst unter einem hübschen Tuch versteckt, bevor sie feierlich enthüllt und vielen Menschen gezeigt werden«, erklärte Kate.

»Und Grandpa zeigt den Menschen die Tafeln?«, wollte Charlotte wissen.

»So ist es. Und weil er so gut darin ist, hat man ihn ganz oft zu solchen Anlässen eingeladen«, bestätigte Elizabeth.

Charlotte wandte sich Philip zu. »Und heute wirst du nicht mehr eingeladen? Weil du schon so alt bist?«

Philip lächelte. »Tja, mit achtundneunzig kehrt man dem Arbeitsleben so langsam den Rücken.«

»Wie oft hast du das mit den Tafeln schon gemacht?«, hakte George nach.

»Wenn ich das wüsste … Ehrlich gesagt, habe ich irgendwann aufgehört zu zählen. Was ich allerdings sagen kann, ist, dass ich viele Jahrzehnte Gedenktafeln enthüllt habe.«

Charlotte streckte Philip die gespreizten Hände entgegen. »So viel?«

»Wenn jeder deiner Finger für ein Jahr steht, dann sind alle deine Finger genau zehn Jahre, also ein Jahrzehnt«, erläuterte Philip.

Charlotte betrachtete ihre geöffneten Handflächen. »Aber du hast doch gesagt, viele Jahrzehnte. So viele Finger habe ich doch gar nicht«, sagte sie und blickte betrübt zu Boden.

»Das haben wir gleich«, warf Elizabeth ein und streckte ihre Hände Charlotte entgegen. »Wenn uns jetzt alle anderen ebenfalls ihre Hände leihen, haben wir auf jeden Fall genügend Jahrzehnte zusammen.«

Charlotte hob den Kopf. Als sie alle ausgestreckten Hände sah, strahlte sie über beide Ohren.

George hatte sich neben Elizabeth gesetzt. »*Gan Gan*, hast du auch oft mit Gedenktafeln gearbeitet?«

Elizabeth lachte. »Ich habe durchaus die eine oder andere Gedenktafel enthüllt. Aber so gut wie Grandpa war niemand.«

»Dafür hast du viele andere Talente«, warf Philip mit einem verschmitzten Lächeln ein. Er wandte sich seinen Urenkeln zu. »Mit eurer *Gan Gan* wird es nie langweilig. Vor allem, wenn man mit ihr auf Reisen ist. Wer mit ihr verreist, braucht keinen Reiseführer, weil sie ein wandelndes Lexikon ist. Sie kann dir jede Frage über das jeweilige Land beantworten und kennt immer spannende Fakten. Sogar über Tiere.«

»Und warum ist das so?«, wollte Charlotte wissen.

»Weil ich in meinem Leben ganz viel gereist bist«, erklärte Elizabeth.

»Und warum bist du so viel gereist?«, hakte Charlotte nach.

»Weil das ein wichtiger Teil meiner Aufgabe als Königin ist. Menschen und andere Kulturen kennenzulernen schafft Weitblick, und der ist erforderlich, um sich in ganz viele unterschiedliche Menschen und Situationen hineinzuversetzen«, erklärte Elizabeth.

Charlotte setzte sich auf den Schoß ihrer Mutter, die neben Elizabeth saß. »Und was magst du am Königinsein am meisten?«

»Das ist eine schwierige Frage, Charlotte, weil es so viele Dinge gibt, die ich gern mache. Was ich besonders liebe, sind die Briefe, die Menschen mir schicken. Es gefällt mir zu erfahren, was Menschen mir zu sagen haben und was ihnen am Herzen liegt. An manchen Tagen bekomme ich Hunderte, leider habe ich nicht die Zeit, alle zu öffnen. Aber ich freue mich über jede Zeile, die ich lesen darf.«

Charlotte sah ihre Urgroßmutter mit großen Augen an. »Oh, das ist schön. Ich will auch Briefe bekommen. Ganz viele. So, wie du.«

Elizabeth strich Charlotte übers Haar. »Das wirst du. Eines Tages. Ganz bestimmt.«

Charlottes Wunsch erinnerte Elizabeth an die Freude, wenn sie sich an den Schreibtisch setzte und einen Brief nach dem nächsten aus dem geflochtenen Korb nahm. Die Menschen vertrauten ihr ihre persönlichsten Gedanken an, darauf hoffend, sie würde die Briefe tatsächlich lesen. In vielen Fällen tat sie es auch. Aber eben nicht in allen.

Die Zeilen gewährten ihr Einblicke in die Sorgen der Menschen und in Themen und Angelegenheiten, von denen sie glaubten, die Königin könnte ihnen behilflich sein. Es gab Anliegen, bei denen sie tatsächlich eingriff, indem sie die Briefe an die zuständigen Behörden weiterleitete. Oder sie schickte die Briefe an Organisationen, die sich der Sache annahmen. Es bedeutete ihr viel, dass Menschen ihr Vertrauen schenkten und der Meinung waren, dass sie ihnen helfen konnte. Für diese Menschen da zu sein und ein offenes Ohr zu haben, empfand Elizabeth als eine ihrer wichtigsten Aufgaben.

»Weißt du, Charlotte, *Gan Gan* verkörpert das Beste, das die Monarchie zu bieten hat«, warf William ein. »Und weißt du, warum? Weil sie ein großes Herz hat.«

Charlotte, die noch immer auf dem Schoß ihrer Mutter saß, beugte sich zu Elizabeth hinüber, schlang die kleinen Arme um sie und sagte: »Ich habe dich lieb, *Gan Gan*. Nicht nur, weil du so eine gute Königin bist, sondern weil du meine *Gan Gan* bist.«

Kate war die Rührung über die Geste ihrer Tochter ins Gesicht geschrieben.

Elizabeth erwiderte die Liebesbekundung ihrer Urenkelin. »Ich habe dich auch lieb, Charlotte. Sehr sogar.«

Kate schob Charlotte von ihrem Schoß.

»Was hältst du davon, wenn du mit George nachsiehst, ob drüben ein paar leckere Kekse auf uns warten?«, schlug Elizabeth vor.

Es dauerte nur wenige Sekunden, bis Charlotte und George

auf den Füßen waren und ins Nebenzimmer flitzten. Kurz darauf kamen sie mit einer prallgefüllten Schüssel zurück und setzten sich neben Philip.

Kate wandte sich an Elizabeth. »Philip und du seid bemerkenswert. Mitzuerleben, wie ihr immer füreinander da seid und euch gegenseitig unterstützt, inspiriert William und mich jeden Tag. Für alles, was wir durch euch lernen und erfahren, schätzen wir uns unendlich glücklich.«

Elizabeth legte die Hand auf Kates und dankte ihr. Dann sah sie zu Philip hinüber, der Charlotte und George, die sich Kekse in den Mund schoben, von der Zeit auf der *Britannia* und der Rutsche, die sich auf dem hölzernen Deck des Schiffes befunden hatte, erzählte.

»*Grandpa Wales* hat die Rutsche damals in eine Wasserrutsche verwandelt. Dann sind wir mit voller Geschwindigkeit losgebraust. Das Ziel war natürlich, so weit wie möglich über das Deck zu rutschen«, fuhr Philip fort.

George sah ihn erwartungsvoll an. »Und wer hat gewonnen?«

»Ich glaube, das war *Grandpa Wales*«, antwortete Philip und zwinkerte den Kindern zu.

Es gab in jedem Leben Momente, die man unbedingt festhalten wollte. Dieser war einer davon.

Philip war immer ganz er selbst, egal, wo er war oder mit wem er sprach. Es war für ihn selbstverständlich, für seine Familie da zu sein. Alle schätzten, dass sie jederzeit zu ihm kommen konnten und er ihnen mit Rat und Tat zur Seite stand. Er nahm sich Zeit für die Familie, unabhängig davon, ob ein Gespräch wenige Minuten oder eine Stunde dauerte, und er hakte niemals unangenehm nach. Philip hatte diese wunderbare Eigenschaft, eine Atmosphäre zu schaffen, in der es Menschen um ihn herum leichtfiel, sich ihm anzuvertrauen.

Elizabeth wusste, welches Glück sie hatten, eine Liebe wie diese gefunden zu haben. Sie hatte in ihrem Leben viele Entscheidungen von großer Tragweite getroffen, doch die Entscheidung, mit Philip an ihrer Seite durchs Leben zu gehen, war die bedeutsamste von allen gewesen.

»Wusstet ihr, dass *Gan Gan* auch mal als *Gary* bekannt war?«, sagte Philip. Während er sprach, sah er zu William hinüber, der sein Gesicht hinter seiner rechten Hand versteckte. »Euer Vater war damals noch klein und konnte noch nicht richtig sprechen. Und so kam es, dass er statt *Granny* immer *Gary* gerufen hat.«

Die Kinder sahen Elizabeth an und kicherten hinter vorgehaltener Hand.

»Einer unserer Gäste dachte, dass es sich um ein Mitglied des königlichen Haushalts handelte, und hat euren Vater gefragt, wo *Gary* zu finden sei.«

»Und dann hat *Gan Gan* zur Überraschung des Gastes wie eine wichtige Ankündigung verlautbart: ›Ich bin *Gary*‹«, erzählte William.

Als die Kinder fort und sie allein waren, schob Elizabeth ihre Hand in Philips.

»Unsere Körper lassen nach ...« Sie tippte mit dem Finger ihrer freien Hand gegen ihre Stirn. »Aber hier ist alles noch wie immer.«

Sie seufzte, dann wurde sie ernst, und als sie Philip ansah, war ihr Blick wie eine Liebkosung. »Danke, dass du mich schon so lange liebst.« Ihre blauen Augen ließen die seinen nicht los. »Und für alle in der Familie da bist.« Erneut seufzte sie. »Und keine Sorge, das ist kein Kompliment. Es ist nur die Wahrheit.«

Philip hob die freie Hand und streichelte über Elizabeth' Gesicht. »Wie sollte man dich nicht lieben ...« Einen Moment lang sagte er nichts, dann sprach er mit fester Stimme weiter: »Du bist Lilibet ... und wirst es immer bleiben. Jeder liebt dich. Ich liebe dich nur am meisten.«

LOSLASSEN

◆

Sie öffnet sich beim Lachen …
Sie lacht mit ihrem ganzen Gesicht.

Margaret Rhodes, Cousine von Elizabeth II., über die Queen

38. KAPITEL

*8. September 2022
Schottland, Aberdeenshire,
Schloss Balmoral*

Elizabeth öffnete die Augen und blinzelte im Gegenlicht. Mehr und mehr nahm sie die Wände ihres Schlafzimmers wahr, dann dieses seltsame Kribbeln in den Beinen und einen unangenehmen Druckschmerz im Kopf. Sie fühlte sich schwach und ausgezehrt, furchtbar müde. Als wäre nur noch ein Rest von ihr anwesend.

»Mummy?«

Das war Annes Stimme.

»Sie ist wach … Mummy«, flüsterte nun auch Charles.

Ein Anflug von Freude vertrieb die Müdigkeit, als Elizabeth den Kopf drehte und in die Gesichter ihrer beiden Ältesten sah.

»Anne … Charles …«

Anne und Charles hielten ihre Hände. Ein Gefühl der Dankbarkeit durchflutete Elizabeth. Sie war nicht allein.

»Wie schön, dass ihr da seid«, flüsterte sie. Ihr Mund war trocken. Sie hustete leise und streckte die Hand nach der Tasse auf dem Nachttisch aus.

»Warte, Mummy.« Anne griff nach dem Tee und reichte ihn ihrer Mutter.

Elizabeth richtete sich auf und schloss die Hände um das Porzellan. Langsam trank sie Schluck für Schluck.

»Besser?«, erkundigte sich Anne.

»Ja. Viel besser«, bekräftigte Elizabeth.

Sie wusste nicht, wie lange sie geschlafen hatte. Seit Philips Tod verging die Zeit quälend langsam und dann wieder rasend schnell. In letzter Zeit hatte sie abends, bevor sie zu Bett gegangen war, häufig in ihren Tagebüchern geblättert, hatte alte Fotos und private Filme angeschaut und ihr Leben Revue passieren lassen. Sie hielt eigentlich nicht viel von Nostalgie, trotzdem hatte sie sich dieses Gefühls nicht entziehen können.

»Je weiter man zurückblickt, umso weiter kann man nach vorn sehen.«

Das hatte sie einst Winston Churchill sagen hören. Ein Satz, der sich für immer in ihr Gedächtnis gebrannt hatte.

Erst vor kurzem hatten Forscher herausgefunden, dass Menschen körperliche Schmerzen weniger stark wahrnahmen, wenn sie sich in einem nostalgischen Zustand befanden. Nostalgische Gefühle konnten dazu beitragen, sich in kalten Räumen wärmer zu fühlen.

»Was zweifellos eine gute Sache ist, besonders im Winter.« Mit diesen Worten hatte sie den Artikel kommentiert, den sie in Angela Kellys Gesellschaft gelesen hatte.

Angela hatte ihr lachend Recht gegeben.

»Ich hatte noch nie etwas gegen Nostalgie. Im Gegenteil, ich schwärme regelrecht dafür«, hatte sie ihr anvertraut.

Nicht nur der neuesten Erkenntnisse wegen hatte Elizabeth sich nostalgische Gefühle erlaubt. Sondern auch, weil sie spürte, dass die Zeit knapp wurde.

Wenn ein Leben zu Ende ging, hielten Menschen zwangsläufig Rückschau – um sich zu vergewissern, ob sie ihr Leben für andere und für sich selbst gut genutzt hatten. Elizabeth bildete da keine Ausnahme.

Wie schon ihre Eltern hatte sie fleißig private Momente gefilmt, um den Spaß hinter der royalen Fassade festzuhalten. Bilder, die der Außenwelt bisher verborgen geblieben waren, die nur die Familie kannte.

Mit einer Decke über den Beinen hatte sie sich abends einen Film nach dem anderen angeschaut und war in die Zeit gereist, als sie ein kleines Mädchen war. Es war herrlich, sich selbst und Margaret dabei zuzusehen, wie sie reiten lernten, mit den Hunden spielten oder mit einem Buch in der Hand in der Sonne lagen und sich begeistert erzählten, was sie gelesen hatten. Margaret war gern mit ihrer Puppe im Arm über die Wiese gelaufen und hatte versucht, die Hunde zu dressieren. Sie spielten mit ihrem Vater und ihrer Mutter und kullerten lachend den Hügel hinunter.

Ihre Mutter hatte alle mit ihrem Lächeln angesteckt. Freude und Gottvertrauen waren Teil ihres Charakters gewesen. Auch ihr Vater hatte gern gelacht, doch im Grunde seiner Seele war er ein nachdenklicher, ernster Mann gewesen. Er hatte ihnen vorgelebt, was Führung und Standhaftigkeit in schwierigen Zeiten bedeutete. Und ihr Großvater, George V., *Grandpa England*, hatte unerschütterlich an seinem Glauben an die Zukunft und an die Monarchie festgehalten.

Die Familie hatte Elizabeth gelehrt, was sie für ihre Aufgabe als Monarchin wissen musste, mehr noch, wie wichtig Dankbarkeit und Demut waren. *Grandpa England* hatte ihr von klein auf immer wieder erklärt, dass der Mensch aufgrund seiner Erfahrungen wachsen konnte, ja wachsen *musste*.

»Denk stets daran, nicht abgehoben zu sein, Lilibet. Das Volk muss dich als eine der seinen erkennen.«

Weitere Filme hatten sie in die Zeit ihrer jungen Liebe zu Philip entführt, ihr die ersten Schritte von Charles und Anne, Andrew und Edward gezeigt.

»Wärst du so lieb, das Kreuz in die linke Schublade der Kommode zu legen?« Elizabeth deutete auf den Nachttisch. »Pfarrer Greenshields hat es mir letztes Wochenende geschenkt. Ist es nicht wunderbar? Es wurde aus recycelten Kirchenbänken von Hand gefertigt. Ein Unikat.« Elizabeth wurde bei dem Gedanken an das Gespräch mit dem Pfarrer warm ums Herz.

»Ich mache das«, beeilte Charles sich zu sagen und erhob sich.

Anne nickte ihm dankbar zu und sagte: »Das Kreuz ist schön, Mummy. Schlicht und doch besonders.«

Seit Elizabeth denken konnte, war der Glaube ihr treuer Wegbegleiter, der sie stets durch stürmische Zeiten geführt hatte. So seltsam es klang, ihr Glaube bestärkte sie in der Hoffnung auf ein Gleichgewicht im Inneren, wenn die Dinge von außen betrachtet chaotisch wirkten.

Ihr Glaube und ihr engstes Umfeld bereicherten ihr Leben seit je auf unvergleichliche Weise. Im Lauf der Jahrzehnte hatte sie das Privileg gehabt, einige beeindruckende Menschen kennenzulernen. Besonders einer war ihr im Gedächtnis geblieben. Nelson Mandela. Der Freiheitskämpfer und spätere erste schwarze Präsident Südafrikas war zweifellos eine der bemerkenswertesten Personen, die die Welt je hervorgebracht hatte. Viele waren fasziniert, dass er siebenundzwanzig Jahre Gefangenschaft ohne eine Spur der Verbitterung hinter sich gelassen hatte.

Seine Geschichte bewegte Elizabeth bis heute, auch wegen der Briefe, die sie einander geschrieben hatten.

Wenn Nelson sie angelächelt und *Lizzie* genannt hatte, hatte sich das richtig angefühlt. Mandela war der einzige ausländische Staatschef, der sie ohne Titel, nur mit ihrem Vornamen angesprochen hatte. Als Zeichen seiner Zuneigung hatte er ihr bei ihrer Südafrikareise 1995 den Namen *Motlalepula*, »die Regen Bringende«, verliehen, da ihr Besuch mit sintflutartigen Regenfällen zusammengefallen war.

Elizabeth hatte immer wieder besondere Menschen geehrt, ihnen Medaillen verliehen, andere zum Ritter geschlagen. Womit sie nicht gerechnet hatte, war, eines Tages selbst ausgezeichnet zu werden. Im August hatte ihr Privatsekretär eine Mail von Gyles Brandreth, einem Freund Philips, erhalten. Brandreth, der für die Zeitschrift *Oldie* schrieb und Vorsitzender des *Oldie of the Year Award* war, wollte wissen, ob sie sich vorstellen könnte, den Award, der bereits der *Queen Mum* und Philip verliehen worden war, diesmal selbst anzunehmen.

Der Award fokussierte Lebenswerke und Erfolge von Menschen, die fortgeschrittenen Alters, aber sozusagen *noch fit wie ein Turn-*

schuh waren. So hatte Gyles es salopp ausgedrückt. Als Elizabeth davon erfuhr, konnte sie sich ein amüsiertes Lachen nicht verkneifen. Ihr Privatsekretär hatte nach Rücksprache mit ihr folgende Antwort an Gyles verfasst:

Ihre Majestät glaubt daran, dass man so alt ist, wie man sich fühlt. Daher glaubt die Königin nicht, dass sie die relevanten Kriterien erfüllt, und sie hofft, dass sich ein würdigerer Kandidat oder eine würdigere Kandidatin findet. Diese Nachricht erreicht Sie mit den herzlichsten Grüßen Ihrer Majestät.

Wenige Tage später erfuhr Elizabeth, wer den Award an ihrer Stelle erhalten hatte. Es war kein Geringerer als Paddington der Bär, die berühmte Kinderbuchfigur Englands, die seit 1958 Kinderherzen höherschlagen ließ. Dass Paddington an ihrer statt geehrt worden war, hatte die ganze Familie amüsiert, besonders Camilla, die von Büchern nie genug bekam.

»Weißt du noch … das Platin-Jubiläum?«, sagte Elizabeth, in Gedanken versunken, zu Anne.

»Wer könnte diesen Tag je vergessen?«, mischte Charles sich ein. Er war kurz hinausgegangen und brachte frischen Tee und Kekse.

»Das ganze Land war im Ausnahmezustand«, bekräftigte Anne.

»Dein Jubiläum war ein Meilenstein, ein Privileg, das noch niemandem vor dir zuteilgeworden ist.« Charles setzte sich auf den Stuhl neben ihrem Bett und sah Elizabeth an. »Ich werde es nicht so weit bringen … Keine Chance.« Er lächelte und nahm wieder ihre Hand.

»Mach dir nichts draus. Man muss nicht jede Chance ergreifen.« Es tat gut, auf Charles' lockeren Ton einzugehen. Ihre Verbindung war mit den Jahren immer inniger geworden.

Einen Tag vor dem Jubiläum ihrer siebzigjährigen Regentschaft am 6. Februar hatte Elizabeth sich mit einer Grußbotschaft an das englische Volk gewandt und versichert, dass es eine besondere Freude für sie sei, das Versprechen, ihr Leben in den Dienst des

Volkes zu stellen, zu erneuern. Sie hatte betont, dass sie die Loyalität und Zuneigung der Menschen dankbar und demütig entgegennehme und dass sie gesegnet war, Philip an ihrer Seite gehabt zu haben, stets gewillt, der Rolle des Gemahls selbstlos gerecht zu werden.

Abschließend hatte sie hinzugefügt, dass es ihr Wunsch sei, Camilla, wenn die Zeit käme, als Königsgemahlin zu akzeptieren.

»Camilla ist mir über die Jahre ans Herz gewachsen. Mit ihr bist du endlich zur Ruhe gekommen und kannst dich entfalten.«

Charles nickte gerührt. »Danke, dass du das noch einmal sagst, Mummy.« Er sah nach dem Tee, vermutlich auch, um sich seine Gefühle nicht zu sehr anmerken zu lassen. »Ich denke, der Tee hat jetzt die richtige Temperatur.«

Elizabeth nahm die Porzellantasse entgegen, trank einige Schlucke, dann reichte sie Charles die Tasse.

»Seltsam, dass niemand den letzten Moment seines Lebens kennt, nicht wahr?«, sagte Elizabeth plötzlich.

»Ich denke, das ist auch gar nicht so wichtig.« Anne sah ihre Mutter an. »Entscheidend ist, zu erkennen, wie kostbar jeder Moment auf Erden ist.«

»Du hast recht, Liebes. Es kommt einzig und allein auf den Moment an …«

Elizabeth' Augen wanderten durchs Zimmer. Aus einer Ecke waren die Hunde zu hören, sie grunzten, während sie vor sich hin dösten. Vor dem geöffneten Fenster erklang Vogelgezwitscher.

Niemand hatte die Macht, die Zeit anzuhalten, auch sie nicht. Sie hatte das Leben angenommen, wie es war – mit allen schönen Momenten, mit den Herausforderungen und den tränenreichen Zeiten. Um auszukosten, was jeden einzelnen Tag geschah, deshalb war man auf der Welt. Das Leben selbst war das Geheimnis, nach dem so viele Menschen suchten.

Elizabeth sog den Duft ihres geliebten Zuhauses ein: den Geruch nach Holz und Ölfarbe, nach ihren Hunden und den Blumen im Raum, nach Annes dezentem Parfüm und Charles' Aftershave. Sie spürte Philip, der nicht mehr bei ihr und doch nie fort war.

»Mummy, wir lieben dich«, flüsterte Charles. Er drückte ihre Hand.

»Ich weiß … und ich liebe euch …«

Elizabeth tat einen Atemzug und seufzte, schloss die Augen und ließ die Welt und die Menschen, die ihr mehr bedeuteten, als sie jemals in Worte fassen konnte, hinter sich.

LIEBE LESERINNEN UND LESER,

vielleicht haben Sie wie ich eine Schwäche für England oder interessieren sich für die königliche Familie, sonst hätten Sie vermutlich nicht zu dieser Romanbiografie der Queen gegriffen.

Great Britain ... das ist auch ein Lebensgefühl. Herrliche Landsitze und Schlösser, gemütliche Cottages und üppig bepflanzte Parks mit Teakholzbänken, Fünf-Uhr-Tee und *Scones* mit *Clotted Cream* ...

Nicht zu vergessen die wechselvolle Geschichte des Landes, in deren Zentrum über siebzig Jahre Elizabeth II. stand. Jene Frau, die zu ihren Lebzeiten jeder zu kennen schien, nicht zuletzt wegen ihrer bunten Outfits und der dazu passenden Hüte. Wer wüsste nicht von ihrer Liebe zu Corgis und Pferden und dass sie gern Dubonnet mit Gin trank?

Auch ich glaubte, einiges über die verstorbene Königin zu wissen. Doch wer diese Jahrhundertfrau wirklich war und was sie – oft im Stillen und ohne viele Worte – geleistet hat, hat sich mir erst nach Monaten, in denen ich mich in Elizabeth' Leben und das der ihren vertieft hatte, erschlossen.

Während der Arbeit an diesem Roman fühlte ich mich der Königin und vor allem der Frau nahe.

Es hätte noch so viel mehr zu erzählen gegeben. Aber dann wäre dies vermutlich ein Buch mit tausend Seiten geworden. So musste ich schweren Herzens immer wieder auswählen, was ich erzähle.

Ich habe keine Personen erfunden und alle genannten Fakten überprüft. Wenn es mir möglich war, nachzuprüfen, welche Kleider die Königin bei gewissen Terminen oder auf Reisen trug, habe ich diese möglichst detailgetreu beschrieben.

Ihre Vorlieben und Marotten, auch die ihres Mannes und ihrer

Familie, habe ich aufgegriffen, um das Leben der Windsors so authentisch wie möglich lebendig werden zu lassen.

Ich habe darauf geachtet, mich nicht auf Spekulationen einzulassen, denn hier geht es um Menschen, die gelebt haben, es geht um Respekt und Achtung, nicht zuletzt um Wertschätzung.

Was Situationen anbelangt, die zwar überliefert sind, deren genauer Ablauf allerdings nicht bekannt ist, habe ich mich auf die jeweilige Zeit und den Charakter Elizabeth' und Philips bezogen und versucht, Handlung und Dialoge so zu schreiben, wie es den beiden vermutlich entsprochen hätte. Insbesondere bei Philip habe ich mich immer wieder daran erinnert, dass der *Duke of Edinburgh* auch wegen seines trockenen Humors so beliebt und gleichzeitig berüchtigt war.

Bei allen Familienmitgliedern und handelnden Personen habe ich dieses Maß an Aufmerksamkeit angelegt, unter anderem bei Prinzessin Margaret, bei der Queen Mum, bei Prinz Charles, Prinzessin Diana, nicht zu vergessen bei den wechselnden Premierministern, Präsidenten und so weiter.

Elizabeth hat ihre Aufgabe als Königin nicht für sich selbst wahrgenommen, sondern für die Menschen Großbritanniens und des Commonwealth. Sie hat sich in den Dienst des Volkes gestellt und sich selbst zurückgenommen. Sie ist den Menschen neutral gegenübergetreten, unabhängig von ihrer Lebensweise, ihrem Glauben oder ihrer politischen Einstellung. Vor allem das hat mich an ihr fasziniert.

In einer Welt, die ständig im Wandel ist, war sie eine Konstante. Sie war privat »italienisch«, wie ich in der Recherche erfahren habe, was bedeutete, dass sie oft mit Händen und Füßen »sprach«, für ihr Leben gern lachte und für jeden Spaß zu haben war.

Ich hoffe, ich konnte Ihnen mit diesem Roman einen Einblick in das Leben dieser wunderbaren Frau geben, und möchte mit den Worten schließen, die Michelle Obama, die Frau des ehemaligen US-Präsidenten, über Elizabeth sagte:

Während vieler Besuche zeigte sie mir, dass Menschlichkeit wichtiger ist als Protokolle oder Formalitäten.

Es grüßt Sie von Herzen …

Ihre Gabriele Diechler

LITERATUR/QUELLEN

Sally Bedell Smith, Prince Charles – The Passions and Paradoxes of an Improbable Life. New York, 2017

Sarah Bradford, Elizabeth – A Biography of Her Majesty The Queen. London, 2002

Gyles Brandreth, Elizabeth – An Intimate Portrait. London, 2022

Tina Brown, Palace Papers – Die Windsors, die Macht und die Wahrheit. München, 2022

Paola Calvetti, Die Queen – Elizabeth II. Porträt einer Königin. München, 2021

Marion Crawford, The Little Princesses – The Story of the Queen's Childhood by her Nanny Marion Crawford. London, 1950

Karen Dolby, Queen Elizabeth – Lebensweisheiten. Stuttgart, 2021

Elizabeth II. Ein Leben auf dem Thron – Ihr Erinnerungsalbum. München, 2012

Caroline de Guitaut, Was trägt denn die Queen, wenn sie verreist? – Twinsets, Hüte, Abendroben. München, 2009

Flora Harding, Der Prinz an ihrer Seite. München, 2021

Robert Hardman, Queen of Our Times – Das Leben von Elizabeth II. Köln, 2022

Inger Merete Hobbelstad, Die Queen – Unsere Jahre mit Elizabeth II. Berlin, 2023 (akt. und erweiterte Ausgabe)

Wendy Holden, Tea Time mit Lilibet. Berlin, 2020

Wendy Holden, Wallis & Edward – Eine Liebe, stärker als die Krone. Berlin, 2021

Angela Kelly, The Other Side of the Coin – The Queen, the Dresser and the Wardrobe. London/Dublin, 2022

Thomas Kieplinger, Elizabeth II. München, 2022

Robert Lacey, Majestät – Elizabeth II. und das Haus Windsor. München/Zürich, 1977

Angela Levin, Königsgemahlin Camilla – Die Biografie. Höfen, 2023

Bettina Musall und Eva-Maria Schnurr (Hgg.), Englands Krone – Die britische Monarchie im Wandel der Zeit. Hamburg, 2015

Platinum Jubilee Souvenir Issue, Country Life, Ausgabe vom 25. Mai 2022

A Royal Welcome – Zu Gast im Buckingham-Palast. Hildesheim, 2016

Denise Schweida (Hg.), God Save The Queen – Was wir an Elizabeth II. bewundern. München, 2022

Ingrid Seward, The Queen & Di – The Untold Story. New York, 2011

Christoph Spöcker, Queen Elizabeth II. – Kleine Anekdoten aus dem Leben der großen Monarchin. München, 2017

Peter Townsend, Time and Chance – An Autobiography. London, 1979

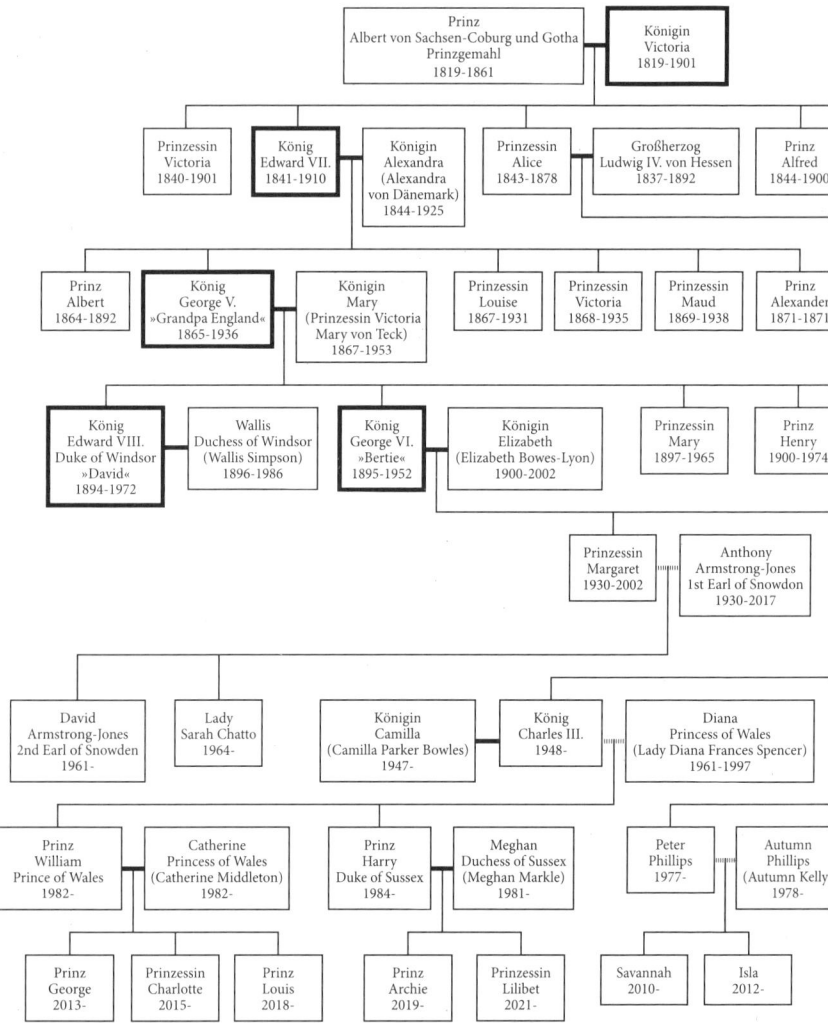

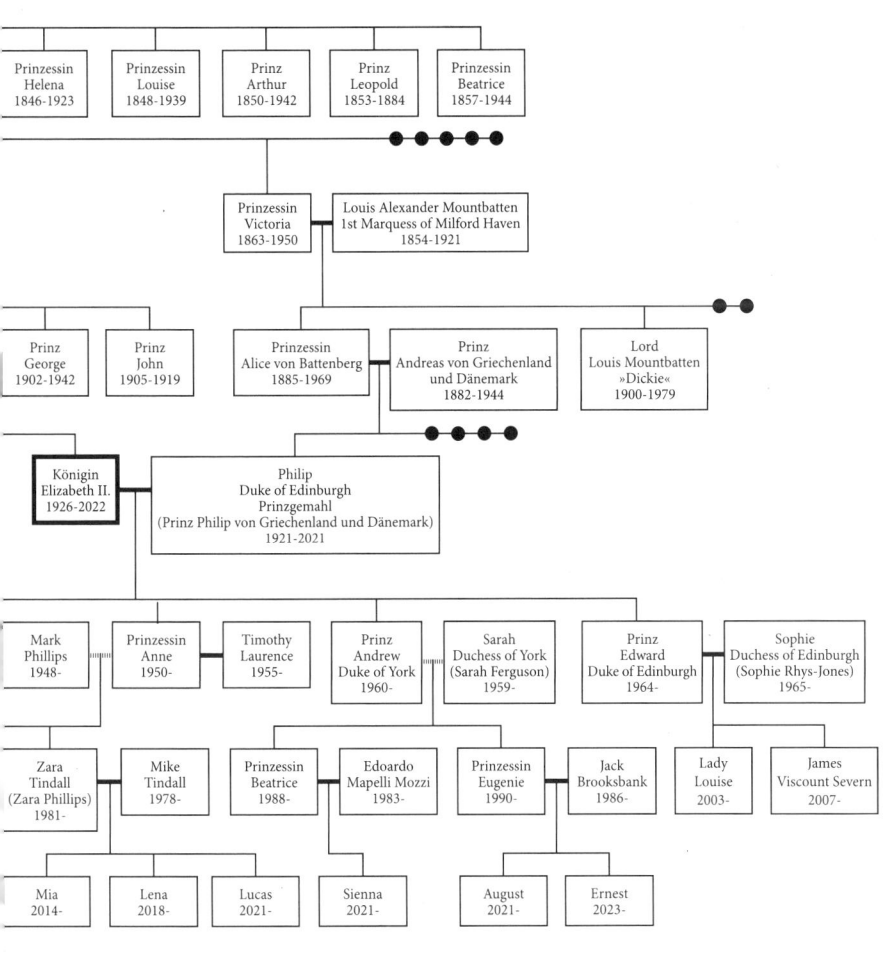

Ein Neuanfang im Herzen Englands

Stow-on-the-Wold ist ein kleines idyllisches Städtchen in den Cotswolds im Herzen Englands. Hierher verschlägt es die dreißig-jährige Annett aus Berlin: Völlig überraschend hat sie ein kleines Hotel geerbt, das ihrer Großmutter gehörte. Beim Anblick der sanft geschwungenen Hügel fühlt sie sich sofort heimisch und beschließt, Berlin hinter sich zu lassen und einen Neuanfang zu wagen: beruflich und auch in der Liebe. Schon bald lernt sie den charmanten Landschaftsarchitekten Edward kennen. Beide fühlen sich zueinander hingezogen, doch Edward scheint zu zögern …

Gabriele Diechler. Ein englischer Sommer. Roman. insel taschenbuch 4377. 362 Seiten

**Eine dramatische Familien-
geschichte**

Ein malerischer Ort in der Provence, unweit der Parfümstadt
Grasse. Doch Julia kann die Schönheit der Landschaft nicht ge-
nießen: Ihr Leben ist aus den Fugen geraten, und sie ist auf der
Suche nach Wahrheit hierhergekommen …

Nach dem tragischen Unfalltod ihrer Mutter entdeckt Julia in einem geheimen Schließfach ein Paket mit dem Lieblingsparfüm
ihrer Mutter, daneben einen Liebesbrief. Absender: ein Parfümeur
aus der Provence. Was hat das zu bedeuten?

Kurzentschlossen macht Julia sich auf die Reise in den Süden Frankreichs. Unter der angegebenen Adresse trifft sie auf den Sohn des
inzwischen ebenfalls verstorbenen Parfümeurs. In Nicolas findet
sie einen verständnisvollen Freund, der ihr Zuversicht schenkt – und
Liebe. Doch sie kommen einem unglaublichen Familiengeheimnis
auf die Spur …

Ein fesselnder Roman über die Macht des Schicksals, die Kraft der
Liebe, den Mut zum Neuanfang.

Gabriele Diechler, Lavendelträume. Roman. insel taschenbuch 4650. Ca. 320 Seiten.

NF 393/1/3.18

Wenn nur noch die Liebe zählt …

Buchhändlerin Emma reist nach London, um ihren verstorbenen Eltern noch einmal nahe zu sein, denn diese hatten sich dort kennen- und lieben gelernt.

Schon am ersten Tag begegnet ihr die sympathische Witwe Ava. Die beiden Frauen freunden sich an, und Ava macht Emma das verlockende Angebot, in ihrem Anwesen auf der Roseninsel in Cornwall die Bibliothek auf den neuesten Stand zu bringen. Begeistert sagt Emma zu.

Völlig unerwartet trifft sie in dem Haus auf den Klippen auf Avas Sohn Ethan, der ihr gegenüber sehr abweisend ist. Dennoch fühlt Emma sich zu ihm hingezogen. Als sie herausfindet, was hinter Ethans kühler Fassade steckt, begreift sie, wie tief Liebe gehen kann – und steht plötzlich vor der größten Herausforderung ihres Lebens …

Ein warmherziger und gefühlvoller Roman über Glück und Hoffnungslosigkeit, Verlust und Liebe – all das, was ein Leben ausmacht.

Gabriele Diechler, Die Roseninsel. Ein Cornwall-Roman. insel taschenbuch 4832. 464 Seiten. Auch als eBook erhältlich